아시아의 무형문화유산

정책과 제도, 정체성

강정원 엮음

강정원, 허용호, 박상미, 차보영, 권혁희, 조진곤,
주도경, 임경택, 김형준, 이평래, 홍석준, 김경학, 구기연 지음

진인진

아시아의 무형문화유산 - 정책과 제도, 정체성

초판 1쇄 발행 | 2022년 8월 31일

엮　음 | 강정원
저　자 | 강정원, 허용호, 박상미, 차보영, 권혁희, 조진곤, 주도경, 임경택, 김형준, 이평래, 홍석준, 김경학, 구기연
편　집 | 배원일, 김민경
발행인 | 김태진
발행처 | 진인진
등　록 | 제25100-2005-000003호
주　소 | 경기도 과천시 별양상가 1로 18 614호(별양동 과천오피스텔)
전　화 | 02-507-3077-8
팩　스 | 02-507-3079
홈페이지 | http://www.zininzin.co.kr
이메일 | pub@zininzin.co.kr

ⓒ 서울대학교 아시아연구소 2022
ISBN 978-89-6347-526-4 93300

* 책값은 표지 뒤에 있습니다.
** 본서는 2020-2021년 서울대 아시아연구소의 아시아기초연구사업과 유네스코아태무형유산센터의 지원을 받아 수행되었음.

목차

서문 – 문화의 보존과 창출 ··· 5

제1부 무형문화유산 이론과 접근 방식 ····················· 17

제1장 문화 관리와 무형문화유산(강정원)················· 19

제2장 유네스코 체제와 한국의 무형문화유산(허용호) ············ 47

제3장 무형문화유산의 같음과 다름
  - 종교 무형문화유산을 중심으로(박상미) ···················· 77

제4장 아시아의 무형문화유산 보호
  - 유네스코 인간문화재제도 도입과 운영을 중심으로(차보영) ······ 95

제2부 유네스코와 국가 무형문화유산 정책의 관계 ············· 123

제5장 전통명절, 조선옷, 민족음식을 통해 본
  북한의 무형문화유산(비물질문화유산)
  - 문화유산 정책과 주민 생활문화의 변화를 중심으로(권혁희) ······ 125

제6장 중국 원난성의 무형문화유산 보호 및 전승 현황(조진곤) ············ 157

제7장　유네스코 무형문화유산 제도의 지역 적용

　　　　　- 중국 옌볜조선족자치주의 사례**(주도경)** ································ 193

제8장　무형문화유산 보호의 두 가지 차원

　　　　　- 일본의 공예 부문 사례를 중심으로**(임경택)** ························ 215

제9장　유네스코 무형문화유산 보호 협약과 인도네시아의 문화적 다양성

　　　　　- 전통춤 '자띨란'의 사례를 중심으로**(김형준)** ························ 249

제3부　**무형문화유산 정책 · 제도와 정체성** ···································· 285

제10장　인류무형문화유산 '후미' 등재를 둘러싼

　　　　　 몽중의 갈등과 그 배경**(이평래)** ·· 287

제11장　말레이시아 무형문화유산과 이슬람 부흥

　　　　　- '디끼르바랏'과 '방사완', 그리고 '와양꿀릿'의 사례를

　　　　　 중심으로**(홍석준)** ·· 323

제12장　인도 유네스코 무형문화유산 '요가'(Yoga)의

　　　　　 정치화와 국가 정체성**(김경학)** ·· 361

제13장　이란 시아 무슬림의 감정 동학과 인류무형문화유산

　　　　　- 수난극 타지에를 중심으로**(구기연)** ···································· 393

· · · · ·

서문 – 문화의 보존과 창출

자연 속에서 적응하고 생존하기 위해서 인류에게 절대적으로 필요한 문화는 생활방식과 상징체계로 정의할 수 있다. 문화는 유형과 무형이라는 표현이나 전승 매체의 형태를 통해서 구분된다. 문화 속에서 사람들은 한 주체로 살아가고, 문화를 대상으로 설정하고 행동한다. 문화는 그 자체로 존재하면서 사람들의 행동을 일정한 방향으로 끌어가고 구조화하지만, 사람들의 행위를 통해서 새롭게 구성되고 창출된다.

  이 책에서 다루는 무형문화유산은 사람들의 행위나 집단이나 국가의 관리 정책을 통해서 보존되며 진흥된다. 나는 문화 혹은 무형문화유산을 국가나 사회집단 혹은 학문이 관리 대상으로 삼아서 정책이나 목표에 준해서 변화시키거나 변화시킬 방안을 모색할 수 있다는 이념이나 이론, 주장을 문화관리주의라고 명명하고, 문화는 어떤 국가 권력이나 자본, 학문도 간섭하거나 개입하면 안 되며, 국가나 자본, 학문이 지원하더라도 개입하지 말고 그대로 두어야 한다는 주장은 문화자연주의라고 정의한다. 상당수 민속학자 혹은 민속문화학자, 문화인류학자는 문화자연주의자라고 할 수 있으며, 특별히 정치 권력이나 경제 자본이 문화를 조작하거나 날조하며, 창출하는 것에 대해 비판적인 태도를 취한다. 이 책도 문화자연주의에 입각해서 유네스코와 국가의 무형문화유산 정책을 비판적으로 접근하는 것을 기본 출발점으로 삼는다. 하지만 나는 인류의 역사 속에서 문화가 지속적으로 관리되었다고 보는 입장을 가지고 있어서 문화관리주의에 대한 학문적 검토가 불가피하며 21세기 문화민주주의 시대에서 문화를 좀 더 민주적이며 비판적으로 관리하는 방안을 모색하는 것도 문화를 연구하는 문화인류학이나 민속문화학의 중요 과제에 속한다고 본다.

문화관리주의와 문화자연주의 이외에도 이 책의 글들을 읽고 이해하는 데에 필요한 이론에 문화구성주의와 문화체계주의 혹은 문화구조주의가 있다. 무형문화유산이 사회와 연관되면서 끊임없이 새롭게 구성된다고 보는 문화구성주의 혹은 문화창출주의가 한 편에 있고, 문화의 체계나 구조를 중시하면서 무형문화유산의 지속성에 대해 강조하는 문화체계주의나 문화구조주의적 입장이 다른 한 편에 있다. 무형문화유산을 연구함에 국가나 사회집단의 여러 이해관계를 끌어들여서 무형문화유산을 이해관계 관철의 수단으로 간주하고, 무형문화유산이 문화정치의 결과로 새롭게 구성되거나 창출될 수도 있다고 볼 수도 있고, 자체의 체계와 구조를 가지고 있어서 문화정치나 문화경제의 개입에도 불구하고 무형문화유산의 핵심 구조나 체계는 지속된다고 주장할 수도 있다. 이 책은 이 두 관점 중에서 어느 한쪽을 일방적으로 관철시키거나 주장하기 위해서 고안되지 않았기 때문에 이 책을 통해서 두 접근방식을 모두 접할 수 있다. 어떤 저자는 무형문화유산이 국가의 정책이나 사회집단의 이해관계에 따라서 구성되고 창출된다고 보기도 하고, 다른 저자는 구조나 체계가 존재하여 문화유산이 지속성을 지님을 강조하기도 한다.

이 책은 기본적으로 무형문화유산 관련 유네스코나 국가의 정책을 검토한다. 이 정책이 무형문화유산을 화석화, 표준화, 고정화시키기도 하지만, 소멸해가는 무형문화유산을 보존시키기도 하고 진흥시키며 발전시킬 수도 있다. 나는 협약과 정책이 일방적으로 문제점만을 가지고 있다고 보지 않으며 장점과 단점, 혹은 긍정/부정의 측면을 모두 가지고 있다고 본다. 문화인류학이나 민속문화학 등 문화연구 학문에서는 이제 극단적 문화자연주의적 입장에서 벗어나 문화가 어쩔 수 없이 국가를 비롯한 여러 주체들에 의해 관리되는 면을 수용하고, 관리 그 자체에 대한 비판적 검토를 해야 한다. 21세기 민주주의 시대에 걸맞게 국가나 기업 등 다양한 주체들의 이해관계 속에서 이를 해석하고 설명해야 한다. 이 책의 편집자로서 나는 무형문화유산을 사회나 문화 어느 한 쪽에 치우치지 말고, 양 차원에서 균형감 있게 접근해야 한다고 본다. 왜냐하면 무형문화유산은 사람들의 관계망이나 사람 집단, 사회 조직에 영향을 받기도 하고, 가치나 의미 체계, 생활방식, 상징체계 등의 문화와도 밀접한 관계를 맺고 있기 때문이다.

국가보다는 사회나 문화에 관심을 가지고 문화자연주의적 입장에 서는 문화인류학자/민속문화학자들은 유네스코나 국가의 문화 정책에 대해서 표준화와 박제화 등의 이유로 비판적 입장을 가지지만, 전 세계 인류가 예외없이 국가 단위로 묶여서 살아가고 있고 점점 국가 정책이 문화에 중요해지는 21세기에, 문화유산의 가치나 의미를 올바르게 설명하기 위해서는 국가와 유네스코의 문화 정책이 가지는 장단점을 함께 고려하는 것이 불가피하다. 국가가 문화를 보존 관리한다는 명목하에 간섭하고 조작한다고 볼 수도 있고, 현대 국가의 정책적 개입을 통해 민속 문화가 최소한이라도 보존될 수 있다는 입장도 있다. 이 책의 저자들은 이 두 입장 중에서 하나를 선택하기도 하고, 양 입장을 절충해서 바라보기도 한다.

유형문화나 무형문화 모두 18세기부터 시작된 산업화나 지속된 여러 이름의 전쟁, 20세기에 들어와서 두드러진 기후 변화와 함께 급격한 변동 속으로 들어가게 되었는데, 한국이나 일본의 경우에 문화재라는 이름하에 문화를 보호하고 관리하는 국가 정책을 20세기 중반에 시작하였지만, 국제적으로 보면 이러한 국가에 의한 문화 보호 및 관리 정책은 예외적이었다. 유럽 각국이나 미국의 경우 국가가 박물관이나 대학 등을 통해 문화보호나 관리에 간접적으로 개입하기는 했지만, 국가가 정책을 통해 직접 개입하는 경우는 드물었다. 20세기 후반이 되면서 대부분의 국가에서 문화 관리 정책을 시도하고 있지만 각 국가별로 그 정도는 상이하다.

국가 간 협약에 의해서 만들어진 국제기구, 유네스코의 경우에도 문화의 보호나 보존을 포함하는 문화 관리 정책을 시도하지 않다가, 유형문화의 경우

1970년대에 들어서서, 무형문화의 경우 1980년대에 들어서서 협약을 체결한 바 있다. 유형 문화의 경우에 '세계유산'이라는 이름으로, 무형 문화의 경우 '인류무형문화유산'이라는 이름으로 지정되고 있다. 유형 세계유산의 경우에는 탁월성이나 완결성 등을, 무형유산의 경우에는 다양성과 상대성을 지정 기준으로 중시하는 편이다.

유네스코의 제도는 한국 문화재 법제도가 안고 있는 문제를 반대로 가지고 있다고 평가받는데, 사회집단이나 공동체 등 전승주체를 중시하면서 문화적 구조나 체계가 가지는 의미나 가치가 소홀하게 취급되기 때문이다. 한국 문화재제도의 원형 강조나 전승주체로서 인간문화재가 독단적으로 흐르기 쉽고, 문화를 고정시킨다고 비판받지만, 역으로 유네스코 제도는 다양성을 강조하면서 집단 상대주의로 흐르게 되고, 과도한 문화 변동 혹은 날조가 발생하는 것을 방지하지 못한다는 평가를 받을 수 있다.

이 책은 문화를 관리하는 방안 중 하나인 무형문화유산 관리와 연관된 다양한 문제를 문화인류학과 민속문화학에 근거해서 검토하고 있는데, 문화 관리 방식이나 관리 근거, 종교나 정치, 경제와의 관계 등을 통해서 이 문제에 대한 해답을 찾고 있다. 유네스코 협약이 체결된 이후에 아시아의 각 국가에서 유네스코 협약을 어떤 방식으로 수용하며 발전시키고 있는가를 비판적으로 검토한다. 아시아 각 국가별로 유네스코 협약이 어떤 영향을 미쳤고, 국가는 어떤 정책을 선택하였으며, 그 결과로 어떤 문제가 발생하는지를 질문한다. 특별히 선정 과정에 비민주성이 개입되어 있지 않은지, 종교적이고 경제적, 정치적 이해관계가 관철된 것인지, 특정 종목의 선정이 국가 작위적인지, 국가 간의 갈등을 가져오지 않는지 등에 관심을 가진다. 아울러 특정 종목이 가지는 상징적 의미가 국가나 국민, 종교적 정체성과 어떤 관련을 맺고 있는지도 중요한 관심사에 속한다.

이 책은 각 국가별로 무형문화유산 정책이나 실천 등에서 다양하게 발생한 변화를 설명하고자 한다. 이와 함께 각 국가별 제도나 유네스코 협약이 문화의 발전에 미치는 영향에 대해 검토하고자 한다. 마지막으로 무형문화유산 제도 그 자체나, 무형문화유산과 문화 변동 혹은 문화 발전 사이에 발생하는 현상을 검토하기 위한 다양한 이론적 검토를 수행한다.

    서울대학교 아시아연구소와 유네스코아태무형유산센터의 지원 하에 이 책이 탄생하였다. 이 책을 출판하기 위한 첫 번째 여정은 2020년 7월 20일에 시작하였다. 첫 번째 회의에서 저자들이 구상한 계획을 논의하였고, 2020년 11월까지 초고를 제출하고 그 이후 여러 차례의 회의를 통해 이를 검토하고 수정하였다. 2021년 5월에 각자 수정한 원고를 발표하고 검토하기 위한 학술대회를 개최하였다. 2021년 하반기부터 2022년 상반기에 걸쳐서 심의를 받고 원고 수정을 하였다.

    아시아의 무형문화유산의 현재를 검토하고 미래를 바라보기 위해서 제작된 이 책은 13장으로 구성되어 있는데, 책의 효율적 독해를 돕고 논문들의 관계를 좀 더 체계화시키기 위해서 3부로 분류하였다. 제1부는 무형문화유산 이론과 접근 방식이며, 제2부는 유네스코와 국가 무형문화유산 정책의 관계이고, 제3부는 무형문화유산 정책·제도와 정체성이다.

    제1부에서는 무형문화유산과 무형문화재를 학문적으로 연구하기 위해서 필요한 여러 이론 및 접근 방식과 연관된 논문들이 제시된다. 1장은 문화가 관리될 수 있다고 보는 강정원 교수가 작성하였는데, 관리된 문화가 문화를 고정시키고 표준화시키지만, 이 관리가 문화를 지속시키면서 진흥시키고 발전시키기도 하는 점을 그는 주목한다. 1장에서 그는 유네스코와 국가의 무형문화제도가 가지는 양면성에 대해 논하며, 국가나 유네스코의 문화 관리 방안의 상대주의와 행위자 중심 접근방식을 비판함과 동시에 문화의 자생력을 약화시킨다는 기존 논의도 비판한다. 그는 21세기에 국가나 유네스코 등에 의한 문화 관리는 불가피하게 시도되고 있고 한편으로 자생과 발전 가능성을 약화시킬 수도 있지만 다른 한편으로 진흥시키고 발전시키기 때문에 이를 학자들은 잘 이해해야 한다고 주장한다. 구조적이고 체계적으로 유산과 정책에 접근하며, 정책이 가

지는 장점과 단점, 긍정성과 부정성의 양면성을 함께 고려해야 한다고 1장에서 강조한다.

한국예술종합학교의 허용호 교수가 작성한 2장에서는 유네스코 체제의 본궤도 진입 이후, 한국의 무형문화유산 전반에 걸쳐 나타난 새로운 양상을 시간적 흐름 속에서 고찰한다. 허 교수는 그 새로운 흐름 가운데 '무형문화유산 소유 의식의 발현과 관련 논쟁', '무형문화재 관련 정책 변화', '무형문화유산에 대한 위계적 사고의 강화와 해체', '무형문화유산 전승공동체의 조직화', '연대와 평화의 매개로서의 무형문화유산 전유' 등에 주목한다. 그 과정을 통하여 허 교수는 유네스코 체제의 영향이 만만치 않으며, 유네스코의 지향과 각 국가 혹은 지역 공동체의 지향이 꼭 부합하지 않다는 점을 주장한다. 나아가 '무형문화유산의 소유의식 강화와 국경을 넘는 무형문화유산', '무형문화유산에 대한 위계적 사고의 고착과 해체', '무형문화유산을 통한 경쟁과 조화' 등이 공존하는 것이 현실임을 말한다. 이러한 허용호 교수의 입장은 유네스코의 이상적 지향과 현실적 장애는 자연스러운 것이며, 유네스코 체제 내에서 현실적 장애를 극복하기 위한 움직임에도 주목할 필요가 있다는 주장으로 이어진다.

3장에서 한국외국어대학교 박상미 교수는 유네스코 무형문화유산 협약의 핵심이 문화다양성과 문화상대주의, 내부자 관점을 중시한다는 점에 있음을 명확하게 설명하고 있다. 아울러 특정 문화유산과 집단의 연계를 경계하기 위해서 문화유산의 과정성에 협약은 무게를 두고 있다고 보면서 종교 무형유산에서 신앙보다는 행위 측면을 강조하는 전략적 선택이 유산 선정 과정에서 이루어진다고 설명한다. 이 글을 통해서 박상미 교수는 아시아 무형문화유산 연구에 필요한 비교 사례를 제공하며, 유럽 무형문화유산의 공동체성을 주목한다. 무형문화유산이 가지고 있는 공동체성, 즉 사회 통합 기능을 유럽의 세 종교 무형문화유산을 통해서 설명하고 있다. 3장의 유럽 사례는 공동체의 활성화가 문화유산의 생동감 있는 전승에 중요하다는 점을 잘 보여 준다.

4장은 유네스코아태무형유산센터의 차보영 선생이 집필하였는데, 무형문화유산의 보호가 인간문화재제도와 연결되고 있는 점에 특별히 주목하고 있다. 생생성과 탁월성이 전제가 되는 인간문화재제도가 상대성을 중심으로 한 문화유산 제도로 대체되는 과정에 인간문화재제도가 가지는 장단점을 필리핀과 캄보디아 사례를 통해서 검토하고 있다. 탁월성 혹은 가치 실현의 우월성 판단은 국가 내에서 이루어지기 때문에 국가별 문화 다양성이나 문화 상대주의와 배치되지는 않는다. 국가를 중심으로 한 사회집단과 연계가 강조되는 문화유산 개념에서 국가 사이의 탁월성 판단이 갈등을 가져올 소지가 있다는 점을 우리가 인지해야 할 필요가 있지만, 무형문화유산의 탁월성도 한편으로 인정하고, 국가 사이의 갈등을 극복할 방안도 모색해야 한다. 생생한 전승을 중시하는 인간문화재제도를 비판적으로 설명하는 4장은 상대성이나 평등성 중심의 현대 무형문화유산 이론에 보완을 시도하고 있다.

2부는 유네스코와 국가 무형문화유산 정책의 관계를 다룬 글들로 구성되어 있다. 유네스코 무형문화유산 협약이 국가 정책에 일반적으로 영향을 미치는데, 국가별로 어떤 차이가 있는가를 2부에서 확인할 수 있다. 5장은 북한의 정책을 다루고 있고, 6장과 7장은 중국 사례인데, 6장에서는 윈난성을 사례로, 7장에서는 조선족자치주를 사례로 삼는다. 8장은 일본의 정책을 검토한다. 9장은 인도네시아를 사례로 검토한다.

5장에서 강원대학교 권혁희 교수는 북한의 무형문화정책을 주민들의 일상적 실천과 연결시켜서 설명하고 있는데, 전통명절과 조선옷, 민족음식을 중요한 사례로 언급하고 있다. 권 교수에 따르면 북한에서 무형문화유산은 국가적 사업으로서 조선제일주의 등의 이념에 기반한 정치적 수행의 목표가 되는 동시에 일상 생활 속에서 실천되어야 하는 의무와 가치를 지닌 것으로 창출되어 가고 있다. 북한 국가가 비물질문화유산 정책을 펼침에 고려하는 것은 유네스코 협약이며, 의복이나 음식, 명절과 함께 이를 둘러싼 민속 문화가 함께 유산으로 지정되는 데에서 협약의 영향을 볼 수 있다. 북한의 문화유산 정책이 남한보다 유네스코 정책에 훨씬 수용적이며, 글로벌화 경향성을 보여줌을 이 글은 논리적으로 주장하고 있다.

6장은 중국 윈난사범대학교 조진곤 교수의 글로서 중국 윈난성의 무형문화유산 보호와 전승에 대해 설명하고 있다. 이를 위해 중국의 국가/성/시/구·현 단계별 무형문화유산 제도와 무형문화유산 제도가 소수민족에 좀 더 치중되어 있다는 점을 우선 보여준다. 조 교수는 중국 무형문화유산 정책이 유네스코 협약에 크게 힘입은 바를 여러 자료를 통해 설명하고 있다. 특히 이 글에서 중국 무형문화유산 정책이 한중일 삼국 경쟁과 연관되어 있다는 점을 실증한 점에 주목할 필요가 있다. 아울러 무형문화유산 정책이 신기술과 장애인 복지 정책과 관련되어 있고 무형문화유산의 활용이 이루어지고 있다는 점을 자료를 통해 설득력 있게 보여 주고 있는 점에서 여타 논문과 차별된다.

7장에서 서울대학교 인류학과 대학원 박사과정에 재학 중인 주도경 선생이 중국 옌볜조선족자치주의 사례에 대해 검토하고 있는데, 먼저 중국 무형문화유산 관련 제도를 유네스코 협약과 비교하면서 설명한다. 유네스코 협약이 중국에 큰 영향을 미치기는 하였지만, 중국 관련법에서 진정성이나 탁월성 등을 중시하고, 보유자를 지정하는 조항이 있는 점에서 차이가 있다는 점도 보여준다. 중국 조선족 자치주 사례를 통해 주 선생은 무형문화유산의 진정성이 보호와 개발의 딜레마 속에 처해 있는 점을 한국과의 비교를 통해 효과적으로 보여주고 있으며, 개발을 통한 지속가능성 확보라는 정책과 실천의 어려움도 논리적으로 제시한다.

8장에서 전북대 임경택 교수는 무형문화유산 보호와 보존의 딜레마를 공예를 통해서 설명하고 있다. 임 교수는 공예가 순수미술과 생활용품 사이에 위치하며 문화보존 대상임과 동시에 문화용품으로 개발된다는 모순점을 일본 전통 종이인 수록화지와 일본 공예 개념의 역사 및 관련 법률의 변화를 통해 정밀하게 제시하고 있다. 상대적으로 긴 일본 문화재 보호 역사 과정을 설명하면서 무형문화재가 무형문화유산으로 확대되는 과정에 주목하고 있다. 이 과정에서 무형문화유산 보호가 문화재와 문화유산이라는 두 가지 차원에서 전개되는 점을 비판적으로 보고 있으며, 보호와는 또 다른 차원에서 필요한 진흥이라는 개념을 학술적으로 검토할 필요가 있다는 점을 제안한다.

9장은 인도네시아 무형문화유산 정책과 다양성에 대한 강원대학교 김형준 교수의 글이다. 김 교수는 이 글에서 기존 관련 연구를 비판적으로 제시하고 인도네시아 무형문화유산 지정 과정의 특성을 설명하고 있는데, 공동체성과 일상성이 중요한 선정 기준임을 여러 사례를 통해서 보여 준다. 인도네시아 무형문화유산 제도가 문화적 다양성을 인정하며 동시에 국가 통합을 꾀하는 점에 주목하면서 유네스코 협약이 인도네시아에 미친 영향을 검토한다. 인도네시아의 민간 문화가 궁중 문화와 함께 지정된 점과 비합리성 등의 이유로 비판받던 전통 관습, 전통 춤 등의 존립 근거가 확립된 점 등을 유네스코 협약과 인도네시아 무형문화유산 제도가 가져온 변화라고 김 교수는 설명한다. 그의 글에서 재미있는 점은 무형문화유산 제도의 장단점을 함께 고려하고자 하는 관점이다.

3부는 무형문화유산 정책이나 제도가 국가나 국민, 집단의 정체성과 가지는 관계를 주목한 글들을 모아 놓았다. 무형문화유산 정책은 국가나 국민 정체성을 강화시키기도 하고, 정체성에서 영향을 받기도 한다. 12장 요가와 인도의 정체성, 13장 타지에 수난극과 이란의 정체성에서 이를 좀 더 구체적으로 살펴볼 수 있다. 10장은 후미 등재 과정에서 제기된 중국과 몽골의 갈등을 다루는데, 내몽골이 가지는 정체성 문제도 함께 다룬다. 11장은 말레이시아 전통 의례와 이슬람화의 관계를 검토하는데, 이슬람 정체성이 무형문화유산과 가지는 관계를 검토한다.

10장에서 한국외국어대학교의 이평래 교수는 후미가 인류무형문화유산 등재되는 과정에 개입된 몽골과 중국의 문화 정치에 대해 비판적으로 검토하고 있다. 몽골의 가창 예술인 후미가 중국에 의해 지정된 것에 몽골이 반발하고, 이듬해에 독자적으로 등재 신청한 과정을 꼼꼼하게 살피면서 무형문화유산 제도가 가지고 있는 어두운 측면에 주목한다. 외몽골(몽골)의 정체성, 중국 내 소수민족으로서 내몽골 사람들이 가지는 정체성, 중국의 소수민족 정책, 몽골의 문화 정책이 후미 등재를 두고서 충돌한 것이라고 해석할 수 있는데, 무형문화유산이 가지는 문화정치학적 과정에 대한 세밀한 묘사와 분석이 돋보인다.

11장은 목포대학교 홍석준 교수가 쓴 글이다. 홍 교수는 이 글에서 디끼르 바랏과 방사완 및 와양꿀릿의 사례를 통해 전통의례와 이슬람화를 추구하는 말레이시아 국가 정책의 관계를 논하며, 민족 정체성의 문화적 통합을 위해서 무형문화유산이 활용되는 점을 비판적으로 검토하고 있다. 말레이시아의 무형문화정책 역시 유네스코 협약의 영향을 강하게 받았는데, 말레이시아 국가가 이슬람화를 추구하면서 무형문화유산을 지정하고, 이를 관광과 연계시키고 있는 점도 이 글에서 주목하고 있다. 11장에서 홍 교수는 무형문화유산에서 이슬람 정체성을 약화시킬 수 있는 점에 국가가 개입하고 있는 점이나, 무형문화유산이 국가의 정체성 강화나 관광 수입 증대, 종교 정책의 대상이 되고 있는 점에 특별한 관심을 표한다.

12장은 남아시아 인도의 무형문화유산 요가에 관한 글이다. 전남대학교 김경학 교수가 집필하였는데, 무형문화유산인 요가가 가지고 있는 정치성을 인도의 문화 민족주의적 동학과 연계시키고 다양한 자료를 통해서 설명하고 있다. 21세기에 들어서서 힌두 민족주의가 강화되는 인도 정치의 경향과 요가의 체계적 진흥이 연관되어 있다고 김 교수는 보고 있다. 대외적으로는 인도의 문화적 우월성을 과시하는 데에 요가라는 무형문화유산이 활용된다고 지적한다. 이 장에서 김경학 교수는 무형문화유산이 국가나 민족의 정체성과 밀접하게 연관되어 있다는 점과 무형문화유산이 정치와 맺는 관계가 무형문화유산이 지정되는 데에 중요하다는 점을 강조하고 있다.

13장은 마지막 장으로서 서울대학교 아시아연구소 구기연 교수가 작성하였고, 이란의 무형문화유산인 타지에 수난극이 이란인들의 정체성과 맺는 관계에 대해서 검토하고 있다. 구 교수가 특별히 수난극인 타지에에 관심을 두고 논의를 전개하는 것은 타지에가 이란의 무형문화유산으로서 이란 민족의 에토스이자 시아 정체성의 원천이라는 점에 주목하기 때문이다. 타지에는 유네스코 인류무형문화유산으로서 인류 문화의 다양성을 보존함과 아울러 이란 국가 정체성을 강화시키는 기능을 가지고 있다. 국가주의나 민족주의, 종교근본주의라는 이념과 유네스코 협약이나 국가 무형문화유산 정책이 밀접하게 연결되어 있음을 이 글에서 구 교수는 논리적으로 제시하고 있다. 아울러 타지에 공연이 이란 국민들의 감정 동학과 정체성에 연결되어 있고, 이란 국민 정체성을 새롭게 탄생시키고 있는 점도 중요하게 다루고 있다.

　이 책은 문화인류학과 민속문화학, 역사학의 학제 간 연구의 성과물이다. 국가나 유네스코가 문화를 관리하면서도 자생성을 강화시키고자 하는 모순성 혹은 양면성이 무형문화유산 정책에 내재해 있음을 아시아 각국의 사례를 통해 검토해 보았다. 저자들은 아시아 각국의 무형문화유산 정책과 아시아인들의 다양한 실천이 새로운 문화와 문화유산을 21세기에 꽃피우리라 기대한다. 유네스코가 주목한 무형문화유산의 상대성과 공동체성, 다양성에 아시아 각국 무형문화유산이 가지고 있는 인류 보편성과 탁월성이 결합하여 인류무형문화유산 지형이 풍요롭고 다양하게 형성되기를 희망한다. 아울러 이 책이 무형문화유산이 가지는 여러 특성을 파악하고 유산 정책과 제도를 비판적으로 분석하는 데에 필요한 여러 새로운 접근 방식과 이론을 독자들이 이해하는 것을 돕고, 이 책을 기반으로 새로운 이론과 연구가 도출되기를 기대한다. 마지막으로 이 책을 출판하는 데에 큰 도움을 주신 서울대학교 아시아연구소 박수진 소장님과 유네스코아태무형유산센터 김지성 사무총장님께 감사를 드리며, 함께 이 책을 완성하는 데에 시간과 열정을 내어 준 모든 필자와 함께 출간의 기쁨을 나누고자 한다.

2022년 5월
관악산 연구실에서
느티 강정원 씀

1부

무형문화유산 이론과 접근 방식

제1장 문화 관리와 무형문화유산   강정원(서울대학교 인류학과)

제2장 유네스코 체제와 한국의 무형문화유산   허용호(경주대학교 문화재학과)

제3장 무형문화유산의 같음과 다름
       -종교 무형문화유산을 중심으로   박상미(한국외국어대학교 국제학부)

제4장 아시아의 무형문화유산 보호
       -유네스코 인간문화재제도 도입과 운영을 중심으로   차보영(유네스코아태무형유산센터)

제1장
문화 관리와 무형문화유산[1]

강정원(서울대학교 인류학과)

I. 머리말 — 문화는 관리되는가?

2013년 12월 5일에 유네스코의 인류무형문화유산에 한국의 '김장문화'가 등재되었다. 한국은 '김치'로 등재를 시도하다가 김장으로 변환시켜서, 김치가 아닌 '김장문화', 영문으로는 'Kimjang: Making and Sharing Kimchi in Republic of Korea'로 등재가 결정되었다. 2017년도에는 '김치담그기'라는 명칭으로 유네스코보다 늦게 국가무형문화재로 선정하였다. 음식이라는 물질과 음식 조리와 공유 방식, 즉 음식 문화가 등재된 것인데, 명칭이 변경된 데에는 살아있는 사회 집단의 행위를 중시하면서 상업화를 경계한다는 유네스코 선정 원칙이 중요하게 작용하였다(황경순, 2013).

　음식 문화는 음식 원료가 되는 자연을 재배하거나 채집, 사육, 수렵하는 데에서 시작하여, 이를 조리하고, 요리하며, 만든 음식을 배치하고, 이를 나누고 먹으며, 음식 쓰레기를 처리하는 것까지 포함한다. 이러한 복합성 때문에 한

---
[1] 이 글은 『지방사와 지방문화』 24(2) (역사문화학회, 2021)에 실린 "무형문화유산 제도의 양면성 – 김치와 김장문화를 중심으로"를 대폭 수정한 것이다.

국 문화재에는 포함되지 않다가 유네스코에서 음식을 인류무형문화유산으로 포함시킨 연후에 뒤늦게 한국 무형문화재에 포함되었다. 현재 한국무형문화재에는 김치 외에도 장, 인삼, 막걸리, 차, 소금 등의 음식 문화가 포함되어 있다 (황경순, 2013: 495).

한국에서 무형문화재라는 용어만을 사용하다가 무형문화유산을 함께 사용하기 시작한 것에도 유네스코가 중요한 기여를 하였다. 유네스코가 2003년에 채택한 무형문화유산 보호 협약에서 무형문화재(intangible cultural property) 대신에 무형문화유산(intangible cultural heritage)라는 용어를 선택하면서[2] 한국 정부도 무형문화유산이라는 개념을 도입하였다. 행정관청 명칭이나 법 제도에서 문화재라는 개념을 지속적으로 사용함과 동시에 무형문화유산이라는 개념을 함께 사용하는 가장 중요한 이유는 유네스코를 중심으로 이루어지고 있는 국제 문화 정치와 코드를 맞추기 위해서라고 생각된다.[3] 이와 함께 유산이라는 담론에 포함된 사회 집단 중심성이나 기준의 상대성, 원형 개념의 약화 등도 함께 고려하였다고 설명할 수 있다. 유네스코에서는 국가나 민족을 포함한 다양한 사회집단이 주체적이고 능동적으로 인정하는 문화를 강조하고 있는데, 문화 표현물 즉 문화유산이나 문화재를 선정하는 중요한 기준으로 그 문화에 대한 집단의 능동적 참여를 제시하고 강조한다. 유네스코에 따르면 "무형문화유산"이라 함은 공동체·집단과 때로는 개인이 자신의 문화유산의 일부로 보는 관습·표상·표현·지식·기능 및 이와 관련한 도구·물품·공예품 및 문화 공간을 말한다. 유네스코는 무형문화유산 협약을 통해서 공동체 및 집단이 환경에 대

---

2 https://www.unesco.or.kr/data/standard/view/6/page/0?, 유네스코 한국위원회 홈페이지 국제규범 편에서 무형문화유산 보호 협약을 확인할 수 있다. 무형문화유산 개념을 유네스코에서 결정하는 과정에 대해서 남근우(2017: 124[주28]) 논의 참조.

3 문화재를 문화유산으로 변경하는 것을 골자로 하는 문화재위원회의 제안이 문화재청에 전달되었다는 기사가 나온 바도 있다. 여러 이유가 제시되지만 유네스코에서 사용하는 유산이라는 개념에 코드를 맞춘 것이 핵심이라고 판단된다(『연합뉴스』, 2022.04.11.).

응하고 자연 및 역사와 상호작용하면서 문화적 다양성과 인류의 창조성에 대한 존중을 증진시키고자 한다. 유네스코 정의에서 주목할 만한 점은 국가와 민족보다 개인과 사회집단, 공동체 등의 다양한 사회집단을 전승주체로 설정하고 있다는 점(Waterton, 2010)과 문화유산이 지속적으로 재창조될 수 있다는 점을 강조하고 있다는 점이다. 또한 집단에 개인을 포함시키고 있고, 물질문화도 관습이나 표상, 표현, 지식, 기능 등과 연관된다면 무형문화유산에 포함시키고 있는 점이 눈에 띄는 점인데, 이는 총체적 문화론 혹은 포괄적 문화 정의와 연결된다(Smith, 2017).

　여기서 이 글의 문제의식은 출발하는데, 유네스코가 상대적이고 포괄적이며 개인이나 공동체 등의 사회집단의 인정 중심으로 무형문화유산을 정의하고, 재창조를 강조함으로써 무형문화유산이 가지고 있는 거시적이고 장기적으로 지속하는 체계적 구조성을 놓치게 되고, 문화와 가지는 관계 파악을 경시하며, 효과적 문화 관리 방안 도출을 소홀히 하게 된다고 본다. 이 글은 따라서 무형문화유산을 문화와 연결시켜 관리하는 점이 불가피하며, 유네스코와 국가가 시도하는 문화의 효율적 관리를 위해서도 문화유산이 가지는 창출성과 함께 지속성에 대해 검토하고 이해하는 것이 필요하다고 주장한다. 기존 여러 연구는 문화 관리가 존재함에도 문화자연주의에 입각하여 이를 비판하는 데에 급급해서 문화의 재창조성을 과도하게 강조하고, 무형문화유산을 연구함에 있어서는 전승주체와의 관계에 대해서만 관심을 기울였다. 유네스코나 국가를 비롯한 사회집단 개입의 위험과 문화유산으로 인한 국가 사이의 갈등 등에 대해서 비판적 검토를 수행했지만, 정작 무형문화유산(무형문화재)가 문화와 가지는 연관성이나 문화유산/문화재제도가 문화를 고정시키지만 소멸을 방지하고, 고정시킴으로써 문화의 생동적 발전을 가능하게 할 수 있는, 문화 관리 및 문화관리주의가 가지는 변증법적 긍정성 등에 대해서는 깊이 고민하지 못했다.

　문화의 중요한 기능인 집단 정체성 부여와 경계 유지를 무형문화유산과 연결시켜서 이해할 필요가 있고, 문화의 지속력이 가지는 측면과 무형문화유산이 가지는 보편성과 탁월성을 객관적으로 파악해야 한다. 무형문화유산의 공동체성을 과도하게 강조하고, 전문가와 국가의 개입에 대한 지나친 비판으로 인해서 무형문화유산이 가지는 집단이나 시공간을 초월하는 인류 보편성이나 진정성에 대한 연구를 경시하게 되며, 국가나 유네스코가 제도를 통해서 문화유산 전승과 발전에 기여하는 점을 평가하는 데에 인색하게 된다.

이 글에서 나는, 서론에서 정의한 바 있는 문화관리주의와 문화자연주의에 입각해서, 문화가 관리되어 왔고, 앞으로도 관리된다는 문화관리주의적 관점을 강조한다. 이를 적절하게 이해해야 국가와 유네스코 정책을 문화 연구의 범위로 끌어올 수 있게 되는 것이다. 물론 사람들이 생활하는 방식 그대로 존중하며 국가나 자본이 특정 가치와 의미를 가지고 문화를 수단화하면서 문화에 개입하고 간섭하는 것을 비판하는 문화자연주의적 관점을 완전 배제하지는 않는다. 문화는 그 자체로 지속성과 체계구조를 가지고 있기 때문에 정치의 수단으로만 설정하는 문화 관리 정책은 이 글에서도 비판한다. 다만 문화가 관리되어 온 역사가 인류사이며, 미래도 문화는 관리될 것이라는 점을 민속문화학자들이나 문화인류학자들이 수용할 필요가 있다는 점을 촉구하는 차원에서 문화관리주의적 관점을 강조한다.

기존 학자들과 달리 원형과 전형 개념이 배타적이지 않고, 무형문화유산과 무형문화재 두 개념이 상호보완적이라고 전제한다. 사회에서 주목받는 무형문화유산 논의에 생활세계와 민속세계, 민속문화라는 개념을 끌어 온다. 체계세계와 민속세계라는 이원화된 생활세계 속에서 무형문화유산은 행위체로 존재하는 것인데, 이는 그 자체로 존재한다기보다는 끊임없이 행위관념에 연결되며, 이는 행위로 표현되게 된다.

이 글에서 나는 문화를 체계 혹은 시스템으로 봄과 동시에 민속으로 파악하는 관점을 취하며, 문화 관리는 불가피하게 인류 역사와 함께해 왔고, 문화는 문화재와 문화유산의 두 측면을 동시에 가지게 된다고 본다. 좀 더 체계화된 문화가 문화재이며, 문화유산은 사람들이 주체적으로 개입하기 때문에 덜 체계화되고 가변적이 된다. 국가와 경제 등 효율성만을 강조하는 시스템은 문화를 끊임없이 문화자원으로 간주하며, 이를 하나의 문화재로 변화시키고자 한다. 나는 국가와 경제 등에서 문화를 문화재화, 문화유산화하고 이를 자원으로 활용하는 것이 부정적인 결과만을 가져온다고 보지 않는다. 오히려 문화재화 과정은 포괄적인 민속문화의 발전을 견인하며, 민속문화의 포괄적 발전은 다시금 문화재와 문화유산을 발전적으로 끌어가게 된다(강정원, 2020). 나는 문화가 경제적이고 정치적 재화로서 전화되는 문화재라는 개념을 문화유산이 내포하고 있다고 본다. 무형문화유산이 사회집단과의 관계에서 가변성을 강하게 가질 수도 있고, 단절될 수도 있는데, 이를 국가의 무형문화유산(무형문화재)제도가 방지하고, 무형문화유산을 보존하며, 보전할 수 있게 해 준다.

민속문화인 김치와 김장이 문화유산이나 문화재가 된다는 것은 김치와 김장이 표준화되거나 고정되어서 제도적 경제나 정치의 활용 대상이 된다는 것을 의미함과 동시에 민속문화에 체계를 제공해주며, 민속문화의 변화를 견인하게 되는 것을 의미한다. 제도가 문화를 표준화시키며 소멸을 방지함과 동시에 변화의 생동성을 떨어뜨리고 집단이나 개인 사이의 갈등을 불러올 수 있지만, 동시에 생동성을 최소한 보장함으로써, 새로운 변화가 일어나는 것을 장려하게 된다.

이 글은 문화가 관리될 수 있는가라는 질문을 무형문화유산(무형문화재) 제도를 통해서 던지고 있다. 나는 문화는 인류가 존재하는 동안 항상 관리의 대상이 되어 왔다고 주장하며 문화자연주의적 관점이 문화관리주의적 관점과 절충될 필요가 있다고 본다. 이 글에서는 아울러 인간의 생활방식과 상징체계를 의미하는 문화 속에서 무형문화유산의 의미와 가치를 판단해야 함을 주장하면서 유네스코 인류무형문화유산을 한국 무형문화재와 대비하며 비판적으로 검토한다. 3장에서는 인류 역사에서 문화는 한편으로 끊임없이 관리되어 왔고, 문화의 관리가 부정적인 결과만을 가지고 오지 않았다는 점을 보여 준다. 나는 문화의 체계적 관리와 자체적 발전이 상호 영향을 미친다는 점을 이론적으로 논증하고 실증적으로 보여주고자 한다. 4장에서는 김치와 김장 무형문화유산이 정치적이고 경제적으로 활용되는 것이 민속세계에서의 지속성을 좀 더 높여 준다는 점을 설명한다. 무형문화유산은 체계성과 민속성이라는 양면성을 동시에 지니며, 두 특성은 상호 변증법적 관계 속에 서 있다.

    문화를 관리하고자 하는 유네스코와 국가의 정책을 대비시켜서 극단적으로 유네스코를 찬양하는 것도, 국가를 찬양하는 것도 문제가 있다고 보며, 무형문화유산도 무형문화재와 정도의 차이만 있을 뿐, 문화를 관리하는 차원에서 정책화되었다고 본다. 무형문화유산으로 대표되는 문화 관리 정책을 유네스코가 시행하고 있으면서, 지정 문화유산이 상업화나 정치화를 불러온다면서, 김치 문화에서 대표적인 김치가 아니고 일부분인 김치담그기를 유네스코가 지정한 것은 문화 관리가 가지고 있는 양면성에 대한 이해 부족에서 온다고 이 글은 주장한다.

II. 기존 연구 비판과 연구 시각

무형문화유산은 전승된 생활방식과 상징체계를 의미하는데, 여타 문화에 비해 상대적으로 전승성이 강한 문화를 의미하며, 제도를 통해 여타 문화보다 지속성과 발전성을 보장받는다. 유네스코 인류무형문화유산은 국가가 깊이 개입하여 지속성을 보장하고자 하는 무형문화재보다 개인이나 사회공동체 집단의 자유로운 선택을 통한 지속성 확보를 꾀한다. 무형문화유산은 무형문화재의 원형보다는 표준 정도가 떨어지지만, 전형을 통해서 지속성을 보장하고자 한다. 하지만 무형문화유산 제도가 장기 지속된 문화 가치보다는 사회공동체 중심의 상대적인 가변성을 강조하고 있어서 지속성 유지에는 원형을 강조하는 문화재제도보다 불리하다. 인간 중심의 전승과 원형을 강조하는 한국의 무형문화재 제도가 완고함과 불변성을 강조하여 변화가능성을 봉쇄하는 단점을 가지지만, 원형의 지속성 확보와 문화 그 자체의 탁월성이나 고유성 확보에는 유리하다.

무형문화재 혹은 무형문화유산에 대한 기존 연구들은 무형문화재 정책 혹은 제도와 연관된 연구와 일반 이론 연구로 구분할 수 있다. 배영동이나 석대권 등의 무형문화재/유산의 지정, 보존과 연관된 다양한 정책에 대한 비판적 연구는 기존 무형문화재 연구의 중요한 부분을 차지한다(석대권·김세중, 2015: 7-33; 배영동, 2018: 71-107).[4] 이러한 문화관리학적 논의는 무형문화유산 제도를 체계화하는 데에 기여하였다.

무형문화재의 정의 혹은 무형문화재 행정/정책과 연관된 지배 담론 혹은 이데올로기에 대한 연구도 문화재 관련 연구자들의 중요 주제 중의 하나였는데, 이를 문화자연주의적 연구라고 설정할 수도 있다. 원형 문제나 국가주의적 문화재 담론에 대한 비판적 연구가 수행되었고, 문화재가 국가와 민속학자들의 협업을 통해 새롭게 구성되는 점을 강조하기도 하였다(정수진, 2008; 남근우, 2010; 배영동, 2018).[5] 이 논의는 방법론적 개인주의나 문화구성주의에 기반하고 있는데, 유네스코 무형문화유산 정의에서 개인이나 집단, 공동체를 주체로 설정하면서 더욱 주목받았고, 민족국가나 민속학자가 원형이나 본질 등의 개념을 중심으로 실천하는 점을 본질주의 혹은 원형주의, 복원주의 등의 이름하에 비판했다. 하지만 이 논의는 한국 혹은 제3세계 상황에서 민속학자들의 불가피한 개입과 무형문화유산 제도가 가져온 소멸 방지나 지속가능한 보전 효과 및 경제나 정치에 가져온 기능을 간과하고, 문화구조주의를 통해 파악할 수 있는, 무형문화유산이 가지는 보편성과 진정성 등을 보지 못한다.

유네스코는 정부 간 조직으로서 아직 국가와 같은 수준의 행위 주체로 설

---

4 배영동(2018: 76[주6])의 논문에 무형문화재 제도에 대한 기존 연구를 정리해 두고 있다. 이 글에서 이를 모두 적시할 필요는 없다고 판단되어 배영동의 정리를 언급하고자 한다. 배영동은 이 논문에서 개인 민속지적 경험을 사례로 하는 연구자 사례 연구방법을 사용한다. 산업화와 향토성 기준에 대한 논의를 전개한다.

5 정수진(2008)의 논의가 대표적이며, 이와 함께 남근우(2010: 37-83)의 논의를 참고할 수 있다. 이와 관련해서도 배영동(2018: 76[주7])의 논문을 참조하기 바란다.

정될 수 없다. 무형문화유산이나 세계유산과 연관해서 유네스코가 국가 문화정책에 일부 영향을 미치지만, 이도 민족국가의 상위체로 유네스코가 존재하기 때문은 아니다. 여전히 개별 국가는 유네스코의 협약을 비준하지 않을 수도 있고, 비준하더라도 다른 방식으로 문화정책을 전개시켜도 된다. Bendix에 의해서 regime이라는 개념이 유네스코 차원에 적용되었기는 하지만, 서론에서 밝히고 있듯이 국가 차원으로 적용한 것은 아니다(Bendix, 2013: 4).

유네스코가 무형문화유산을 사회 속에 살아있게 만드는 것에 대한 중요성이나 사람들이 주체로 개입하면서 산업화 속에서도 지속가능한 발전이 가능하게 되는 점 등을 제시하면서 국가나 민족이라는 개념에 비판적인 학자들 사이에서 유네스코 협약이 국가의 문화정책에 새로운 방향을 제시한 것으로 이해되기도 했다. 아울러 유네스코 협약에 가입한 국가에서 유네스코 협약이 국가와 동일하게 문화 권력으로 작동하면서 문화에 개입하고, 이에 따라 문화가 고정되며, 표준화되는 것을 비판적으로 검토하는 연구도 나타났다. Bendix의 경우 "Heritage Regimes(유산 체제)"라는 개념 중심으로, Smith는 "Authorized Heritage(공인 유산)"라는 개념으로 기존 유네스코와 국가 중심의 유산 정책을 비판한다(Bendix, 2013; Smith, 2013). 무형문화유산을 유네스코가 국가 사이에 경쟁을 통해 신청을 받고 지정하여 국가주의를 강화시킬 수도 있다는 점에 대해서도 비판한다. 아울러 유산의 정의가 물질과 비물질 모두를 포함하며 명확하지 않다는 점에 대해서도 지적하고 있다. 다양한 주체가 좀 더 민주적인 방법을 통해서 무형문화유산의 신청이나 선정, 보존과 보전 과정에 개입하도록 해서 살아있는 유산이 되어야 한다고 주장한다.

유네스코의 「무형문화유산보호협약」이 2003년 체결되고, 한국에서 비준된 이후에 유네스코 영향력에 대한 학술적 검토가 이루어진 바가 있다. 함한희는 특별히 다양성과 창조성, 자율성을 기반으로 하는 유네스코가 무형문화유산 협약을 시행하는 과정에서 편의를 위해 국가 경쟁을 도입한 점, 그 결과로 국가 간의 경쟁이 치열하게 전개된 점을 비판적으로 보고 있다(함한희, 2016). 남북한 사이에 동일한 김치와 김장을 각기 다른 하위범주로 유네스코에 목록화한 것을 그는 이러한 갈등과 경쟁의 대표적인 것으로 제시한다. 유네스코가 기존에 의도한 바처럼 다양성을 보장하기보다는 다양성을 억제하고 무형문화 유산의 대표성만을 강화시키게 했다는 것이다.

나도 무형문화유산의 선정이나 보호, 보전 등이 민주적인 방법으로, 문화권을 포함한 인권을 신장시키는 차원에서 이루어져야 한다는 점에 대해서는 전적으로 동의한다. 하지만 이 글에서 특별히 문제제기하는 것은 국가나 유네스코, NGO 등의 지정이 가지는 원형의 표준화나 고정화에 대한 문화자연주의적 비판만으로 무형문화유산을 지속가능하게 보전시키며 발전시키는 것이 불가능하다는 점이다. 무정부 상태로 국가나 세계국가 조직이 존재하지 않은 상태에서 문화가 존재하지 않는 이상, 순수 문화자연주의적 접근은 일정 부분 유토피아적이다. 이 글에서 나는 문화는 역사적으로 관리되어 왔다는 문화관리주의적 논점을 학계에서 수용할 필요가 있다고 주장한다. 유네스코와 국가라는 거대 조직이 무형문화유산을 관리하며 제도화하는 것이 가지는 긍정적이면서도 부정적인 측면을 동시에 이해해야 한다는 점을 강조한다. 아울러 전승공동체 발달이 국가별로 상이하다는 점도 함께 무형문화유산 관리에 고려해야 한다. 현재 유네스코 정의는 전승공동체가 활발한 유럽이나 미국, 일본 등을 모델로 하고 있다. 전승공동체나 NGO 조직 활동이 미약한 비유럽 국가의 경우, 국가가 일체의 정책을 수행하지 않는다면, 전승공동체라는 조건 때문에 민속 문화를 유네스코 대표목록에 올리기가 힘들게 될뿐더러, 무형문화유산 자체의 존재도 의문시될 것이다.

국가와 거대조직이 문화에 미치는 특성을 파악하는 데에 강정원이 주장한 민속문화론이 도움을 준다. 체계와 민속의 양 측면을 동시에 고려해야 함을 주장하는 민속문화론은 무형문화유산이나 무형문화재가 행위자의 행위와 그 결과물인 행위체를 합친 민속 문화로서 유네스코와 국가, 지방자치단체가 주된 주체로 활동하는 시스템 속에 표준화된 매뉴얼로 존재함과 동시에 민속세계에서 다양한 주체들이 행위하면서 끊임없이 변화시키고 있는 양면성을 보는 것을 용이하게 한다(강정원, 2020).[6]

기존 연구에서는 주로 국가나 유네스코가 과도한 권력을 가지고 있으며, 제도를 통해 문화를 고정시키는 점을 강하게 비판한다. 하지만 나는 이러한 연구가 고정이 발생시키는 변화 과정을 놓치게 되고, 변화하는 과정이 고정시킨 원형을 궁극적으로 변화시키는 역동적인 면을 보지 못하게 된다고 주장한다. 제도화가 가지는 표준화와 원형화가 국가 사이의 갈등과 경쟁을 부추겨 지역 평화를 불안하게 하고 문화유산의 자유로운 발전을 한편으로 저해하기도 하지만, 다른 한편으로는 문화의 단절과 소멸을 방지하며, 무형문화유산을 지속시키며, 이 지속성 속에 포함된 보편성은 국가 간 평화를 가져온다. 아울러 제도적 표준화 등은 경제적이고 정치적 활용을 강화시키고, 강화된 경제적 효용가치는 민속 차원의 변화를 고무시키게 된다. 물론 많은 논자가 지적하는 제도적 지정이 가지는 강제적 억압성이나 폭력성은 존재하기 때문에, 이를 제거하기 위해서는 제도의 부정보다는, 제도 시행 과정에 민속세계의 민주주의적 작동이 가능하게 해야 하며, 다양한 주체들이 무형문화유산을 다양하게 재창조하는 자유가 보장되어야 한다.

무형문화유산은 문화로서[7] 유무형의 형태로 존재하는데, 유네스코나 국

---

[6] 아울러 문화유산을 체계문화유산과 민속문화유산으로 분리해서 이해하는 것을 가능하게 한다. 집단적 공동체의 창작물로 지속되는 민속문화재와 민속문화유산을 별도로 지정할 수 있는 이론적 토대를 제공한다. 체계문화유산에는 보편성과 탁월성을 좀더 강조하고, 민속문화유산은 공동체성을 강조할 수 있게 된다. 민속문화재 혹은 민속문화유산 제도는 유네스코에서는 도입하지 않았지만, 일본에서는 도입한 제도이다. 나는 한국에도 민속문화유산 제도를 도입할 필요가 있다는 점을 강하게 주장한다. 이를 통해 문화 관리의 효율성이 증대한다.

[7] 무형문화유산 보호를 위한 협약에서 정의된 것은 다음과 같다: "무형문화유산"이라 함은 공동체·집단 및 때로는 개인이 자신의 문화유산의 일부로 보는 관습·표상·표현·지식·기능 및 이와 관련된 도구·물품·공예품 및 문화 공간을 말한다. 세대간 전승되는 이러한 무형문화유산은 공동체 및 집단이 환경에 대응하고 자연 및 역사와 상호작용하면서 끊임없이 재창조되고 이들이 정체성 및 계

가 제도는 이를 포착하는 데에 그리 성공적이지 못하다. 한국 무형문화재 보호법에서는 유형문화를 일체 배제하고 있으며, 민속문화의 물질성을 확보하기 위해서 민속문화재를 두고 있지만 포괄범위가 일정하지 않은 문제점을 지니고 있다.[8] 이는 초기 문화재법에서 기예술의 소유자나 전승자 혹은 민속성에 대해서 특별한 관심을 기울이지 않고, 물질성만을 중요 기준으로 삼고 문화재를 분류하였기 때문에 발생한 문제이다. 다만 유네스코 정의는 명칭과 모순되지만, 도구나 물품, 공예품, 등의 물질까지도 포함하고 있어서 음식 민속문화도 포함할 수 있다.

2015년 개정된 한국의 「문화재보호법」에 따르면 무형문화재는 7가지 범주[9]로 분류되고 있다. 이는 2014년까지 유지된 문화재보호법에서 "연극, 음악, 무용, 놀이, 의식, 공예기술 등 무형의 문화적 소산으로서 역사적·예술적 또는 학술적 가치가 큰 것"으로 규정한 것을 유네스코의 무형문화유산 정의에 준해

속성을 갖도록 함으로써 문화적 다양성과 인류의 창조성에 대한 존중을 증진한다. 이 협약의 목적상 기존 인권에 관한 국제문서와 공동체·집단·개인간 상호 존중 및 지속가능한 개발에 대한 요청과 양립하는 무형문화유산만이 고려된다. 유네스코 한국위원회 홈페이지 참조. https://unescokor.cafe24.com/assets/data/standard/WukvuBD1Nl1JXd8jRK4Vnjpjg72Kh2_1216566000_1.pdf(검색일: 2021.10.04.).

8 4. 민속문화재: 의식주, 생업, 신앙, 연중행사 등에 관한 풍속이나 관습에 사용되는 의복, 기구, 가옥 등으로서 국민생활의 변화를 이해하는 데 반드시 필요한 것. 문화재보호법 참조. https://www.law.go.kr/LSW/lsInfoP.do?efYd=20210610&lsiSeq=219073#0000(검색일: 2021.10.04.). 이렇게 민속문화재 범위를 유형으로 축소시킨 것은 2015년 개정된 법이 시초인데, 개악이라고 할 수 있다. 민속문화가 유형문화도 포함한다는 사실도 인식하지 못하여 민속문화재의 정의가 매우 불투명할 뿐만 아니라 무형문화재에도 의식주 등 유형문화를 포함시켜서 법조문 사이의 관계도 명확하지 않게 되어 있다. 공동체가 주체가 된 경우에는 민속문화재로, 개인이 전승주체이면 무형문화재로 구분할 필요가 있고, 양 문화재 공히 물질을 포함시켜야 한다. 민속자료와 민속문화재에 관한 연구로 임장혁(2018: 319-343)의 논문 참조

9 7개 항목은 전통적 공연·예술/ 공예·미술 등에 관한 전통기술 한의약/ 농경·어로 등에 관한 전통지식/ 구전 전통 및 표현/ 의식주 등의 전통적 생활관습/ 민간신앙 등 사회적 의식(儀式)/ 전통적 놀이·축제 및 기예·무예를 말한다.

서 수정한 것이다. 유네스코에서 2003년 지정한 무형문화유산 보호 협약에서는 5개 범주[10]로 규정하고 있는데, 한국 무형문화재법에서 구분한 7개 범주를 유네스코 하위 분야와 비교해 보면 유네스코 3번째 하위 범주인 사회적 관습과 의식, 제전이 한국 「무형문화유산법」에서는 5번 의식주 등의 생활관습과 6번 민간신앙 등 사회의식, 7번 전통 놀이·축제·기예·무예 등으로 확대된 것을 볼 수 있다. 이렇게 문화를 몇 개의 하위 범주로 규정하는 것이 문화를 표준화시키고 규격화시키는 문제를 발생시키기 때문에 비판점이 존재하지만, 이 범주 설정이 가지는 한계는 대표목록이나 긴급목록, 모범사례 선정 시에 유연하게, 포괄적으로 적용시켜서 일정 부분 극복 가능하게 된다.

한국 「무형문화유산법」에서는 문화재 정의를 특별히 하지 않고, 상위법인 「문화재보호법」의 정의에 따르고 있다. 무형문화재를 두 법을 연계시켜서 정의해보면, 무형문화재는 인위적이거나 자연적으로 형성된 국가적·민족적 또는 세계적 유산으로서 역사적·예술적·학술적 또는 경관적 가치가 큰 것이다. 「무형문화유산법」 내에서 문화재와 문화유산을 혼용하여 사용하고 있어서 혼동을 일으킨다. 문화재의 경우 재화로서 활용되는 점을 강조하고, 문화유산은 다양한 주체와 관계 속에서 가치와 의미가 지속적으로 생성된다는 점을 중시하여 체계화할 필요가 있다. 한국 「문화재보호법」이 유네스코 협약과 다른 점은 문화의 보편성과 학술성을 인정하고 있다는 점이다. 한국 「문화재보호법」에서 무형문화재는 인류 보편적 가치와 학술적 가치를 지녀야 한다고 정의되고 있어서 유네스코가 간과하는 보편성과 탁월성, 진정성, 완전성도 무형문화재가 포함하고 있다는 점을 적절하게 반영하고 있다. 아울러 문화재가 민족문화 계승이라는 가치를 가지고 있고, 정치경제 차원의 다양한 활용의 대상이라는 점도 법의

---

10 유네스코에서는 무형문화유산을 무형문화유산의 전달수단으로서의 언어를 포함한 구전 전통 및 표현/ 공연 예술/ 사회적 관습·의식 및 제전/ 자연과 우주에 대한 지식 및 관습/ 전통 공예 기술로 구분하고 있다.

목적에서 분명히 하고 있다.[11]

　문화의 제도화나 상품화가 다양성을 억제하고 갈등을 불러오기도 하지만, 또 다른 측면을 가지고 있다. 어떤 세계에서도 문화는 자율적으로만 존재하지 않고 국가와 시장, 혹은 집단의 끊임없는 관리 속에서 제도화되기도 하고 상품화되기도 한다. 문화는 국가권력이나 시장경제의 필요에 따라 고정되기도 하고, 조정되기도 하고, 변화되기도 하는 것이다. 내가 주목하는 점은 이러한 시스템화에도 불구하고 이 시스템화된 문화가 민속문화의 발전을 가능하게 한다는 점이다. 권력이나 자본이 고정시킴에도 불구하고, 민속세계에서의 문화 발전을 통해서 그 시스템에 변화가 발생한다. 물론 이를 위해서는 주체[12]들의 끊임없는 비판적 문제 제기와 실천 과제 제기가 필요하다는 점도 자명하다(김희주, 2019).

　국가나 유네스코에서 법이나 협약을 통해서 문화유산을 지정하는 순간 문화는 고정화되고 표준화되는 길로 들어서게 되며 보존이나 진흥 등의 관리와 조정의 대상이 되는 것은 불가피하다. 유네스코와 국가 등의 문화 정책은 문화를 문화재와 문화유산으로 고정시키게 되지만, 문화의 지속성과 체계성을 강화시키기도 하며, 개인의 선택 여지를 좁히기는 하지만, 문화재에 관여하는 개인들이나 집단이 단절과 소멸을 방지하는 차원에서 벗어나 진흥과 발전을 위해 활동할 수 있는 기회를 제공한다. 문화의 발전 과정에서 일부는 소중한 가치를 지님에도 소멸되거나 단절될 수 있는데, 효과적인 문화재와 문화유산 정책은 소멸과 단절을 중지시키고 보존되고 발전될 가능성을 제공한다.

11　문화재보호법의 제1조가 목적인데, "이 법은 문화재를 보존하여 민족문화를 계승하고, 이를 활용할 수 있도록 함으로써 국민의 문화적 향상을 도모함과 아울러 인류문화의 발전에 기여함을 목적으로 한다."로 규정하고 있다. https://www.law.go.kr/LSW/lsInfoP.do?efYd=20210610&lsiSeq=219073#(검색일: 2021.10.04.).

12　문화유산 보호에 중요한 주체로 공동체 혹은 사회집단, 개인을 유네스코에서 적시하는데, 공동체가 연결성을 인정하는 사람들이지만 내부적으로는 다양한 이해관계를 가진 집합체이며, 개인들의 문화유산에 대한 권리의식과 주인의식이 문화유산의 보호에 중요하다는 김희주(2019: 109 - 141)의 견해에 동의한다.

유네스코 무형문화유산 제도는 문화의 다양성과 전승을 중시하면서 공동체 중심의 기준을 설정하고, 세계 유산에서 택하고 있는 탁월한 보편적 가치, 진정성, 완전성 등을 중시하지 않고 있다. 다행히 한국 문화재제도에서는 학술적 가치와 보편적이고 세계적인 가치를 인정하고 있어서 유네스코의 보편적 세계유산, 상대적 무형문화유산이라는 이분법적 구분을 수용하지 않고 있다. 무형문화재가 단순히 전승공동체 내에서만 인정되면 충분하다는 상대적 대표성을 유네스코가 중시한다. 학술적 연구를 통해 무형문화유산이 가지는 문화로서의 보편 가치가 충분히 밝혀질 수 있음에도 이를 간과하여 세계적 무형문화유산을 배제하고 있다. 음식 무형문화유산인 김치도 이집트 피라미드나 프랑스 베르샤유 궁전 등과 같이 탁월한 세계적 가치를 지니고 있다고 할 수 있으며, 김치문화에도 진정성과 완전성이 작동하고 있다.

공동체성은 문화의 핵심 특성이지만, 이도 문화발전의 단계나 사회집단 차원에 따라 상이하게 나타난다. 유럽이나 미국, 일본의 경우와 달리 한국이나 제3세계의 경우에 급격한 산업화나 도시화로 인해서 사회조직의 변화가 일어나서 공동체성이 담보되지 않는 경우도 많다. 현존하는 사회조직이나 NGO가 문화 전승을 위한 공동체적 주체가 되지 못할 정도로 취약한 것이다. 유네스코에서 제시하는 공동체성이라는 기준은 다분히 소위 제1세계 중심적이다. 이를 보완하기 위해서 사회 집단의 능동성을 인정함과 동시에 유네스코 선정 기준에 무형문화유산이 문화 그 자체로서 가지는 가치의 탁월성이나 보편성을 도입할 필요가 있다. 한국에서처럼 민속문화학자나 문화인류학자 등 전문가들의 학술적 판단을 무형문화유산 기준에 도입하면 된다.

III. 문화의 관리 – 음식 무형문화유산

음식은 무형문화유산의 하위 범주 어디에도 포함되지 않지만, 어디에도 모두 포함될 수 있다. 음식문화유산이 처음에는 무형문화유산에 포함되지 못했지만, 2010년 프랑스 '가스트로노미(정통미식)'과 멕시코 '미초아칸(전통요리)'이 대표목록화한 이후에(김은희 외, 2012) 다양한 음식문화유산이 유네스코 대표목록에 지속적으로 등재되고 있다. 아시아의 음식문화유산으로는 터어키 커피문화와 일본 와쇼쿠, 한국 김장문화가 2013년 대표목록에 이름을 올린 이후에 여러 음식문화가 대표목록화하였다.[13]

프랑스 음식문화가 유네스코 대표목록화하는 데에는 유네스코의 다섯 하위 범주와의 조율이 필요했다. 음식문화는 기본적으로 기술이라고 할 수 있다. 음식을 만드는 조리와 요리 방식을 가장 먼저 떠올리기 때문이다. 하지만 음식문화는 음식에 필요한 재료를 선택하는 과정이 필수이기도 하여 자연과 우주에 대한 지식 범주에 해당하기도 한다. 음식상을 제공할 때에 예술이 개입하기도 하며, 음식을 먹는 것은 사회적 의례나 관습이고, 음식과 연관된 신화나 전설 등은 셀 수도 없이 많아서 음식문화 그 자체는 구술문화 범주와도 연결된다. 이러한 다범주성은 대부분의 음식무형유산이 가지는 특성이기도 한다(Csergio, 2019: 453). 일본의 화식이나 한국의 김장문화 등도 중복되게 하위범주를 체크하여 선정되었다(김현정, 2018). 음식무형문화유산을 유네스코에서 선정할 때 주저하였던 이유는 지나친 상업성을 염려하였기 때문인데, 유네스코의 염려대로 음식무형문화유산은 유네스코에 선정되었다는 이유로 관광 상품으로 빠른 속도로 변하기도 한다. 음식무형문화유산의 경우에 긴급목록에 올라갈 유산도 많지만, 상당수는 경제적이고 정치적인 목적하에 대표목록으로 신청되고 선정된 경우가 더 많다.

---

13 아시아 음식 중에서 대표목록에 이름을 올린 음식문화는 다음과 같다:
2013: 튀르키예 커피문화와 전통, 일본 와쇼쿠 신년 식문화, 한국 김장 김치 문화, 조지아 전통 크레브리 와인 양조법; 2014: 아르메니아 라바쉬(전통 빵) 만들기와 그 의미; 2015: 아랍에미레이트연합·사우디아라비아·오만·카타르 커피문화, 북한 김치담기 전통; 2016: 우즈베키스탄 팔로프 문화와 전통, 타지키스탄 전통 요리 오시 팔라프, 아제르바이잔·이란·카자흐스탄·키르기즈스탄·튀르키예 납작한빵 만들고 나누어 먹는 문화.

국가주의나 민족주의와 유네스코 음식무형문화유산은 밀접하게 연관되어 있다(Porciani, 2019). 동아시아 삼국에서 치열하게 벌이고 있는 대표목록 선정 경쟁 과정은 좋은 예이다. 일본의 화식이 프랑스 음식이나 지중해 음식처럼 대표목록에 선정되었는데, 한국의 궁중음식 대표목록화 작업이 자극을 주었다고 한다(김현정, 2018). 앞에서 언급한 것처럼 2013년에 한국의 김치와 김장문화가 유네스코 대표목록에 선정이 된 이후에 북한에서도 김치와 김장문화를 2015년에 대표목록에 올리는 데에 성공하였고, 이도 국가 경쟁과 음식무형문화유산이 밀접한 관계에 서 있다는 점을 잘 보여준다(함한희, 2016).

내가 주목하는 것은 이 지점이다. 유네스코의 상업성과 정치성의 경계에도 불구하고 현실 세계에서는 선정된 무형문화유산 대표목록이 문화 관리 대상이 되어 관광과 국가경쟁에 활용되고 있으며, 대표목록이 가진 상업성은 증가하고 있다. 문화 관리의 부정적 측면이 증가한다고 해서 유네스코 선정 제도를 폐지할 필요는 없다. 문화 관리가 가지는 부정적 측면이 과열되는 것은 방지해야 하지만, 음식 무형문화유산의 상업성이나 국가 상징가치 강화를 반드시 부정적으로 비판만 할 필요는 없기 때문이다. 대표목록의 무형문화유산이라는 문화 관리 대상은 그 자체로 상업성과 정치성을 내포하고 있기 때문이다. 상업성과 정치성을 무형문화유산이라는 문화 관리 대상에서 일체 배제할 방법은 없다고 생각된다.

지역의 평화를 도모하기 위한 유네스코의 문화 관리 활동인 대표목록 선정이 국가주의를 지양하고 세계시민주의를 목표로 한다는 점을 한 편으로 수용할 수 있다. 하지만 세계시민주의도 또 다른 체제를 지향하면서 내적 불평등을 불러올 수도 있기 때문에 이러한 비판에도 일정한 한계가 존재한다. 세계시민주의를 지향하면서도 국가가 일정한 역할을 하도록 유네스코가 조직화되어 있는 것은 여전히 국가가 공공선을 실현시키는 데에 유용하기 때문이다. 특정 음식문화를 대표목록화하는 과정을 통해서 적어도 제국주의 경험을 지니지 않고, 식민지적 상처로부터 회복되지 못한 국가나 민족이 정체성과 자존감을 강화시킨다면 이 또한 유네스코 무형문화유산 대표목록이 지향하는 문화의 다양성 확보라는 목표를 달성한 셈이 된다.

    무형문화재 대신에 무형문화유산이라고 이름을 변경하였을 때, 주목할 점이 관리의 대상이기는 하지만 변화의 가능성을 인정한 점에 있다. 무형문화재는 국가가 시스템 차원에서 재화로 활용한다는 점을 분명히 한 것이고, 무형문화유산의 경우에는 국가와 함께 여러 사회 집단이 다양한 활용의 주체가 될 수 있다는 점을 명확히 한 것이다. 개인이나 사회 공동체, 국가, 조직 등이 무형문화유산 선정이나 보전, 진흥, 발전에 다양하게 개입하고, 여러 방식을 통해서 활용하고 관리하기 때문에 시공간적 맥락에 따라 무형문화유산이 변할 수 있다. 무형문화유산은 고정된 원형이라기보다는 다양한 주체의 개입에 따라 변화과정에 놓인다는 점을 강조한다. 여러 변화가 일어나는 과정에서, 관리가 상대적으로 느슨한 틈을 타서 오히려 유네스코가 경계하는 무형문화유산의 상업성과 정치성이 강화될 여지는 충분하다. 이렇게 된다면 유네스코의 무형문화유산이 한국 국가의 무형문화재가 될 수도 있다. 내가 여기서 강조하는 것은 무형문화유산과 무형문화재의 차이가 문화의 관리 대상 여부에 있지 않고, 오히려 관리의 정도에 있다는 점이다. 무형문화유산도 관리되는 문화라는 점을 명심할 필요가 있다.

    앞에서 무형문화유산도 학술성과 역사성, 예술성 등의 보편적 기준을 적용할 수 있다고 주장하였다. 나는 김치와 김장문화가 한국인의 대표 음식, 민족 음식으로서만 가치를 지니고 있다고 보지 않는다. 김치와 김장문화가 인류가 창조한 발효음식의 보편성과 진정성을 지니고 있다고 판단하며, 그 차원에서 김치와 김장문화가 가지는 보편성과 탁월성이 인정되어야 한다고 본다. 일본의 화식이나 프랑스 미식도 음식의 예술성이나 영양의 균형성 등에서 세계 음식문화의 보편적 기준을 충족하고 있다고 평가될 수 있는 것이다. 무형문화유산이라고 해서 그 향유와 전승이 그 전승집단에게만 한정될 이유가 없으며, 전 세계 인류가 함께 인정하고 향유하며, 능동적으로 전승에 참여할 필요가 있다.

    전 세계에 존재하는 발효 음식과 연관된 다양한 음식들이 김치처럼 긴급

목록이나 대표목록에 올라갈 수 있다고 판단된다. 발효라는 조리 방식이 가지는 보편성과 탁월성은 이미 여러 연구를 통해 검토된 바가 있고, 인류가 이룩한 문화적 성과인데, 이를 김치가 효과적으로 내재하고 있다. 사회적 행위자 집단이 명확하지 않지만, 다양한 행위가 행해지면서 전승되고 있는 한국의 젓갈 음식도 발효 음식의 또 다른 예가 된다.

동남아시아나 북아시아 등에서 먹는 여러 음식도 사회성이나 공동체성이 약한 상태에서 전승되기도 하는데, 그 가치와 의미를 전승 주체 스스로 파악하지 못하는 경우도 있다. 이럴 경우에 학자의 개입이 불가피하며, 지속된 가치와 의미, 감각이나 감정과의 관계를 보편성이나 진정성, 완전성 등의 기준에서 검토하고, 적절한 결과가 도출될 경우에 이를 유네스코 무형문화유산으로 선정할 수도 있다.

나는 음식문화를 비롯한 문화도 제도와 규범, 기술, 예술 등의 이름하에 고정되고 표준화되어 관리대상일 수 있다고 생각한다. 문화재나 문화유산은 관리나 보존 방식이 현대화된 것을 의미하는데, 인식론적으로 보면 국가를 비롯한 사회 집단과 시장 경제가 문화를 대상화한 것이다. 대상화된 문화가 문화재나 문화유산인데, 이 관리된 문화는 불가피하게 활용되며 진흥되기도 한다. 역으로 문화재화되며 활성화된 무형문화유산은 행위주체에게 행동이나 사고, 규범의 목표를 제공하고 전체 생활세계를 유지하는 기능을 수행한다. 아울러 그 사회에 정체성을 제공하며, 통합력을 부여하여 안정감을 주고, 변화를 수행할 기초를 제공해 준다.

IV. 문화의 지속과 발전—김치와 김장문화

1. 김치 대신에 김장?

김치는 밥이라는 주식에 소금과 다른 여러 영양을 제공하는 중요한 음식으로 기능하며, 밥-국-김치 방식으로 구조화되어 지속되어 왔다. 김치는 쌀밥이나 조밥, 수수밥 등 소금이 일체 들어가지 않는 밥이라는 주식을 뒷받침하는 부식의 우두머리 자리를 한국 음식상에서 오랜 기간 차지하였다(강원원, 2014). 밥이나 떡, 죽, 국수 등은 오랜 기간 한국인들의 주식의 위치를 차지하고 있었고, 이를 뒷받침하는 부식의 대표 자리를 김치가 차지해 온 것이다(박채린, 2015).

황경순에 따르면 2010년 말에 김치가 처음 인류무형문화유산 대표목록 등재 대상으로 언급되었다고 한다. 3장에서 언급한 것처럼 국가 사이의 경쟁이 이에 크게 영향을 미쳤다. 중국이 조선족의 무형유산을 자국의 국가목록으로 편입시킨 것이 크게 영향을 미쳤다고 하는데, 특히 김치가 중국 흑룡강성의 목단시급 무형문화유산으로 등재된 것이 위기감을 주었다. 즉 국가 사이의 상호 경쟁이 김치를 무형문화유산으로 등재시키는 데에 중요하게 작용하였던 것이다. 2011년 1월에 한국의 문화재위원회 무형문화재분과 회의에서 김치를 국가 대표목록으로 등록하는 것을 추진하기로 결정했다(황경순, 2013).

김치를 유네스코 대표목록에 등재시키기 위해서는 한국의 무형문화유산 국가목록에 포함되어야 하는데, 김치는 2011년 국가목록에 우선 포함되었다. 국가는 김치를 중심으로 유네스코에 등재하고자 했으나, 경제성(상업성)과 정치성을 배제하고 공동체성을 중시하는 유네스코 방침에 따라 활용성이 높은 김치가 아닌 김치를 생산하는 사회공동체의 활동인 김장문화로 등재를 신청하게 되었다. 프랑스 미식문화나 멕시코 음식문화 등의 등재에도 적용된 기준으로 음식 그 자체보다는 음식을 둘러싼 공동체의 활동을 중시한 것이다.

한국의 김치문화 혹은 김장문화도 프랑스 미식문화처럼 유네스코 5가지 하위범주나 한국 7가지 범주 상당수에 해당한다. 이처럼 유네스코나 한국 문화재 모두 무형문화재나 무형문화유산으로 등재시키는 과정에서 김치를 둘러싼 민속문화를 분리시키고 일정한 형태로 고정시키면서 시스템화시키는 것을 알 수 있다. 살아있는 무형문화유산을 강조하는 유네스코의 경우에도 김치문화 전체가 아니라 김장문화라는 부분을 지정한다. 즉 총체적인 문화 전체도 등재나 선정 시에 선정이나 전승 기준이 작동하여 부분으로 변화하고, 부분이 목록화하며 이의 관리가 시스템화하게 되는 것이다.

경제성과 정치성이 불가피하게 강화될 수 있다고 해도 김치 대신에 김장으로 지정할 것을 요구한 유네스코 제도에 문제가 있다고 판단한다. 어떤 무형문화를 지정할 때에는 그 문화의 본질적인 핵심을 지정해야 하는데, 행위자 중심의 지정 기준 때문에 김치 대신에 김장으로 선정된 것은 부수적인 것을 중심에 둔 셈이 된다. 김치문화의 경우 통합적으로 지정하거나 핵심문화를 지정하는 방안을 모색해야 한다. 김치 지정이 상업성을 가져온다고 하더라도 과도한 상업성은 경계해야 하지만, 상업화된 김치가 다시금 김치 문화를 활성화시킬 수도 있기 때문이다.

문화는 지속과 변화 속에 놓여 있는데, 문화 관리는 지속을 중심에 둘 수밖에 없고 무한정의 변화를 문화 관리 정책이 목표로 할 수는 없다. 김치와 김장이라는 문화를 관리 대상으로 선정함에 있어서 김치의 경제성과 정치성을 억제하기 위해서 김장을 지정한다고 하지만, 이러한 지정이 김치를 함께 담는 민속 문화를 강화하기는 쉽지 않아 보인다. 김장이 지속되기 위해서는 사회의 개인성보다는 공동체성이 강화되어야 하는데, 현대화 과정에서 김치를 위한 공동체가 강화되는 것을 김장 문화유산이 강제하기도 어렵고, 이러한 강제는 또 다른 억압을 불러올 수도 있기 때문이다.

2. **시스템과 민속 사이의 김치문화**

유네스코 등재가 김치김장을 비롯한 음식문화의 지속과 유지에 어떤 도움을 줄 것인가? 나는 이를 민속세계가 상대적으로 강한 유럽이나 미국, 일본과 여타 민속세계가 약한 국가들을 구분해야 한다고 생각한다. 유네스코 등재가 서구에서는 특별한 의미가 없거나 문화 통제의 의미로 받아들여지기도 하지만, 한국을 포함한 민속 세계 약소국가에서는 지속 가능성을 강화시키는 면도 존재한다. 민속세계가 상대적으로 약한 국가의 경우에 음식무형문화유산의 목록 등재는 음식에 경제성과 정치성을 부여하여 민속 문화로서 가지는 지속성도 강화시키게 된다.

김치의 경우에 한국의 식민지적 열등감 혹은 한국 문화 체계의 후진성을 상징하는 음식이었다. 악취가 나는 발효 음식으로서 세련되고 화려한 음식의 지위를 전혀 갖지 못하였다. 내가 독일 유학할 당시인 1990년대에도 한국을 이해한다는 독일 지식인들에게서조차 김치라는 음식은 악취 음식으로 이해되었다.[14] 한국에서조차 김치는 품위를 갖지 못한 음식으로 취급되었다. 제국주의와 식민주의 시대인 20세기에 김치에 포함되는 마늘과 여타 양념의 발효 냄새는 젓갈 냄새와 함께 한국 문화의 저급성을 보여준다고 서구 제국주의자와 식민주의자, 한국의 계몽주의자들에게서 지적되었다. 조선 왕실 음식상이나 유교 의례상에도 올라가던 김치가 조선 음식의 식민지화와 함께 저급한 가치를 지닌 음식으로 전락한 것이다(강정원, 2014: 197). 이런 차원에서 본다면 아시아의 다른 음식무형문화유산인 일본의 화식이나 중앙아시아의 플로프, 서아시아의 커피문화보다 상대적으로 취약한 위치에 있었다고 할 수 있다.

20세기에 들어서 급속도로 낮아진 김치의 상징적 지위를 국가 무형문화재와 유네스코 무형문화유산 대표목록 등재가 보완시켜 주게 되며, 한국의 대표 음식의 상징성을 확보하게 된다. 이러한 시스템에 의한 음식 보존과 유지[15]는 김치나 김장문화의 단절과 훼손을 막고 지속하게 만든다. 아울러 경제성도 강화시켜서 기업체들의 관심을 사게 되며, 기업체가 김치와 김장문화를 지원하도록 돕는다. 최근에도 김치 기업체가 문화재청과 함께 김치와 김장문화를 지원

---

14 독일 유학 당시인 1990년대 초반, 참여한 세미나에서 담당 교수가 김치를 악취나는 음식이라고 표현하여 당혹했던 기억을 아직도 가지고 있다.

15 국가가 문화재청 이외에 추가로 건립한 국립무형유산원과 세계김치연구소는 김치와 김장문화 무형문화유산 지속 가능성을 높이게 된다. 세계김치연구소는 홈페이지에서 김치종주국의 위상 제고와 글로벌 김치문화 창진을 목표로 제시하고 있다. https://www.wikim.re.kr/menu.es?mid=a10201030000(검색일: 2021.10.08.). 국립무형유산원은 체계적 전승 기반 확립을 첫 번째 목표로 제시하고 있다. https://www.nihc.go.kr/index.9is?contentUid=ff8080816f40a80f-016f7ead0e420d6d(검색일: 2021.10.08.).

하는 행사를 열거나, 행정 관청 차원에서도 다양한 김치 관련 행사를 벌이는 것을 볼 수 있다.[16] 시스템 차원에서 행해지는 국가나 지자체, 기업 주최 행사는 유네스코나 비판적 문화연구학자들이 경계하는 무형문화유산의 상업성 강화로 연결되지만, 이는 다른 한편으로 민속 세계 속의 김치와 김장문화의 다양한 발전을 강화시키며, 경제 발전 속에서도 지속되게 만들어 준다. 시스템 차원의 강화는 김치와 김장문화 구조를 강화시키고, 이를 수용하며 실천하는 사회의 의지를 증진시키기도 한다. 김치김장에 대한 의지적 실천 혹은 습관적 실천이 개입되지 않는 유지는 있을 수가 없는데, 이를 김치와 김장의 대표목록화가 강화시킨다.

김치를 비롯한 음식문화유산의 경우 자체로 지속가능한 개발이 가능하며, 관광이나 경제와 부합하면서 발전할 수 있다. 즉 시스템이 민속 문화를 지속적으로 발전시키는 것을 가능하게 한다. 하지만 발전 가능성이 무한한 음식문화유산을 지정할 때에는 유의할 필요가 있다. 국가나 유네스코가 굳이 지정하지 않아도 그 자체로 존재할 것이고 발전해 나갈 것이기 때문이다.

V. 맺음말

본 글은 문화를 국가나 유네스코 등의 주체가 관리하는 것이 가능한가라는 문화관리주의적 문제의식에서 출발하였다. 아울러 문화를 유산 정책을 통해서 관리하는 것이 어떤 결과를 가지고 오는 것인지 음식문화유산인 김치와 김장문화

---

16   http://www.dtnews24.com/news/articleView.html?idxno=401743 (검색일: 2020.10.08.). 무형문화유산원이 김장문화를 무대에 올리는 행사를 벌이거나 기업체가 김장문화를 알리기 위한 행사를 벌이기도 한다. 이는 모두 유네스코 대표목록이 가지는 파워에 기댄 것이라고 볼 수 있다. https://newsis.com/view/?id=NISX20210927_0001594324&cID=13001&pID=13000 (검색일: 2021.10.08.). 김장문화 관리 방안에 대해서는 김현정(2018: 197 - 224)의 논문을 참조.

를 통해서 비판적으로 검토하고자 작성되었다. 그리고 강정원이 제안한 민속문화와 민속세계론에 기반해서 김치와 김장 문화의 유산화를 분석하였다. 문화자연주의적 관점이 비판적 문화 연구를 가능하게 하지만, 문화 관리를 비판적으로 분석하게 하는 문화관리주의적 관점이 필요함을 보여주었다.

2003년 통과된 유네스코 무형문화유산 협약은 178개국이 승인하고 가입한 상태로 세계유산보다도 더 많은 회원국을 두고 있다. 무형문화유산은 세계유산에 대비해서 살아있는 문화유산이라는 점을 강조하고, 유형보다는 무형에 중점을 둔 유산이라는 점을 중시한다. 서유럽 중심의 세계유산과 비교해 보면 무형문화유산은 동아시아 중심이라고 할 수 있는데, 이는 두 유산 모두 정의나 선정 기준에 문제점이 내포되어 있다는 것을 말해 준다.

이 글에서 나는 무형문화정책이 가지는 문제점이 선정 기준을 문화보다는 사회전승집단에 중점을 둔 데에서 파생한다고 보았다. 사회집단이나 개별주체가 선택함에 따라 문화가 유지되고 전승된다는 점을 지나치게 강조하면서 세계유산이 가지는 보편성이나 진정성, 통합성 등의 기준을 상대성이나 공동체성으로 대체하였고, 이 때문에 동아시아를 제외한 여타 국가 무형문화유산의 대표목록화가 성과를 보지 못하고 있다고 생각한다.

이 문제를 생활세계가 시스템과 민속세계로 이원화되어 있다는 이론에 준해서 검토하였다. 강정원의 민속문화론은 시스템과 민속이 변증법적으로 상호 견인하며, 발전시킨다는 논의에 입각하고 있어서 유네스코가 음식문화를 문화유산 대표목록으로 올릴 때에 고려하는 상업성이나 정치성 등이 가지는 장단점을 효과적으로 설명해 준다. 현대화 과정은 문화가 관리되며, 더 많은 차원에서 시스템화하는 것을 불가피하게 만든다. 무형문화재나 무형문화유산 모두 관리되며 시스템화된 것인데, 무형문화유산에 관리시스템이 존재하지 않는 것처럼 주장하고, 문화가 주체의 자발성에 기초해서만 구성된다고 주장해서는 곤란하다.

이러한 시스템이 일방적으로 민속을 약화시킬 것이라고 우려할 필요는 없다. 오히려 적절한 수단이 선택될 경우에 붕괴된 공동체를 강화시킬 수도 있다.

상업적 이용이 문화를 표준화시키고, 고정시키게 되며, 다양한 변이형을 가져올 것이지만, 이는 역으로 무형문화유산의 민속세계에서의 발전을 용이하게 할 수도 있다. 즉 유네스코 무형문화유산 협약이나 국가 무형문화재법이 시스템과 민속에 미치는 양면성을 함께 고려해야 하는 것이다.

무형문화유산이 가지는 사회 중심적 선정 기준은 전문가 개입을 막는 데에는 용이하지만, 문화의 보편성이나 진정성 등을 충분히 인정하지 못하고, 모든 유산을 상대화시키고 유산이 가지는 지속성을 어렵게 만든다. 따라서 선정 기준에 보편성이나 탁월성, 진정성 등을 포함시켜서 민속문화학이나 문화인류학 등의 전문가 집단의 판단을 수용할 수 있게 해야 한다. 이를 통해 장기 지속된 무형문화유산을 목록화할 수 있으며, 긴급목록을 활성화시킬 수 있게 된다. 아울러 현재 선정된 무형문화유산의 지속 가능성을 높이게 된다.

김치와 김장 문화는 20세기에 들어서서 한국이 식민지로 전락한 이후에 저급한 음식으로 자리 잡았고, 무형문화재 선정 때에도 포함되지 못했다. 많은 계몽주의적 서구론자들은 김치와 김장 문화가 한국 문화에서 일찍 소멸되리라 기대했을 수도 있다. 그 자리를 간편하고 '위생적인' 서구 음식 문화가 채울 것이라 예상했을 수도 있다. 하지만 이러한 기대와 희망은 여전히 빗나간 상태에 있다. 왜냐하면 김치와 김장 문화는 원래 한국 음식 문화의 구조 속에서 확고한 위치를 점하고 있었으며, 의례에까지 진입하여 성스러운 지위까지 확보하고 있었기 때문이다. 이러한 김치와 김장문화는 현대화 속에서도 쉽사리 자리를 양보할 문화가 아니었던 것이다. 따라서 김치와 김장 문화의 가변성을 강조하는 논의는 김치와 김장문화의 주변만을 맴도는 것이라고 할 수 있다.

유네스코에서 김치를 선정하지 않고 김장을 선정한 조심성을 이해하지만, 김장이 김치를 최종 결과물로 생산하기 위한 활동이라는 점을 고려하면, 과도한 우려라고 생각한다. 무형문화재이든 무형문화유산이든, 유네스코나 국가의 관리 시스템화는 상업성과 정치성을 배제할 수 없다. 경제와 정치 시스템과 문화 시스템은 일정 정도 연계될 수밖에 없기 때문이다. 이러한 시스템화가 공동체성이 중시되는 민속세계의 위축을 가져오는 점을 경계해야 하는데, 시스템화가 민속사회 공동체성의 강화를 가져오기도 하며, 오히려 부분적으로 체계화시키기도 한다.

현대 한국 사회가 1인 가구화하고 있고 서구 음식이 대폭 유입되고 있어서 김장의 경우 시행하는 가구가 점차 줄고 있다. 김치의 경우에 소비가 줄고 있기는 하지만, 상업화가 진행되어 사람들이 쉽게 이용할 수 있게 되면서 오히려 더 많은 소비를 가져올 여지도 있다. 이는 다시금 가족이나 친족이 아닌 새로운 형태의 사회공동체가 김장하는 것을 가능하게 한다. 아울러 국가가 김치를 한국 대표음식화하면서 저급한 음식을 먹고 있다는 자괴감을 사람들이 극복하고 자문화에 자부심을 가지게 하며, 이는 국가 사이의 평화를 가져오는 데에도 기여한다.

문화를 연구함에 국가나 유네스코 등을 배제해서는 안 되며, 이들의 행위를 이해할 때 제대로 문화를 이해할 수 있다. 이들이 만들어내는 문화 시스템 즉 문화유산이 사람이 주체가 되는 민속 문화와 어떤 관계를 맺는가를 연구할 필요가 있다. 문화유산 시스템을 적대시할 이유가 없다. 이 글에서 문화유산 시스템이 민속과 맺는 순기능적인 측면을 분석했다고 해서, 이를 문화유산 시스템을 옹호했다고 오해해서는 안 된다. 마지막으로 유네스코의 문화유산 정책이 가지는 문제점을 효과적으로 파악하기 위해서는 문화자연주의나 문화구성주의적 관점과 문화관리주의와 문화구조주의적 관점을 절충할 필요가 있다는 점을 강조한다.

참고문헌

강정원. 2014. "음식문화의 구조와 김장."『김치의 인문학적 이해』. 세계김치연구소.
강정원. 2020. "현대화와 민속세계. 민속문화." 강정원(편).『현대화와 민속문화』. 민속원.
강정원. 2021. "무형문황유산 제도의 양면성."『지방사와 지방문화』 24(2). 역사문화학회.
김은희·이광옥·이응규. 2012. "한국음식의 세계무형문화유산 등재전략에 관한 연구."
    『관광연구』 27(5).
김현정. 2018. "유네스코 인류무형문화유산의 관리와 활용 현황에 대한 한일 비교 연구
    – 김장문화와 와쇼쿠(和食)를 중심으로."『비교문화연구』 50.
김희주. 2019. "무형문화유산과 문화유산의 민주화: 커뮤니티의 역할과 권리에 대하여."
    『한국전통문화연구』 23.
남근우. 2010. "복원주의 민속학의 아이러니."『한국민속학』 52.
남근우. 2017. "유네스코 무형문화유산 체제의 성립과 전략적 수용."『비교민속학』 63.
박채린. 2015. "김치담본. 김치는 우리 민족의 대표음식인가?."『김치에 대한 인지. 정서
    그리고 변화』. 세계김치연구소.
석대권·감세중. 2015. "우리나라 무형문화재 정책의 기본과 그 운영의 역사."『한국전통
    공연예술학』 4.
이현경·손오달·이나연. 2019. "문화재에서 문화유산으로."『문화정책논총』 33(9).
임장혁. 2018. "무형문화재 관련 법률의 제문제."『비교민속학』 67.
임재해. 2014. "김치문화의 인문학적 가치 인식과 세계화의 길."『김치의 인문학적 이
    해』. 세계김치연구소.
정수진. 2008.『무형문화재의 탄생』. 역사비평사.
정수진. 2015. "무형문화유산의 문화정치학."『실천민속학연구』 16.
조인희·정경희. 2010. "전통민속문화의 관리 전략에 관한 연구."『한국엔터테인먼트산
    업학회논문지』 4(1).
함한희. 2016. "아리랑. 김치 그리고 국가주의."『비교민속학』 59.
황경순. 2013. "'김장문화'의 인류무형유산 대표목록 등재를 통해 본 무형유산 보호의 패
    러다임 변화."『민족문화논총』 55.

Bendix, Regina·Aditya Eggert·Arnika Peselmann. 2013. *Heritage Regimes and the State*. Goettingen.

Cang, Voltaire. 2018. "Japan's Washoku as Intangible Heritage." *International Journal of Cultural Property* 25.

Cserge, Julia. 2018. "Food As a Collective Heritage Brand in the Era of Globalization." *International Journal of Cultural Property* 25.

Porciani, Ilaria. 2019. *Food Heritage and Nationalism in Europe*. Routledge.

Smith, Laurajane. 2006. *Uses of Heritage*. Routledge.

Smith, Laurajane·Gary Campbell. 2017. "The Tautology of intangible Valus and the Misrecognition of Intangible Cultural Heritage." *Heritage and Society* 10.

Waterton, Emma·Laurajane Smith. 2010. "The recognition and misrecognition of community heritage." *International Journal of Heritage Studies* 16.

자료

연합뉴스, "'문화재' 용어, '국가유산'으로 바꾼다…문화·자연·무형 구분", https://www.yna.co.kr/view/AKR20220411090900005?input=1195m(2022.04.11일자; 검색일: 2022.05.01.).

https://www.unesco.or.kr/data/standard/view/6/page/0?(검색일: 2021.10.01.).
https://www.law.go.kr/LSW/lsInfoP.do?efYd=20210610&lsiSeq=219073#0000 (검색일: 2021.10.04.).
https://unescokor.cafe24.com/assets/data/standard/WukvuBD1Nl1JXd8jRK4Vn-jpjg72Kh2_1216566000_1.pdf(검색일: 2021.10.04.).
https://www.law.go.kr/LSW/lsInfoP.do?efYd=20210610&lsiSeq=219073#(검색일: 2021.10.04.).
https://www.wikim.re.kr/menu.es?mid=a10201030000(검색일: 2021.10.08.).
https://www.nihc.go.kr/index.9is?contentUid=ff8080816f40a80f016f7ead0e420

d6d(검색일: 2021.10.08.).

https://newsis.com/view/?id=NISX20210927_0001594324&cID=13001&pID=13000(검색일: 2021.10.08.).

http://www.dtnews24.com/news/articleView.html?idxno=401743(검색일: 2020.10.08.).

제2장

유네스코 체제와 한국의 무형문화유산[1]

허용호(경주대학교 문화재학과)

I. 유네스코 체제 형성과 한국의 진입

이 글에서 사용하는 '유네스코 체제(UNESCO regime)'라는 개념은 '유네스코 차원에서 국가들 사이의 협상을 통해 형성된 무형문화유산 관련 논의와 실천'을 의미한다. 본래 체제(regime)라는 것은 "국가와 사회 간 관계를 규정하는 일련의 규칙과 규범"이지만, 유네스코 체제에서의 체제란 "국가 간의 층위에서 행위자들(actors) 간의 협상을 통해 산출되는 것"이다(Bendix et al., 2012: 12 -13). 이러한 유네스코 체제가 근래에 전 지구적으로 강한 영향력을 끼치고 있다. 개별 국가 차원에서 유네스코 차원의 무형문화유산 관련 논의와 인식이 그 영향력을 발휘하고 있는 것이다.

유네스코 체제의 형성은 적어도 1973년 볼리비아 정부가 민속 보호를 유네스코에 요청한 때까지 거슬러 올라갈 수 있다. 이후 본격적인 논의와 실천은

---

1 이 글은 『비교민속학』 75(비교민속학회, 2022)에 실린 "유네스코 체제와 한국의 무형문화유산"을 수정한 것이다.

1989년 「전통문화와 민속 보호에 관한 권고(Recommendation on the Safeguarding of Traditional Culture and Folklore)」, 1998년 「인류 구전문화 및 무형문화유산 걸작에 관한 규약 선언(Proclamation of Masterpieces of Oral and Intangible Heritage of Humanity)」과 시행, 2003년 「무형문화유산 보호를 위한 국제협약(International Convention to Safeguard Intangible Cultural Heritage)」 통과, 2006년 협약 발효 등으로 이어졌다(무니르 부쉬나키, 2004: 8 - 13; 아아카와 노리코, 2004: 82 - 93; 임돈희, 2006; 11 - 51; 허용호, 2009, 2016b). 이러한 일련의 움직임은 국제적으로 무형문화유산에 대하여 관심을 두게 했다.

이러한 움직임의 바탕에는 유물과 완성품만 아니라 사회적 과정과 사람들의 활동 자체가 살아있는 문화로서 존중되어야 한다는 인식이 자리하고 있었다(장정아, 2008: 173). 문화유산에 대한 인식 변화와 무형문화유산에 대한 주목이 이루어진 것이다. 구체적으로 살펴본다면, '탁월한 보편적 가치', '지배층 중심의 유형문화', '서구적인 개념에 근거한 걸작 정의', '기념물적 기준에 중점', '인류문화에 대한 정태적 관점' 등의 속성을 가지고 있던 기존의 세계유산목록(유형문화유산)에서 벗어나, '풍부하고 다양하며 살아있는 문화라고 인식되는 무형문화유산이 주목'받게 되었다(도슨 문제리, 2004: 20).

무형문화유산과 관련한 유네스코 체제의 본격적인 시작은 2003년에 이루어진 무형문화유산보호를 위한 국제협약(International Convention for the Safeguarding of Intangible Cultural Heritage)이다. 이에 따라 문화 다양성과 창의성이 유지될 수 있도록 대표목록 또는 긴급목록에 각국의 무형유산을 등재하는 제도가 유네스코를 중심으로 시행되었다. 유네스코 체제가 본궤도에 진입하면서, 한국의 무형문화유산 정책과 전승, 그리고 인식 전반에 걸쳐 이전과 다른 양상이 나타났다. 이 글은 이렇게 유네스코 체제의 본궤도 진입 이후, 한국의 무형문화유산 전반에 걸쳐 나타난 새로운 흐름에 주목한다. 2000년대 초반 이후 유네스코 인류무형문화유산 대표목록 제도와 관련하여 한국의 무형문화유산 전반에 나타난 흥미로운 양상을 정리하고자 하는 것이다.

1998년 「인류 구전문화 및 무형문화유산 걸작에 관한 규약」 선포 이후 유네스코 무형문화유산 선정 작업이 시작되었다. 구체적으로 2001년 '유네스코 인류 구전 및 무형문화유산 걸작' 선정으로 시작하여, 2008년 '유네스코 인류무형문화유산 대표목록' 등재로 그 명칭과 지향점을 무형문화유산의 성격에 맞게 개선했다. 이는 '걸작(Masterpieces)'이라는 경쟁적 용어를 삭제함으로써 무형문화유산에 위계를 없애고자 하는 국제적인 노력의 결과이다(Foley, 2014: 369 - 398). 2021년 현재 한국에서는 총 21개 종목이 유네스코 인류무형문화유산 대표목록에 등재되어 있다. 종묘제례 및 제례악(2001년), 판소리(2003년), 강릉단오제(2005년), 강강술래(2009년), 영산재(2009년), 제주칠머리당영등굿(2009년), 처용무(2009년), 남사당놀이(2009년), 가곡(2010년), 대목장(2010년), 매사냥(2010년), 택견(2011년), 줄타기(2011년), 한산모시짜기(2011년), 아리랑(2012년), 김치와 김장문화(2013년), 농악(2014년), 줄다리기 의례와 놀이(2015년), 제주해녀문화(2016년), 씨름(2018년), 연등회(2020년) 등이 그 사례이다. 현재 탈춤이 신청서를 제출하여 2022년 말 등재 결정을 앞두고 있다.

위에서 정리한 21개의 등재 종목들을 보면 그 선정과 등재 과정이 일관된 기준이나 양상을 보여준 것은 아니었다. 2001년에서 2005년까지는 이른바 '걸작'이라는 기준에 맞춰 격년으로 종목이 선정되고 등재되었다. 2006년부터는 무형문화유산의 특징을 염두에 둔 선정과 등재가 이루어졌는데, 2011년까지는 비교적 제한 없는 신청과 선정 및 등재가 이루어졌다. 그런데 2012년부터는 1개국에 1종목만 신청할 수 있게 되었고, 이러한 제한은 2014년까지 이어졌다. 그리고 2015년부터는 한국과 같이 등재 종목이 많은 국가의 경우 그 제한이 더욱 강화되어 2년에 1종목만 신청할 수 있게 되었다.

이러한 한국의 유네스코 체제 진입 과정에서 여러 흥미로운 양상이 나타났다. 이 가운데 필자는 강릉단오제·농악·아리랑·해녀문화 등의 등재 과정에서 나타난 '무형유산 소유의식의 발현과 관련 논쟁', 「무형문화재 보전 및 진흥에 관한 법률」 제정이라는 '무형문화재 관련 정책 변화', 시도무형문화재·국가 무형문화재·유네스코 인류무형문화유산 등으로 서열화되는 '무형문화유산에 대한 위계적 사고', 줄다리기·농악·탈춤 전승공동체에서 나타나는 '무형유산 전승공동체의 조직화', 씨름과 탈춤 등재 과정에서 나타난 '연대와 평화의 매개로서의 무형유산 전유' 등의 양상에 주목한다. 이렇게 정리한 것들은 유네스코 체제가 형성되고 우리나라가 그 체제에 진입한 이후를 시계열적으로 바라보면서 나타났던 주목 사항들이다. 필자는 이러한 주목 사항들을 중심으로 그 경과와 시사점 등을 살펴보게 될 것이다.

이 과정을 통하여 필자가 주장하려는 것은 유네스코 체제의 영향이 만만치 않다는 점이다. 또한 유네스코의 지향과 각 국가 혹은 지역 공동체의 지향이 꼭 부합하지는 않다는 점도 주장한다. 나아가 '무형문화유산의 소유의식 강화와 국경을 넘는 무형유산', '무형문화유산에 대한 위계적 사고의 고착과 해체', '무형문화유산을 통한 경쟁과 조화' 등이 공존하고 있는 것이 현실임을 말하려고 한다. 이는 유네스코 체제에 대한 비판이 적지 않은 현 상황에서 그 비판이 간과했던 다른 양상 역시 주목한다는 것을 의미한다. '무형문화유산의 소유의식 강화'라는 비판 거리의 다른 지점에 '국경을 넘는 무형문화유산'이라는 양상이 존재하고 있음에 필자는 주목한다. 또한 '무형문화유산에 대한 위계적 사고의 고착'이라는 문제 양상의 다른 쪽에 '무형문화유산에 대한 위계적 사고의 해체'라는 또 다른 움직임의 양상에 주목한다. 그리고 '무형문화유산을 통한 경쟁' 추구의 다른 지점에 자리하고 있는 '무형문화유산을 통한 조화'의 양상 또한 필자는 주목한다. 필자는 서로 다른 지향과 가치가 공존하는 현실, 어쩌면 유네스코의 지향과는 많이 다른 현실의 모습을 말하면서도, 지향 혹은 이상 구현의 모습 역시 여전히 존재한다는 것을 말하려는 것이다. 결국 필자의 주장은 이상적 지향과 현실적 장애는 자연스러운 것이며, 현실적 장애 극복을 위한 움직임에도 주목해야 한다는 것으로 정리할 수 있다. 특히 유네스코 체제가 '국가 간의 층위에서 행위자들 간에 협상을 통해 산출되는 것'이라는 점에 유념한다면, 유네스코의 이상적 지향의 구현 사례는 더욱 많아질 수 있다는 것을 필자는 강조할 것이다.

II. 무형유산의 소유의식 발현과 관련 논쟁

2005년 강릉단오제의 등재를 전후해서 일어난 논란이 있다(허용호, 2016b). 무형문화유산의 소유권 논란이 그것이다. 이 논란은 비단 강릉단오제뿐만 아니라, 다른 종목에서도 일어날 소지가 큰 것으로 여전히 잠복 중이다. 2005년 강릉단오제가 '유네스코 인류 구전문화 및 무형문화유산 걸작'에 등재되는 과정에서 적지 않은 논란이 있었다. 특히 한국과 중국 사이에서 벌어진 불편한 논쟁은 유네스코의 국경을 초월하는 문화 지향과는 거리가 있었다.

다툼은 중국의 단오 소유권 주장에서 비롯되었다. 2005년 한국의 강릉단오제가 '유네스코 인류 구전문화 및 무형문화유산 걸작'에 선정되는 과정에서 중국 측에서 강력하게 이의제기를 했다. 중국의 이의제기는 "한국에서 중국 문화를 자기 문화로 하려 한다."(류계욱, 2009: 100) 또는 '단오가 고대 중국에서 기원한 것인데, 한국이 이를 빼앗아 갔다'로 압축할 수 있다. 단오와 관련한 논쟁에서 한국 측의 논리는, '단오의 시기와 명칭은 중국에서 비롯된 것이 맞지만, 한국은 나름의 독특한 문화를 형성해 냈다'로 정리할 수 있다. 중국 측이 무형문화유산의 원조국이나 종주국으로서의 소유권을 주장했다면, 한국 측은 문화가 갖는 '과정적(process) 성격'(한경구, 2009) 혹은 '글로컬(glocal)한 속성'(Robertson, 1995; 야마시타 신지, 2009: 70에서 재인용)을 주장한 것이었다.

단오와 관련한 한국과 중국의 논쟁은 2009년 중국 단오문화의 대표적인 양상인 용선 축제가 유네스코 인류무형문화유산 대표목록에 등재되면서 소멸한 것으로 보였다. 그런데 또 다른 상황이 벌어졌다. 용선 축제가 유네스코 무형문화유산 대표목록으로 등재되는 바로 그 해에 중국 조선족의 농악무가 함께 등재된 것이다. 한국 측의 초기 반응은 당황 그 자체였다. "농악무, 중국이 먼저 유네스코 문화유산 등록"(『경향신문』, 2009.11.09.)이나 "세계유산 등재, 중국에 선수 뺏긴 농악"(『동아일보』, 2009.10.02.) 등에서 짐작할 수 있듯이, 언론과 방송 그리고 일부 전문가들의 반응은 격렬했고 관련 기관과 담당자들은 여기저기에서 쏟아지는 질책에 어쩔 줄 몰랐다.

한국에서 형성된 주장의 요지는 '농악은 한국에 고유한 것이다. 중국 조선족 농악은 한국에서 옮겨간 것이다. 한국이 원조인 농악을 중국에서 인류무형문화유산 대표목록에 등재한다는 것은 말이 되지 않는다'로 정리할 수 있다. 이러한 주장은 어딘가 낯익다. 바로 단오 논쟁에서 중국 측이 주장한 내용과 같은 것이다. 이러한 주장은 이른바 농악의 원조국 혹은 종주국으로서의 소유권을 주장한 것이다. 흥미로운 것은 이러한 농악에 대한 중국 측의 논리이다. 중국 측은 '농악무는 한국인들의 농경 생활에서 유래했고, 19세기 말 중국에 유입된 이후 주목할 만한 발전을 이루었다. 농악대 편성, 복색 등에서 중국 내 다른 민족들의 영향을 수용한 것이다. 농악무는 중국 내 조선족의 중요한 문화유산으로 전승되고 있다.'라고 말한다(문화재청·유네스코아태무형유산센터, 2010a: 50). 문화의 과정적 성격 혹은 글로컬한 속성을 담담하게 말하고 있다.

'종주국 또는 원조국으로서의 소유권 주장'과 '문화의 과정적 성격에 입각한 글로컬한 속성 주장'이 맞서는 양상은 지금까지 이어지고 있다. 필자는 2011년 한 학술대회에서 이러한 상황은 더욱 강화되어 나타날 가능성이 크다고 예견했었다(허용호, 2011: 88). 그런데 그 우려가 아리랑 등재와 관련해서 현실화하였다. '중국에 의해 이미 아리랑이 유네스코 인류무형문화유산 대표목록에 등재된 것이나 다름없다', '아리랑을 이미 빼앗겼다' 등의 확인되지 않는 소문들이 인터넷을 통해 확산되고, 신문과 방송에서 보도가 이루어졌다. 대표적인 신문 기사 제목을 보면, "중국이〈아리랑〉탐내는데 한국 정부는"(『한겨레신문』, 2011.06.22.), "한국고대사 중국사 둔갑 10년 도발 – 작년엔〈아리랑〉중국문화유산 지정"(『경향신문』, 2012.06.06.), "아리랑·널뛰기가 중국 무형문화유산?"(『동아일보』, 2011.09.06.) 등이 있다. 심지어 대규모 야외 경기장에서 저명인사를 앞세운 대규모 집회가 이루어지기도 했다. 이 과정에서 '우리의 아리랑을 뺏기지 말아야 한다'라는 주장을 내세우며, 아리랑을 인류무형문화유산으로 등재하기 위한 담론 활동이 이루어졌다. 이 담론 활동의 중심에는, 이러한 활동이 아리랑의 종주국 혹은 소유권자로서의 당당하고도 자연스러운 것이라는 인식이 자리하고 있다.

이상의 아리랑 논란에 불을 지핀 것은 물론 중국이었다. 중국의 비물질문화유산 정책에 따라 중국과 변경 지역 및 소수 민족의 문화유산들이 국가급 비물질문화유산 목록에 오르기 시작했고, 조선족 민요 중 아리랑이 국가급 목록에 오르게 되었다. 한국에서의 아리랑 논란은 이러한 중국 측의 움직임에 대한 대응이었다. 그런데 그 대응이 즉자적이었다는 데 문제가 있다. '또다시 농악처럼 빼앗길지 모른다는 위기감', '그러기에 선점해야 한다는 조급함', '마땅히 우리의 것이니 우리가 확보해야 한다는 소유의식' 등이 복합적으로 작용한 것이었다. 단오 논쟁에서 점잖게 무형문화유산의 글로컬한 속성이나 문화의 과정적 특징을 주장했던 한국이, 이제 그 주장과 맞섰던 주장을 가져다가 논리화했다.

무형유산의 소유권과 관련한 이상의 사례에서 짐작할 수 있듯이, 적어도 한국과 중국 간에는 문화를 통한 국경 넘기는 요원한 듯 보인다. 국경을 넘어서는 문화 공유는 그야말로 유네스코 협약서에만 존재한다. 한국과 중국 간의 문화 국경은 인류무형문화유산 등재 과정을 계기로 오히려 더욱 강화되고 있다. 두 국가 사이의 반목과 다툼은 크게 본다면 '문화유산의 원조국 혹은 종주국으로서의 소유권 주장'과 '문화유산의 과정적 특징 혹은 글로컬한 속성 주장'의 대립으로 정리할 수 있다.

하지만 앞서 살폈듯이, 양국의 주장은 일관되지 않는다. 이른바 문화와 관련한 논리 혹은 이론은 필요하면 갖다 쓰는 장식일 따름이다. 양국의 주장에서 일관되는 것은 철저하게 국경 안에서 국가 중심으로 사고한다는 점뿐이다. 타국의 희생이 전제되어야 하는 '세계적 인정'을 받으려 애쓰고 있을 뿐이다. 결국 유네스코 무형문화유산 관련 논의는 앞서 살펴본 국경 초월의 지향에도 불구하고, 현실에서는 치열한 국경 긋기의 양상으로 나타나고 있다. 더욱 국경을 강화하고, 국경선을 그어대는 양상이 나타나는 것이다. 이러한 양상은 제주해녀문화 등재 과정에서도 그대로 나타난다(안미정, 2020). '한·일 해녀문화의 공통성 논의' → '제주해녀문화 원조론' → '일본해녀문화의 선 등재 우려' → '한국 단독 등재'로 이어지는 등재 전후의 과정은 사실상 경쟁과 소유권 강조로 이어진 단오, 농악, 아리랑의 그것과 크게 다르지 않다.

이러한 무형문화의 소유권 갈등을 극복하기 위하여 유네스코 인류무형문화유산 대표목록을 국가 이름이 아닌 지역 이름으로 등재하는 방안이 제안되기도 했다(한경구, 2009). 그런데 국가가 아닌 지역 이름으로 등재한다고 국가 간 다툼이 일어나지 않을까? 무형문화유산의 소유권을 국가에서 지역으로 돌린다고 해결될 수 있을까? 필자는 다툼의 원인을 단지 '국가 이름의 등재'로만 이해해서는 곤란하다고 생각한다. 국가 이름으로의 등재에 함축된 국가 소유권의 문제, 그리고 이 속에 담겨 있는 무형문화유산에 대한 보수적 견해가 해결되지 않는 한, 다툼의 소지는 여전히 남아있을 수밖에 없다.

'중국의 명절이 한국의 한 지역에서 잘 발전하였다'라고 중국인들이 흡족해하기 위해서는, 혹은 반대로 '한국의 농악이 중국에서 여러 어려움 속에서도 꿋꿋하게 잘 전승됐다'(류계옥, 2009)고 한국인들이 자긍심을 느끼기 위해서는, 특정 문화가 교류·차용·모방을 통해 과정적으로 형성되고 전개된다는 인식 전환이 이루어져야 한다. 이러한 인식 전환과 그 공유가 이루어지지 않았을 때, '지역 이름으로의 등재'는 단지 국가에서 지역으로 소유권이 이전되었을 뿐이다. 더욱이 그 지역이 특정 국가에 속해있음을 염두에 둘 때, 그야말로 미봉책일 따름이다.

2001년 유네스코의 「세계문화다양성 선언」을 보면, 하나의 문화 단위가 하나의 사회 또는 하나의 사회 집단이라는 가정에 입각하고 있다(한경구, 2009). 이러한 가정 혹은 인식은 2003년 제32차 유네스코 총회에서 통과된 「무형문화유산 보존을 위한 국제적 협약」에서도 그대로 나타난다. 협약에 따르면 무형문화유산은 "한 문화 집단의 전통에 기반하여 창조된 것"이라 규정하고 있다. 하나의 문화유산에 대하여 하나의 집단을 대응시키고 있다. 그리고 이 '한 문화 집단'에 대하여 직접적으로 '국가'라는 표현을 사용하고 있지는 않지만, 문화유산의 등재 및 보호책임은 국가가 가지고 있으므로 결국 문화유산은 일종의 '국적(nationality)'을 가지게 될 수밖에 없다(한경구, 2009).

유네스코 무형문화유산은 국가가 등재하는 것을 원칙으로 한다. 국가가 중심이 되어 등재한다는 것은, 지역 공동체 혹은 특정 공동체의 문화유산을 근대 국민국가가 자신의 이름으로 등재하고 보호한다는 것을 의미한다. 물론「무형문화유산 보존을 위한 국제적 협약」에서는 문화 또는 무형문화유산의 주체가 국민국가라고 명시하고 있지는 않다. 하지만 우리가 현재 사는 국민국가들로 이루어진 국제 사회에서 문화의 주체는 실질적으로 국민국가라고 해석되기가 쉽다. 국민국가의 경계가 곧 문화의 경계와 같은 것처럼 인식되는 경향은 동아시아에서는 특히 심하다(한경구, 2009). 다른 문화와의 교류와 차용을 통해 형성되고 전개된 문화유산들은 근대 국민국가의 정체성과 우수성을 의미하는 것처럼 간주하고 있으며 배타적으로 소유되고 있다. 이러한 상황 속에서 특정 문화유산을 국가의 이름으로 등재한다는 것은 당연히 국가 간 다툼과 반목을 불러일으킬 소지가 큰 것이다.

유네스코가 문화유산을 정의하면서 '국경 안의 문화'와 같은 구시대적 개념을 고수해 온 것은 문제의 소지가 있다(야마시타 신지, 2009: 69; Wright, 1998: 7 - 15; Eriksen, 2001: 127 - 148). 특정 경계 안에서 규정되는 가치와 관습을 문화라고 하는 것은 한계가 많은 규정이다. 하나의 문화유산을 하나의 집단 곧 국가가 가지고 있다는 가정은, 문화의 과정적 속성을 염두에 둘 때, 국가 간의 마찰을 일으킬 가능성이 크다. 여러 집단 혹은 국가에 걸쳐 존재하는 문화의 소속을 놓고 마찰이 일어날 여지가 많은 것이다. 집단의 영역을 넘어서 혹은 국경을 넘어서 존재할 수도 있는 문화를 국경 안으로만 제한시킬 때 갈등이 일어나게 된다. 결국「무형문화유산 보존을 위한 국제적 협약」은 국경이라는 근대 국민국가의 경계를 문화의 경계와 동일시하는 오류를 범할 가능성을 태생적으로 가지고 있다고 할 수 있다.

국가 안의 문화 혹은 경계 안의 문화라는 인식은 곧바로 문화의 소유권 문제와 연결이 된다. 국가가 등재의 주체로 자리 잡음에 따라 무형문화유산의 소유권 역시 국가로 귀속된다는 인식이 자리 잡는 것이다. 국제 사회는 기본적으로 주권 국가로 구성되어 있고 유네스코가 국가들에 의해 조직된 기구이기 때문에 무형문화유산의 보호와 관련해서도 기본적으로 국가가 문화유산의 소유자이자 보호 책임자이며 또한 등재의 주체이기도 하다(한경구, 2009: 26). 하지만 무형문화유산은 명확한 경계가 없는 경우가 많으며 문화유산의 집합적 소유자임을 자처하는 집단의 정체성이나 경계나 뚜렷하지 않은 경우가 많다(한경구, 2009: 24). 이 경우 그 집합적 소유권 혹은 관리권의 행방은 모호해질 수밖에 없다. 그런데 협약은 무형문화유산의 소유 주체를 특정 국가로 인식한다. 이에 따라 유네스코 무형문화유산 등재 사업이 국가 간의 크고 작은 갈등과 경쟁을 유발하게 된다. 그리고 한국과 중국과의 사례에서 나타나듯이, 유네스코의 가장 중요한 목적인 평화로운 공존을 저해하는 양상을 보인다.

유네스코가 국가 간 갈등을 조장 혹은 묵인했다는 필자의 주장은 유네스코가 어느 정도 국가 간의 자존심 경쟁을 이용하고 있다는 점을 통해서도 입증할 수 있다. 마치 올림픽처럼 국가 간의 자존심 경쟁을 이용하여 수행되고 있는 것이 유네스코 무형문화유산 관련 정책과 실천임을 부인할 수는 없는 것이다(한경구, 2009: 21). 실제 유네스코 인류무형문화유산 대표목록 등재에서 오는 권위는 단순한 자긍심 고취의 효과를 능가한다(로저 자넬리, 2009: 44). 대표목록 등재는 단순히 문화재 자체의 장점을 반영하기보다는 그것의 등재를 위해 추천한 국가의 위신을 반영하는 것이다(로저 자넬리, 2009: 46). 이에 따라 다른 나라에서 등재하기 전에 선점하려는 경쟁이 치열해질 가능성이 큰 것이다. 유네스코는 이러한 국가 간의 경쟁을 국가 중심의 등재 신청이라는 규정을 통해 적어도 묵인하고 있다.

유네스코는 국경을 넘어서서 인류 공통의 지혜를 평화적으로 공유하려는 이상을 갖고 있다. 그것은 다양한 공동체의 무형문화유산의 가치를 인정하고, 이를 함께 공유하고자 하는 전 지구적 차원에서의 이상이다. 하지만 이러한 이상이 현실에서 장애를 만나고, 전혀 예기치 않은 방향으로 나아간 데에는 여러 이유가 있을 수 있다. 그 가운데 가장 핵심적인 이유는 유네스코 자체에 있다고 필자는 생각한다. 유네스코는 그 자체가 국가를 단위로 하는 조직이다. 따라서 국가를 중심으로 사유하고 사업들을 실행할 수밖에 없다. 여기에 바로 문제의 원인이 있는 것이다. 특정 무형문화유산의 등재 신청을 국가가 하고, 국가가 주체가 되어 그 무형문화유산을 보호 관리 소유하게 되는 현 구조상 국가 간의 갈등은 그대로 있을 수밖에 없다. 국경을 넘어서 존재하는 무형문화유산을 국가라는 국경 안에 넣으려 하니 문제가 생길 수밖에 없는 것이다. 더구나 무형문화유산 보호를 위한 협약 자체에 남아있는 보수적 문화 인식의 잔영은, 유네스코의 선한 의도에도 불구하고 수많은 반목과 다툼을 앞으로 낳을 수밖에 없는 근본 원인이 된다.

결국 무형문화유산을 특정 국가 혹은 집단이 소유한다는 인식이 여러 갈등을 불러일으키는 주요 원인이라 할 수 있다. 특정 무형문화유산에 대하여 특정 국가나 집단이 배타적으로 소유한다는 인식을 바꾸어야 한다. 그 인식 전환이 이루어지지 않는 한, 갈등은 지속될 것이다. 그리고 그 갈등은 국가 간은 물론이고, 국가 내의 전승 집단 간에서도 일어나게 된다. 아직은 표면화되고 있지 않지만, 국내에서 제기되고 있는 특정 무형문화유산에 대한 특정 집단의 배타적 권리 주장과 이에 맞서는 또 다른 집단의 문제 제기의 이면에는 바로 무형문화유산의 배타적 소유 의식이 자리하고 있다. 결국 국가 간의 갈등이나 집단 간의 알력의 해결책은 인식의 전환이다. 무형문화유산이란 인류 공동의 유산이며 특정 집단이나 국가가 소유할 수 없는 것이라는 점을 인식하는 것, 그것이 문제 해결의 첫걸음이 될 것이다.

III. 무형문화유산에 대한 위계적 사고의 강화와 해체

2005년 이전의 유네스코 체제에서 선정된 무형문화유산은 '유네스코 인류 구전문화 및 무형문화유산 걸작'이라 불렸다. 우리의 경우 종묘제례 및 종묘제례악, 판소리, 강릉단오제 등이 이에 해당한다. 2001년에 종묘제례 및 종묘제례악, 2003년에 판소리, 그리고 2005년에 강릉단오제가 '유네스코 인류 구전문화 및 무형문화유산 걸작'으로 선정되었다. 그런데 2021년 현재 이 종목들을 지칭하는 유네스코의 공식 명칭은 이것이 아니다. 현재 이 종목들은 '유네스코 인류무형문화유산 대표목록'에 등재된 무형문화유산이라 부른다. 하지만 여전히 이 종목들을 '걸작(Masterpieces)'이라 부르기도 한다. 강릉단오제의 전승 지역인 강릉에서 그러한 사례를 어렵지 않게 찾을 수 있다(허용호, 2016b). 여기에는 걸작이 갖는 뛰어남과 우수성을 강조하려는 의도가 함축되어 있음을 부정할 수 없다. 하지만 이러한 인식은 조심스럽다. 무형문화유산의 위계를 전제로 하는 인식이기에 그러하다. 자신들이 누리는 무형문화유산의 뛰어남을 자랑하고 싶은 마음을 이해하기는 하지만, 무형문화유산의 우열을 나누고 그 가치를 평가하려 하는 태도는 위험하다.

'유네스코 인류 구전문화 및 무형문화유산 걸작'에서 '유네스코 인류무형문화유산 대표목록'으로의 공식 명칭 변경에는 문화의 위계적 인식에 대한 비판 의식이 함축되어 있다. 1998년 유네스코 제155차 집행위원회에서는 「인류 구전문화 및 무형문화유산 걸작 선정에 관한 규약 선포」(Proclamation of Masterpieces of Oral and Intangible Heritage of Humanity)'를 한다. 그리고 이에 따라 2001년부터 2년마다 한 번씩 '인류 구전문화 및 무형문화유산 걸작'이 선정되었다. 이른바 세계가 인정한 '유네스코 세계무형문화유산'이라는 칭호가 등장하게 된 것이다. 하지만 이에 대한 비판이 제기되었다. 특히 걸작 선정의 기준이 되는 '뛰어난 가치(exceptional value)'나 '훌륭한 가치(outstanding value)'에 대한 비판이 만만치 않았다. '절대적 우수성'이라는 서구적 미학과 지식 논리를 따라 규정된 위계적 시각이 '걸작'이라는 명칭 속에 함축되어 있다는 비판이었다.

이미 유네스코에서는 '걸작'이라는 개념이 갖는 서양 중심의 위계적 시각에 대한 반성이 이루어지고 있었다(임돈희, 2006: 18, 36). 반성을 통하여 인식 전환이 이루어졌고, 2005년 12월 '무형문화유산 협약 대표목록의 기준에 대한 전문가 회의(Expert Meeting on Criteria for Inscription on the Lists Established by the 2003 Convention for the Safeguarding of the Intangible Cultural Heritage)'에서 보다 구체화하여 나타났다. "'대표 목록(Representative List)'이란 '뛰어난 가치'나 '훌륭한 가치'란 뜻은 아니다. 무형문화유산 사이의 위계적인 관계를 뜻하는 것이 아니다. 또한 하나의 무형문화유산의 여러 요소 가운데서도 어떤 요소가 더 중요하고 훌륭하다던 지와 같은 요소 간의 위계적인 관계도 만들지 말아야 한다"라는 기준 논의가 이루어진 것이다(임돈희, 2006: 18, 36). 그 결과 2006년 이후에는 '인류무형문화유산 대표목록'과 '긴급 보호가 필요한 무형문화유산 목록(Urgent List)'이라는 이름으로 무형문화유산에 대한 유네스코 선정 논의가 이루어지고 있다.

2003년에 협약이 체결되고 2006년에 발효된 「무형문화유산보호에 관한 국제협약」에 의하면, 유네스코 무형유산의 선정 기준으로 '문화 다양성, 독특함, 소멸의 위험, 토착적' 등의 개념이 중심에 떠오르게 되었다. 이전의 선정 기준이었던 '뛰어난', '걸작'이라는 개념과는 아주 다르다. 이러한 선정 기준의 설정은 기존의 '절대적 우수성'이라는 서양 중심의 시각을 극복하고자 하는 것이며, 무형문화유산 간의 위계 배제, 질적인 차이 불인정하는 것이다. 결국 강릉단오제는 유네스코가 선정한 '마지막 걸작들' 가운데 하나라고 할 수 있다. 그런데 여기서 '마지막 걸작'이라는 표현은 유네스코 체제의 인식 한계를 그대로 함축한 표현이었다. 이에 여러 비판과 논란 속에서 그 인식의 오류는 사라지고, 유네스코 체제의 역동적인 변화를 가져오게 한 사례가 되는 것이다.

그런데도 현재 여전히 '걸작'이라 부르며 남다르고 탁월하다는 점을 강조하려는 지향이 있다. 강릉단오제에 대한 지역 사람들이 인식에서 이러한 지향은 어렵지 않게 찾을 수 있다. 이와는 좀 다른 차원에서 무형유산에 대한 위계 의식을 드러내는 사례도 있다. 그것은 유네스코 인류무형문화유산 대표목록 등재 종목, 국가 지정 무형문화재, 시·도 지정 무형문화재, 그리고 지정되지 않은 문화유산 사이에 존재하는 위계이다. 공식적으로 이들 사이에 위계는 없다고 하지만 실상은 그렇지 않다. 전승자들은 물론이고 전승 지역 공동체 사이에서 무형문화유산에 대한 위계 의식은 만연해 있다.

2014년 농악 등재 전후에 조직된 국가무형문화재 중심의 조직과 시도지정 무형문화재 중심의 조직의 이원화가 그 대표적인 사례가 된다. 농악의 경우 2014년 31개 전승공동체가 유네스코 인류무형문화유산 대표목록 등재에 참여했다. 이들이 함께 등재에 참여했음에도 불구하고, 농악 관련 연대 조직은 하나가 아니다. 국가무형문화재 지정 농악인 이른바 '8대 농악' 관련 조직과 시·도 지정 무형문화재 조직인 '대한민국농악연합회'가 따로 조직되어 있다. 2018년 결성된 '대한민국농악연합회'의 구성 공동체들은 그동안 국가무형문화재 지정 농악과 구별되어 '그 외 농악'으로 불리며 차별받았다고 생각한다. 그 결과가 또 하나의 조직 결성이었다. 하지만 '대한민국농악연합회' 역시 '또 다른 그 외 농악'을 전승하는 공동체인 미지정 농악 전승공동체의 참여는 염두에 두지 않는다.

신동욱은 "관련 학계, 보유 단체 및 지자체 사이에 무형유산을 시·도 무형문화재로 지정하고 이를 국가무형문화재로 지정하기 위해 노력한다. 궁극적으로는 인류무형문화유산으로 등재하는 것을 트리플 크라운의 완성으로 보는 계층적 인식은 사회 제도가 만들어낸 일종의 부작용이라 할 수 있다."고 주장한다 (신동욱, 2019: 31). 이 주장에 대해 전적으로 동의하는 것은 아니지만, '제도가 만들어 낸 문화의 위계적 인식'이라는 점은 주목할 만하다. 무형문화재 지정 종목과 비지정 종목, 그리고 시·도 차원의 지정 종목과 국가 차원의 지정 종목이라는 위계를 무형문화재 관련 국내 제도가 만들어냈다. 그리고 이러한 위계를 유네스코 인류무형문화유산 대표목록 등재라는 국제적 제도가 더욱 강화하고 있는 것은 부인할 수 없다.

하지만 유네스코 체제가 무형문화유산과 관련한 기존의 위계를 해체하고 있는 양상 역시 우리는 주목해야 한다. 위에서 언급한 농악의 경우 '연대 조직의 이원화'라는 양상으로 그 위계가 여전하다. 하지만 적어도 유네스코 인류무형문화유산 대표목록 등재 과정을 보면 이른바 국가 지정 무형문화재와 시·도 지정 무형문화재라는 위계는 없었다. 국가 지정과 시·도 지정을 막론하고 31개의 농악 전승공동체가 동등하게 등재 신청에 참여했다. 유사한 양상이 2015년 등재된 줄다리기와 2021년 등재 신청서를 제출한 탈춤에서도 나타난다. 줄다리기의 경우 국가무형문화재 2종목과 시·도무형문화재 4종목 전승공동체가 동등하게 참여했다. 탈춤은 국가 지정 무형문화재 13종목과 더불어 시·도 지정 무형문화재 5종목의 전승자들이 전승공동체로 함께 참여했다. 적어도 등재 신청에서 국가와 시·도 차원의 차별은 없었다. 아리랑이나 연등회의 경우에는 비지정 무형문화유산을 전승하는 공동체까지 포함되기도 했다. 이른바 지정과 비지정을 막론하고 다수의 아리랑 전승공동체나 연등회 전승공동체가 등재 신청과정에 참여한 것이다. 이러한 양상들은 무형문화유산의 위계와 관련해서 우리가 주목하지 않았던 한 유네스코 체제의 또 다른 모습이다. 무형문화유산의 위계 해체의 사례로 볼 수 있는 것이다.

IV. 유네스코 체제와 한국의 무형문화재 정책 변화

1962년 1월 10일 「문화재보호법」이 제정되었다. 이어서 같은 해 6월 26일 「문화재보호법시행령」이 제정되고, 1964년 2월 15일에 「문화재보호법시행규칙」이 제정된다. 1964년 12월 7일에는 종묘제례악이 중요무형문화재 제1호로 지정된다. 이렇게 1960년대에 무형문화재 정책이 본격적으로 시작된 이래, 우리의 무형문화유산은 괄목할 만한 변화를 보여 왔다. '중점보호주의'로 정리할 수 있는 그동안의 무형문화유산 정책은 그 폐해가 적지 않게 지적됐다. 하지만 그

성과 역시 무시하지 못한다. 전국에 산재한 농악대의 수는 이루 다 헤아릴 수 없고, 수천 아니 수만 명이 줄을 옮기고, 당기는 모습을 볼 수 있게 되었다. 공교육에서 정규 교과 과정으로 배울 수 있는 무형문화유산이 적지 않다. 1960년대 정책을 시행할 때와 비교해 본다면, 커다란 변화가 일어난 것은 분명하다. 한두 명의 전승자가 그야말로 '인멸의 위기'에서 전전긍긍하거나, 이미 그 전승이 끊어졌음에도 무관심하던 때를 생각해 보면 더욱 그러하다. 오늘날 우리가 전통예술을 그리 어렵지 않게 접할 수 있게 된 것도, 어찌 보면 무형문화재 정책의 영향이 적지 않다고 할 수 있다. 물론 모든 것이 문제가 없고 평화롭기만 한 것은 아니다. 상황은 무형문화유산 정책의 또 다른 변화를 요구하기 시작했다. 변화의 바람은 안과 밖에서 동시에 일어났다.

안에서 일어난 대표적인 문제 제기는 '원형 유지'에 대한 것이었다(허용호, 2016a: 31). 그동안 무형문화재로 지정된 무형문화유산의 전승과 보존에 적용되었던 기본원칙은 '원형 유지'였고 '원형대로'였다. 이 원칙이 지향했던 바는 '민족문화의 보존'이다. 근현대 시기의 우여곡절을 겪으면서 사라질 위기에 처한 근대 이전의 전통문화를 우리 민족의 원래 모습으로 여겨 되찾고 보존하고자 하는 것이었다. 그런데 이러한 원형 유지와 원형대로의 기조에 대한 비판도 만만치 않았다. 그 비판의 수와 강도는 시간이 흐를수록 많아지고 강해져서, 원형이 그야말로 동네북처럼 여기저기서 얻어터지는 형국이 되었다.

무형문화재 정책과 관련한 원형론 비판은 크게 두 가지로 정리할 수 있다. '무형문화유산의 속성과는 맞지 않는 개념'과 '무형문화유산 박제화의 원흉'이라는 비판이 그것이다(송준, 2008; 인하대학교 산학협력단, 2011). 필자 역시 원형 개념이 가지고 있는 한계에 대해 비판한 적이 있다(허용호, 2009). 그런데 비판적 입장을 공유한다고 해서, 그 과정과 내용까지 전적으로 일치하는 것은 아니다. 필자는 무형유산의 박제화라는 비판에는 동의하지 않는다. 무형문화재로 지정된 종목의 전승 주체들이 갖는 원형에 대한 강박이나, 일부 전문가들이 원형을 철칙화 하는 행태에도 불구하고, 원형대로 전승된 사례는 흔치 않다. 원형 유지나 원형대로는 관념에서만 존재했다.

무형문화재로 지정된 종목 하나하나를 구체적으로 살펴볼 때, 이른바 박제화된 것은 쉽게 찾아볼 수 없다. 그 변화 폭의 크고 작음의 차이가 있고, 변화 속도의 빠르고 느림의 편차가 있을지언정, 지정된 종목은 변화해 왔다. 원형 유지가 기본원칙이고 원형 그대로가 지정과 해제의 기준이었음에도 변화는 지속되었다(허용호, 2013; 2014). 박제화라고 비판해 왔지만, 실제로는 변해온 것이다. 이는 원형 유지 혹은 원형대로라는 기본원칙이 실제 무형문화재로 지정된 종목에서 마저 관철되지 못했음을 말하는 것이다. 결국 원형 유지라는 원칙은 무형문화유산의 속성에 걸맞지 않은 것이었다고 할 수 있다.

또 다른 바람은 외부에서 불어왔다. 대표적인 것이 유네스코 체제라 불리는 상황의 전개이다. 특히 앞서 살폈듯이 2003년 「무형문화유산의 보호를 위한 국제협약」 체결과 2006년 협약 발효라는 새로운 국제 제도의 등장으로 무형문화유산에 관한 "국가 차원의 관점과 세계 차원의 관점을 조화시켜야 하는" 과제가 제기되었다(신동욱, 2019: 3). 유네스코 체제가 "한국의 문화 정책에 있어서 제도적 변화를 가져왔을 뿐 아니라 문화적 대상을 새롭게 규정하고 인식하게" 한 것이다(신동욱, 2019: 3). 유네스코 체제가 내세우는 무형문화유산 범위, 보호 방식, 목적 등은 우리의 무형문화재 제도와는 거리가 있었다. 이에 따라 유네스코의 '너른 무형문화유산 범위', '대장주의'(정상우, 2015: 13), '미래 활용까지 염두에 두는 정책' 등을 염두에 두어야 할 필요성이 생겼다. 여기에 동아시아에서 유네스코 인류무형문화유산 대표목록(Representative List of the Intangible Cultural Heritage of Humanity) 등재 경쟁이 더해지면서 정책 변화의 필요성이 더욱 가중되었다.

이렇게 원형주의에 대한 문제 제기로 정리할 수 있는 내부에서의 변화 요구, 그리고 유네스코 체제를 염두에 두어야만 하는 외적인 변화 요구가 우리의 무형문화유산 안팎으로 존재했다. 이 요구에 조응하여 새로운 변화를 시도할 필요성이 증대된 것이다. 무형문화유산 정책의 또 다른 변화가 시작된 것이다.

나라 안팎의 상황은 무형문화재 혹은 무형문화유산에 대한 정책의 변화를 요구했다. 특히 유네스코 체제에서의 살아있는 무형문화유산의 강조와 너른 범위는 우리의 무형문화재 관련 인식이나 정책과는 거리가 있었기에, 그 필요성은 시급했다. 이에 마침내 무형문화재를 중심으로 한 법률이 제정되었다.

지금까지 무형문화재와 관련해서 독자적인 법이 존재했던 적은 없다. 그동안 무형문화재에 대한 규율은 「문화재보호법」에 의거했다. 주지하다시피 「문화재보호법」은 무형문화재만을 대상으로 하는 법이 아니다. 「문화재보호법」 속에는 '유형문화재', '무형문화재', '기념물', '민속문화재' 등이 포함되어 있다. 문화재 전반을 대상으로 하는 법인 것이다. 그런데 「문화재보호법」에는 '무형문화재의 정의와 원칙', '무형문화재의 유형', '무형문화재 지정 및 전승자 인정', '중요무형문화재의 보호 및 육성'에 관한 몇 개의 조항만 있을 뿐, 무형문화재에 관한 조항 자체는 많지 않았다(정상우, 2015: 10 - 11). 그나마 존재하는 무형문화재에 관한 조항마저도 무형문화유산의 속성과는 거리가 있는 것이었다. 어찌 보면 유형문화재 중심의 법이 「문화재보호법」이었고, 그 속에 무형문화재가 어정쩡하게 포함되어 있었다고 할 수 있다.

이러한 상황에서 「무형문화재 보전 및 진흥에 관한 법률」이 2015년 3월 27일 제정되고, 2016년 3월 28일 시행되었다. 맞지 않은 옷을 입고 셋방살이를 하던 무형유산이 드디어 독자적인 법률을 가지게 된 것이다. 물론 여전히 「문화재보호법」을 모법 혹은 상위법으로 삼고 있어, 그 독립성이 완전하지는 않다. 하지만 「무형문화재 보전 및 진흥에 관한 법률」은 무형문화재만을 대상으로 하는 최초의 법률이라는 의의는 여전하다. 무형문화재의 특성에 맞는 독자적인 정책 수립과 실천이 가능해진 것이다. 유네스코 체제를 염두에 둘 때, 「무형문화재 보전 및 진흥에 관한 법률」에서 주목할 만한 것으로 '무형문화재 영역의 확대와 분류 체계의 변화'와 '원형 유지 원칙에서 전형 유지 원칙으로'를 꼽을 수 있다.

2015년 「무형문화재 보존 및 진흥에 관한 법률」의 등장과 함께 개정한

「문화재보호법」을 보면, 무형문화재의 영역을 "가. '전통적 공연·예술', 나. '공예, 미술 등에 관한 전통 기술', 다. '한의약, 농경·어로 등에 관한 전통 지식', 라. '구전 전통 및 표현', 마. '의식주 등 전통적 생활관습', 바. '민간신앙 등 사회적 의식(儀式)', 사. '전통적 놀이·축제 및 기예·무예'" 등으로 설정하여 명시하고 있다. 이러한 무형문화재 영역의 설정은 기존의 '예능'과 '공예'로 대별하거나 혹은 음악, 무용, 음식 제조, 의식, 놀이, 무예, 공예기술 등으로 나누던 양상과는 많이 다르다. 특히 '한의약, 농경·어로 등에 관한 전통지식'이나 '구전 전통 및 표현', '의식주 등 전통적 생활관습' 등은 새롭게 설정된 범주라 할 수 있는 것들이다. 무형문화재 영역의 확대와 분류 체계의 변화가 일어난 것이다.

그런데 이러한 무형문화재 영역의 확대와 분류 체계의 변화는 다분히 유네스코 체제를 염두에 둔 것이다. 2003년 체결된 「무형문화유산의 보호를 위한 국제협약」에 따르면, 유네스코에서는 무형문화유산의 영역 혹은 범주를 '무형문화유산의 전달 수단인 언어를 포함한 구전 전통 및 표현(oral traditions and expressions, including language as a vehicle of the intangible cultural heritage)', '공연 예술(performing arts)', '사회 관습, 의례, 축제 행사(social practices, rituals and festive events)', '자연과 우주에 관한 지식과 관습(knowledge and practices concerning nature and the universe)', '전통 기술(traditional craftsmanship)' 등의 다섯 항목으로 설정하고 있다. 이를 살펴본다면, 2015년 제정된 「무형문화재 보존 및 진흥에 관한 법률」은 그 분류 체계나 명칭에서 다분히 유네스코 체제를 염두에 둔 것임을 확인할 수 있다.

그리고 무형문화재 영역의 확대로 이전에는 찾아볼 수 없었던 종목들이 국가무형문화재로 지정되기까지 한다. 아리랑(2015년), 제다(2016년), 김치담그기(2017년), 씨름(2017년), 해녀(2017년), 온돌문화(2018년), 장담그기(2018년), 제염(2018년), 전통어로방식-어살(2019년), 인삼재배와 약용문화(2020년), 활쏘기(2020년), 막걸리 빚기(2021년), 갯벌어로(2021년) 등이 그 사례들이다. 이 가운데 아리랑, 김치담그기(김장문화), 해녀(해녀문화), 씨름 등은 유네스코 인류무형문화유산 대표목록 등재가 먼저 이루어지고 그 이후 국가무형문화재가 되는 상황이 벌어지기도 한다. 아리랑의 경우 2012년에 유네스코 인류무형문화유산 대표목록에 등재되었고, 국가무형문화재 지정은 2015년이다. 김치담그기는 '김장문화'라는 이름으로 2013년에 유네스코 인류무형문화유산 대표목록에 등재되었고, 국가무형문화재 지정은 2017년이다. 해녀의 경우 2016년에 '해녀문화'라는 이름으로 유네스코 인류무형문화유산 대표목록에 등재되었고, 국가무형문화재 지정은 2017년에 이루어졌다. 이는 유네스코 체제라는 외부적 영향에 의해 국내 무형문화재 정책이 변화했다는 것을 명징하게 보여주는 사례가 된다.

유네스코 체제가 국내 무형문화재 정책에 영향을 준 또 다른 사례로 '원형 유지 원칙에서 전형 유지 원칙으로'의 변화를 들 수 있다(허용호, 2009; 2015; 2016a). 앞서 살폈듯이, 원형 유지의 원칙은 우리나라의 유네스코 체제진입 이전에도 논란거리였다. 그러한 논란거리가 유네스코 체제로의 본격 진입을 기회로 변화가 이루어졌다. 「무형문화재 보존 및 진흥에 관한 법률」 제2조(정의)와 제3조(기본원칙)를 보면 '전형'이라는 새로운 용어가 등장한다. 그리고 "'전형(典型)'이란 해당 무형문화재의 가치를 구성하는 본질적인 특징"(제2조) 이라는 내용과 "무형문화재의 보전 및 진흥은 전형 유지를 기본원칙으로 하며"(제3조) 라는 내용이 나온다. 여기서 '전형'이라는 용어는 이전에는 전혀 사용하지 않았다. 전형이라는 새로운 기본원칙 혹은 기준의 등장은 흥미로운 대목이다. 그것은 살아있는 무형문화유산의 강조라는 유네스코 체제의 영향을 받은 것이기에 그러하다.

V. 무형문화유산 전승공동체의 연대와 평화의 매개로서 무형문화유산 전유

우리나라가 유네스코 체제에 진입하면서 나타난 현상 중 하나가 무형문화유산 전승공동체의 연대이다. 그 연대의 방식은 조직화와 평화의 매개로 무형문화유산을 전유하는 방식으로 나타난다. 먼저 조직화를 통한 연대의 양상을 살펴보기로 한다. 무형문화유산 전승공동체의 조직화는 '유네스코 인류무형문화유산 대표목록 등재 이후 기존 조직과 별도의 조직 구성', '유네스코 인류무형문화유산 대표목록 등재 이후 새로운 조직의 구성', '등재 신청의 과정에서 조직 강화' 등의 양상으로 나타난다.

2022년 유네스코 인류무형문화유산 대표목록 등재 심사 예정인 탈춤은 기존에 있었던 국가무형문화재 지정 종목 보존회를 중심으로 한 '한국탈춤단체연합회'가 등재 신청과정에 깊숙이 참여했다. 더불어 유네스코 비정부기구로 인정된 '세계탈문화예술연맹(IMACO)' 역시 등재 신청과정에서 '한국탈춤연합회'와 긴밀하게 연대했다. 두 조직 사이의 역할 분담은 주목할 만한 것이었다. '한국탈춤연합회'의 정통성과 대중성, 그리고 '세계탈문화예술연맹'의 전문성과 재정적 지원이 적절하게 어우러진 것이다. 더욱 주목되는 것은 등재 과정에서 그 조직 강화가 이루어지고 있다는 점이다.

줄다리기의 경우, 등재 신청과정에서 2014년 '한국전통줄다리기전승단체연합회'라는 조직을 만들었다. 2015년 줄다리기의 등재 이후에도 그 조직을 강화하고 활성화하여 활발한 활동 양상을 보인다. 해외 공동등재국인 필리핀, 베트남, 캄보디아 등과의 연대 역시 활발하게 이루어지고 있다. 상호 행사 참여와 자료의 공유, 그리고 국제적 줄다리기 연대 조직을 위한 준비 작업 등이 활발하게 이루어지는 것이다. '한국전통줄다리기전승단체연합회'의 경우, 시·도 지정 줄다리기 전승공동체와 국가 지정 줄다리기 전승공동체를 망라한 하나의 조직이라는 점이 주목할 만하다. 농악 전승공동체의 조직화에서 나타나는 무형유산 사이의 위계가 더욱 두드러져 보이는 것이 아니라, 그 반대의 양상을 보인다는 점이 주목할 만하다.

'한국전통줄다리기전승단체연합회'의 주목점은 그것만이 아니다. 등재 이후에 줄다리기 전승과 가시성 증대 및 국내외 교류 활동을 활발하게 진행하고 있다. 그 과정에서 2015년 등재 초기에 나타난 유네스코 지향과의 괴리도 극복해 나가고 있다는 점이 흥미롭다. 줄다리기의 경우, 다국가 등재 곧, 공동 등재라는 특성에서 나타나는 국가 간, 공동체 간에 각각의 줄다리기 유산을 비교하고 평가하며 우열을 가리는 모습이 나타났다. 등재 과정이나 등재 직후에 전승자들 사이에 나타났던 이러한 모습은 각 국가와 공동체의 줄다리기를 상호 참관하고 교류하면서 점차 달라져 갔다. 각 공동체의 환경에 맞게 전승하고 전개되어온 각 줄다리기의 가치를 이해하기 시작한 것이다. 그 결과 줄다리기 유산의 우열을 가리는 태도는 사실상 사라졌다. 나아가 필리핀, 베트남, 캄보디아 등 개별 국가별 연대 조직이 만들어지고 이를 아우르는 국제적 연대의 틀을 논의하는 수준에까지 이르고 있다.

우리나라가 유네스코 체제에 진입하면서 나타난 무형문화유산 전승공동체 연대의 또 다른 방식은 평화의 매개로 무형문화유산을 전유하는 것이다. 이 방식의 경우, 근래에 그 구체적인 모습을 보여주고 있다. 씨름의 유네스코 인류무형문화유산 대표목록 등재 과정이 그 대표적인 사례이다. 2018년 유네스코 인류무형문화유산 대표목록으로 남북 씨름이 공동 등재되었다. 남한과 북한이 개별적으로 신청했지만, 극적으로 공동 등재된 것이다. 남한과 북한의 씨름 공동 등재는 "'전쟁은 인간의 마음에서 비롯된 것이므로, 평화를 지키는 것도 인간의 마음에서 비롯되어야 하며'라고 시작하는 유네스코 헌장에 부합하고, 무형문화유산을 통한 국가 간 협력의 가장 모범적인 사례라고 평가"되었다(한국문화재재단, 2020: 154).

하지만 씨름의 경우 남북한이 각각 개별적으로 유네스코 인류무형문화유산 대표목록 등재 신청을 했다. 남북한 공동 등재가 신청과정에서 이루어진 것이 아니라, 신청 이후 심사 과정에서 이루어진 것이었다(한국문화재재단, 2020: 154 - 156). 그리고 씨름의 유네스코 인류무형문화유산 대표목록 등재의 전 과정은 한반도 남쪽과 북쪽의 미묘한 관계를 그대로 보여준 사례였다(허용호, 2018: 46). 이러한 아쉬움을 풀고자 등재 신청을 위한 논의 과정에서부터 남북한이 함께 하는 방안이 탈춤의 유네스코 인류무형문화유산 대표목록 등재 관련 논의에서 제기되었다. 2019년 탈춤의 등재 방안과 관련해서 남북한 공동 등재라는 방식이 제안된 것이다(허용호, 2019). 그것은 '한국의 탈춤에서 한반도의 탈춤으로의 차원 변화'를 통한 유네스코 인류무형문화유산 대표목록 등재 추진이다. 체제와 이념을 넘어서는 무형문화유산의 증거를 한반도 탈춤의 유네스코 인류무형문화유산 대표목록 등재 과정을 통해 보여줄 수 있다는 것이, 이 제안의 핵심이다.

하지만 이 제안은 실현되지는 못했다. 남한 단독으로 탈춤을 등재 신청했기 때문이다. 하지만 남북한 평화의 매개로 무형문화유산을 전유하자는 주장은 여전히 유효하다. 그것은 '인류 최고의 무형문화유산은 평화'이기 때문이다(허용호, 2019: 200). 문화에 위계를 두거나 절대적 가치를 부여하는 것은 적절하지 않다. '최고', '가장 뛰어난'과 같은 평가는 적어도 무형문화에는 적절한 것이 아니다. 문화에 위계를 두고 접근했을 때의 부정적 영향은 세계사에서 적지 않게 확인할 수 있다. 그것은 유네스코가 지향하는 문화 다양성에도 어긋나는 것이다. 하지만 필자는 '인류 최고의 무형문화유산'이 존재한다고 생각한다.

필자는 인류가 만들어낸 최고의 무형문화유산은 '평화'라고 말할 수 있다고 생각한다. 필자는 남북 화해 혹은 한반도 평화의 매개로 무형문화유산이 활용되기를 주저하지 않는다. 그 활용의 과정에서 유네스코 인류무형문화유산 대표목록 공동 등재는 효율적이다. 한반도 차원의 자랑스러움에다가 국제적 약속까지 더해지고 있기 때문이다. 문화는 결코 수단이 될 수 없다. 하지만 그 목적이 평화를 위한 것일 때, 문화의 도구화는 가능하다. 인류가 만들어 낸 최고의 무형유산이 바로 평화라고 생각하기 때문이다. 평화에 복무하는 한, 무형문화유산은 단순한 수단이나 도구가 아니다. 그 자체로 평화이다. 문화에 최고라는 절대적 평가를 할 수 있다면, 그것은 평화에 한해서이다.

사실 유네스코는 평화를 최상의 가치로 두고 있다. 1945년 11월 채택된 유네스코 헌장(UNESCO Constitution)의 골자가 "전쟁은 인간의 마음속에서 생기므로 평화의 방벽을 쌓아야 할 곳도 바로 인간의 마음속이다."라는 점에서 이를 확인할 수 있다. 유네스코의 목적이 결국 "평화와 지속 가능한 발전"으로 수렴되기에 더욱 그러하다(한국문화재재단, 2020: 31). 따라서 위에서처럼 필자가 굳이 강변하지 않아도 평화의 매개로서 무형문화유산의 전유는 유네스코 체제의 지향과 어긋나지 않는다. 유네스코 체제의 이상은 평화 그 자체라 할 수 있기에 더욱 그러하다. 그런데 문제는 평화 조성이 무형문화유산 그 자체로만 가능하지는 않다는 점이다. 평화 지향의 "유네스코 헌장에 부합하고, 무형문화유산을 통한 국가 간 협력의 가장 모범적인 사례라고 평가"(한국문화재재단, 2020: 154)된 2018년 씨름의 공동 등재 역시 2018년 4월과 5월의 남북한 정상회담, 6월의 북미정상회담, 9월의 평양공동선언으로 이어지는 평화국면과 밀접한 관계가 있다.

그렇다고 평화의 매개로서 무형문화유산의 전유가 평화국면 조성의 후속 조치로만 인식하는 것은 적절하지 않다. 평화국면의 조성이 무형문화유산 단독으로 가능할 수는 없지만, 그러한 국면 조성을 위한 선도적 조치의 하나로 무형문화유산을 적극적으로 전유할 수도 있기 때문이다. 여전히 '휴전' 상황으로 긴장감이 남다른 한반도의 경우 더욱 그 필요성이 증대될 수 있다. 때로는 평화국면을 무르익게 하고, 때로는 평화국면을 열어젖히는 무형문화유산의 전유가 이루어져야 하는 것이다. 이를 위해서는 항상 준비되어 있어야 한다. '새롭게 남·북한이 함께 등재할 수 있는 종목에 대한 준비', '남·북한이 각각 등재한 종목의 통합 혹은 공동 등재', '남한 단독 등재 종목을 북한 지역의 종목까지 포괄하여 등재하는 확장 등재' 등에 대한 준비와 논의가 미리 이루어지고 진행되어야 한다. 우리가 이미 등재되었거나 신청 중인 아리랑, 김장문화, 탈춤 등에 대하여 여전히 주목하고 유네스코 체제와 관련한 심화 논의를 해야 하는 이유가 여기에 있다. 한때 적극적으로 남·북한 공동 등재 관련 논의가 유행처럼 벌어지다가 갑자기 조용해진 현 상황을 지켜보는 필자가 그리 유쾌하지 않은 이유이기도 하다.

VI. 유네스코 체제의 미래

인류 구전문화 및 무형문화유산 걸작 관련 논의에서부터 시작한다면 유네스코 체제가 20년이 넘어간다. 20여 년 동안 유네스코 체제를 유지하면서 적지 않은 비판적 견해가 제기되었다. '국가주의적 지향', '국가 중심의 등재 시스템', '유네스코 지향과 실제 운용의 괴리' 등의 문제가 적지 않게 지적되었다. 여기에 필자는 무형문화유산을 국경 안에 가두어버리는 구조적 문제, 공동체 규정의 모호성, 사실상 같은 무형유산의 국가별 등재 인정의 양상까지 덧붙이고 싶다. 이렇게 덧붙여지는 비판까지 포함한다면 유네스코 체제는 문제가 많은 것으로 보인다. 필자는 유네스코 체제에 가해지는 이러한 비판의 문제의식에 상당 부분 공감한다. 하지만 필자는 그 문제의식이 공통으로 간과하고 있는 것이 있다고 생각한다. 그것은 문화주의적 사유이다. 더욱 분명하게 말한다면 '무형문화주의적 사유'라 말할 수 있다. 무형문화유산을 고립된 것으로 보는 시각이 유네스코 체제를 비판하는 대부분의 견해에 자리해 있다고 필자는 생각하는 것이다.

유네스코 체제에서 나타나는 문제의 원인은 무형문화유산에만 있는 것이 아니다. 무형문화유산과 긴밀하게 연관된 정치, 경제, 역사적 문제에서 기인한 것이다. 엄밀하게 본다면 무형문화유산 등재를 기점으로 나타나는 갈등은 우연이나 돌발적인 것이 아니다. 이미 공동체 사이에 혹은 국가 사이에 내재하고 응축되어 있던 것이 무형문화유산의 등재라는 상황을 계기로 터져 나온 것이다. 이러한 필자의 견해는 그 해결 역시 문화로만 혹은 무형문화유산의 영역에서만 가능하지는 않다는 의미이다. 단지 무형문화유산 차원의 문제만을 단독으로 해결한다고 해서 해결될 수 있는 문제가 아니다.

필자는 유네스코 체제의 가능성을 여전히 신뢰한다. 한국의 등재 과정에서 나타난 무형유산의 소유권 강화와 경쟁의식, 무형문화유산의 위계화 등의 문제들은 줄다리기 조직화에서 나타난 양상이나 씨름이나 탈춤 등재 준비 과정에서 보여준 연대와 평화의 매개로서의 무형유산 전유 양상에서 그 해결의 실마리를 발견할 수 있다. 아리랑, 연등회, 줄다리기, 농악, 탈춤 등의 등재 과정에서 나타난 전승공동체 간의 위계 해체 양상 역시 주목할 만하다. 무형유산의 소유권 강화와 국경을 넘는 무형유산의 인식이 공존하고 있다. 무형유산의 위계 의식이 발현되고 고착되고 있는가 하면 그 해체의 양상 역시 나타나고 있다. 무형유산을 통한 경쟁이 존재하고 있는가 하면 조화를 이루는 양상 역시 보인다. 이는 문제가 있는 것은 분명하지만, 그 해결의 실마리 역시 공존하고 있음을 말하는 것이다.

여기서 필자는 유네스코 체제가 '국가 간의 층위에서 행위자들 간의 협상을 통해 산출되는 것'이라는 점에 주목한다. 필자는 이를 유네스코 체제가 고착되고 정체된 것이 아니라, 끊임없이 변화해 나가는 것으로 이해한다. 이 글의 서두에서 언급했듯이, 전 세계 무형문화유산 관련 정책과 인식이 유네스코 무형문화유산 관련 논의와 실천의 영향을 강하게 받는 것이 현재 상황이다. 전 세계가 유네스코 체제의 영향력 안에 자리하고 있다. 그런데 여기서 유네스코 체제가 국가 간의 층위에서 행위자들 간의 협상을 통해 산출되는 것이라는 점에 유념할 필요가 있다. 유네스코 체제가 국가 간의 층위에서 행위자들 간의 협상을 통해 산출되는 것이라면, 그것은 유네스코 체제가 고착되고 정체된 것이 아니라 끊임없이 변화해 나가는 것으로 이해할 수 있다.

이러한 변화의 사례를 유네스코에서의 문화유산 범주의 확장을 통해서 확인할 수 있다. 1972년 세계유산, 1995년 세계기록유산, 2003년 무형문화유산으로 문화유산의 범주가 확장되고 있다(신동욱, 2019: 28 - 29). 역사적 대상 그 자체로부터 환경, 무형의 가치, 그리고 이를 사용하는 사람들로까지 그 범주가 확장되었다(Ahmad, 2006: 292 - 300). 무형문화유산에 한정해 본다면, '유네스코 인류 구전문화 및 걸작'에서 '유네스코 인류무형문화유산 대표목록'으로 명칭 변경에서 찾아볼 수 있다. '걸작 관련 논란'에서 확인할 수 있듯이, 논란을 통해서 보다 진전된 성과를 낳았다는 점에 주목할 필요가 있다. 유네스코 인류무형문화유산 대표목록 등재 신청서 서술 항목의 변화 역시 유네스코 체제의 변화 가능성을 말해주고 있다. 필자가 유네스코의 미래에 아직도 희망을 거는 이유가 여기에 있다. 협정이나 규약, 그리고 운영 지침 등을 카리스마화하여 고착시키는 것이 아니라 끊임없이 변화시키려 하고, 실제로 변화하는 역동성을 유네스코 체제는 가지고 있다는 점에 주목하기 때문이다.

　지속적인 논쟁과 대화 속에서 진전된 논의를 지향한다면, 유네스코 체제와 관련한 논란은 오히려 장려할 만한 일이다. 진전된 체제를 구성하는 유네스코의 동력이 될 수도 있는 것이다. 유네스코 체제가 한 단계 진전된 상황으로 나아갈 수 있는 교두보가 될 수도 있는 것이다. 유네스코 체제의 문제와 희망이 공존하고 있는 현 상황에서 문제 해결의 실마리를 희망적인 사례 몇 가지에서 찾을 수 있다. 유네스코 체제의 가변성, 나아가 역동성을 고려해 본다면 그 희망의 사례를 유네스코 체제의 지향이나 운영에 적극적으로 반영할 필요가 있다. 모범사례는 유네스코 인류무형문화유산의 특정 종목에만 해당하는 것이 아니라 유네스코 체제 지향과 운용 그 자체에서도 찾아야 할 시기가 왔다.

참고문헌

문제리, 도슨. 2004. "유형유산과 무형유산: 차이에서 융합으로." 『뮤지엄 인터내셔널: 무형문화유산의 의미와 전망』 221/222(한국어판 특집호).
자넬리, 로저. 2009. "동아시아 공동무형문화유산의 보편성과 특수성." 『국경을 넘는 무형유산: 동아시아 공동 무형문화유산의 다원성과 보편성』(동아시아 공동 무형문화유산 국제포럼 자료집).
류계옥. 2009. "중국 조선족 비물질문화유산 보호 현황 및 중국 조선족 농악무." 『국경을 넘는 무형유산: 동아시아 공동무형문화유산의 다원성과 보편성』(동아시아 공동 무형문화유산 국제포럼 발표자료집).
문화재청·유네스코아태무형유산센터. 2010a. 『한국어판 2009 유네스코 무형문화유산 목록』. 대전: 문화재청·유네스코아태무형유산센터.
문화재청·유네스코아태무형유산센터. 2010b. 『무형문화유산의 이해: 한국어판 2003년 무형문화유산보호협약 해설집』. 대전: 문화재청·유네스코아태무형유산센터.
부쉬나키, 무니르. 2004. "총론." 『뮤지엄 인터내셔널: 무형문화유산의 의미와 전망』 221/222(한국어판 특집호).
송 준. 2008. "무형문화유산의 보존과 활용에 대한 소고." 『남도민속연구』 17.
신동욱. 2019. "무형문화유산 가치 변화 연구 - 한국 인류무형문화유산 등재과정을 중심으로 - ." 한양대학교 대학원 박사논문.
안미정. 2020. "문화의 세계화와 민족주의 담론: 제주해녀(잠녀)문화의 유네스코 등재 사례를 중심으로." 『역사와 경계』 117.
노리코, 아이카와. 2004. "무형문화유산협약 제정에 관한 역사적 개관." 『뮤지엄 인터내셔널: 무형문화유산의 의미와 전망』 221/222(한국어판 특집호).
신지, 야마시타. 2009. "문화유산논란: 국제화시대 문화자원의 인류학." 『국경을 넘는 무형유산: 동아시아 공동무형문화유산의 다원성과 보편성』(동아시아 공동 무형문화유산 국제포럼 발표자료집).
인하대학교 산학협력단. 2011. 『(가칭) 무형문화유산 보전 및 진흥에 관한 법률 제정 연구』. 대전: 문화재청.

임돈희. 2006. "무형문화유산의 목록작성."『무형문화유산 목록 조사연구』. 강릉: 강릉시·강릉문화재단.
임돈희 외. 2004. "유네스코 세계 무형문화 유산제도와 그 의미."『비교민속학』26.
장정아. 2008. "'민간문화유산'에서 '위대한 중국의 문화유산'으로."『한국문화인류학』 41(1).
정상우. 2015. "무형문화유산 독립입법의 의의와 향후 과제."『2015년 무형유산학회 제1회 학술심포지엄: 무형문화재 보전 및 진흥에 관한 법률의 비판적 검토』.
한경구. 2009. "동아시아 공동 무형문화유산의 정의와 지역 내 문화정체성."『국경을 넘는 무형유산: 동아시아 공동 무형문화유산의 다원성과 보편성』(동아시아 공동 무형문화유산 국제포럼 자료집).
한국문화재재단. 2020.『살아있는 유산을 찾아서』. 서울: 한국문화재재단.
허용호. 2009. "무형문화유산으로서 민속극의 전승과 보존."『비교민속학』39.
허용호. 2012. "무형문화유산 목록작성에 제기되는 몇 가지 문제: 국내의 경우." 함한희 엮음.『무형문화유산의 이해: 전승·보전 그리고 인벤토리』. 전주: 전북대 20세기민중생활사연구소.
허용호. 2013. "가면극 속의 장애인들."『구비문학연구』37.
허용호. 2014. "움직이는 전통. 변화하는 시선 – 밀양백중놀이 장애표현과 그 형상화 시선 연구."『공연문화연구』28.
허용호. 2015. "'원형'에서 '전형'으로 그 지향과 한계."『2015년 무형유산학회 제1회 학술심포지엄: 무형문화재 보전 및 진흥에 관한 법률의 비판적 검토』.
허용호. 2016a. "'원형'의 신화. '전형'의 논리."『무형유산』1(1).
허용호. 2016b. "유네스코 체제하의 강릉단오제."『민속학연구』39.
허용호. 2018. "체제와 이념을 넘어서는 무형유산 – 한반도 차원에서 가면극을 사유하기 –."『탈춤. 인류 보편의 가치를 품다』(2018 IMACO 국제학술심포지엄).
허용호. 2019. "유네스코 인류무형문화유산 남북 추가 공동등재를 위한 방안 모색."『2019: 국립무형유산원 학술대회: 북한의 무형유산과 남북 교류 협력 방안』.

Ahmad, Yahaya. 2006. "The scope and definition of heritage: form tangible to intangible." *International journal of heritage studies* 12(3).
Bendix, Regina F., Aditya Eggert and Arnika Peselmann(eds). 2012. *Heritage*

Regimes and the State. Göttingen: Universitätsverlag Göttingen.

Eriksen, Thomas Hylland. 2001. "Between unversalism and relativism: A Critique of the UNESCO concept of culture." Jane K. Cowan et al eds. *Culture and rights: Anthropological perspectives.* Cambridge and New York: Cambridge University Press.

Foley, Kathy. 2014. "No More Masterpieces: Tangible Impacts and Intangible Cultural Heritage in Bordered Worlds." *Asian Theatre Jounal* 31(2).

Robertson, Roland. 1995. "Glocalization: Time-space and Homogenecity-heterogenecity." Mike Featherton and Roland Robertson eds. *Global modernity.* Lodon: Sage Publications.

Wright, Susan. 1998. "The politicization of culture." *Anthropology Today* 14.

자료

『경향신문』, 2009.11.09.
『경향신문』, 2012.06.06.
『동아일보』, 2009.10.02.
『동아일보』, 2011.09.06.
『한겨레신문』, 2011.06.22.

제3장
무형문화유산의 같음과 다름
―종교 무형문화유산을 중심으로

박상미(한국외국어대학교 국제학부)

I. 서론: 종교 관련 무형문화유산에 나타난 신앙과 행위의 두 영역

유네스코 인류무형문화유산 목록에 등재되어 있는 유산들 중 종교와 관련된 종목들의 수는 상당히 많다. 그중에는 종교 자체가 유산의 중심에 있는 것들도 있고, 종교적인 신앙과 의례가 유산의 부분적 요소로 포함된 경우들도 있다. 무형유산의 총체적인 성격을 감안할 때, 어떤 유산은 종교와 관련이 있고, 어떤 유산은 그렇지 않다고 명확히 구분하기는 쉽지 않다. 유네스코의 무형문화유산 보호협약 홈페이지(https://ich.unesco.org/en)에 게재된 내용에 따르면, 2017년도부터 2021년도까지의 5회에 걸친 등재심사와 결정 과정을 통해 유네스코 목록에 등재(선정)된 무형유산은 총 204종목인데, 이 중 29종목이 종교와 직접적으로 연관된 유산이다. 그중 26종목은 대표목록(Representative List)에 등재되었고, 나머지 3건은 긴급보호목록(List of Intangible Cultural Heritage in Need of Urgent Safeguarding)에 등재되어 있다. 모범 사례에는 직접적으로 종교 관련된 종목이 선정된 사례가 없다. 2022년 3월까지 유네스코에 등재(선정)된 유산 629

종목을 대상으로 키워드 검색을 해 보면 이러한 종교 관련 유산들의 어떤 면이 인정받아 등재되었는지를 알 수 있다. 총 629종목을 대상으로, '종교적 신앙(religious belief)'으로 검색할 경우 45회의 결과만이 나오는 데 비해, '종교적 연행(religious practices)'으로 검색하는 경우 134회의 검색 결과를 얻을 수 있다. 이는 무형문화유산의 관점에서 볼 때 대부분의 종교 관련 유산이 신앙의 측면 보다는 행위의 측면에 더 초점을 맞춘다는 것을 보여 준다.

이 장에서는 종교적 연행으로 등재된 세 건의 유럽지역 무형문화유산을 중심으로, 종교에 있어서 신앙보다는 행위에 초점을 맞춘 무형유산의 활용과 연행이 가지는 사회문화적 의미에 관해 알아보고자 한다. 본문에서 살펴볼 세 건의 유산(브뤼셀의 오메강 축제, 멘드리시오의 성주간(고난주간)) 행렬, 발렌시아 파야 축제)은 공통적으로 종교적인 주제를 가진 유산이지만, 각 해당 지역에서 풍부한 역사성과 장소성을 가지고 종교적 차이를 초월한 지역 축제로 자리 잡게 되었다. 세 건 모두 유럽지역의 유산으로 유럽, 가톨릭 종교라는 공통점을 가지고 있는데, 이러한 지역적, 종교적 범주를 넘어서도 종교유산이 현대의 도시화된 사회의 지역 공동체의 구심점이 되는 사례로서 의미가 있다.

유네스코의 무형문화유산 보호 사업을 유형유산을 대상으로 하는 세계유산 사업과 비교했을 때 가지는 주요한 차이는, 무형유산의 경우 문화 간의 위계성을 탈피하고 문화다양성, 문화상대주의, 내부자의 관점(natives' points of view)을 특히 중시한다는 것 등이다. 또한 특정 무형유산이 어느 한 집단의 소유물이거나 한 집단이 해당 유산의 원조라는 식의 논의는 문화 간 이해를 통한 평화의 구축이라는 유네스코의 이상과 부합하지 않으며, 문화유산으로 인한 갈등을 초래할 수도 있다. 그렇기 때문에, 무형유산의 역사성을 논의하기보다는, 현재 살아있는, 끊임없이 연행되는 과정에서 변화하는 유산으로 보는 시각이 중심을 이룬다. 또한, 종교관련 유산의 경우에 "무엇을 어떻게 믿는가"라는 신앙 차원의 논의보다 종교적 의례, 축제 등에서 드러나는 행위의 측면이 더욱 강조되는 것을 볼 수 있다. 특히 무형유산의 사회 통합적 기능이 강조되는 차원에서 무엇을 어떻게 믿는가의 문제는 오히려 사회의 분열과 갈등을 드러낼 위험을 가지고 있다고 할 수 있을 것이다. 종교 관련 무형 유산의 행위적 측면을 강조하는 경우, 신앙의 여부, 혹은 다름에 상관없이 의례나 축제에서 같은 행위를 공유하며 이를 연행하는 과정에서 사회구성원이 함께 즐기며 연대감을 확인할 수 있는 가능성이 열린다.

종교에서 '신앙의 옳음을 강조하는가(orthodoxy)' 아니면 '행위의 옳음을 강조하는가(orthopraxy)'의 문제는 이제까지 인류학, 역사학, 종교학에서 많은 연구와 논쟁이 되어 온 주제이다. 예를 들어, James L. Watson(1988; 2007)은 중국의 상·장례문화에 관한 인류학적 연구에서, 역사적으로 중국의 지배세력이 다양한 배경을 가진 중국인들의 믿음 체계의 차별성에 주목하기보다는 상·장례 등의 기본적인 의례를 규범에 맞추어 행하는 것만으로 정통 중국인으로 인정받을 수 있게 함으로써 다양한 집단을 포용하여 중국이라는 거대한 국가를 이어 올 수 있었다고 주장하였다. 그는, 이에 비해 유럽에서는 마음속의 신앙의 옳음을 확인하는 것이 중요했고(예를 들어, 종교 재판 등을 통해 정통과 이단의 차이를 가려냈고) 이 때문에 유럽은 하나의 국가가 되기보다는 믿음의 다름을 기준으로 계속 분열될 수밖에 없었다고 주장하였다. 이 주장에 따르면 중국인이 되는 것은 일정한 행위의 규칙을 지키기만 하면 가능한 '쉬운' 일이었음에 반해, 유럽에서는 마음속 믿음의 옳음을 끊임없이 증명해야 하는 '어려운' 일이었다는 것이다. 즉 유럽의 경우 '배타적인 가려내기'가 존재했다면 중국의 경우 포용하기가 작동해 온 것이라는 주장이다. 중국에서 한족의 신화가 유효하게 작동될 수 있었던 것도 '신앙의 옳음(orthodoxy)'에 연연하지 않고, 다양성을 품을 수 있는 '행위의 정통성(orthopraxy)'을 바탕으로 한 통치 방식 때문이라는 것이다.

인류의 문화적 창의성과 문화다양성을 구현하고 문화상대주의에 바탕을 둔 무형유산의 관점에서도 종교를 대하는 태도에 있어 신앙의 문제보다 행위의 측면에 더 주목한다는 것은 전략적인 선택으로 보인다. 이 과정에서, 이러한 행위들이 일어나는 사회문화적 맥락을 중시하는 경향을 볼 수 있다. 이 글에서 살펴볼 세 건의 사례에서도 공히 유산의 연행에 있어 사회적 기능과 문화적 의미가 강조되고 있다. 문화다양성과 문화상대주의를 기반으로 하는 유네스코의 무형유산 사업에서 종교는 민감한 영역이다. 그러므로 종교 관련 무형유산의 보호에서 문화다양성을 담보할 수 있는 방법은 행위와 실천에 초점을 맞추는 것이다. 특히 이 맥락에서 종교 관련 유산들이 어떻게 지역 공동체에게 사회 통합의 기제로 작용하는지 이해하고, 이를 위해 쓰이는 상징성과 역사성이 어떻게 드러나는지를 보는 것은 무형문화유산과 공동체의 관계를 좀 더 잘 이해하는데 도움을 줄 수 있다.

II. 종교 관련 무형문화유산의 관광화와 상업화

무형유산의 보호·전승과 진흥을 논할 때 관광화와 상업화의 가능성이 자주 거론되는데, 특히 유산 관련 공동체의 입장에서는 경제적인 이익을 얻기 위해 이러한 방향을 원하는 경우도 종종 발견된다. 이 글에서 살펴볼 세 건의 종교 관련 무형유산의 경우에도, 그 정도의 차이는 있지만 유산의 정기적인 연행에 있어 관광객들의 존재와 관광 산업적 고려가 큰 비중을 차지함을 볼 수 있다. 특히 오랜 역사적 전통을 가지고 종교적인 엄숙함과 지역 전통의 여러 요소가 포함되어 있으며 전통 공예까지 포함된 경우 유산과 관광화·상업화와의 관련성이 높은 것이 보편적이다. 종종 어떤 무형유산을 유네스코 목록에 등재하기 위한 신청서에 관광산업의 진흥이나 상업적인 이익이 등재 추진의 주요 목적 중 하나로 서술되어 심사 평가에서 부정적으로 작용하고 등재에 성공하지 못하는 경우들도 있으며, 이 점은 매해 심사기구의 종합 보고서에서 바람직하지 못한 점으로 지적된다.

무형유산의 보전과 진흥에서 관광화와 상업화가 지나칠 경우 해당 유산이 그 사회문화적인 맥락과 유리될 가능성이 커지며(탈맥락화), 유산의 연행은 남에게 보여주기 위한 것으로 변질될 수 있고(공연화), 특히 종교 관련 의례 유산의 경우 시간이 오래 걸리는 준비 과정 등 공동체의 삶과 종교적 의미에 있어서는 중요하고 신성하지만 일반적인 관광객들에게는 인기가 별로 없는 부분들이 생략되거나 변형되기도 한다. 즉, 외부인들에게 보여주기 좋고, 관광객들이 소화할 수 있을 정도의 짧은 시간에 진행되며, 이목을 끌만한 부분만 강조되고, 이들만 분리·편집되어 연행되는 경우가 있다. 어떤 경우에는 공동체 성원의 참여가 줄고 전문 공연자가 등장하기도 한다. 또한, 유산의 유네스코 목록 등재라는 것은 해당 유산을 공동체와의 긴밀한 협조를 통해 바람직한 방향으로 보전하겠다는 국제사회와의 약속인데, 등재 후 신청서에 설명된 것과 매우 다르게 연행되거나, 심한 경우 국제 인권 기준 등에 비추어 받아들여지기 어려운 형태로 변질되는 경우도 있다.[1] 공예 분야의 경우 과도한 상업화의 문제가 발생하는 경우가 종종 있다. 구매력을 가진 다른 나라의 소비자를 염두에 두고 전통 디자인을 변형하거나, 여러 요소를 섞어서 정작 공동체 구성원들이 자신들의 유산으로 생각하지 않게 되는 경우도 있다. 또는 전통적인 방식의 생산이 가지는 생산량의 한계를 극복하기 위해 공장식 생산시설을 짓거나 노동력이 싸고 풍부한 다른 나라에서 제조하는 방식을 택하는 극단적인 경우도 있다. 유네스코의 무형문화유산보호협약에서는 관광과 상업화를 무조건 배제하지는 않고 있다. 특히 공동체가 관광과 상업화를 통한 경제적 혜택을 원하는 경우, 유산의 보호와 전승에 노력하는 동시에 외부인이 아닌 유산공동체에 그 혜택이 돌아가는 방식으로 관광, 상업화를 추진하는 것이 필요함을 인정한다. 이 장에서 다루고자 하는 세 건의 종교 관련 유산은 그 관련 공동체의 구성원들에 의한 보호, 전승, 활용을 통해 무형 유산이 사회 구성원들의 정체성의 중심을 이루고 연대감을 확인,

---

[1] 2019년 콜롬비아의 보고타에서 열린 제14차 정부간위원회에서 이와 같은 이유로 벨기에의 Aalst 카니발이 대표목록에서 탈락했다. 이와 같이 이미 등재된 유산이 탈락한 것은 처음 있는 일이었는데, 향후 이미 등재된 유산의 보전 상황에 대한 평가와 조치 등을 어떻게 할지는 유네스코에서 앞으로 2년간 열릴 목록제도에 관한 회의에서 주요하게 다루어질 주제 중의 하나이다.

강화해 가면서 관광 등 지역사회의 수요도 충족하는 모습을 보여 준다.

III. 세 건의 사례

유네스코 인류무형유산 등재를 위한 신청서에는 해당 유산이 무형유산 협약에 있는 5개 영역 중 어느 영역에 해당하는지를 표시하게 되어 있다. 그 5개 영역은 다음과 같은데, 한 종목의 유산을 이 중 여러 영역에 해당하는 것으로 표기하는 경우가 대부분이다.

(1) 무형문화유산의 전달체로서의 언어를 포함한 구전 전통 및 표현
(2) 공연 예술
(3) 사회적 실행, 의식, 그리고 축제
(4) 자연과 우주에 대한 지식 및 관습
(5) 전통적 공예 기술

이 중에서 종교 관련 축제는 3번의 '사회적 실행(연행), 의식, 그리고 축제'에 주로 해당되겠지만, 무형유산의 개념이 인류학적 문화 개념과 같이 총체적인 것이라 할 수 있기 때문에 대부분의 신청서에는 다른 영역에도 추가로 표시되어 있다. 다음에서 살펴볼 세 건의 무형유산은 모두 대규모의 화려한 행렬을 포함하고 있으며, 종교적 성격을 지니면서도 지역 공동체의 대표적 축제로 자리매김하며 공동체 성원의 정체성에서 중요한 부분을 차지하고 있다는 공통점을 가지고 있다. 세 건 모두 유럽지역의 국가에서 행해지는 축제이고, 가톨릭 종교를 기반으로 하고 있는데, 고도로 산업화, 도시화되는 사회 환경에서 어떻게 종교 관련 무형문화유산이 지역공동체의 공감과 참여를 바탕으로 지역의 문화정체성의 중심에 자리할 수 있는지에 대해 시사점을 가지는 사례들이다.

1. 브뤼셀의 오메강 축제(Ommegang of Brussels, an annual historical procession and popular festival)

이 축제는 벨기에의 수도인 브뤼셀에서 매년 열리는데 2019년에 유네스코 인류무형문화유산 대표목록에 등재되었다. 이 유산의 등재신청서 내용에 따르면 이 축제는 무형유산 영역으로 '공연예술(2)'과 '사회적 실행, 의식, 그리고 축제(3)'에 속한다.

    브뤼셀의 오메강 축제는 브뤼셀 시내 중심지에서 7월의 이틀간 저녁에 거행되는데 역사적 인물들의 가장행렬과 일반 대중이 참여하는 축제로 이루어진다. 이 축제는 브뤼셀 지역의 민간 신앙과 가톨릭 종교가 결합된 종교 행사로 시작했고 지금도 종교적인 색채를 가지고 있기는 하지만 대부분의 참여자는 종교적 행사라기보다는 지역의 대표적인 전통 축제로 여기며, 지역 공동체를 중심으로 매해 축제를 기획하고, 준비하고, 참여한다. 이틀간에 걸친 축제의 시작은 석궁대회와 시내의 중요한 가톨릭교회인 사블론 성당에서의 행사이다. 이후, 1.5 킬로미터에 이르는 시내의 주요 도로에서 여러 단체가 참여하는 다채로운 행진이 있다. 이 행진의 마지막 목적지는 브뤼셀의 유서 깊은 대광장(the Grand-Place)이다. 여기서 행렬은 브뤼셀의 시장과 각종 무형유산의 연행자들을 만나게 된다. 이들은 다 함께 1930년 이래로 행해온 음악 공연을 하며 즐거운 시간을 가진다. 이 축제는 1348년에 종교적인 행사로 시작해 계속되어 오다가 18세기 무렵에 쇠퇴한 후, 1928-1930년에 와서 1549년 찰스 5세가 참석했던 기록을 토대로 재창조되었다. 축제를 위한 일들은 대부분 자원봉사자에 의해 이루어지고 이들은 정기적인 모임을 통해 조직적으로 일하고 젊은 세대의 참여를 독려한다. 어린아이들도 부모를 따라 참여하고, 많은 사람은 40-50년간 계속 참여해 왔다.

그림 3-1 각 단체들은 전통적인 복장과 상징물로 그들의 다양한 정체성을 표현한다.
출처: https://ich.unesco.org/en/RL/ommegang-of-brussels-an-annual-historical-procession-and-popular-festival-01366

그림 3-2 지역사회에서 의미와 중요성을 지닌 공간(대광장: the Grand-Place)에서 행해지는 공연
출처: https://ich.unesco.org/en/RL/ommegang-of-brussels-an-annual-historical-procession-and-popular-festival-01366

2. 멘드리시오의 성주간(고난주간) 행렬(Holy Week processions in Mendrisio)

이 유산은 스위스의 역사 도시인 멘드리시오에서 매년 열리는데, 2019년에 유네스코 인류무형문화유산 대표목록에 등재되었다. 등재 신청서의 내용에 따르면 이 유산은 무형유산 영역으로 '공연 예술 (2)', '사회적 실행, 의식, 그리고 축제 (3)', 그리고 '전통적 공예 기술 (5)'에 해당된다.

성주간(고난주간)의 행렬은 스위스의 역사 도시인 멘드리시오에서 부활절을 앞둔 성목요일(Maundy Thursday)과 성금요일(Good Friday) 저녁에 거행되는데, 약 1만 명이 참여한다. 이때 시내의 전등은 모두 끄고 "투명등(transparencies)"이라는 것을 켜게 되는데, 이것은 나무로 만든 입체적인 구조틀에 반투명 재질의 막을 씌우고 그 위에 종교적인 주제의 그림을 그려 안에서 불을 밝힌 것이다. 여기에 필요한 특별한 그리기 방식은 18세기 후반부터 발전해 온 것이다. 현재 약 260개의 투명등이 있고 기독교 성경에 나오는 이야기나 상징들을 주제로 한 그림이 그려져 있다. 길가의 상점입구나 길 위를 밝히도록 설치된 큰 투명등이나 행렬 참가자들의 손에 들려 있는 작은 투명등은 그 공예적인 섬세함과 종교적인 성스러움으로 공동체에게 매우 특별한 의미를 가진 것이다.

목요일의 행렬은 '예수의 수난과 십자가의 길'을 주제로 하는 것인데 약 270명이 가장행렬에 참여한다. 트럼펫과 북소리에 맞추어 진행되는데 전체적인 분위기는 경건하다. 성금요일의 행렬은 조금 더 금욕적인 태도를 강조하는데, 수백 명의 아이와 어른들은 예수의 수난을 상징하는 500여 개의 의례용 도구들을 가지고 참여한다. 여기에 등장하는 투명등들은 이 지역의 공예 전통을 보여 준다. 투명등의 제작, 보수에 필요한 지식과 기술이 중요한 유산이기 때문에 협약의 무형유산 영역으로 5번(전통적 공예 기술)이 표기되어 있다. 공동체의 구성원들은 남녀노소를 가리지 않고 행렬에 직접 참여하거나 지원하는 일을 한다. 이를 위한 특별한 조직이 존재하는데 이 조직은 이 행렬을 기획하고, 준비하며, 이와 관련된 지식을 전승하는 일을 한다.

그림 3-3　멘드리시오 축제에는 건물이나 골목 위 아치에 설치한 큰 등과 행렬 참가자들이 손에 들고 있는 작은 등이 가장 중요한 공예품으로 등장한다.
출처: https://ich.unesco.org/en/RL/holy-week-processions-in-mendrisio-01460

그림 3-4　장인이 축제에 쓰이는 투명 등에 그림을 그리고 있다.
출처: https://ich.unesco.org/en/RL/holy-week-processions-in-mendrisio-01460

3. 발렌시아 파야 축제(Valencia Fallas festivity)

이 축제는 2016년에 유네스코 인류무형문화유산 대표목록에 등재되었다. 이 유산의 등재 신청서에 따르면 무형유산 영역으로 '무형문화유산의 전달체로서의 언어를 포함한 구전 전통 및 표현(1)', '공연 예술(2)', '사회적 실행, 의식, 그리고 축제(3)', 그리고 '전통적 공예 기술(5)'에 해당된다.

발렌시아 지역 공동체들이 3월 14일부터 19일까지 봄이 오는 것을 기념하는 파야 축제의 중심에는 거대한 파야(Falla) 건조물이 있다. 파야란 시사적인, 또는 사회문화적으로 중요한 주제를 해학적으로 풍자한 인형들(ninot)로 이루어진 것인데 지역의 장인들에 의해서 만들어지며 여러 단체와 지역 공동체가 구성원들의 뜻과 기부금을 모아 만들어 동네의 광장 등 주요한 지점에 세운다. 이러한 파야는 봄이 오는 것을 의미하며, 정화(purification)와 공동체 사회활동의 활성화를 의미한다. 축제 기간 중에 발렌시아 사람들은 거리와 광장에 임시로 설치된 테이블에서 특별한 메뉴의 식사를 하고, 전통 복장을 정성들여 차려입고 자신이 속한 단체나 이웃들과 함께 행렬에 참여한다. 모든 행렬의 목적지는 며칠에 걸쳐 공들여 만든 거대한 목조탑인데 여기에 형형색색의 무늬를 만들며 꽃을 꽂아 전체를 장식하고 맨 꼭대기에는 아기 예수와 성모상을 올린다. 이 목조탑은 매년 파야 축제 전에 새로 만드는데, 행렬에 참가한 사람들은 성모상과 아기 예수가 있는 이 목조탑에 가까이 다가가면서 눈물을 흘리기도 한다. 새로 아기가 태어난 가족은 아기가 탄 유모차를 끌며 감동의 눈물을 흘리기도 한다. 파야 축제에 참여하는 것으로 아기는 이제 진정한 발렌시안이 된 것이다. 행렬은 종종 멈추면서 춤을 추기도 하고 음식과 와인을 즐기기도 한다. 밤에는 폭죽을 터뜨리며 봄을 기념하고 정화의 의식을 거행한다. 파야 축제의 마지막 밤에는 정성껏 만들었던 파야를 불태운다. 매년 가장 기념이 될 만한 한 점의 파야는 파야박물관으로 보내고 나머지는 모두 불태운다. 파야가 세워졌던 작은 광장들은 주거용 아파트들에 둘러싸인 경우가 많아 화재에 대비하기 위해 소방차가 대기하기도 한다. 어른들은 불타는 파야를 보며 환성을 지르며 낡은 것을 태우고 새봄을 맞는다. 일부 아이들은 아쉬움에 울기도 한다.

파야 축제는 지역 사람들에게 창의적으로 파야를 만들고 공동체가 함께 하는 즐거움을 주기도 하며, 연중 계속되는 준비 과정을 통해 발렌시아인의 긍지와 문화적 정체성을 재확인하기도 한다. 파야 축제는 스페인을 비롯한 유럽 뿐만 아니라 전 세계적으로 잘 알려져 있으며 종종 세계 3대 축제 중의 하나로 꼽힌다. 세계적인 축제가 되었지만 파야 축제의 중심은 지역 공동체와 단체임이 항상 강조되고 있다. 필자가 2009년에 직접 현지 관찰한 파야축제에서 조직위원장(Falla Queen)을 맡은 여성은, 파야는 전적으로 시민의 기부에 의해 이루어지며 정부의 예산은 한 푼도 지원받지 않는다는 것을 여러 차례 자랑스럽게 말했다. 그에 의하면, 발렌시안들은 자신들이 축제의 주인이 되어 발렌시안으로서의 긍지를 재확인하는 파야 축제를 위해 기꺼이 파야 만들기에 기부를 하고, 정성껏 전통 의상과 가발을 마련하여 단장을 하고 음식을 만든다고 했다. 마지막 밤 파야를 불태우고 혼돈의 장에 참여한 후, 다음 날 해가 뜨는 순간 지난밤의 흔적을 찾아볼 수 없을 정도로 깨끗하게 치워진 거리의 모습도 매우 자랑스러워했다.

그림 3-5 축제의 중심지인 시청앞 광장에 세워진 가장 큰 파야
출처: https://ich.unesco.org/en/RL/valencia-fallas-festivity-00859

그림 3-6 축제의 마지막 밤에는 축제 기간 쓰인 파야를 불태운다. 참가자들은 불타는 파야를 바라보며 환성을 지르고, 일부 아이들은 아쉬움에 눈물을 흘리기도 한다.
출처: https://ich.unesco.org/en/RL/valencia-fallas-festivity-00859

그림 3-7 각 마을 공동체를 대표하는 행렬은 발렌시아 시내 곳곳을 지나 행사의 중심인 시청 앞 광장에서 모인다.
출처: ⓒ박상미

IV. 결론: 의례/축제/공예를 포함한 종교 무형문화유산의 의미와 역할

앞서 살펴본 세 건의 사례는 종교적인 행사로 시작했고 현재에도 종교적 색채를 가진 무형유산이지만 해당 지역의 대표적인 전통 축제로 자리매김하고 공동체의 정체성의 구심점이 되었음을 볼 수 있다. 특히 철저하게 민간이 중심이 되어 공동체의 주도로 기획, 연행, 참여가 이루어짐을 알 수 있다. 발렌시아 파야 축제의 경우 지역 주민의 기부금에 의해 모든 행사가 진행된다는 사실을 자랑스럽게 여긴다. 이러한 유산의 연행이 지역 공동체에게 의미 있는 장소성을 바탕으로 한다는 것도 매우 중요하다. 이 유산의 근간이 되는 행위는 특정 성당, 광장 등의 장소에서 연행될 때 그 의미가 있는 것이다. 장소성과 역사성은 이 유산들이 그 문화적 의미와 사회적 기능을 유지하게 하는 중요한 요소들이다. 또한, 이것은 유산의 탈맥락화를 방지하는 가장 효과적인 기제 중의 하나라고 할 수 있을 것이다. 이러한 요소들이 있기에 이 종교 관련 무형유산인 축제들은 만들어진 축제가 아닌, 살아있는 문화유산이 될 수 있는 것이다.

무형문화유산은 살아 있을 뿐 아니라 그것을 연행하는 사람들의 삶의 조건이 변화함에 따라 끊임없이 재창조되며 변모한다. 그러기에 새로운 삶의 방식 속에서도 생명력을 잃지 않는 유연함과 외래 요소를 창의적인 방식으로 수용하는 포용적인 면이 필요하다. 이때, 마음속의 신앙의 옳음(orthodoxy)을 따지기보다는 행위의 일치(orthopraxy)를 통해 동질감을 확인하고 무형유산을 통합의 기제로 삼는 유연하고 포용적인 태도가 사회의 통합과 다양성의 공존에 도움이 될 수 있을 것이다. 유네스코 목록에 등재된 종교 관련 무형유산들이 대부분 신앙의 차원보다는 연행을 강조하는 것은 이에 부합하는 일일 것이다.

무형유산의 전승과 보전에는 공동체의 관심과 자발적 참여가 가장 핵심적인 역할을 하며 관광 산업의 발전이나 경제적인 효과는 그에 따르는 자연스러운 결과물 중의 하나가 될 수 있을 것이다. 지역의 참가자들이 마음을 다해서 열정적으로 참여하는 모습이야말로 외부인들이 그 유산의 가치를 느낄 수 있는 가장 매력적인 것이기 때문이다.

참고문헌

Bak, Sangmee. 1998. "Anthropological Studies of People, Place, and Culture, and The Implications for Area Studies." *International Area Review* 1(2).

Bak, Sangmee. 2001. "Local Festivals and Traditional Culture in Korea." paper presented at the 7th UNESCO International Training Workshop for Living Human Treasure System. Seoul and Gangneung. October.

Bak, Sangmee. 2003. "Heritage is Good to Think: Politics of Identities in Hahoe Village, Andong, Korea." paper presented at the 102nd annual meeting of the American Anthropological Association. Chicago, Illinois, U.S.A. November 19 - 23.

Bak, Sangmee. 2006. "Imagining and Appropriating the Global: Gangneung Danoje and the Local People's Understanding of the UNESCO's Proclamation of Intangible Cultural Heritage." paper presented at Consuming Korean Culture, organized by the Center for Korean Studies. University of Hawaii, Honolulu, Hawai'i, U.S.A. October 13 - 15.

Bak, Sangmee. 2007. "Domestic and International Cultural Tourism in the Context of Intangible Heritage." Paper presented at the Regional Meeting on Safeguarding Intangible Heritage and Sustainable Cultural Tourism: Opportunities and Challenges, co - organized by UNESCO and EIIHCAP. Hue, Vietnam. December 11 - 13.

Bak, Sangmee. 2008. "Popularization and Transmission: Recent Changes in Safeguarding Intangible Cultural Heritages in the Republic of Korea." Paper presented at Hong Kong University of Science and Technology. Clear Water Bay, Kowloon, Hong Kong. February 23 - 26.

Bak, Sangmee. 2011. "Intangible Cultural Heritage and Cultural Tourism in Korea." in Liu Tik - sang ed., *Intangible Cultural Heritage and Local*

Communities in East Asia. Hong Kong: South China Research Center, The Hong Kong University of Science and Technology; Hong Kong Heritage Museum.

Geertz, Clifford. 1973. "Thick Description: Toward an Interpretive Theory of Culture." In *The Interpretation of Cultures: Selected Essays*. New York: Basic Books.

Han, Kyung-koo. 2009. "Defining Common Intangible Cultural Heritage and Its Role in the Cultural Identity of East Asia." in the *Proceedings of Beyond Borders: Plurality and Universality of Common Intangible Cultural Heritage in East Asia*. Organized by Korean National Commission for UNESCO, Northeast Asian History Foundation, and Gangneung City. November 24 - 25.

Janelli, Roger. 2009. "Cultural Plurality: Universality and Particularity of Intangible Cultural Heritage in East Asia" in the *Proceedings of Proceedings of Beyond Borders: Plurality and Universality of Common Intangible Cultural Heritage in East Asia*. Organized by Korean National Commission for UNESCO, Northeast Asian History Foundation, and Gangneung City. November 24 - 25.

Watson, James L. 2007. "Orthopraxy revisited." *Modern China* 33(1).

Watson, James and Evelyn S. Rawski. 1998. *Death Ritual in Late Imperial and Modern China*. University of California Press

Yamashita, Shinji. 2009. "Cultural Heritage Contested: a Perspective from the Anthropology of Cultural Resources in the Age of Globalization." in the *Proceedings of Beyond Borders: Plurality and Universality of Common Intangible Cultural Heritage in East Asia*. Organized by Korean National Commission for UNESCO, Northeast Asian History Foundation, and Gangneung City. November 24 - 25.

자료

UNESCO homepage for the 2003 Convention for the Safeguarding of the Intangible Cultural Heritage(https://ich.unesco.org/en)

LHE/19/14.COM/10 Report of the Evaluation Body on its work in 2019
ITH/18/13.COM/10 Report of the Evaluation Body on its work in 2018
ITH/17/12.COM/11 Report of the Evaluation Body on its work in 2017
ITH/16/11.COM/10 Report of the Evaluation Body on its work in 2016
ITH/15/10.COM/10 Report of the Evaluation Body on its work in 2015

제4장

아시아의 무형문화유산 보호
−유네스코 인간문화재제도 도입과 운영을 중심으로

차보영 (유네스코아태무형유산센터)

I. 서론

문화유산은 유형과 무형의 유산을 아우르는 개념이지만, 보통 문화유산을 말할 때 역사적 의미가 있는 건축물이나 유물 같은 유형의 유산을 떠올리는 경우가 대부분이다. 그렇지만 유네스코 협약 등의 영향으로 문화유산 용어는 상당한 변화가 있어 왔고, 기념물 또는 역사적 유물에만 문화유산을 한정시키지 않고, 무형의 문화유산으로까지 확장되어 구전전통, 공연예술, 사회적 관습, 의례, 축제, 자연과 우주에 대한 지식과 관습 그리고 전통공예 기술에 이르는 전통과 살아있는 표현물을 아우르는 개념으로 받아들여지고 있다(유네스코아태무형유산센터, 2010: 31).

특히 2003년 유네스코 총회에서 채택된 무형유산보호협약은 문화유산 분야의 새로운 정책을 제시한 것으로 평가받고 있는데, 이 협약에서 무형유산은 인간 생활과 관련된 거의 모든 지식과 관습을 포괄하는 개념으로 정의하고 있다. 주지하다시피 유네스코는 국제연합(UN) 체제에서 설립된 교육·과학·문화 전문기구로서 문화유산과 관련해서 전 세계 회원국이 자국 유산을 효과적으로 보호할 수 있도록 지원하고 있다. 이 글에서는 유네스코의 무형유산 보호 활동을 살펴봄으로써 전통문화를 바라보는 국제사회의 시각 변화와 회원국이 국내적으로 취하고 있는 보호 노력에 대해 알아보고자 한다. 특히 한국 정부의 제안으로 추진되었던 유네스코 인간문화재제도(Living Human Treasure System: LHTS)가 국제사회에 소개된 과정과 이 제도를 도입한 아시아 국가의 제도 운영 사례를 살펴보고자 한다.

유네스코에 인간문화재제도가 처음 소개되었을 당시에는 무형문화유산 또는 무형문화재라는 용어보다는 민속 또는 전통문화라는 표현이 주로 쓰였다. 그리고 전통문화를 보호하기 위한 제도나 법령을 갖추고 있는 국가는 한국과 일본 정도였다. 이러한 상황에서 인간문화재제도가 유네스코 회원국에 소개되면서 몇몇 국가에서 정부 주도로 무형문화유산 연행자를 인정하고 이들의 전승 활동을 지원하는 제도를 구축했는데, 아시아에서는 캄보디아, 필리핀, 태국이 유사한 제도를 도입한 것으로 알려져 있다. 그중에서도 정보 접근이 비교적 용이한 필리핀과 캄보디아의 사례를 중심으로 각국의 제도의 운영에 대해 살펴보고자 한다. 필리핀과 캄보디아는 모두 인간문화재제도를 운영하고 있지만 도입 과정에서 차이를 보인다. 먼저, 필리핀의 경우 탁월한 예술적 기량을 치하하는 시상 제도에서 나아가 전통문화의 전승 활동을 강조한 제도로 확장한 사례이다. 이에 반해 캄보디아는 소멸되어 가는 전통문화를 보호하기 위한 방안으로서 새로운 제도를 국내에 도입한 사례로 국제기구의 적극적인 지원으로 토대를 마련했다. 이렇듯 두 국가의 사례는 무형유산의 보호와 전승을 목표로 한다는 점은 공통적이지만, 각국의 의도와 상황에 따라 서로 다른 방식으로 추진되어 왔다. 이와 같은 아시아 국가에서의 인간문화재제도의 도입과 정책에 대해서 다음 챕터에서부터 자세히 살펴볼 예정이며, 그전에 먼저 유네스코를 중심으로 그간 어떠한 사업이 추진되어 왔는지 살펴보면서 무형유산과 관련된 국제 사회 활동에 대한 이해를 돕고자 한다.

II. 유네스코 전통문화 프로그램과 무형유산보호협약

유네스코는 문화유산 보호와 관련된 국제적 담론을 주도하고 있다. 특히 유네스코의 대표사업 중 하나인 세계유산협약은 유형유산 분야의 국제협약으로 이미 1972년부터 채택해 관리하고 있다. 한편 무형유산은 그로부터 약 30년이 지난 2003년에 이르러서야 국제협약이 제정되었다. 그렇다고 해서 그동안 무형유산과 관련된 활동이 없었던 것은 아니다. 무형유산 협약이 발효되기까지의 여정은 유네스코 전 무형유산과 과장이었던 노리코 아이카와 선생의 글에서 다룬 적이 있다(아이카와 노리코, 2004: 82 - 93).

무형유산 또는 전통문화와 관련해 가장 먼저 살펴보아야 하는 유네스코 국제문서는 1989년에 채택된 전통문화 및 민속의 보호를 위한 권고문이다. 이 권고문을 보면 무형유산이 아니라 전통문화 또는 민속이라는 용어가 사용되었다는 것을 알 수 있다. 당시 유네스코 총회는 전통문화와 관련해 강제성을 띠는 협약보다는 회원국의 인식을 높이고 보호를 증진하는 것이 우선이라고 판단해 제25차 총회에서 '전통문화 및 민속보호에 관한 권고문[1]'을 채택했다.

본 권고문에서 민속은 다음과 같이 정의되고 있다.

> 민속(또는 전통 및 대중문화)은 문화, 사회적 정체성을 반영하고 있는 하나의 사회적 기대를 반영해 주는 것으로 단체나 개인에 의해 표현되는 문화공동체의 전통에 기초한 창조물의 총체이다. 즉, 민속의 기준과 가치는 모방 또는 다른 여러 수단을 통해 구전으로 전달되어진다. 민속은 언어, 문학, 춤, 놀이, 신화, 의식, 관습, 수공예, 건축 및 여타의 예술로 구성된다(권고문 1장).

---

[1] 전통문화 및 민속보호에 관한 권고문(Recommendation on the Safeguarding of Traditional Culture and Folklore), 제25차 유네스코 총회 채택(프랑스 파리, 1989.11.15.)

그리고 이 문서는 문화적 표현으로서의 민속을 보호하기 위해서 회원국이 국가적, 지역적, 국제적 수준의 노력을 기울일 것을 권고하고 있다. 이를 위해서 민속의 감정(Identification), 보존(Conservation), 보전(Preservation), 보급(Dissemination), 보호(Protection), 국제협력(International cooperation) 차원에서의 조치사항을 명시하고 있다. 특히 적절한 활동을 수행할 수 있는 기관의 설치 또는 종합적인 등록(분류)과 기록 작업이 중요하다고 강조하고 있다.

이 권고안은 전통문화 보호를 명시하는 초기 국제문서라는데 의의가 있지만, 명칭에서도 알 수 있듯이 권고문으로서의 한계가 존재했다. 특히 권고문 채택 10주년을 맞이해 유네스코가 스미소니언연구소와 함께 개최한 평가 회의에 참석한 전문가그룹은 이 권고문이 전통문화의 연행자(사람)보다는 연행의 기록에만 집중하고 있다는 점을 지적하고, 전통문화의 생명력을 강화하기 위해서는 연행자들의 역할이 존중되어야 한다고 강조했다. 나아가 전문가들은 유네스코가 전통문화 및 민속 보호를 위한 권고를 넘어서는 새로운 국제 규범을 채택하는 것이 필요하다고 조언했고, 이것이 훗날 무형유산보호협약으로 이어지는 토대가 되었다(아이카와 노리코, 2004: 85).

1990년대는 새로운 무형유산 관련 사업들이 다수 시도되었다. 이러한 사업들의 공통적인 목적은 문화유산에 대한 존중과 보존, 전승의 필요성을 강조하고, 특히 실연자와 공동체의 역할에 관심을 가짐으로써 전승에 힘을 실어주기 위한 노력이 강조되었다. 그리고 무형유산 관련 사업에 대해 논의하기 위한 전문가회의[2]가 이어졌는데, 문화유산의 특성을 인정하고, 환경과 함께 생각해야 한다는 것과 유형유산 분야의 축적해온 보호 방법론을 무형유산 분야에도 적용해야 한다는 내용 등이 제시되었다.

그리고 이 시기 유네스코의 활동 중 주목해야 하는 것이 인간문화재제도

---

2 무형문화유산 사업의 새로운 전망에 관한 국제협의(International consultation on new perspectives for the intangible cultural heritage programme) 1993.6.16. - 17., 프랑스 파리

의 도입이다. 사업의 정식 명칭은 'Establishment of Living Human Treasure System(약칭, LHT system)'으로 1993년 대한민국의 주도로 유네스코에 제안되었다(임돈희·로저 자넬리, 2019: 13). 인간문화재제도 구축 사업은 당시 유네스코 대표부 대사였던 박상식 대사에 의해 제안되었고, 1993년 제142차 집행이사회에서 채택되었다.[3] 인간문화재제도는 무형유산의 지속적인 전승을 위해서 우수한 기·예능 보유자를 공식적으로 인정하는 것이 핵심 내용이며, 유네스코는 회원국이 유사한 제도를 각국 실정에 맞게 도입할 수 있도록 지원했다.

유네스코 인간문화재제도는 당초 세계유산목록을 참고삼아 세계인간문화재목록을 작성하는 것을 목표로 했지만, 결과적으로 그 목적은 달성하지 못했고, 유네스코 차원에서 세계유산협약 모델을 무형유산에 적용하고자 했던 첫 번째 시도로 알려져 있다(아이카와 노리코, 2014: 40). 그렇지만 단순한 목록 작성에만 그치지 않고, 전승을 위한 보호 조치가 강조되는 계기가 되었다. 인간문화재제도에 대해서는 다음 챕터에서 자세히 살펴보겠다.

이어서 2000년 초반에는 '인류 구전 및 무형유산 걸작 선포사업(이하, 걸작사업)'[4]이 추진되었다. 걸작사업은 1997년 유네스코 문화유산 담당 부서와 유네스코모로코위원회와 공동으로 주최한 국제자문회의(International Consultation on the Preservation of Popular Cultural Spaces)에서 제안되었다. 2001년부터 2005년까지 3회에 걸쳐 총 90개 종목이 걸작으로 선정되었다. 이렇게 걸작으로 선정된 문화유산 종목은 이후 무형유산보호협약의 대표목록으로 통합되어 관리되고 있다. 걸작사업은 문화 정체성과 다양성을 보존하는데 구전 및 무형유산이 필수적인 요소이며, 그 보호가 시급하다는 사실을 알리는 데 목적을 두고 매 2년마다 걸작 유산을 지정했다. 회원국들은 걸작 선언 프로그램을 자국

---

3   142 EX/18, 1993. http://unesdoc.unesco.org/images/0009/000958/095831eo.pdf

4   https://ich.unesco.org/en/proclamation-of-masterpieces-00103 참조(검색일: 2021.04.27.)

전통문화의 국제 인지도를 높이는 기회로 여기며 매우 높은 관심을 보였다.

지금까지 살펴본 유네스코의 사업들은 서로 시기와 내용적으로 다르게 추진되었지만, 공통적으로 전통문화의 인지도를 높이고, 그것을 연행하는 공동체(또는 개인)의 역할을 강조하고 있다. 그리고 언급된 목록 작성과 보호 조치들이 향후 무형유산보호협약의 운영에도 이어지고 있다.

마지막으로 무형문화유산보호협약은 2003년 10월 제32차 유네스코 총회에서 만장일치로 채택되었다.[5] 1989년 권고문과 비교해 협약은 문화유산을 '과정과 연행'의 관점에서 보고 있다는 점과 공동체의 정체성과 창작성 그리고 문화 다양성과 사회적 연대의 핵심으로 인식한다는 점, 또한 자연과의 상호작용을 통한 끊임없는 변화를 인정한다는 점에서 좀 더 포괄적이고 확장된 개념을 확인할 수 있고 무엇보다도 연행자에 대한 존중과 세대 간 전승을 강조하고 있다.

III. 유네스코 인간문화재제도의 채택[6]

국제사회에서 한국은 비교적 이른 시기부터 문화유산을 보호하기 위한 법령과 제도를 정비하고 체계적으로 운영하고 있다는 점에서 무형유산 분야 선도국으로 인식되고 있다. 그리고 한국 정부가 유네스코 인간문화재제도 도입을 제안한 것은 매우 중요한 기여이다. 다시 말해서, 유네스코 인간문화재제도는 한국 정부의 제안[7]으로 사업화되었다. 1993년 개최된 제142차 유네스코 집행이사

---

5   https://ich.unesco.org/en/convention(검색일: 2021.04.27.)

6   https://ich.unesco.org/en/living-human-treasures(검색일: 2021.04.12.)

7   UNESCO, "Establishment of a system of 'living cultural properties'(living human treasures) at UNESCO"(document presented at the one hundred forty-second session of the Executive Board, Paris, France, 11 October-15 November 1993), 142 EX/18, 1, Aug. 10, 1993, http://unesdoc.unesco.org/images/0009/000958/095831eo.pdf

회[8]에서 유네스코 대한민국 대표부 박상식 대사[9]는 한국의 무형문화재 제도를 소개하고, 회원국이 자국의 탁월한 예술성과 기능을 연행할 수 있는 기·예능 보유자를 인정하고 전통문화를 보호할 수 있도록 인간문화재제도를 채택할 것을 제안했다.

그렇지만 이 사업의 명칭이 처음부터 인간문화재제도 구축사업(Establishment of Living Human Treasure System)은 아니었다. 한국의 최초 제안은 '세계인간문화재 목록(List of the World's Living Human Treasures)으로 세계유산목록과 같은 무형유산 분야의 인간문화재 목록을 작성하기 위해서 세계유산위원회와 같은 별도의 위원회를 설치할 것을 제안했다(아이카와 노리코, 2014: 39 - 40). 그러나 일부 회원국은 해당 목록작성 사업의 의도에 동의하지만, 프로그램을 점진적으로 추진해야한다고 주장했고, 이를 위해서 먼저 유네스코가 회원국에 비슷한 제도를 정착시킨 이후에 자국의 인간문화재 목록을 유네스코에 제출하도록 해서 최종적으로 '세계인간문화재목록'을 종합하는 방식으로 추진하는 것으로 조정되었다(아이카와 노리코, 2010: 3 - 4).

인간문화재제도 프로그램이 제안되었을 때 급속히 사라지고 있는 전통문화 보호가 시급하다는 사실은 모두 인정하지만, 일부 회원국들은 인간문화재(Living Human Treasure)의 개념을 두고 인간을 문화유산으로 볼 수 있는가에 대한 의문[10]과 모든 회원국에 적용되는 단일 제도를 실행하는 것이 과연 가능한 것인가에 대해 조심스러운 입장을 취했다(아이카와 노리코, 2014: 40).

그렇지만 전통문화의 연행자를 인정함으로써 지속적인 전승 기반을 강화하자는 기본 취지에 다수의 회원국이 동의하면서 유네스코 인간문화재제도 구

---

8   142 EX/Decisions 5.5.5.

9   1992년 2월부터 1994년 8월까지 유네스코 상주대표부 대사를 역임, 외교안보연구원장(1998)과 경희대학교 평화복지대학원 교수 역임

10 박상식 전 유네스코 대한민국 대표부 대사 면담

축이 신규 사업으로 채택되게 된다. 본 프로그램은 집행이사회에서 승인된 이후에 바로 훈련워크숍 등 후속 사업이 이어졌는데, 한국 정부는 4차례 훈련워크숍 개최를 지원했다. 특히, 1998년부터 2001년까지 4년간은 해마다 한국에서 훈련워크숍이 개최되었으며, 2002년에는 유네스코 인간문화재제도 구축 지침(Guidelines for the Establishment of Living Human Treasures Systems)이 개정되었다.

인간문화재제도의 도입은 무형유산의 생명력을 유지하는데 결국 연행자의 역할이 필수적이라는 것을 인식하고 있다는 점과 사람을 전통적인 지식과 기술을 지속적으로 보호하는 핵심 동력으로 인정하는 데서 의미를 찾을 수 있다. 다시 말해서, 연행예술이나 음악, 무용, 놀이, 연극, 의례 등에서 창작과 전승의 주역으로서 연행자를 인정하는 제도이다.

이후 무형문화유산보호협약이 발효되면서 별도 사업으로써 인간문화재제도 프로그램은 중단되었지만, 회원국에서 전통 연행자들이 공식적으로 인정을 받도록 장려함으로써 그들의 지식과 기술을 젊은 세대들에게 전달하는데 역할을 하고 있다. 또한, 인간문화재를 인정함으로써 인간의 창조적 능력의 증거이자 이와 관련된 전통과 표현의 가치, 문화적, 사회적 전통에 뿌리를 둔 특징, 공동체의 대표성, 그리고 소멸위기에 대한 위협을 함께 대응해 나가고자 했다.

또한 공동체가 무형유산의 연행자로서 어떤 역할을 하는지와 보호의 모든 단계에 공동체의 참여를 보장하도록 하는 조치가 필요하다는 것과 나아가 지속적인 훈련 제공과 저변 확대 노력을 강조했다. 초기 유네스코 회원국을 대상으로 제도에 대해서 설명하는 과정에서 박상식 전 유네스코대표부 대사는 유네스코 집행이사회 결정문 채택을 위한 토론 과정이 힘겨웠다고 회상하기도 했다. 하지만 결과적으로 '유네스코 인간문화재제도 구축사업'을 통해서 무형유산의 실연과 전승에 미치는 연행자의 역할에 대해 회원국의 주의를 집중시켰다는데 보람을 찾을 수 있다고 했다.

유네스코에 인간문화재제도를 소개할 당시 한국과 일본 외에도 태국, 루마니아, 프랑스, 체코, 불가리아 등에서도 유사한 제도가 운용되고 있었던 것으로 보인다.[11] 그리고 체코, 나이지리아, 세네갈, 캄보디아, 피지 등에서 유네스코의 지원을 받아 인간문화재제도 구축을 추진했고, 아태지역에서는 캄보디아와 피지에서 한국 정부의 신탁기금사업으로 진행되었다(아이카와 노리코, 2010: 3-4).

IV. 아시아 국가의 인간문화재제도 도입과 운영

우리나라에서 최초로 인간문화재라는 용어는 한국일보 기자였던 예용해 선생이 1960년대 작명한 것으로 알려져 있다. 인간문화재는 문화재적 가치가 있는 기·예능을 보유한 사람을 뜻하며, 사람 자체를 무형문화재 일부로 인정하고 있다(조순자, 2018: 62). 2016년 '무형문화재 보전 및 진흥에 관한 법률'이 제정되기 이전에는 인간문화재라는 말은 문화재보호법에서 사용하는 용어는 아니었다. 하지만 현재 법률에서 정의하고 있는 인간문화재는 법령으로 인정된 보유자와 명예보유자를 통칭해서 사용하고 있다.[12] 보유자로 인정되기 위해서는 여러 세대에 걸쳐 전승, 유지되고 있는 무형문화유산[13]의 고유한 기법이나 형식 또는

---

11 UNESCO Section of Intangible Heritage, Korean National Commission for UNESCO, 「Guideline for the Establishment of Living Human Treasures Systems」, Updated version (2002), pp13-18.

12 무형문화재 보전 및 진흥에 관한 법률 제2조제1항제11호

13 문화재보호법 제2조제1항제2호(무형문화재 정의): 여러 세대에 걸쳐 전승되어 온 무형의 문화적 유산 중 다음 각 목의 어느 하나에 해당하는 것을 말한다.
    가. 전통적 공연, 예술
    나. 공예, 미술 등에 관한 전통기술
    다. 한의약, 농경, 어로 등에 관한 전통지식
    라. 구전 전통 및 표현
    마. 의식주 등 전통적 생활관습

그와 관련된 지식을 전승할 수 있는 기량과 기반을 갖추고 있어야 하며, 그 실적과 전승 의지가 높은 자이어야 한다고 명시하고 있다.

유네스코 사업에서도 인간문화재를 비슷하게 정의하고 있는데, 인간문화재를 무형유산의 특정 요소를 수행하거나 재창조하는데 필요한 높은 수준의 지식이나 기술을 보유한 사람으로 정의했다. 유네스코에 이 제도가 소개될 당시에도 이미 전통문화를 연행할 수 있는 사람의 수가 감소하고 있다는 위기의식으로 인해 인간문화재가 다음 세대에 기술과 지식을 전달할 수 있는 환경이 조성될 수 있도록 제도적인 지원을 장려한 것으로 보인다. 그렇지만 유네스코 지침은 회원국이 법령을 제정하도록 권고하나 선택에 맡겨 강제하고 있지는 않다.

유네스코 인간문화재제도 구축 사업이 소개되고, 회원국에서 유사한 제도가 도입되거나 운영되고 있는 국가 중에서 아시아의 필리핀과 캄보디아의 사례를 중심으로 국가에서 인간문화재제도의 역할을 살펴보고자 한다.

1. 필리핀의 인간문화재제도

필리핀은 아시아 동남부, 서태평양에 위치하고 있는 국가로 약 7,000여 개의 섬으로 이루어져 있다. 에스파냐, 미국, 일본의 점령을 거쳐 1945년 독립하였다. 유네스코 무형유산보호협약은 2006년 가입해 협약 당사국이 되었다.[14]

필리핀 문화부에 해당하는 국가문화예술위원회(National Commission for Culture and Arts, 이하, 위원회)는 필리핀의 문화유산 보존, 개발, 홍보를 위한 전반적인 정책을 결정하고, 조정하는 기관이다. 국내 예술과 문화 관련 정책 수립과 집행을 하는 기관인 동시에 국가문화예술기금을 관리하고 있다(필리핀 국가문

바. 민간신앙 등 사회적 의식
사. 전통적 놀이, 축제 및 기예, 무예

14 유네스코 무형유산과 웹사이트, https://ich.unesco.org/en-state/philippines-PH?info=periodic-reporting#rp(검색일: 2021.04.25.)

화예술위원회, 2015: 1)

　위원회는 국가의 문화예술발전을 도모하고, 역사와 문화유산을 보존하는 등 문화유산 정책을 수립하는 핵심 기관으로 ① 예술분과위원회, ② 문화재분과위원회, ③ 문화보급 분과위원회, ④ 문화계 및 전통예술 분과위원회 등 4개의 분과위원회로 구성되어 있다.

　무형유산과 관련해서는 유네스코 등재 추진, 인간문화재(Gamaba) 선정과 지원, 국가문화예술기금 관리 등의 업무를 담당하고 있다. 특히, 위원회는 필리핀 내에서 유네스코 무형유산보호협약 이행을 담당하는 조직으로 사업 개발이나 연구 프로젝트를 수행하고, 기록화 사업을 추진하는 등 국내 무형유산을 보호하기 위한 다양한 정책 과제를 수행하고 있다.

　위원회의 무형유산 사업은 아래와 같이 크게 6가지로 구분할 수 있고, 총 20여 종의 세부사업이 진행되고 있다(필리핀 국가문화예술위원회, 2015: 7 - 13).

① 연구와 기록: 무형유산 목록 작성, 연구, 공동체 무형유산 기록 등
② 전승과 교육: 살아있는 전통학교 운영(School of Living Tradition)[15], 기초교육 사업, 공연 등
③ 증진 사업: 10월 필리핀 원주민의 달 지정,[16] 원주민들의 권리 증진
④ 역량강화 프로그램: 무형유산 목록작성, 문화지도 등 워크숍 진행
⑤ 직접지원 사업: 판로 지원, 수입 창출을 위한 홍보, 마케팅 지원 등
⑥ 출판: 연구논문 발간, 영상기록, 커뮤니티 용어집 제작 등

　필리핀의 무형유산 정책과 관련해 최근의 큰 변화는 2010년 유네스코 무

15　장인들과 전문가들이 지역사회에 존재하는 무형유산을 교육하고 보호하기 위해 청년들에게 기·예능을 전수하는 비공식 학습기관으로 1993년 시작된 사업이다. 현재 필리핀에 28개가 운영되고 있다.

16　2009년 10월 5일 채택된 1906호 선언에 따름

형유산협약에서 정의하는 5가지 영역의 무형유산 범주를 적용하는 안을 포함하는 공화국법 제10066호가 통과된 것이다. 통과된 법령에 따라 정부는 5년마다 필리핀 무형유산의 모든 영역을 아우르는 연구 계획을 수립하고, 무형유산 보호에 관한 국가전략을 수립하고, 연구비를 지원할 수 있는 근거도 마련했다. 연구 성과물은 필리핀의 무형유산 연구 디렉터리에 포함해 관리하는 동시에 자료로 제작해 전국 각지의 문화·교육기관이나 도서관 등에 배포한다(필리핀 국가문화예술위원회, 2015: 6).

또한, 필리핀 정부는 위원회를 통해 공동체 기반의 무형유산 목록을 작성해 정기적으로 업데이트하고 있다. 목록 작성을 위해 수집된 자료는 다문화 국가의 특징을 고려해 해당 유산의 명칭을 영어와 지역 언어로 기록하고, 범주(유형 또는 무형), 위치, 기능, 특징을 수록하는 동시에 정보 수집 담당과 정보 제공자의 정보를 포함해 관리하고 있다.

유네스코 등재 업무와 관련해서 국가목록에 포함된 종목 중에서 어떤 종목을 신청할 것인지를 결정하는데, 지금까지 긴급보호목록에 '수바논 부족의 추수감사의식 체계인 브클로그'[17] 1종목과 '이푸가오족의 후드후드 노래'[18], '라나오 호수 인근에 살고 있는 마라나오족의 서사시 다랑겐'[19], '줄다리기 의례와 놀이'[20] 등 3종목이 인류무형유산 대표목록에 등재되어 있다. 이중 후드후드 노래와 다랑겐 서사시는 기존 걸작 선언 사업으로 선정된 종목이 협약 목록에 통합된 것이다.

필리핀에서 인간문화재는 '필리핀 전통예술에 종사하는 개인 또는 단체로, 고도의 기술력과 우수한 예술성을 가진 사람'으로 정의하고 있다. 필리핀 인간

---

17 Buklog, thanksgiving ritual system of the Subanen. 2018년 등재 종목
18 Hudhud chants of the Ifugao, 2009년 등재 종목
19 Darangen epic of the Maranao people of Lake Lanao, 2008년도 등재 종목
20 Tugging rituals and games, 2015년 등재 종목

문화재제도는 원래는 대통령문화예술위원회(Presidential Commission on Culture and Arts)에서 추진해오던 것을 1992년 국가문화예술위원회가 설치되면서 본격화되었다(임형진, 2012: 16). 제도운영은 국가문화예술위원회가 담당하고 있으며, 필리핀 전역의 전통 기·예능 보유자를 발굴하고, 전승 프로그램을 운영하는 등 인간문화재를 장려하기 위한 활동을 이행하고 있다. 특별히 인간문화재제도는 선정위원회를 운영하면서, 수상자를 관리하고 있다.[21]

필리핀 국가문화예술위원회에서 운영하는 인간문화재제도의 목적은 다음과 같다.

① 미래세대로 기술을 전달하는 통로로써 민속 및 전통 예술가의 중요성 인정
② 민속 및 전통 예술가의 기술을 지역사회로 전파하기 위한 지원 제공
③ 전통문화 활성화
④ 지역 및 국제적 영역에서 전통의 촉진 기회 창출

이렇듯 필리핀 인간문화재제도는 '국가문화예술위원회 설치와 국가문화예술기금 설립 및 기타 목적을 위한 법률'[22]에 근거하고 있고, 전통민속 예술가의 중요성을 인정하고, 전통을 활성화하는데 목적을 두고, 일종의 시상 프로그램으로 운영되고 있다. 즉, 민속예술과 전통예술의 보존과 진흥을 목표로 출중한 기량을 지닌 기·예능 보유자를 선정해 인간문화재상(Gawad sa Manlilikha ng Bayan, National Living Treasures Award)[23]을 수여하고, 그가 가지고 있는 기술을

---

21 1972년부터 필리핀 자국 문화유산 발전에 기여한 예술가들을 발굴해 시상하는 국가예술인상이 운영되어 왔으며, 무용, 음악, 연극, 시각예술, 문학, 영화, 방송예술, 건축, 디자인 분야에서 시상해왔다.

22 Act creating the national commission for culture and arts, establishing a national endowment fund for culture and the arts) 제7355호

23 UNESCO, Korean National Commission for UNESCO, Guidelines for the Establish-

지역사회에 전달할 수 있도록 지원하고 있다.

인간문화재로 선정되기 위해서는 몇 가지 조건을 갖추고 있어야 한다. 먼저 필리핀 토착 공동체에 속해야 하고, 최소 50년 이상 연행 경험이 있는 기·예능이 우수한 사람이어야 하며, 전승 의지가 중요하다.

필리핀 국내에서 무형유산의 범주는 민속건축, 항해술, 직조술, 조각, 연행예술, 문학, 회화, 공예 등 전통 민속예술 전반을 모두 아우르고 있다. 이러한 기·예능을 연행하는 사람 중 인간문화재선정위원회의 대상자 추천과 심사, 그리고 후보자 추천 등 전반적인 프로세스가 이루어진다. 인간문화재로 선정되면 의무적으로 전승활동을 해야만 하기 때문에 수상자는 관계 기관과 협력해 전수교육과 국립박물관 전시 등을 통해서 일반 대중들에게 기량을 공개해야 한다.

필리핀 인간문화재로 선정되는 수상자에게는 기념패와 훈장이 수여되고, 매달 소정의 지원금(미화로 월 200달러 정도)이 지급되지만, 전승 활동 의무를 불이행할 경우 지원금은 중단될 수 있다. 1993년 첫 수상자가 정해진 이후 지금까지 총 16명의 인간문화재가 선정되었다.

필리핀에서 인간문화재를 인정하는 것은 기량이 뛰어난 개별 연행자를 시상하는 방식의 사업으로 운영되고 있다. 따라서 무형유산의 보호나 전승에 직접적으로 영향을 미치는 활동으로 보기에는 부족할 수 있다. 그렇지만 제도를 통해서 무형유산 기·예능을 연행하는 인간문화재의 자긍심이 고취되고, 무형유산이 가치있는 유산으로써 지역사회에서 인식되는 계기가 되었다는 의미를 찾을 수 있다. 그렇지만 최근 웹사이트를 통해 확인한 바로는 2016년 이후 수상자가 나오지 않고 있어 사업의 지속성에 대해서는 조금 더 지켜봐야 할 것 같다.

이렇듯 필리핀의 경우는 새로운 제도를 도입한 것이 아니라 기존에 운영되고 있던 유사한 성격의 사업에 전승활동을 추가하는 형태로 발전되었다. 필리핀 인간문화재제도는 법령에 근거하기 때문에 현재까지도 시상 제도가 유지

---

ment of Living Human Treasures Systems, 2002, p.15.

표 4-1 필리핀 인간문화재 수상자 명단[24]

선정연도	성명	출신지역	분야	비고
1993	Ginaw Bilog	Hanunuo Mangyan	시인	사망
	Masino Intaray	Pala'wan	음악, 스토리텔링	사망
	Samaon Sulaiman	Magindanao	음악	사망
1998	Lang Dulay	T'boli	직물공예	사망
	Salinta Monon	Tagabawa Bagobo	직물공예	사망
2000	Alonzo Saclag	Lubuagan, Kalinga	음악, 무용, 칼링가	
	Federico Caballero	Sulod - Bukidnon	서사시	
	Uwang Ahadas	Yakan	음악	
2004	Darhata Sawabi	Tausug	직물공예	사망
	Eduardo Mutuc	Kapampangan	금속공예	
	Haja Amina Appi	Sama	매트 직조	사망
2012	Teofilo Garcia	Ilocano	투구 제작	
	Magdalena Gamayo	Ilocano	직물공예	
2016	Ambalang Ausalin	Yakan of Basilan	직물공예	
	Estelita Bantilan	Mindanao	매트 직조	
	Yabing Masalon Dulo	Cotabato	이카트 직조	

그림 4-1 필리핀 야칸 음악 인간문화재 우왕 아다스(Master Uwang Ahadas) 보유자 전승 교육
출처: ⓒ 필리핀 국가문화예술위원회, 2010

---

24 필리핀 국가문화예술위원회, https://ncca.gov.ph/about-culture-and-arts/culture-profile/gamaba/(검색일: 2021.09.26.)

되고 있고, 제도를 운영해가는 과정에서 적절한 보호에 초점을 맞춘 프로그램을 추가하고 있다.

국가문화예술위원회는 제도를 운영하는 과정에서 무형유산이 과거 형태에만 집착한 나머지 현실과의 이질감을 줄이지 못한다면 소멸될 수 있다는 위험을 감지하게 된다. 그래서 무형유산의 변화하는 성격을 어떻게 보호 조치에 반영할 수 있는가를 고민해 보호 조치 등을 기획하고 있다. 이러한 맥락에서 위원회는 인간문화재 시상제도와 함께 국가문화지도 사업, 살아있는 전통학교 사업을 운영하고 있다. 이 사업은 주요 소수민족 거주 지역에서 실시하고 있으며, 특히 2003년부터 5년간 시행한 이푸가오족의 후드후드 노래 보호 사업은 성공 사례로 꼽힌다.

7세기 이전에 생겨난 것으로 알려져 있는 후드후드 노래는 유네스코 인류 구전 및 무형문화유산 걸작으로 2001년 선정되었고, 이 시기를 기점으로 다양한 보호 사업이 시도되었다. 전통적으로 이푸가오 공동체는 계단식 논을 일구고 살아가는데, 후드후드 노래는 이들의 생업과 일상생활에서도 밀접하게 관련되어 있는 전통이다. 후드후드 노래를 보호하기 위해서 정부는 기록, 연구, 전승 프로그램 운영 등 적극적인 조치를 취해왔다. 후드후드 노래 보호 사업은 해당 무형유산을 활용한 축제와 행사가 활성화되었다는 점과 우수한 연행자들을 인증하는 프로그램이 제도화되었다는 것 그리고 미래 세대를 위한 각종 교육활동의 활성화되었다는 점에서 성공적이라고 평가받고 있다. 특히 초등교육 정규 교과과정에 포함되어 있어 주목할 만 하다(마리크리스 잔 토비아스, 2012: 13).

이푸가오 주 정부는 중앙정부의 지원 사업이 마무리된 이후에도 주 정부 차원의 문화유산위원회를 설립해 해당 보호 사업이 지속될 수 있도록 기반을 마련했다.

후드후드 노래 보호 사업 사례에서 볼 수 있듯이 필리핀의 인간문화재제도는 공동체의 공동유산으로 무형유산을 인정함으로써 공동체의 자긍심을 높이고, 정부의 적극적인 지원을 통해서 활발한 보호활동으로 이어지도록 하고

그림 4-2 **필리핀 이푸가오 살아있는 유산 교육**
출처: ⓒ 필리핀국가문화예술위원회, 2010

있다. 이때 정부의 개입이 미치는 영향력이나 역할에 대해서는 여러 가지 의견이 있을 수 있지만, 필리핀 이푸가오족의 후드후드 노래 보호 사례의 경우는 중앙정부가 단독으로 이끌어가는 구조라기보다는 지역사회와 공동체가 공동으로 협업을 통해서 보호조치가 이루어지도록 하고 있다. 그리고 학교 교육을 통해서 미래 세대가 전통문화를 인식할 수 있는 기회를 충분히 제공하고자 노력하고 있는 것으로 평가할 수 있겠다.

2. 캄보디아의 인간문화재제도 구축[25]

캄보디아는 인도차이나반도 서남부 메콩강 하류지역에 위치하고 있으며, 태

---

25 본 절의 내용은 별도의 출처표시가 없을 경우, 유네스코프놈펜사무소에서 작성한 「캄보디아 인간문화재제도 구축 사업보고서(Final Narrative Project Report: The establishment of Living Human Treasure System in the Kingdom of Cambodia)」를 정리 발췌한 내용임.

국, 베트남, 라오스와 국경을 접하고 있다. 유네스코 세계유산으로 등재되어 있는 앙코르와트와 같은 유적지로도 유명하지만, 아직 확인되지 않은 무형유산도 많이 있다. 무형유산보호협약은 2010년 가입했고, 유네스코 무형유산목록 등재는 긴급보호목록에 차페이 당벵[26]과 왓 스베이 안뎃의 르콘 콜[27] 등 2종목과 대표목록에 크메르 그림자극인 스벡 톰[28], 캄보디아 왕실 무용[29] 그리고 줄다리기 의례와 놀이[30] 등 3종목을 등재했다. 이 중에서 스벡 톰 그림자극과 캄보디아 왕실 무용은 인류 무형유산 걸작으로 선정되었던 종목으로 협약 발효 이후에 인류 대표무형유산 목록으로 통합되었다.[31] 그리고 줄다리기는 2015년 한국, 베트남, 캄보디아, 필리핀이 공동으로 등재 신청한 종목이다.

참고로 캄보디아는 인간문화재제도 사업을 착수하기 전인 2004년 「캄보디아의 무형유산 목록[32]」을 발간했는데, 이 자료집에 의하면 캄보디아의 무형유산은 크게 ①연행예술, ②구전문화유산, ③공예 분야로 구분하고 있다(유네스코아태무형유산센터, 2009: 13 - 28).

세부적으로 살펴보면 먼저 연행예술 분야는 총 5개 세부 도메인으로 구분하고, 고전무용(5종목), 민속(42종목) 및 대중무용(7종목), 연극(22종목), 음악(5종목), 곡예(3종목)에서 총 84개 종목 정보를 수록하고 있다.

다음으로 구전문화유산 분야는 토착언어(4종목), 구전 민속(8종목), 구전 문

---

26 Chapei Dang Veng, 2016년 등재 종목
27 Lkhon Khol Wat Svay Andet, 2018년 등재 종목
28 Sbek Thom, Khmer shadow theatre, 2008년 등재 종목
29 Royal ballet of Cambodia, 2008년 등재 종목
30 Tugging rituals and games, 2015년 등재 종목
31 무형유산보호협약 제31조: 위원회는 이 협약 발효 전 "인류 구전 및 무형문화유산 걸작"으로 선포된 유산을 인류무형문화유산의 대표목록에 통합한다.
32 Ministry of Culture and Fine Arts and UNESCO, 2004, *Inventory of Intangible Cultural Heritage of Cambodia*, Cambodia: JSRC Printing House.

학(7종목) 등의 세부 도메인에 총 19종목 정보가 수록되어 있다. 마지막으로 공예 분야는 총 6종목 정보가 수록되어 있고, 전체적으로 대략 109개 종목이 캄보디아의 무형유산 목록에 포함되어 있었다.

    제도를 도입할 당시 캄보디아도 다른 국가들과 마찬가지로 연행자의 고령화로 인해 많은 종목이 전승에 어려움을 겪고 있었고, 지속가능한 전통문화의 보호제도를 마련하는 것이 시급한 과제로 떠올랐다.

    이에 유네스코프놈펜사무소는 캄보디아 정부에 인간문화재제도 구축 사업을 제안하고, 2005년부터 한국 정부의 신탁기금을 지원받아 사업을 추진했다. 프로젝트가 시작되기에 앞서 한국 정부와 유네스코프놈펜사무소는 2005년 7월 협정문에 서명하고, 본격적인 사업추진은 2006년부터 시작했다(유네스코프놈펜사무소, 2008: 8).

    캄보디아 문화예술부(Ministry of Culture and Fine Arts)는 유네스코의 제안을 수용해 인간문화재제도 구축 사업을 위해서 국가협의체(National Consultation)를 조직하고, 사업 담당 직원을 지정해 추진했다. 캄보디아 인간문화재제도 국가협의체는 총 13명의 위원으로 구성되어 있고, 정기적으로 회동했다. 협의체는 향후 인간문화재제도 구축을 위한 법령[33]을 제정해야 했기 때문에 국내 다양한 이해관계자들로부터 최대한의 지지를 확보하기 위한 조치로 만들어졌다.[34] 캄보디아 프로젝트는 회원국 정부보다는 유네스코지역사무소가 주도적으로 진행하는 사례로 사업 자체는 2008년 끝났지만, 국내적으로 제도 도입은 2010년에 마무리되었다(아이카와 노리코, 2014: 40).

---

33 캄보디아 회기보고서(2012 제출), https://ich.unesco.org/en‐state/cambodia‐KH?info=periodic‐reporting(검색일: 2021.04.25.)

34 유네스코 무형유산과 웹사이트 내 캄보디아 국가보고서, http://www.unesco.org/new/fileadmin/MULTIMEDIA/HQ/CLT/pdf/Adoption_of_a_National_Living_Human_Treasures_ LHT_System_in_Cambodia_Cambodia_.pdf(검색일: 2021.04.25.)

1단계: 제도 기초 마련과 종목조사

캄보디아 사업은 앞서 살펴본 필리핀과는 다르게 그동안은 존재하지 않았던 새로운 제도를 만든 것으로 단계별로 과업을 설정해 추진하였다.

우선 1단계에서 제도 구축 기초작업 단계로 주로 용어 정의와 법률(유네스코아태무형유산센터, 2009: 85 - 95)또는 인간문화재 선정 기준이나 규모 같은 사항을 결정했다.

먼저, 인간문화재를 '국가의 문화와 정체성의 일부인 무형유산에 대한 지식을 가지고 연행하는 사람'으로 정의하고, 문화유산을 정체성의 강화와 미래 세대를 위한 국가유산의 기초로 보았다. 그리고 인간문화재 범주에 크메르 예술에 대한 지식을 표현하는 구전전통, 공연예술과 전통공예 기술을 포함시켰다.

또한, 전통문화의 전승을 위해서 젊은 세대를 대상으로 하는 교육이 시급하다고 보고, 인간문화재제도가 국내에서 연행되고 있는 지식과 기능을 보호, 다음 세대에 전달하기 위한 환경을 조성하는데 중점을 두었다. 따라서 전국 각지에서 연행되고 있는 인간문화재를 확인하고, 크메르 예술과 문화유산의 보호제도를 구축하는 것, 그래서 대중의 인식을 높이는 데 1차 사업의 목적을 두었다.

이를 위해서 먼저 전국 단위의 종목 조사가 이루어졌는데, 종목은 크게 네 가지 기준을 충족시켜야 지정될 수 있다.

첫째, 창의력을 보여줄 수 있는 가치와 기능일 것, 둘째, 전통문화와 사회적 기반을 이루고 있거나, 민족문화의 고유 상징물일 것, 셋째, 지역 또는 공동체의 예술적 가치를 표현할 것, 그리고 마지막으로 캄보디아 국민과 사회의 정체성과 긴밀한 연관성이 있어야 한다.

초기 단계에 추진된 전국단위 조사는 종목 발굴과 함께 뛰어난 기·예능 보유자를 확인하고, 연행자를 지원하는 방식으로 진행되었다. 개인이나 단체가 인간문화재 보유자로 인정되기 위해서는 다음의 요건을 충족시켜야 한다.

① 탁월한 지식과 전문성
② 높은 역량과 창의적인 작업을 위한 희생정신, 국가에 대한 청렴 의식

③ 지식 전수 능력

④ 지역사회와 국가에 봉사하기 위한 헌신

⑤ 관련 지식과 창의력을 발휘할 수 있는 역량

⑥ 높은 수준의 도덕성과 준법정신

그렇지만 조사가 진행되면서 연구팀은 인간문화재 선정 기준이 너무 엄격하기 때문에 전승단절 위험에 처한 종목을 확인하기 위해서는 기준을 완화해야 한다고 지적했다.

캄보디아에서는 인간문화재로 인정되면 의무적으로 전승 활동과 기록 작업[35]에 참여해야 하고, 반드시 일반 대중을 위한 공개행사를 해야 한다. 그리고 정부는 인간문화재의 명예를 높이기 위해서 인간문화재상(Award)을 제정하고, 정부 고위공직자가 수여함으로써 무형유산을 보호하고자 하는 정부의 의지를 보여주고자 했다. 선정된 개인이나 단체에는 메달과 상금이 수여된다.

2-3단계: 인간문화재 선정

2단계에서는 인간문화재 보유자를 확인하고 선정하는 절차가 마련되었다. 이를 위해서 국내외 기관 종사자 및 전문가와 연행자 등 8명으로 구성된 연구팀을 구성했다. 연구팀은 인간문화재 조사 활동과 함께 향후 교육 자료로 활용할 수 있도록 보유자의 연행기록 작업도 병행했다. 이렇게 얻어진 정보는 국가협의체가 인간문화재를 선정하는데, 자료로 활용된다. 따라서 정부는 연구팀을 위한 지침서를 개발하고 무형유산 분야 방법론도 교육했다(유네스코 프놈펜사무소, 2008: 15).

앞서 언급했던 협의체의 활동은 사업 2단계에서 본격화되었던 것으로 보이는데, 2008년 11월 개최된 협의체 회의에서는 연구팀의 우선 연구 분야로 크메르 전통음악, 수공예와 플라스틱공예, 크메르 고전무용, 공연예술, 스토리텔링이 정해졌다.

---

35 교육자료로 활용하기 위한 작업으로 보유자의 연행을 기록함.

그림 4-3 캄보디아 조형예술 분야 인간문화재 찬 심(Master Chan Sim) 보유자 인터뷰
출처: ⓒ 캄보디아 문화예술부(2009)

표 4-2 캄보디아 인간문화재 보유자 목록[36]

연번	성명	출신지역	보유 기·예능
1	Chan Sim	Phnom Penh	조형예술
2	Cheg Phon	Kandal	예술 거장
3	Duong Phang	Kandal	문필가
4	Em Theay	Phnom Penh	크메르 무용
5	Kantrim Group	Siem Reap	공동체
6	Kantrim Ming Group	Siem Reap	공동체
7	Kong Nay	Phnom Penh	류트(Chapei)
8	Mim(Instrument)	Ratanakiri	플루트
9	Neay Pe	Phnom Penh	류트(Chapei)
10	Pech Tum Kravil	Phnom Penh	문화 기록
11	Prach Chhuon	Phnom Penh	류트(Chapei)
12	Preurng Prun	Phnom Penh	크메르 음악
13	Sao Sem	Kandal	문화기록
14	Sim Montha	Phnom Penh	의복과 장식
15	Sok Duch	Takeo	전통 악기
16	Sok Sam Un	Phnom Penh	크메르 무용
17	Ta Sok	Phnom Penh	옻칠
18	Uch Roeurn	Phnom Penh	조형예술
19	Uy Son	Kandal	문화 기록
20	Yuos Sat	Phnom Penh	Ayay와 Chapei

36 유네스코프놈펜사무소(2008: 16)

3단계에서는 연구팀을 현장으로 파견해 전승단절 위험에 처한 종목을 확인하고, 20명의 기·예능 보유자를 인간문화재로 인정했다. 이후 인간문화재로 인정된 보유자들을 대상으로 전국단위의 워크숍이 개최되었으며, 협의체는 향후 더 전문적인 제도 운용을 위해서 전문가위원회 설치를 논의하기 시작했다.

4단계: 전승 교육 시범 사업
마지막 단계는 세대 간 전승방안에 대한 논의가 확대되었다. 전통지식과 기술 전승을 위해서 타케오(Takeo, 캄보디아 남동부), 스바이 리엥(Svay Rieng, 캄보디아 남부), 칸달(Kandal, 캄보디아 남부 프놈펜을 둘러싼 주) 지역에 시범적으로 전승센터가 설치되었다. 각 센터에서는 훈련워크숍가 개최되었는데, 주목할 만한 점은 왕립예술대학교 학생들이 참여했다는 것이다. 그동안 전통 기·예능이 주로 구전을 통해서 도제식으로만 전승되었지만, 이번 워크숍을 통해서 공식교육기관을 통해서 전승하는 방안이 논의되는 것으로 확대하는 기회가 되었다.
   2006년부터 시작된 캄보디아 인간문화재제도 구축사업은 약 3년간 지속하였고, 주요 성과는 다음과 같다.
   ① 캄보디아의 살아있는 인간문화재를 발굴, 지원하는 시스템 구축
   ② 실무자와 기타 이해 당사자 간 협력 메커니즘 마련
   ③ 캄보디아 인간문화재를 위한 훈련 및 연구 추진
   ④ 선정된 우선순위 지역의 보유자 확인(20명의 인간문화재 인정)
   ⑤ 인간문화재와 함께하는 워크숍 개최
   ⑥ 왕립예술대학교 등 공식 교육기관을 통한 전승 교육 시행

   유네스코 보고서에 의하면 캄보디아에 새로운 제도를 도입하는 동안 정부로부터 기술지원 요청이 많았다는 것을 확인할 수 있다. 특히 인간문화재로 인정받은 보유자 중 일부는 전승 교육 방법을 몰라 어려움을 호소했고, 이에 정부는 유네스코 지역사무소를 통해 전문강사를 초청해 효과적인 전승 방법 등에

그림 4-4 캄보디아 왕실무용 인간문화재 속 삼 운 (Master Sok Sam Un) 보유자 전승 활동
출처: ⓒ 캄보디아 문화예술부, 2009

그림 4-5 인간문화재 프락 츠후온(Master Prach Chhuon) 보유자 차페이 연주 장면
출처: ⓒ 캄보디아 문화예술부, 2009

관한 교육을 제공했다. 그 과정에서 자신이 습득한 지식과 기술을 오로지 가족 구성원에게만 전수하겠다고 고집하는 보유자를 설득해야 했고, 동시에 새롭고 현대적인 것을 선호하는 젊은 세대의 관심을 끌기 위한 방안도 고민했다.

    캄보디아의 인간문화재제도 구축은 유네스코 지역사무소의 제안으로 시작되었지만, 정부 역시 법률을 제정하고 협의체를 운영하는 등 적극적으로 참여했다. 이와 같은 제도를 구축하는 목적이 인간문화재를 통해서 국가의 정체성을 보호하고, 문화 창의성을 증진하는데 있기 때문에 적극적으로 현장 조사를 실시했다는 점과 그 과정에서 비정부기구와의 대화도 지속해 나갔다는 점도 주목할 만하다. 그리고 무엇보다도 기존 무형유산 목록을 통해서 국가적으로 중요하다고 생각하는 종목 정보만을 파악하고 있던 것에서 나아가 보유자의 중요성을 인정하고 지원하기 위한 논의가 추가되었다는 점이 특징이라고 할 수 있다. 이런 점에서 캄보디아의 인간문화재제도는 유네스코의 취지와도 결을 같이 한다고 할 수 있다. 물론 제도는 국가의 상황에 맞게 조정하고 운영되지만, 캄보디아의 사례는 유네스코 지역사무소가 국내에 위치하고 있고 초기부터 제도를 도입하고 정착시키는데 적극적으로 관여했기 때문에 비교적 짧은 기한 내에 상당한 결과를 도출할 수 있었던 것으로 보인다.

V. 맺음말

인간문화재제도는 무형유산의 특징인 '살아있는' 유산으로서의 가장 핵심적인 역할을 하는 연행자를 인정함으로써 다음 세대로 무형유산이 전승될 수 있는 환경을 만들기 위한 보호 조치로 도입되고 운영되고 있다. 앞서 언급한 바와 같이 인간문화재제도 구축사업을 유네스코에 처음 제안할 당시에는 목적 자체가 '보호' 보다는 '목록 작성'에 있었지만, 결과적으로는 목록 작성에서 나아가 넓은 의미의 무형유산 보호 조치를 마련하는 것으로 자리를 잡게 되었다.

유네스코 인간문화재제도를 도입한 국가 중에서 필리핀과 캄보디아의 정착 사례를 통해서 제도가 어떠한 방식으로 도입되고 운영되고 있는지를 살펴보았다. 조금씩 차이가 있기는 하지만 일반적으로 인간문화재는 예술적, 역사적 가치가 뛰어난 음악, 춤, 놀이, 연극, 의식에 있어서 남보다 뛰어난 기·예능을 가지고 있는 사람으로 정의한다. 이러한 뛰어난 연행자에게 인간문화재라는 명예를 부여함으로써 재능을 후대에 전달하도록 하는 구조는 공통적이다.

필리핀과 캄보디아의 사례로 확인할 때, 정도의 차이는 있지만 유네스코라는 국제기구를 통해서 제안된 사업이 국가 주도의 보호 제도 구축에 영향을 주었고, 특히 한국의 제도를 참고해 제작한 사업 가이드라인이 배포되면서 한국의 제도가 국제 사회에 알려지는 기회가 되기도 했다.

첫 번째 사례인 필리핀의 경우 기존에 운영하던 국가예술인상 제도에 인간문화재 분야가 추가되면서 전통 예인과 장인을 추가로 인정하게 되었다. 그리고 시상제도는 점차 보호조치 또는 개별 종목의 보호 사업이 추가되는 방식으로 확장되었다. 결국 시상제도는 보호가 필요한 무형유산 종목을 확인하고 발굴하는 시작점이자 향후 전승에 필요한 보호조치로 이어지는 다리 역할을 하고 있다. 특히, 시상제도가 중앙정부의 주도로 진행된다면, 이후 보호 조치는 공동체와 지역사회와의 협업을 통해서 이루어진다는 점은 강조할 만하다. 이것은 지역사회에서 무형유산에 대한 인식을 높이면서 동시에 인간문화재의 자긍심을 고취시켜 무형유산의 전승과 보호가 지속적으로 이루어질 수 있도록 하는 데 긍정적인 역할을 한다. 그리고 초등교육 교과 과정에 무형유산에 대한 내용을 포함시킨 사례는 눈여겨 볼만한데, 이러한 교육 분야와의 협업이 전승에 얼마나 크게 영향을 미치는지에 대해서도 살펴볼 필요가 있겠다.

다음으로 캄보디아의 경우는 새로운 제도를 구축하는 시도였던 만큼 유네스코 지침을 성실하게 따랐고, 캄보디아 국내에 유네스코 지역사무소가 위치하고 있다는 점과 그로 인해 긴밀한 지원이 가능했다는 점이 주효했다. 또한, 캄보디아 정부도 고위직을 포함하는 국가협의체를 구성하는 등 자국의 상황에 맞는 제도를 만들기 위해서 노력했다.

필리핀과 캄보디아 모두 인간문화재제도를 도입하면서 국내법적인 근거를 마련했다. 법 제정은 제도가 지속적으로 운영될 수 있는 기본 근간을 갖추고 있다는 의미이다. 또한, 인간문화재제도는 주로 국가가 전통문화 연행자를 명예로운 타이틀로 인정한다는 점에서 이들의 자긍심 고취와 전승효과 향상을 기대하고 있다. 그렇지만 지정 종목에만 혜택이나 지원이 집중되면서 그렇지 못한 종목들은 사라지는 부작용이 발생할 수 있다는 점도 잊지 말아야 할 과제이다. 이 점은 이미 오랜 기간 제도를 운영해 온 한국도 예외는 아니다. 장기적으로 볼 때 모든 것을 정부의 지원에만 의존할 수 없는 상황에서 과연 무형유산을 전승하고 보호하기 위한 지속가능한 방안은 무엇인지 고민이 필요한 대목이다.

무형유산에 있어 전승을 어떻게 보장하느냐는 유산의 생존과 직결되어 있다. 연행하는 사람이 없다면 무형유산의 미래도 없기 때문이다. 따라서 인간문화재제도의 도입 이후의 전승 현황은 지속적으로 모니터링해야 할 필요가 있는데, 최근 팬데믹 사태로 현지와의 연결이 원활하지 못해 충분하게 확인하지 못한 부분은 앞으로 개선해야 할 과제로 남긴다.

참고문헌

노리코, 아이카와. 2004. "무형문화유산협약 제정에 관한 역사적 개관." 『무형문화유산의 의미와 전망』. 뮤지엄인터내셔널 제221/222호. 서울: 유네스코한국위원회.
노리코, 아이카와. 2010. "유네스코 인간문화재제도 프로그램의 탄생." 『무형유산 꾸리에』 4. 대전: 유네스코아태무형유산센터.
노리코, 아이카와. 2014. "우수성과 진정성: 한국과 일본의 인간문화재제도를 중심으로." 『무형유산국제저널』 9. 서울: 국립민속박물관.
마리크리스 잔 토비아스. 2012. "필리핀 국가문화예술위원회의 무형문화유산 보존 사업." 『무형유산 꾸리에』 14. 대전: 유네스코아태무형유산센터.
유네스코. 2010. 『무형유산의 이해』. 대전: 유네스코아태무형유산센터.
유네스코아태무형유산센터. 2009. 『캄보디아 무형유산보호 현황보고서(Intangible Cultural Heritage Safeguarding Efforts in Cambodia)』. 대전: 유네스코아태무형유산센터.
임돈희. 로저 자넬리. 2019. "한국의 무형문화재 제도와 유네스코 무형문화유산 정책의 비교와 담론." 『학술원논문집(인문-사회과학편)』 58(1).
임형진 외. 2012. "필리핀 무형문화유산 보호제도." 『국외 무형문화유산 보호제도 연구』. 대전: 국립문화재연구소.
조순자. 2018. 『한국 무형문화재 제도사 연구』. 서울: 민속원.

Ministry of Culture and Fine Arts and UNESCO. 2004. *Inventory of Intangible Cultural Heritage of Cambodia*. Cambodia: JSRC Printing House.
National Commission for Culture and the Arts. 2015. *Intangible Cultural Heritage Program*. 마닐라: NCCA.
UNESCO. 1989. *Recommendation on the Safeguarding of Traditional Culture and Folklore*. 전통문화 및 민속보호에 관한 권고(프랑스 파리, 1989.11.15. 제25차 유네스코 총회 채택).
UNESCO Section of Intangible Heritage and Korean National Commission for

UNESCO. 2002(Updated version). *Guideline for the Establishment of Living Human Treasures Systems.*

UNESCO Office in Phnom Penh(유네스코 프놈펜사무소). 2008. *Final Narrative Project Report: The establishment of Living Human Treasure System in the Kingdom of Cambodia.*

자료

유네스코 무형유산보호협약 웹사이트

http://www.unesco.org/new/fileadmin/MULTIMEDIA/HQ/CLT/pdf/Adoption_of_a_National_Living_Human_Treasures_LHT_System_in_Cambodia_Cambodia_.pdf(검색일: 2021.04.25.)

유네스코 인간문화재사업 소개 사이트

http://unesdoc.unesco.org/images/0009/000958/095831eo.pdf(검색일: 2021.04.25.)

유네스코 인간문화재 프로그램 채택 142차 집행이사회 승인 문서

142 EX/18, 1993. http://unesdoc.unesco.org/images/0009/000958/095831eo.pdf(검색일: 2021.4.25.)

유네스코 무형유산보호협약 캄보디아 회기보고서(2012)

https://ich.unesco.org/en-state/cambodia-KH?info=periodic-reporting(검색일: 2021.04.25.)

필리핀 국가문화예술위원회 웹사이트

https://ncca.gov.ph/about-culture-and-arts/culture-profile/gamaba/(검색일: 2021.09.26.)

2부

유네스코와 국가 무형문화유산 정책의 관계

제5장 전통명절, 조선옷, 민족음식을 통해 본 북한의 무형문화유산(비물질문화유산)
　　　 －문화유산 정책과 주민 생활문화의 변화를 중심으로　권혁희(강원대학교 문화인류학과)

제6장 중국 윈난성의 무형문화유산 보호 및 전승 현황　조진곤(윈난사범대학교 외국어대학)

제7장 유네스코 무형문화유산 제도의 지역 적용
　　　 －중국 옌볜조선족자치주의 사례　주도경(서울대학교 인류학과)

제8장 무형문화유산 보호의 두 가지 차원
　　　 －일본의 공예 부문 사례를 중심으로　임경택(전북대학교 고고문화인류학과)

제9장 유네스코 무형문화유산 보호 협약과 인도네시아의 문화적 다양성:
　　　 전통춤 '자띨란'의 사례를 중심으로　김형준(강원대학교 문화인류학과)

제5장

전통명절, 조선옷, 민족음식을 통해 본 북한의 무형문화유산(비물질문화유산)
-문화유산 정책과 주민 생활문화의 변화를 중심으로[1]

권혁희(강원대학교 문화인류학과)

I. 서론

최근 북한의 문화관련 정책 중 가장 활발한 분야로 무형문화유산(비물질문화유산)의 지정 그리고 이에 대한 발굴과 진흥정책을 들 수 있다. 신문, 잡지는 물론 방송, 디지털 미디어를 통해 민족 고유문화를 소개하는 코너가 많아졌으며, 비물질문화유산 지정 뉴스를 대내외적으로 홍보하고 있다. 특히, 얼마 전부터는 유네스코 인류무형문화유산의 지정이라는 글로벌 기준에 부합되도록 하는 정책들도 나타나고 있다. 이와 같은 일련의 흐름은 1962년 문화재보호법을 실시한 남한과 비교하면 매우 빠른 속도로 정책을 추진하고 있음을 보여준다. 2012년 비물질문화유산 관련 법률이 제정된 이래 현재 110여 건 이상을 지정한 것

---

[1] 이 글은 『현대북한연구』 24(3)(북한대학원대학교 심연북한연구소, 2021)에 실린 "북한 전통문화의 문화유산화 과정과 주민 일상의 변화"를 수정·보완한 것이다.

으로 추정된다. 북한에 대한 정보의 접근이 한정되어 정확한 지정목록과 사유, 정책의 세부사항들은 잘 알려져 있지 않지만, 비물질문화유산이 김정은 정권의 출범과 함께 매우 활발하게 이루어지고 있는 분야임은 분명하다. 물론, 전통문화 진흥정책은 1980년대 후반 조선민족제일주의를 시작으로 김정일 정권 시기에 안착된 제도이기도 하다. 그러나 이 시기까지 북한의 문화유산 정책의 중심은 사적과 건축물, 각종 유물과 같은 유형문화유산이었던 반면 김정은 정권 시기에 이르러 무형문화유산 분야와 균형을 이루고 있다고 할 수 있다.

이러한 정책적 전환은 문화유산 그 자체의 본질적 특성보다는 해당 사회가 문화유산을 어떻게 사용하고 이야기하는지 그리고 생각하는 방식이 중요하다는 것을 함의하고 있다. 한국의 무형문화재 제도 역시 민족주의를 자양분으로 하는 정치적, 사회적 환경 속에서 구성된 담론으로 이해될 수도 있을 것이다. 북한의 비물질문화유산 제도 역시 민족문화의 보존과 전승이 어떻게 정치적 정당성으로 그리고 인민의 생활문화로 적용되었는지 통해 사회적 담론의 창출 과정을 설명할 수 있을 것이다. 최근 글로벌화되는 유엔 중심의 문화유산 담론의 구축을 비판적으로 바라보는 전선을 형성하고 있는 논의 또한 이와 같은 문화유산의 정치성에 대한 관심을 반영하고 있다고 할 수 있다(Bendix and Peselmann, 2013: 13).

특히, 북한에서 비물질문화유산 제도의 형성과정을 이해하기 위해서는 김정일 정권에 의해 착수된 전통문화 진흥 정책은 물론, 그 이전부터 형성된 사회주의에서의 민족문화 계승의 프로젝트와도 불가분의 관계를 이룬다. 이미 김일성은 해방 직후와 6.25 전쟁을 통해 일제와 미제의 민족문화 유산 파괴를 대신해 문화유산을 보호, 관리하는 정책을 펴온 바 있다. 박물관 건립은 물론, 유적과 고건축 등 문화유산을 보호하기 위한 행정적 제도를 만들었다. 물론 지배체제를 공고하기 위해 항일혁명역사까지 문화유산화시키는 북한적 변형이 이루어졌지만, 민족의 역사성을 보증하는 전통적 문화유산은 사회주의 건설의 정당성을 구성하는 일부로 이어져 오게 된다. 문제는 유형문화유산이 아니라 과거 전통문화인 무형문화유산 분야는 봉건주의의 잔재로 억압받거나 정책의 관심대상에서 주변화되었다는 점이다. 소위 무형문화유산인 과거로부터의 전승문화를 정책화하는 시점은 김정일에 의해 촉발된 조선민족제일주의가 표면화되는 1986년 이후부터라고 할 수 있다. 음력설과 추석, 단오, 한식과 같은 명절이 이 시기 부활되었으며, 명절에 입는 옷과 먹는 음식, 민속놀이가 사회 각 부분에서 장려되기 시작했다. 동시에, 전통적 관습과 명절의 복원과 함께 기존의 유형문화유산의 진흥도 괄목할만한 변화를 보였다. 평양의 고대 왕릉의 복원을 통해 고대역사의 평양중심사관을 강화함으로써 민족주의를 역사적 서사와 그것의 실증으로서 유적과 유물은 더욱더 부각되었다.[2] 동시에 현재 살아가는 사람들의 생활문화로 전승되는 무형문화유산의 퍼즐을 완성시킴으로써 전통의 부활은 전면화된다.

이 글은 이와 같은 북한의 비물질문화유산 제도의 창출을 이해하기 위해 제도의 실천 과정에서 주민들의 일상과 어떠한 관계를 구성해오고 있는지를 살펴보고자 한다. 주지하다시피, 무형문화유산은 해당 사회적 맥락에 따라 의미가 재생산되거나 상징적 가치가 부여되기도 한다. 이는 과거 문화가 탈맥락화되는 현상으로서 현실의 일상생활로부터 유리되는 사례들 역시 다수 나타나게 된다. 북한 역시 그러한 현상에도 불구하고 당국의 정책은 현실 생활문화에서 전통이 전승되는 환경을 조성하고 확산시키고자 하는 프로젝트를 강력하게 시행하고 있다. 가장 쉬운 예로 북한 주민들에게 전통적 옷을 입고 결혼식을 하도록 하거나 전통명절에 무엇을 어떻게 하고 무슨 놀이와 먹거리가 있는지에 대해 선전과 홍보가 이루어질 뿐만 아니라 일부는 일상에 적용할 것으로 요구받고 있다. 물론, 이러한 일상적 실천이 당국의 일방적 강요와 의무감에 의해 실천된다고는 할 수 없으며, 일부는 인민의 삶과 유리되어 미디어 속에서만 재현되거나 전혀 다르게 적용되는 측면도 나타나고 있다.

---

[2] 이 시기 문화유산 정책과 관련해서는 권혁희(2021: 406)의 논문 참고

따라서 본론에서는 북한 비물질문화유산 담론의 형성과 실천을 이해하기 위해 조선민족제일주의 정책 이래 시행된 명절과 의복, 음식문화를 중심으로 비물질문화유산으로 지정되는 과정을 살펴보고자 한다. 이 3가지는 북한 당국에 의해 선택된 민족문화 진흥에 있어 가장 먼저 그리고 가장 중요한 분야로 알려져 있으며 실제 인민의 일상에 직접 적용되는 분야이기도 하다. 명절의 경우 기존 사회주의 기념일과 비교하여 어떠한 일상의 변화를 가져왔는지를 살펴보고 문화유산으로서의 가치와 의미가 실제 생활문화에서 어떻게 실천되고 있는지를 비교할 것이다. 또한 조선옷과 음식 등은 각 기관과 학교를 비롯해 공장과 농장 단위의 집단을 통해서 보급되거나 인민들의 일상에 어떻게 적용되었는지 검토하고자 한다. 특히, 명절문화나 의복, 음식과 같은 사회적 관습이 비물질문화유산으로 지정된 북한의 문화유산 제도의 특성을 구체적으로 살펴보고 남한과 비교해보도록 할 것이다.

II. 사회적 관습으로서 명절의 문화유산화

1. '설맞이풍습'과 인민의 생활문화

북한의 무형문화유산(비물질문화유산) 정책은 2012년 제도화되어 2020년 사이에 108건 정도로 지정된 것으로 알려져 있다(박영정, 2019: 18). 2021년 2월에 4건이 국가 및 지방 비물질문화유산으로 추가 지정되어 110여 개 이상으로 추정된다(『로동신문』, 2021.02.02.). 최초 문화유산보호법에 비물질문화유산 제도가 실시된 이후 민족유산보호법으로 개칭하여 2차례에 걸쳐 유네스코 인류무형문화유산에서 제시된 분류체계에 맞게 조정되었는데, 명절이나 옷, 음식 등은 '사회적 관습, 예식 및 명절행사'에 해당된다. 그 외에는 구전전통과 표현, 전통예술과 의술, 자연과 우주 관련 지식과 관습, 전통수공예 기술이 있다. 그중 명절과 음식, 옷, 민속놀이에 해당되는 부분이 총 43건으로 약 40%를 차지하고 있다.

그만큼 비물질문화유산 정책에 있어 성과가 있는 분야라고 할 수 있다. 이 중 김치담그기 풍습은 유네스코 인류무형문화유산으로 지정되었으며, 조선옷차림풍습 역시 지정받기 위해 신청을 했을 정도로 중요한 분야라고 할 수 있다. 이 외 아리랑과 씨름이 유네스코 인류무형문화유산으로 지정되어 있다. 무엇보다도, 이 분야는 전설과 설화 같은 구전전통이나 전통예술, 공예와 같은 분야처럼 현재와 완전히 유리되거나 전문가집단 중심의 전승문화와 달리 보통 사람들의 생활과 밀접하게 연관되어 있다. 북한에서 이 분야는 조선민족제일주의가 시작되는 1986년 이래 1990년대 중반 고난의 행군을 거쳐 김정은 정권에 이르기까지 꾸준히 민족문화 진흥의 중요한 시책 중 하나였다.

그중 대표적인 것이 4대 전통명절의 지정과 그것의 문화유산화이다. 전통명절의 지정과 휴일화는 북한 사람들의 생활패턴에 중요한 변화를 가져다주었다. 기존 사회주의 명절은 태양절과 광명성절을 비롯해 국가의 건립과 군대의 창건을 비롯한 각종 기념일이 21일 정도로 매우 많은 편이었다. 이 중 중요한 날은 휴일로 지정되어 11일로 매년 반복되는 사회주의 의례로서 주민들의 일상에서 비중이 큰 편이다. 특히, 태양절과 광명성절은 이날의 공연을 위해 오랫동안 준비해야 하는 날이기도 하다. 이날 외에도 국제부녀절(3월 8일), 조선인민군창건기념일(4월 25일), 조선소년단창립절(6월 6일), 조국해방전쟁승리기념일(7월 27일), 조선민주주의인민공화국창건일(9월 9일), 조선노동당창건일(10월 10일), 조선민주주의공화국헌법절(12월 27일)이 휴일로 지정되어 있다. 그 외 식수절, 국제아동절, 어머니날 등의 비휴일 기념일이 있다.[3]

북한에서 전통명절의 지정은 기존 사회주의 기념일 중심의 휴일체제를 근본적으로 변화시켰다고 할 수 있다. 곧 사회주의 의례의 의무감이 없는 휴일을 만들어 낸 것이다. 기존 사회주의 기념일은 주민들로 하여금 특정한 사건을 기념하거나 기억해야 했으며, 그러한 기억을 정치화시켜 집단적으로 실천해야 하

---

3   2018년 조선출판물수출입사에서 생산된 달력 참고

는 의례의 동원이 뒤따랐다. 가령, 태양절에 학생들은 대규모 행진과 공연을 위해 2~3달을 준비하고 꽃을 바치는 이벤트에 참여해야 하며, 김정일의 생일인 광명성절에 부녀자들은 충성의 노래 모임을 위해 한 달 전부터 준비해서 공연해야 했다. 국제부녀절과 같은 기념일 역시 어머니들의 명절이자 혁명역사를 전유하고 유일적 영도를 정당화하는 기제로 작동하기 위한 이벤트들과 관련된다(이지순, 2020: 240). 반면, 전통명절은 양력설에 이루어지는 약간의 이벤트 외에는 온전히 휴일로 보내며, 가족과 친족, 이웃과의 시간 혹은 사적시간이 허용되는 기간이다. 1988년 추석의 휴일화를 시작으로 1989년에는 설, 추석, 단오, 한식이 4대 명절로 지정되었다. 그러나 2000년대 중반 이후 단오와 한식이 중국 고사와 관련되어 고유명절에서 제외되면서 정월대보름과 청명으로 교체되었으며, 양력설뿐만 아니라 2000년대 이후부터는 음력설도 점차 강화되어 민족고유 문화로 정착되고 있다. 이런 점에서 북한의 전통명절도 약 20여 년의 기간 동안 변동을 거쳐 형성된 산물이며, 그 과정에서 민족문화의 고유성의 담론이 중국이나 남한과의 정치적 관계에 따라 조정되었을 것으로 추론된다. 이 중 북한에서 비물질문화유산으로 지정된 것은 '설맞이풍습'과 '추석명절풍습'이며, 최근에는 '정월대보름과 달맞이 풍습'이 지정되었다. 이것은 북한이 2012년 문화유산보호법에 비물질문화유산 제도를 만든 이래 2015년 민족유산보호법으로 개칭하고 수정한 것을 반영하고 있다. 새로 수정된 법안에 '사회적 관습' 분야를 보완하게 되면서 명절풍습을 비물질문화유산으로 지정한 것임을 알 수 있다. 여기서 사회적 관습은 특정 분야의 전통 기술이나 예능, 구비전승, 전승지식과 구분되는 카테고리로 명절세시나 생활관습, 음식과 놀이 등을 포괄하고 있다. 가장 최근인 2021년 음력설의 의미를 설명하는 '인민의 풍습'을 묘사하는 자료를 살펴보면 설에 이루어지는 관습들 특히 의례, 놀이, 음식 등이 차례로 제시된다.

설이 다가오면 설옷을 준비하는 한편 집안팎을 깨끗이 청소하고 손질하였으며 설음식도 설명절 전날에 품을 들여 준비하였다. 우리 인민들은 정월 초하루날에 돌아간 조상에게 먼저 설인사를 하고 이른 아침에 집안의 웃사람 순서로, 다음에는 마을의 웃어른들과 스승들에게 세배를 드리였다. 옷차림에서 이채를 띠는 것은 녀성들이 명절에 입는 화려한 삼회장저고리와 반회장저고리였다. 설날에는 명절음식을 잘 차리였다. 음식상에는 떡과 지짐류, 수정과, 고기구이, 식혜를 비롯한 음식들이 올라 설을 쇠는 사람들을 즐겁게 하였다. 떡국은 설날음식으로서 빠져서는 안되는 것으로 되여있다. 떡국에 꿩고기를 넣는 것이 기본이였지만 그것이 없을 때에는 닭고기 등도 썼다. 민속놀이로는 널뛰기, 연띄우기, 바람개비놀이 등을 하였는데 설분위기를 돋구어주는 것은 윷놀이다. 윷놀이는 흥미진진하여 남녀로소 누구나 다 즐기는 민속놀이이다. 조선로동당의 민족유산보호정책에 의하여 련면히 이어져오는 설맞이풍습은 주체104(2015)년에 국가비물질문화유산으로 등록되였다(『조선중앙통신』, 2021.02.10.).

이와 같이, 설명절의 관습은 그것을 준비하는 과정과 명절 당일의 의례와 풍습, 옷차림과 명절음식, 민속놀이를 포괄하고 있다. 이것은 추석에도 마찬가지로 나타나는데 명절에 이루어지는 고유문화를 옷과 음식, 놀이 등으로 세부화시키고 있다. 이를 통해 명절을 보내는 관습 속에 '아름다운 민족성이 짙게 어려있는 것'으로 표현되며, '민족의 우수한 민족전통'을 통해 '인민의 웃음소리 넘쳐나는 로동당시대'를 밝혀준다는 정치적 언술로 이어진다(『통일신보』, 2020.04.06.). 이것은 1990년대 김정일 정권에 의해 추진된 '민족성의 고수와 조선민족제일주의정신의 발양'시키는 정책에서 기원되는 일관적인 서사이기도 하다(『통일신보』, 2020.04.06.). 그러나 여기서 설맞이풍습은 북한 주민들에게는 양력설을 의미한다. 음력설은 사회적 관습으로서 1년의 전통적 세시 중 하나이자 전승문화로서 21세기에 창출된 명절이다. 양력설은 해방 이후부터 다른 사회주의 기념일과 함께 유일하게 휴일이었다. 그러나 고유문화로서 음력설은

2000년대 등장하여 2015년 비물질문화유산되는 과정을 거쳐 양력설과 혼성화되어 설맞이 풍습이라는 문화유산으로 재구성되기에 이른다. 음력설까지 휴일화되면서 주민들은 이중과세를 경험하게 되지만, 여전히 대부분 양력설을 쇠고 있다. 이런 측면에서 음력설의 점진적 강조는 고유문화와 그것의 전승의 불일치를 국가에 의해 조정되고 있다고 할 수 있다. 또한, 음력설에 재현되는 민족정서의 문화적 경관은 실제 인민의 생활보다는 미디어에 의해서 만들어져갔다. 비록 해방 이후 50년 이상 양력설을 쇠고 있지만, 음력설은 민족문화의 연속성을 부여받기 위해 꾸준히 반복되면서 고유문화이자 현재에도 전승되는 문화로서의 의미로 재생산된다. 음력설에 조선옷을 입고 노래를 부르는 어린아이들을 '민족의 넋'으로 민속놀이를 즐기는 모습을 '민족의 정서'가 충만한 것으로 재현한다(『로동신문』, 2003.02.02.). 이날 미디어에서는 평양을 비롯해 각 도시의 광장에서 펼쳐지는 이벤트들을 '로동계급과 인민들에게 희열과 랑만을 안겨주며 설명절분위기를 한층 돋구어준다(『로동신문』, 2017.01.29.).'고 묘사되고 있다.

그러나 탈북자들의 구술에 의하면 북한 인민들이 명절날 조선옷을 입는 경우는 거의 없다고 한다. 명절의 조선옷은 TV나 신문에서 보여지거나 행사에서 볼 수 있는 의상이다. 오히려 조선옷은 태양절이나 광명성절과 같은 사회주의 명절에 중요한 행사에 참여할 때 그리고 여성이 결혼식 때 입는 복장이며, 여대생이나 문화시설의 안내원들이 입는 복장이다. 그리고 광장에서 보여지는 민속놀이의 풍경은 도회지에서 기획되는 프로그램이지 보통의 가정에서는 TV를 보거나 주패놀이로 불리는 카드놀이가 더 일반적인 놀이이기도 하다. 그보다 설풍습에서 가장 중요한 부분인 조상의례는 공식적인 보도에 거의 묘사되지 않는다. 일반적으로 북한에서 봉건성을 함의하고 있는 조상의례는 사회주의적 생활양식에 어긋나는 방식으로 그려지고 있다. 조상에 대해 인사하는 정도로 허용되나 차례상을 차려서 절을 하는 방식은 허례허식으로 치부된다. 그러나 실상은 북한 주민들이 가장 왕성하게 설을 보내는 방식 중 하나가 조상을 위한 제사상을 크게 차리고 이를 가족끼리 나누어 먹고 노는 일이다. 특히, 시장화 현상 속에서 오히려 조상의례는 더욱 중요해지고 있다.

신기한 것은 경제가 어려워지고 나라가 불안정해지자 사람들은 국가에서 나눠주는 공급물자에 상관없이 제사상들이 더 커지고 화려해지기 시작한 것이었다. 조상묘를 잘 써야 한다는 생각을 가진 사람들이 늘어나고 제사상을 날 차려서 기울어져가는 국운으로 불안한 집안의 기운을 바로잡아보려는 사람들이 증가하였다. 국영상점들은 파리만 날리고 있지만 지역들에 등장한 농민시장들에선 술과 고기와 과일과 생선들이 밀려들고 사람들은 국가가 적극 통제하는 자본주의 방법들을 총동원하여 제수용품 사들이기에 여념이 없었다 (이애란, 2009: 77).

(설날 차례상 질문) 황해도는 명절 때라도 많이 해 놓고 많이 먹자는 쪽이니까. 우리는 명절 때 통돼지 한 마리를 잡았어요. 돼지를 잡아서 겨울에는 설을 계기로 큰 돼지를 한 마리 잡아서, 머리를 따로 나중에 먹으려고 매달아 놓고 그리고 갈비도 이 만큼 크게 잘라서 삶아서 제사상에 놓고, 풍성하게 차려서 조상들한테 인사를 해야 한 해 일이 잘 된다고 해서 제사상을 엄청 잘 차렸어요.[4]

사회적 관습으로서 명절풍속의 비물질문화유산화는 필연적으로 실제 인민의 생활과 탈맥락화된 상황 속에 놓이게 된다. 설은 점점 민족문화의 전승을 담보한 중대한 명절로 인정받아 휴일화 되었으며, 지배이데올로기와 연동되는 내러티브로 재현되고 있다. 그러나 인민들의 생활문화에서 설은 가족 간 느슨하게 놀고먹는 날이자 조상의례를 통해 가족과 친족간의 애착을 보여주기도 한다. 양력설에는 김일성 동상에 헌화하거나 신년사를 경청하는 사회주의적 의례

---

[4] 황해남도 출신, 1971년생, 2018년 3월 인터뷰.

가 뒤따르고 있지만, 상류층을 제외한 보통의 인민들은 가족 간에 음식을 나누어 먹고 노는 일이 주된 일상이기도 하다.

　이로써 비물질문화유산화된 설명절은 조선민족제일주의의 일상화, 매년 반복되는 세시로서 순환되고 있다. 동시에 그것의 가치와 의미는 권위화되어 민족문화의 진흥이 체제이데올로기와 정권의 연속성에 부합되도록 서사화되고 있다. 지배 엘리트들에 의해서 제안된 고유한 민족성이라는 상상된 공동체는 당 기관지와 교양, 학습, 박물관, 직장과 인민반 단위의 주민교육 현장에서 전파되고 있지만, 주민의 생활세계에서 추상화된 이념적 미션과 사회적 의무감은 술잔치와 조상의례라는 비사회주의적 풍경과 혼종화되어 나타나고 있다. 주민들에게 전통명절이 주는 의미는 사회주의 명절과 구분되는 진짜 명절 같은 날의 경험이며, 그것의 원천은 기념해야 할 역사와 정치의 의무감에서 벗어나 음식과 술을 가장 많이 소비할 수 있는 가족과 친족 이웃 간의 잔치로 소비되기 때문이다(권혁희, 2020). 이로써, 비물질문화유산으로 권위화된 설명질풍속의 가치와 의미는 당국에 의해 교양사업이자 애국사업으로 계몽화되는 동시에 보통의 인민들은 동원으로부터 느슨한 시간을 보내는 현대적 세시풍속이 창출되어 가고 있다고 할 수 있다.

2. 단오의 배제와 '추석명절풍습'의 문화유산화

한반도에서 설은 모든 지역에서 공통되는 전통명절이라고 할 수 있을 것이다. 그에 반해 단오와 추석은 다소 지역에 따라 그 위상이 편차가 있었을 것으로 추론된다. 김택규에 의하면, 한반도의 북반부는 단오문화권, 남한은 추석문화권, 강원도 지역은 단오와 추석이 복합적으로 나타난다고 설명한 바 있다(김택규, 1985). 물론 이러한 문화권 설정은 실증하거나 패턴화하는 것에서 일부 오류를 동반하고 있다. 그러나 문헌을 통해 지역적 차이를 설명하는 것은 일부 가능한데, 실제로 북한지역에서 단오는 중요한 명절이었으며 특히 평양의 단오는 일제시기에 경성 사람들이 놀러 갈 정도로 유명한 명절이었다(권혁희, 2015: 147 -

177). 식민지 시대를 거쳐 1950년대 무렵까지 혹은 사회주의적 근대의 개편이 이루어지기까지 단오는 중요한 명절이었을 것으로 추측된다. 이후 북한에서는 1986년 처음으로 단오와 추석을 똑같이 중요한 전통명절로 지정했지만 사회적 활성화를 위한 노력에 있어 단오의 활용은 눈에 띄게 역동적이었다. 단오를 민족의 명절로 기념하고 힘든 농사일을 끝낸 협동농장과 각 기업소에서 단오놀이가 1989년을 전후한 무렵에 확산되기 시작한 것으로 보인다.

....열두삼천벌의 이름난 협동농장들을 비롯한 전국의 협동농장들 그리고 평양과 온 나라의 시,군들과 공장, 기업소들에서도 단오명절을 즐겁게 보내고 있다는 소식이 런이어 전해오고 있다. 이것이 번영하는 우리 조국의 오늘이고 어디서나 볼 수 있는 우리 인민의 자랑스럽고 행복한 모습이다(『로동신문』, 1989.06.09.).

노래 '강성부흥아리랑', '흥하는 내 나라'의 선율에 맞추어 춤을 주며 '평양8경'의 하나로 일러 오는 대성산의 남문 앞공지에 모여 든 평양시내 농업근로자들은 단오민속명절민속놀이를 진행하였다....(중략)... 평양화력발전련합기업소, 김종태전기기관차공장, 평양종합인쇄공장을 비롯한 시내 공장, 기업소 로동계급도 만경대유희장, 쑥섬유원지와 일터들에서 자력생생의 혁명적 기치를 높이 들고 난관과 시련을 혜치며 강성대국의 래일을 향해 나아가는 긍지속에 민족체육 및 유희오락경기를 진행하였다(『로동신문』, 2002.06.16.).

위 기사의 표현에 의하면, 2000년 초반까지 단오명절 쇠기는 '김정일장군님의 조선민족제일주의 사상을 높이 받드는' 것으로 표현할 정도로 설, 추석과 함께 중요한 전통명절로 인식되고 있었음을 알 수 있다. 특히, 씨름과 그네뛰기, 윷놀이, 활쏘기 등 다양한 민속놀이가 단오에 집중적으로 이루어졌음을 감안하면 당국에서는 추석에 비해 단오의 진흥에 더욱 무게중심이 실렸던 것으로 추정된다. 그에 비해 추석은 북한 주민들에게 있어 조상 성묘하는 날로 인식되어 당국에 의한 진흥정책과 다소 부딪치는 측면이 있었다. 북한 당국의 인식에서 조상의례는 최소한의 방식으로 허용하나 과대한 음식을 차리고 절을 하는 허례허식에 대해서는 극복해야 할 생활양식이라고 주장한다. 1990년대 이후 북한에서 재현된 단오는 전통사회와 마찬가지로 힘든 농번기 모내기를 마치고 놀고먹는 명절로 복원되는 장면을 연출하고 있다. 특히, 과거 평양과 같은 대도시에서는 대동강변으로 명절을 즐기기 위해 모여들었으며 3일 밤낮이 축제로 지속되기도 했다. 다음 노동신문의 보도에서 단오는 즐거운 명절로 묘사하고 평양의 명소에서 가족과 즐기는 내용은 마치 일제시기 3일 동안 놀고먹는 명절과 같은 '단오호황'을 연상시킨다.

> 민족문화가 찬란히 꽃 펴나는 생활속에서 끝없이 무르익는 인민의 행복이 그대로 가정의 즐거운 명절일정에도 깃들어 있는 것이 아닌가. 나라의 주인이 되지 못한 탓에 설음만이 더해 주던 지난날의 수리날을 잊을 수 없어서인가. 이 땅에 명승지는 많았어도 인민이 즐길 자리는 정녕 없어 설음에 눈물 짓던 그 세월을 다시는 되풀이할수 없기에 행복의 웃음속에서도 귀중한 이 제도, 이 생활을 끝까지 지켜갈 맹세를 말없이 다지는 한 가정의 저녁이었다. 민속명절도 인민의 명절로, 명승지도 인민의 명승지로 된 이 당에서는 산도 강도 바다도 기쁨도 가득 안고 어서 오라 인민들을 부르고 있으니 밤 늦도록 명절 놀이장소를 고르는 것도 당연한 일이 아닌가(『로동신문』, 2003.06.04.).

앞서 설명한 바와 같이, 북한은 사회주의적 근대화 과정에서 봉건성을 지닌 음력 명절을 사회주의 시간문화 속에서 억압시켜왔다. 1986년 이래 공식적으로 부활되어 1990년대부터는 직장과 학교 단위에서 단옷날에 음식을 만들어 먹거나 단체로 소풍을 가서 노는 '단오쇠기' 문화는 다시 재생되기 시작했다. 탈북자들의 구술에서도 단옷날에 대한 기억은 단체로 운동을 하거나 유희를 즐겼던 것으로 기억된다. 평양에서는 과거와 마찬가지로 대동강변으로 가족단위나 친구끼리 소풍을 나가는 일이 많았다고 한다. 그러나 한편으로 단오쇠기가 생겨남으로써 이날 조상 묘를 돌보거나 조상의례를 하는 집도 생겨나는 등 새로운 생활문화의 변화도 나타나기 시작했다. 그러나 단오의 명절화는 오래 지속되지 못하고 대외적인 정치적 관계 속에서 고유한 민족문화의 위치를 상실하게 된다. 2005년 남한에서는 강릉의 단오제가 유네스코 인류무형문화유산이 되었는데 이 과정에서 중국과의 혹독한 원조논쟁을 겪게 된 것이다. 동시에 북한은 중국과의 악화된 관계 속에서 단오를 점차 지우고 이를 대체할 명절을 찾게 된 것으로 추측된다. 물론 이에 대한 공식적인 북한의 자료를 존재하지 않는다. 결국, 단오는 정권에 의해 고유의 명절로 공식화된 지 20여 년 만에 다시 외래문화로 주변화되었으며, 공식적인 문헌에서도 점차 사라지고 있다.

단오의 명절 철회는 자연스럽게 중국고사와 연관된 한식의 위치도 변경하게 된다. 단오와 한식에 대한 고대 시기 문헌기록이 중국에서 연원한다는 것을 통해 고유문화로서의 위치에서 제외시킨 것이다. 이것은 남한의 단오를 고유 명절로 간주하고 인류무형문화유산으로 등록한 것과 비교하여 전통문화의 계승에 대한 정통성을 염두에 둔 조치로 추측된다. 분단 이래 일제와 미제의 민족문화유산 약탈을 방조한 남한 대신 자신들이 민족문화 계승의 적자로 인식해온 것과 연관될 것이다. 그 대신 한식과 거의 날짜가 일치하는 청명이 명절화되고 단오는 정월대보름으로 교체되었다. 이와 같은 무형문화유산의 선택과 배제는 조선민족제일주의가 김정일 정권의 선군사상과 혼성화되어 체제단속을 강화해 나가던 시기에 나타났던 현상으로 이해할 수 있다. 고난의 행군 이후 시장화 현상 속에서 북한의 민족주의는 고유성을 강조하는 우리식 사회주의의 정책으로 나타난 것으로 해석할 수 있을 것이다.

그러나 조상의례나 친족과 모임 등이 없는 정월대보름 보다는 북한 주민들에 의해 지속되어 왔던 추석이 더 중요한 명절로 부각되며 정책적 집중이 이루어진다. 단오를 대신해 추석은 다양한 민속놀이를 즐기는 명절로서 창출되어 현재를 이어오고 있다. 기존 단오에 했었던 대황소씨름대회를 추석에 옮겨 개최하고 있으며, 널뛰기와 그네뛰기 경기를 비롯해 탈춤과 무용과 같은 각종 전통문화 이벤트가 이루어지고 있다. 현재 추석은 다음 기사와 같이 민족성의 총화를 담은 명절로서 '조선민족제일주의 정신'을 내재하고 있는 명절로 정착되었다고 할 수 있다.

> 위대한 장군님과 경애하는 원수님의 크나큰 온정속에 민속명절인 추석을 맞으며 진행되어온 전국적인 민족씨름경기가 올해에도 릉라도의 민족씨름경기장에서 12번째의 년륜을 새기며 성황리에 펼쳐져 사람들을 기쁘게 하였다…(중략) 올해의 광범한 대중의 적극적인 열의속에 그네뛰기, 윷놀이, 활쏘기를 비롯한 민속놀이와 민속무용 봉산탈춤, 돈돌라리, 민요 도라지, 룡강기나리, 신고산타령, 옻칠공예, 초물공예, 조선불고기가공법, 상차림법 등 수십개의 대상을 국가비물질문화유산 혹은 지방비물질문화유산으로 등록하기 위한 심의평가사업이 진행되였다고 하는 민족유산보호지도국 책임부원 한영일동무의 이야기를 통하여서도 전국가지의 근로자들속에서 우리 민족의 우수한 문화적재부에 대한 긍지와 사랑이 더욱 강렬해지고 조선민족제일주의정신이 높이 발휘되고 있음을 가슴뿌듯이 느낄 수 있다(『로동신문』, 2015.09.27.).

위 기사와 같이 추석은 개별 가정에서의 조상의례가 중심이었지만 각종 민속놀이와 전국단위 씨름대회를 추석으로 옮김으로써 보다 전통명절로서의 의미가 강조된다. 그리고 명절풍습에 부합되는 민속놀이와 무용, 민요, 음식 등은 비물질문화유산을 위한 대상으로 선택되고 있다. 특히, 단오의 몰락과 추석의 부각은 민족 고유성의 위치가 이데올로기적 필요에 따라 어떻게 활용될 수 있는지를 보여주고 있다. 이런 점에서 단오에 대한 추석의 역전은 사회주의 생활양식에 맞는 명절로서 창출될 필요를 제기하게 된다. 조상의례를 간소화 방식으로 허용하게 된 북한이 보통 인민의 제사상까지 관대했던 것은 아니었다.

조상묘소에 헌화를 하고 허리를 굽히는 정도를 모범적인 것으로 주장하고 있다. 이와 관련하여 북한 당국은 가족과 친족 단위의 조상의례를 사회주의화시키는 또 다른 의례의 샘플을 제안하기도 한다. 『로동신문』을 비롯해, 『천리마』와 『조선녀성』, 『민족유산』과 같은 잡지를 통해 추석의 정치, 문화적 의미화가 재생산되고 있다. 가령, 추석이 조상의례를 위한 명절인 것에 착안해 집단적으로 혁명열사릉을 참배하는 문화를 창출해 내기도 한다. 추석에 조상 묘소를 찾듯 혁명열사릉 방문을 독려하여 혁명역사의 전사들을 기념하는 국가적인 기념일로서 추석의 의미를 동조시키고 있다. 나아가 혁명역사와 동조되는 추석의 에피소드는 일제 시대를 민족적 억압의 시대로 재현하며 항일무장 투쟁의 역사를 혼입시킴으로써 총대로 결사옹위하는 체제수호의 담론으로 환류시키고 있다.

> 년년이 찾아 오는 추석명절이건만 올해의 추석을 맞은 우리 인민의 마음은 다르다. 민족사에 특기할 올해의 사변들을 되새겨 보며, 오늘을 위해 당과 수령께 충성을 다한 혁명선렬들과 선배들, 먼저 간 이들을 추억하며 새로운 결의를 다지는 우리 인민이다...(중략) 꽃송이를 안고 대성산혁명렬사릉으로, 애국렬사릉으로 향하는 사람들, 조상들과 동지들의 묘소를 찾는 사람들, 민속전통을 장려하는데 언제나 깊은 관심을 돌려 온 우리 당의 은정속에 추석을 맞은 근로자들의 편의를 위해 생겨 난 많은 특별로선들로 뻐스들이 경쾌하게 달리고 특색 있는 명절단장을 한 봉사매대들도 문을 열었다. 추석명절날 온 나라 인민의 마음이 함께 간 곳은 대성산혁명렬사릉이다(『로동신문』, 2002.09.22.).

이와 같이, 단오의 명절철회와 추석의 문화유산화는 북한에서 민족문화의 재구성이 어떠한 방식과 방향을 향하는 지를 분명히 보여준다. 1967년 이래로 봉건잔재의 청산 아래 추석의 조상의례가 수면 아래 잠복해 있다가 1980년대 후반 전통명절의 지정과 휴일화는 조상의례의 활성화를 가져다주게 된다. 1990

년대 중반 이후 고난의 행군을 지나 2000년대 중반 기근을 벗어나고 시장화 현상이 나타나면서 추석상은 훨씬 화려해지고 있다. 단오 때 이루어지던 조상의 례나 씨름대회, 각종 야유회와 민속놀이는 추석으로 옮겨지면서 제2의 명절로서의 중요성이 커지고 있다.

덧붙여, 남한과의 극명한 차이는 사회적 관습으로서 명절을 비물질문화유산으로 지정했다는 점이다. 남한에서 무형문화재는 인간문화재라는 별칭에서 보여 주듯이 특정한 예능과 기술의 보유자를 지정하는 관행이 오랫동안 이어져 오고 있었다. 최근 개정된 무형문화재보호법에서 '의식주 등 전통적 생활관습'이 추가되는 등 유네스코 인류무형문화유산의 카테고리와 보조를 맞추며 변화해 가고 있다. 그러나 명절은 전통적 시간체계에 의해 형성된 문화로서 이 시기에 공동체적인 의례와 놀이, 음식 등의 특성이 지역별로 다양하게 나타나고 있어 매우 복합적인 성격을 가지고 있다. 이에 대해 북한에서 명절을 비물질문화유산화의 결정과 검토는 특정 보유자와 단체의 지정이 아닌 인민의 생활문화의 전승에서 찾고 있다. 물론 그 전승은 당국과 사회 각 기관에 의한 진흥과 창출의 결과가 혼성화되어 있다고 할 수 있을 것이다.

III. 조선옷과 민족음식의 문화유산화

1. '조선옷차림 풍습'의 무형문화유산 지정과 일상에서의 적용

흔히 남한에서 한복으로 불리는 전통복장은 북한에서 조선옷으로 불린다. 조선옷은 북한이 2012년 비물질문화유산 지정제도를 실시한 바로 그 해 지정된 목록으로 이미 북한 사회에서 널리 알려져 있기도 했다. 사실 조선옷입기는 1980년대 후반 전통명절 복원과 함께 시작된 프로젝트로 이 무렵부터 사회 곳곳에서 조선옷에 대한 역사의 탐구와 복원, 장려와 실생활의 적용이 왕성하게 나타나게 된다. 1990년 전후 남북교류 당시 북한을 다녀온 남한 인사들이 한복을 입은 북한 여성들에 대한 인상을 언급하고 있듯이 이 시기부터 북한에서는 박물관, 도서관과 같은 문화시설과 상점, 호텔 등에서도 조선옷을 입게 된다. 조선옷은 인민들의 실생활에 적용되어 하나의 민족으로서의 정체성을 느낄 수 있는 분야로 설명되고 있다. 특히, 치마저고리는 고대시기부터 내려온 전통 민족옷으로 표현되는데, "치마저고리를 자기 몸의 한 부분으로, 민족성의 상징"으로(『조선중앙통신』, 2020.11.24.) 강조되고 있을 정도이다. 조선옷의 중요성은 아리랑과 김치만들기에 이어 인류무형문화유산 등재를 위한 노력에서도 나타난다. 2020년 북한에서 신청한 '조선옷차림관습'은 인류무형문화유산에 등재되지는 못했지만 향후 등재되기 위한 시도가 지속될 것으로 보인다.

북한이 2012년 무형문화유산(비물질문화유산) 제도를 법제화했던 배경도 과거 조선민족제일주의 단순한 연장선이 아니라 유네스코 체제를 염두에 둔 정책이라고 할 수 있다. 2008년 인류무형문화유산 보호협약에 가입함으로써 세계 국제기구와의 협력을 통한 글로벌 기준의 문화유산 체계를 구상해왔던 것이다. 법적 제도화 초기 비물질문화유산 제도의 의미를 다음과 같이 밝히고 있다.

> 우리 나라에서는 비물질문화유산보호를 위한 법적담보도 튼튼히 마련되였으며 교육, 과학 및 문화, 공보분야에서 성원국들 사이의 협조를 강화하고 세계평화와 안전을 공고히 하는데서 커다란 역할을 하고 있는 유네스코와의 긴밀한 련계밑에 비물질문화유산보호사업을 더욱 확대해나가고 있다(『로동신문』, 2013.03.24.).

> 당과 국가의 세심한 관심 속에 우리 나라에서 활발히 벌어지고 있는 비물질민족유산보호사업은 민족의 유구한 력사와 찬란한 문화를 빛내이고 인민들에게 민족적 긍지와 애국심을 더해주며 그와 더불어 인류문화의 다양성을 보다 풍부히 하고 그 지속적 발전을 실현하는데 적극 기여할 것이다(『로동신문』, 2014.01.19.).

위 기사가 말해주듯이, 세계평화와 인류문화의 다양성에 기여하는 글로벌 기준에 부응하는 정상 국가로서의 면모와 사회주의적 민족주의에 대한 정책적 성과로서 유네스코 인류무형문화유산제도의 수용은 필연적이었다. 이를 위한 조치로서, 비물질문화유산 관련 법률을 2015년 이후 지속적으로 수정해나가면서 보다 탄력적으로 국제적 기준에 맞춰 조정해나가고 있음을 확인된다. 예를 들어, '조선치마저고리차림풍습'이 '조선옷차림풍습'으로 건뎅이젓 담그기는 '젓갈문화'로 포함시키거나 '고전시간침법'을 '침 치료법'에 새로 포함시킨 것 역시 이를 반영하고 있다. 마찬가지로 조선옷차림풍습의 하위 카테고리로 조선치마저고리 외에 '녹의홍상'(綠衣紅裳, 초록색저고리와 다홍치마)를 포함시키고 있다(『통일뉴스』, 2020.01.06.). 이것은 '사회적 관습과 예식', '전통수공예기술' 등 2015년, 2019년 비물질문화유산 관련 법률의 수정, 보충된 내용으로 유네스코의 무형문화유산 보호협약(2003)의 카테고리를 참조하고 있다. 이러한 조선옷차림풍습을 중심으로 하는 북한의 비물질문화유산 정책의 흐름을 살펴보면 표 5-1과 같다.

표 5-1과 같이, 2008년 유네스코의 협약에 가입한 이래 관련 국내법을 제정하고 이에 맞추어 몇 년 동안 110건 내외의 국가비물질문화유산을 등록했으며, 인류무형문화유산에 3건을 등재하게 된다. 그리고 그 과정에서 북한은 비물질문화유산의 선정과 보호, 관리, 아카이브화에 대한 체계적인 정책을 만들었으며, 유네스코에 등재할 수 있는 '추천 문건 작성 능력 강화를 위한 강습'까지 하게 된다(『조선중앙통신』, 2018.11.10.). 또한, 민간단체인 조선민족유산보호기금을 만들어 남한과의 협력과 해외 동포들로부터의 기금확보를 통한 체계적인 문화유산 관리정책을 수립하기에 이른다. 조선옷차림풍습 역시 지정과정에서 나타나는 다양한 유형들을 체계적으로 통합시키고 유네스코에서 카테고리화한 방식에 가장 근접한 형태로 맞춰나가기 위해 용어를 바꾼 것이라고 할 수 있다. 곧 이러한 국내외적인 대응을 통해 비물질문화유산을 체계화시켜 나가는 북한의 정책은 조선 민족의 문화를 대내적인 통합뿐만 아니라 대외적인 글로벌한 수준으로 드러냄으로써 조선민족제일주의를 입체적인 국제정책과 연동시키고

표 5-1 북한의 무형문화유산관련 제도와 조선옷차림풍습의 주요 변화 과정

시기	비물질문화유산 관련 주요내용	분석
2008	유네스코 인류무형문화유산 보호협약에 가입	
2012	문화유산보호법에 비물질문화유산 관련 법률제도 시행. 그해, '조선치마저고리차림풍습'을 국가 비물질문화유산으로 지정	- 1994년에 제정된 '문화유물보호법'으로 유적, 유물 등 유형 문화만 지정했던 법을 비물질문화유산 분야로 확대 - '아리랑', '김치담그기풍습' 등 5건을 국가비물질문화유산으로 등록(중국에서도 2011년 비물질문화유산 제도 시행)
2013 ~ 2014	평양랭면, 연백농악무, 씨름을 국가비물질문화유산으로 지정	- '신선로', '설맞이풍습', '첫돌맞이풍습'을 비롯해 총 25개 대상들이 조선의 비물질민족문화유산으로 등록 - '아리랑'이 유네스코 인류무형문화유산 등재
2015	조선치마저고리차림 풍습이 조선옷차림 풍습으로 변화 (추정)	- [민족문화유산법]으로 개정하고 비물질문화유산에서 '사회적 관습과 례식과 노동생활 풍습을 비롯해 자연과 우주에 관련된 지식과 관습, 전통수공예 등 매우 광범위한 유형을 포함 - '김치담그기 풍습'이 유네스코 인류무형문화유산 등재 - 2016, 2018: 추천문건작성능력강화를 위한 유네스코강습 등을 진행
2018 ~ 2019	조선민족유산보호기금 민간단체 설립 민족문화유산법 수정보충	- 씨름이 최초 남북 공동으로 유네스코 인류무형문화유산 등재
2020	'녹의홍상'(綠衣紅裳, 초록색저고리와 다홍치마)를 이미 등록된 국가 비물질문화유산인 '조선옷차림 풍습'에 추가 등록	- 조선옷차림 풍습에서 좀더 세분화된 패턴을 추가로 등록시킴 - 고전시간침법이 이미 등록된 국가비물질문화유산들인 침치료법에 새로 포함. 록두지짐풍습에 록두묵을 포함시켜 록두리용풍습으로, 건댕이젓담그기를 젓갈문화로 고쳐 명명함 (『로동신문』, 2020.01.05.)

있음을 알 수 있다. 특히, 조선옷을 여성에 한정시키는 관행을 최근에는 서서히 무너뜨리고 남성의 한복이 등장하고 있기도 하다. 물론 최근 전통의 전면적인 부활이 남성의 조선옷을 점차 거론하기 시작하면서 젠더 이분법을 나름대로 다소 완화하고 있지만(박민주, 2020: 242), 남성들의 영역은 사회주의 생활양식의 대변동을 의미하는 것으로 매우 더디거나 매우 협소한 부분으로 진행될 것으로 보인다. 그보다는 유네스코 인류문화유산으로 등재될 수 있는 조건과 환경을 갖추는 노력은 지속될 것으로 보인다.

무엇보다도 조선옷차림풍습은 인민의 일상과 국가의 민족문화 계승의 명제가 적절하게 타협해가며 조정되는 국면을 보여준다. 조선옷은 기존 서양 정장을 대신해서 국가의 공식적인 기념일이나 선거, 지역의 정치행사나 환영회와 같은 대중이 집합하는 현장의 필수품이 되어가고 있다. 나아가 결혼식이라는 중요한 의례복으로 선택되어 거의 관행화되어가고 있다. 물론 여전히 남성은 양복을 입고 여성이 조선옷을 입는 형태이긴 하지만, 조선옷이 빠진 결혼식은 상상할 수가 없다. 조선옷은 북한식 사회주의 의례의 일체화된 표상이자 민족적 정체성의 강한 표현이라고 할 수 있을 것이다.

최근인 2010년 전후에는 중국과의 교역의 증가로 화려한 여성복이 다수 수입되었으며, 북한 여성들의 옷차림이 자본주의 문화의 유입을 우려하는 대상이 될 정도이다. 그런 점에서 복장문화는 북한 사회에서 중요한 이슈로 조선옷의 컬러와 패턴 역시 젊은 여성들의 패션 취향을 반영하며 변화해 가고 있다. 그러나 여전히 북한 여성들에게 조선옷은 미적인 아름다움을 지닌 의복으로서 의례를 위한 복장으로서 수용되고 있었다.

> 선거 때는 뭐 2년에 한 번씩은 계속 선거하잖아요, 뭐. 공식할 때도 무조건 저고리 입어야 되고. 그 다음에 어느 때 또 저고리 입으라고 그러냐면 내가 뭐 표창장 탈 때나 그런 건 어쩌다 한 번씩 있지만 그 다음에 뭐 사로청에서 내가 당원이 된다. 이럴 때도 저고리 입어야 되고 무슨 강연회 할 때도 뭐 강연회 참가할 때도 제일 그 어떤 때는 저고리 입으라고 그리고 그 다음 예술 공연 할 때도 저고리 입으라고 그러니까 저고리를 필수품이었어요, 저고리가. (여성들이 조선옷 입는 것을 좋아하나요?) 입기를 되게 좋아해요 그거 입기를. 그리고 막 꽃바구니 증정하러 갈 때도 저고리 입고 간다 말이에요.[5]

---

5 강원도 원산 출신, 1974년생, 여성, 2020년 12월 인터뷰.

위의 탈북자의 구술처럼, 조선옷은 중요한 의례에 입어야 되는 여성들의 공식적인 정장으로 인민들의 일상에서 자리잡아 갔다. 이는 민족성의 발현과 전승을 위한 위로부터의 요구와 함께 평상복보다 색감이 있는 조선옷은 여성들에게 적극적으로 수용되는 미적취향을 반영한다. '당국이 장려'하기 때문에 평소 입을 수 없는 '화려한 저고리'에 대한 여성들의 패션취향은 잿빛, 국방색을 대체하는 아이템으로 거부감없이 수용되고 있다.

> 일상 평상으로 볼 때 입는 옷들 보면 다 뭐 잿빛, 회색, 국방색, 까만 거 이런 옷밖에 입는 게 없어요. 그렇게 화려하게 입을 수 있는 옷이라는 게 그래도 저고리다 말이에요. 이제 조선저고리라고 민속 그러니까 우리 조상들이 옛날부터 내려오던 저고리고 그리고 또 북한에서도 당국에서도 저고리를 많이 입고 다니라고 장려를 해요 무조건 입으라고 그러니까 어디 가도 무조건 저고리를 입으라고 뭐 조그만 크고 작은 행사라도 저고리 입으라고 많이 장려하기 때문에. 저고리 입는 거를 그게 북한사람들한테는 어딘가 모르게 일상이 돼버렸죠 그게.[6]

위의 구술처럼, 치마저고리는 바지를 입으면 단속이 되는 제한된 현실 내에서 선택할 수 있는 품위 있고 아름다운 의복으로 선택되고 있음을 보여준다. 이러한 옷차림과 같은 사회적 관습의 문화유산화는 명절풍습과 마찬가지로 남한과 다른 문화재지정의 관성을 보여준다. 일상에서 유리되었던 조선옷을 국가적인 기념일과 결혼식과 같은 일생의례에 활성화시키고 경공업성, 조선옷협회, 대학에서 조선옷 디자인을 계발하는 등의 다양한 진흥정책은 북한 특유의 일사분란한 정치의 일면을 보여준다. 남한의 무형문화재법도 최근에 유네스코 체제

---

6 앞의 구술 자료.

를 반영하는 전통지식과 '절기풍속, 의식주와 전통적 생활관습'을 포괄하고 있다. 가령, 김치담그기와 장담그기, 온돌문화 등이 근래 국가무형문화재로 지정된 것은 유네스코 인류무형문화유산으로 지정될 수 있는 체계로의 변환을 의미하기도 한다. 아직까지 북한의 설명절풍습과 같은 넓은 범위의 사회적 관습을 무형문화유산으로 지정되지 않았지만 남한 역시 기존의 분류체계의 관점에서 점차 변화되고 있는 추세라고 할 수 있을 것이다.

2. '민족음식'의 창출과 문화유산화

앞서 설명한 바와 같이, 북한에서는 전통명절에 조선옷을 입고 민속놀이를 하며, 명절에 맞는 음식을 먹는 것과 그러한 음식의 전승을 문화유산으로 지정하고 있다. 세시에 맞는 음식인 절식(節食) 외에도 지역에서 전승되는 음식도 민족성을 드러내는 중요한 분야로 설정하고 있는데 주로 고난의 행군 이후 조선민족제일주의가 사회적 실천으로 확산되는 2000년대 초반 활성화되기 시작한다. 조선옷과 마찬가지로 민족음식은 인민으로 하여금 널리 보급하고 진흥시켜야 할 프로젝트로 착수된 것이다. 이로써 명절 - 옷 - 음식으로 순환되는 민족문화의 창출이 1990년대를 거쳐 2000년대 초반 북한에서 연쇄적으로 일어나 사회적 활기를 불러일으키게 되었다. 그리고 그러한 활성화의 한 축으로 '지방토배기음식'의 발굴과 진흥을 들 수 있다. 『로동신문』을 비롯한 다양한 잡지기사를 살펴보면, 2002년을 전후한 시기 이후 평양, 개성을 비롯해 평안도, 황해도, 함경도, 강원도 등의 지역음식에 대한 소개와 이에 대한 조리법 등이 자세하게 소개되고 있다. 그리고 이러한 숨겨진 것들에 대한 의미부여와 새로운 창출은 지도자의 언술에 의해 더욱 정당성을 부여받게 된다.

> 민족음식을 적극 장려하고 발전시켜야 합니다. 선조들이 창조한 전통적인 민속음식을 빠짐없이 찾아내여 발전시키는 것은 우리 인민들이 식생활을 보다 윤택하고 문명하게 하는데서 뿐 아니라 사람들에게 민족적 긍지와 자부심,

애국애족의 정신을 심어주는 데서 중요한 의의를 가집니다. … 민속료리를 발전시키는 데서 도별로 자기 지방 토배기료리의 특성을 잘 살려나가는 것이 중요합니다.… 지방토배기료리의 특성을 잘 살려나가자면 해당 지역에서 오래동안 살아온 늙은이들을 적극 계발시키는 것이 좋습니다.…우리는 선조들이 창조한 민속음식들을 우리 대에 빠짐없이 찾아내고 시대적 요구와 미감에 맞게 더욱 발전시켜나감으로써 온 나라에 민족의 향취가 흘러넘치게 하여야 합니다(김정일, 2006: 237 - 244).

위와 같은 지역 토속음식을 발굴해 내기 위해서는 조선옷과 마찬가지로 당국과 지방의 도단위기관, 사회단체 등에 의해서 일사불란하게 움직일 필요가 있었다. 조선옷 진흥을 위해 전시회가 개최되었다면, 민족음식의 진흥은 경연대회와 품평회가 매년 개최되었다. 그리고 그러한 진흥정책의 핵심에는 최고 권력자의 지도가 영향을 주기도 했는데, 가령 2004년 6월 조선료리협회에서 주체한 민속음식품평회장에서 김정일은 도별로 토배기 음식을 발전시키기 위해 "평양에 있는 각 도 특산물 식당들에서 자기 지방 고유한 음식들을 기본으로 하면서 서로 경쟁을 붙여 지방토배기음식을 더욱 발전시킬 것으로 지시하게 된다.(편집부, 2008: 5)" 지역 음식을 국가적이고 민족문화로 발굴해 내기 위한 프로젝트는 필연적으로 비물질문화유산의 양적 팽창에 큰 기여를 하게 된다. 비물질문화유산의 지정에 있어서도 조선옷이 여성의 치마와 저고리로 한정된 지정에 머물렀다면, 음식은 일상식에서 명절에 먹는 절식과 지역의 향토음식을 포괄하여 매우 광범위하다는 점이다. 그리고 음식의 지역적 분포와 전승의 범위를 고려하여 국가 비물질문화유산으로 지정할 수 있을 뿐만 아니라 지방 비물질문화유산으로 지정될 수 있는 음식들 역시 지속적으로 발굴될 수 있었다.

실제로 2012년 이후 북한의 비물질문화유산 중 가장 많은 수를 차지하는 분야가 음식문화 분야이다. 비물질문화유산 등록제도가 시행된 2012년과 그 다음 해에 '김치만들기, 막걸리 담그기, 장 담그기, 평양랭면'이 등록되었다. 이후 관련 북한의 문헌과 관련보도들에 의하면 '쑥떡만들기, 록두지짐풍습, 과줄 가공법, 동지죽풍습, 오갈피술 양조방법, 단군술 양조기술'이 등록되었으며(김옥경, 2016: 94), 2017년 1월에는 '수정과', '자라요리', '약밥', '신선로', '함경도 단고기장(보신탕)', '함흥 농마(감자녹말)국수'(『통일신문』, 2017.01.09.)가 5월에는 명태매운탕, 숭늉이 등록되었다(『연합뉴스』, 2017.05.19.). 2018년에는 '추어탕'(리광훈, 2018: 55)과 '고려약 음식요법', '건뎅이젓 담그기', '자라료리'(『통일뉴스』, 2018.10.28.) 등이 추가되고 최근에는 전골, 감주, 두부앗기 등이 추가되어 전체 지정 목록에서 20% 이상인 것으로 보인다(권혁희, 2019: 220 재인용). 특히 추어탕은 개성지방의 유명한 특산음식으로 알려져 있으나 김일성이 개성에서 먹게 되면서 이에 대한 의미부여가 커지게 되면서 국가 비물질문화유산으로 지정되기도 했다(『로동신문』, 2019.04.21.). 또한, 분포 범위가 한정된 경우에는 대부분 지방비물질문화유산으로 지정되었는데 2017년에는 황해북도에서 먹는 '남새절임음식이 정방채', 함경북도 길주군, 명천군을 비롯한 북부지방 사람들이 영채를 가지고 김치를 만드는 '영채김치만들기'가 지정되었다. 전자는 조선민족의 식생활문화를 계승발전시켜나가는 데서 중요한 의의를 가지는 것으로 후자는 "조선김치의 다양성과 특색을 잘 보여주고 있다는 의미를 가지고 있다"고(『민주조선』, 2017.11.07.; 2018.10.24.) 설명하고 있다.

  무엇보다도, 이러한 성과의 기반은 전문식당들을 중심으로 하는 민족음식에 대한 발굴과 진흥의 결과라고 할 수 있다. 명칭에 있어서도 민족음식은 전승문화의 의미를 담은 민속음식으로 나타나거나 전문식당에서 메뉴화되거나 좀 더 고급스러운 의미를 담은 '민족료리'로 표현되기도 한다. 특히, 요리경연대회에서 상위에 입상한 메뉴가 비물질문화유산으로 등록되는 경우가 나타나고 있다. 동시에 민족음식 발굴사업의 일환인 지방토배기 음식의 강조는 사실 1990년대 중반 이후부터 2000년대 초반 고난의 행군 시기를 거쳐오면서 나타난 북한 정권의 대응 중 하나일 수 있다. 산과 들에서 나는 채소를 활용한 음식과 같이 토속적인 음식문화의 전승을 조선민족제일주의와 만나 민족음식화하는 과정을 거쳐온 것이라고 할 수 있을 것이다.

> 위대한 장군님께서는 제국주의자들의 고립압살책동과 련이은 혹심한 자연재해로 나라형편이 어려웠던 '고난의 행군' 강행군 시기에도 우리 식의 음식문화를 더욱 다양하게 발전시키기 위한 방향과 방도를 구체적으로 밝혀 주시고 그 실현을 위한 은정어린 조치들을 치해 주시였다. ....우수한 민족음식을 기본으로하여 음식문화를 발전시켜 나갈데 대한 당의 의도에 맞게 전국 각지의 이름난 민족음식들이 적극 발굴장려되고 있다(『로동신문』, 2002.10.28.).

그리고 그러한 발굴과 장려를 전국적으로 전파하는 역할로 각지에서 활발하게 운영되고 있는 800여 개의 '민족음식봉사망'을 들 수 있다. 도 단위와 시군 단위의 직영 식당으로 이들 기관은 "기본품종만 하여도 수천 조에 달하는 이름난 조선료리들이 봉사됨으로써 인민들에게 민족적 긍지와 자부심을 더욱 북돋아 주고 있다(『로동신문』, 2004.12.26.)"고 설명하고 있다. 이러한 전문 식당의 네트워크는 전국단위 음식경연대회에 참여하는 조직으로 작동하며 다양한 전문기관들과 협업하는 형태를 보여준다. 특히, 조선료리협회는 전국민족음식전시회를 주최하여 평양의 중앙 기관은 물론 각 도 단위의 대표 식당의 경연대회를 조직화하여 우수한 민족료리를 선발하고 이를 비물질문화유산과 연계시키는 작업을 진행시키게 된다. 이와 같은 전문가 집단의 발굴과 진흥과정에서 북한의 지역음식은 국가와 민족을 대표하는 음식으로 그리고 역으로 일상에서 즐길 수 있는 음식으로 보급되는 창출과정을 거친다고 할 수 있다. 대표적으로 '태양절요리축전'을 들 수 있는데, 이 대회는 1993년 4월 15일 김일성 생일인 태양절에 처음 개최된 이래, 조선료리협회 산하 지역 요리협회와 부문협회의 수십 개 단체가 매년 참가하여 새로 개발한 요리 및 특산요리 등을 선보이며 지방 특산음식을 전국적으로 알리는, 북한에서 가장 공신력있는 요리대회로 성장했다. 또한, 태양절의 경연대회와 함께 매년 가을에 개최되는 전국민족음식전시회 역시 조선료리협회와 중앙위원회의 주최로 열린 전시회로서 인민봉사 부문, 대외봉사 부문, 각 도(직할시)의 150여 개 단위에서 만든 1,000여 점의 민족음식들이 출품되었다(『로동신문』, 2015.11.28.).

그러나 북한의 다양한 조직과 기관에서 일사불란하게 이루어진 실행과 주민들의 일상은 분리될 수밖에 없었다. 그런 사업의 중요성은 미디어에 의해 전달되고 환류될 뿐이며 직접 담당해야 하는 의무가 있는 집단과 사람들에 의해서 추동되어 갔다고 할 수 있을 것이다. 다음 탈북자의 구술도 이를 반영하고 있다.

> (민족요리를 진흥에 대한 인민들의 반응은 어떤가요?) 언제 그런 거 할 새도 없었고 그런 거는 그걸 전문하는 식당들이 있거든요. 그 고유한 자기 민족의 음식들을 하는 식당들이 있어요. 그런 식당들에서 개발해서 잘하고 그 사람들이 요리경연도 많이 하고 이렇게 하면서 하지만. (조선민족제일주의라고 해서 조선음식, 민속놀이 이런 진흥과 같은 정책이 직접 생활에 적용되는 게 있었나요?) 네. 그런 거는 우리 민속을 살리고 그 다음 영화에서도 이렇게 옛날 민속영화를 많이 하고 이런 거는 참 사람들이 선호하고 좋아하거든요. 근데 이제처럼 음식을 뭐 특히 민족음식이라고 뭐 해가지고 거기에 개발하고 이렇게 하는 거는 그냥 한 마디씩 그저 던질 뿐이지 거기에 귀 기울이려고 절대 안 하고 자기 딱 부문에 해당하는 사람들은 하겠지요. 그 사람들은 뭐 당에서 하라니까 집행을 해야 되니까 하려고 노력하고 거기에 지배인들도 있으니까 그런 사람들은 많이 하지만 우리 같은 뭐 그 분야가 아니니까 그런 데 크게 머리를 쓰거나....[7]

위의 구술처럼 민족음식 진흥은 집행해야 하는 사람들에 의해 이루어진 프로젝트이며, 무형문화유산화되는 음식 등 일부는 도시의 전문식당에서 메뉴

---

[7] 평양 출신, 1958년생, 여성, 2021년 1월 인터뷰.

화되었음을 알 수 있다. 이와 같은 북한 민족음식의 문화유산화 과정은 남한에서 1988년 전후 시기 발전된 향토음식의 상업화 과정을 연상시킬 수 있다. 올림픽을 대비해 지역 음식을 경연대회화 시켜 전통음식으로 창출해 내는 과정에서 전주비빔밥을 비롯한 전국을 향토음식이 1990년대 부흥을 일으키게 되는데, 2000년대 이후 북한의 민족음식 진흥 과정은 유사한 형태를 보여준다. 남한에서 이들 음식이 철저히 상업화되어 지역 관광과 연계되는 특성을 보여주었듯이, 북한도 일부 식당에서는 전통음식이 메뉴화되어 보급되었으며 민속거리에서 외국인들을 위한 음식을 개발되기도 했다.

그러나 문화유산화 과정은 전혀 다른 맥락 속에서 이루어지고 있다고 할 수 있다. 앞서 사회관습 분야인 명절에서도 전승문화의 보유자와 보유단체를 한정짓는 남한의 관행이 있었던 것에 반해서, 음식문화에서도 마찬가지도 일상의 전승성에 있는 것을 대상으로 하고 있다. 가령, 2017년 국가비물질문화유산으로 지정된 명태매운탕이나 숭늉은 일반 가정에서 먹는 일상음식으로서 특정인이 지정될 수 없는 분야가 대부분이다. 물론 그중에는 단군술양조기술과 같이 특정인에 의해 계발되고 진흥된 사례가 있지만 두부앗기나 떡국만들기와 같이 보통의 인민들에 의해서 전승된 음식문화를 지정하고 있는 것이 특징이라고 할 수 있다. 남한에서 김치담그기와 장담그기와 같은 변화가 일부 나타나고 있지만 다수의 음식은 특정 지역과 전수자가 지정된 전통주가 상당수를 차지하고 있다. 남북한이 유네스코 체제에 부합되는 분류체계를 선택하며 국가지정제도를 실행하고 있지만 그것의 적용은 서로 상이하게 나타나고 있다.

IV. 결론

지금까지 검토한 바와 같이, 북한의 비물질문화유산 정책은 1980년대 후반 이래 지속되어 2000년대 정착되어 간 조선민족제일주의와 연장선으로 이해할 수 있으며 김정은 정권 이후 내부적 문화정치에서 글로벌한 수준으로 확산되어 왔다고 할 수 있을 것이다. 특히, 2010년대 후반 국가비물질문화유산을 대거 지정할 수 있는 배경 역시 1990년을 전후로 진흥시켰던 전통명절, 조선옷, 민족음식 분야의 성과라고 할 수 있다. 북한은 이 분야를 중심으로 구비전승 분야와 고려의학과 같은 전통지식, 민요, 탈춤, 농악 등의 전통예술을 포함시키며 양적으로 확장시키고 있으며, 관련 교과목의 대학 강좌 개설, 민족유산보호기금 설립과 디지털 아카이브화 등을 통해 질적 성장을 도모하고 있다. 그리고 이러한 경향은 유네스코 인류무형문화유산체계의 분류체계와 의미에 부합되는 기준을 따르고 있는데, '조선치마와 저고리'를 '조선옷차림풍습'으로 바꾼 것도 그 예라고 할 수 있다. 조선옷이라는 물질적 대상 자체가 아닌 조선옷을 입는 문화의 전승을 문화유산화시킨 것이다.

한편, 국가 주도의 강력한 프로젝트 하에서 인민의 일상적 실천은 문화유산을 매개로 하는 북한의 생활문화를 이해하는 데 다양한 스펙트럼을 보여준다. 사회주의 기념일 중심의 휴일체계에서 전통명절의 휴일화는 당국의 의도와 달리 조상의례의 활성화를 가져왔으며, 시장화 현상과 함께 고급술과 좋은 음식으로 성묘상을 경쟁적으로 차리는 소비문화도 나타나게 되었다. 조선옷입기 진흥정책도 여성들을 중심으로 정착되어 사회주의 의례와 결혼식과 같은 일생의례를 위한 복장으로 수용되었으며, 치마 중심의 여성패션 코드 그리고 컬러풀한 색감은 여성들의 미적취향을 반영해 가고 있다. 마찬가지로 시장화 현상 속에서 단조로운 색과 문양에서 화려한 하이패션으로 진화해가는 과정에 있다고 할 수 있을 것이다. 물론, 당과 관련 사회단체들에 의해 생산되는 민족문화의 상징과 정수로서 명절의 의미와 조선옷의 가치는 점점 증폭되어갔다. 전통명절뿐만 아니라 24절기마다 신문에는 해당 세시풍속을 열거해가며 보도하게 되었으며, 설과 추석에는 민속놀이와 전통체육 경기가 각지에서 개최되고 있다. 민족음식도 마찬가지로 경연대회와 품평회의 개최를 통해 각 지방의 음식들이 민족료리로서 개발되고 일부는 메뉴화되어 도시의 식당에서 판매되었다. 북한에서 보통의 인민들에게 비물질문화유산으로 지정된 음식들은 일부는 잔치 때 먹는 음식이거나 일상에서 먹는 숭늉처럼 생각되지 민족성을 드러내는 것으로 의식하지는 않을 것이다. 그런 점에서 북한에서 비물질문화유산은 국가적 사업으로서 정치적 수행의 목표가 있는 동시에 일상을 살아가는 사람들의 생활 속에서 실천되어야 하는 의무와 가치를 지닌 것으로 창출되어 가고 있다고 할 수 있다. 그러나 그것을 수행하는 인민의 실천은 그것을 공식적인 미디어에서 강조하는 정치적 의무감에 따른 수동적 행위에 국한되지 않는다. 특히 전통명절 같은 경우는 사회주의 생활양식과 부합되지 않는 기존의 문화적 관성과 고난의 행군 이후 가속화된 시장화의 현상이 다양하게 나타나고 있다. 조선민족제일주의나 비물질문화유산과 같은 권위적 언술은 휴일의 여가와 음식과 옷의 소비, 조상의례 이후 놀고 먹는 인민의 생활문화와 혼종화되어 나타나는 현상은 전통명절을 비롯한 문화유산을 그들 나름의 삶의 방식으로 수용해가고 있는 북한 인민의 일상을 재현하고 있다고 할 수 있을 것이다.

마지막으로, 문화유산제도 자체가 가진 권위와 정치성의 이슈는 남한 사회도 마찬가지로 적용될 수 있을 것이다. 서로 다른 역사적 과정에 의해 제도화되었지만, 민족문화의 전승에서 인류문화의 다양성으로 진화되어 가는 의미의 재구성에서 남북은 한배를 타고 있는 것처럼 유사한 행보를 보이고 있다. 남북한 교류와 민족 동질성의 확인, 문화적 정체성을 공유할 수 있는 매개체 이자 이슈메이커로서 문화유산 제도는 매력적인 수단일 것이다. 그러나 북한의 문화정책이 정치와 긴밀하게 연동되고 있는 현실에서 민족문화로 매개로 남한과 어떠한 관계가 설정될지는 미지수이다. 국제적인 정치질서와 남북관계에 따라서 보다 덜 자본주의화된 북한이 민족문화 계승의 적자로서 남한과 차별화시켜 나갈 가능성도 있다. 그리고 그러한 차별화의 향방을 예측하는 데 참고가 되는 것이 유네스코 인류무형문화유산 제도일 것이다. 김정은 정권 이후 국제사회에서 정상 국가로서의 면모를 드러내면서 문화정책에서 있어서 교류를 강화하고 있다. 무형문화유산 제도는 국가적 이슈이자 외부자들에게 자신들의 문화를 보여주는 채널로 기능할 수 있을 것이다. 2018년 씨름을 인류무형문화유산으로 남북이 공동등재했지만 그 과정에서 남북한의 긴밀한 교류는 이루어지지 않았다. 민족문화유산을 공유한 남한과의 관계는 늘 정치적 이슈들과 혼성되어 협력과 긴장을 반복해 나갈 것이다. 그보다 북한은 유네스코의 등재기준에 맞는 방식과 제도를 마련하여 국가지정 무형문화유산을 급격히 늘려가며 남한과 차별화시키고 있다. 무형문화유산 제도 운영에 있어 신생국인 북한의 방식은 남한의 관점에서 보면 매우 과감하고 파격적이다. 가령, 음식문화에 있어서 특정 음식에 대한 보유자를 중심으로 하는 지정이 아니라 지극히 사소해 보이는 인민의 생활 전반에 있는 음식문화를 비물질문화유산으로 지정하고 있다. 숭늉이나 두부앗기, 수정과, 약밥 등이 대표적인 사례일 것이다. 그 범위가 전 국가적이면 국가지정으로 영채김치처럼 한정된 지역의 음식이면 지방비물질문화유산으로 지정하고 있다. 남한 역시 김치와 장담그기와 같은 일부 음식문화를 국가무형문화재로 지정하며 점차 살아있는 생활문화와 연결되고 있으나 여전히 특정한 기술과 예능, 전승집단과 보유자 등을 중심으로 하는 개념이 압도적으로 많은 편이다. 향후 유네스코 체제의 영향 속에서 남북의 무형문화유산 제도가 어떻게 변화해 갈 것인가를 주목해야 하는 한편, 남북한이 어떻게 상호작용할지가 중요한 지표가 될 수 있을 것이다.

참고문헌

권혁희. 2015. "20세기 북한지역 단오의 지속과 변화에 대한 고찰: 식민지 시기 단오의 양상과 6.25 이후 사회주의적 변용을 중심으로." 『한국민속학』 62.
권혁희. 2019. "북한의 비물질문화유산의 변화와 특성." 『통일정책연구』 28(1).
권혁희. 2020. "이데올로기. 조상의례. 술판과 주패놀이; 현대 북한 명절문화의 수행적 전환에 관한 소고." 『북한의 민속』. 서울: 민속원.
권혁희. 2021. "북한의 문화유산 담론의 창출과 변화." 『북한학연구』 17(1).
김옥경. 2016. "민족의 우수한 비물질문화유산들." 『천리마』 8.
김정일. 2006. 『민족문화유산과 민족적 전통에 대하여』.
김택규. 1985. 『한국 농경세시의 연구: 농경의례의 문화인류학적 고찰』. 대구: 영남대학교 출판부.
리광훈. 2018. "국가비물질문화유산으로 등록된 추어탕." 『조선녀성』 10.
박민주. 2020. "김정은 시기 조선옷 전통 재구성." 『현대북한연구』 23(1).
박영정. 2019. "북한의 무형문화유산 정책 동향 연구." 『무형유산』 7.
이애란. 2009. "북한 추석, 제사 잘못지내 불운 닥칠라...장마당 분주." 『통일한국』 310.
이지순. 2018. "기념일의 경험과 문학적 표상: 북한의 국제부녀절 기념의례를 중심으로." 『아시아문화연구』 47.
편집부. 2008. "백두산 3대 장군과 민족문화유산 - 민족음식 발굴에 깊은 관심을 돌리시어." 『민족문화유산』 2.

Bendix, Regina F., Asitya Eggert and Arnika Peselmann. 2013. *Heritage Regimes and the State*. Göttingen: Göttingen University press.

자료

『로동신문』
『민주조선』
『민족문화유산』

『연합뉴스』
『조선녀성』
『조선중앙통신』
『천리마』
『통일뉴스』
『통일신문』
『통일신보』

제6장

중국 윈난성의 무형문화유산 보호 및 전승 현황

조진곤(Zhao Zhenkun, 윈난사범대학교 외국어대학)

I. 머리말

무형문화유산에 대한 지정과 보전은 현재 많은 나라에서 중요한 문화 정책으로 실시되고 있다. 그 중에 유네스코에 등재된 무형문화유산은 48%가 아시아에 있으며 이는 서양에 비해 아시아 국가가 무형적인 문화유산 보호에 더 많은 관심을 가지고 있음을 시사한다. 그중에서도 중국, 한국, 일본은 세계 무형문화유산 등재에 가장 적극적으로 참여해 왔는데 2017년 5월까지 전세계 무형문화유산의 18%를 보유하고 있다(白松强, 2017: 65). 유형적인 문화유산은 사실상 미국 등 서양 국가가 주도하는 제도인데 서양 국가의 국력을 전시하는 수단으로 활용되고 있다. 이에 비해 한중일 등 동아시아 국가는 무형문화유산을 통해 국가 이미지 제고나 문화 홍보 등 전략적인 목표를 달성하고자 한다. 따라서 무형문화유산은 이들 나라에서 국가의 소프트파워를 키우는 문화정책의 중요한 구성요소로 인식되고 있다. 물론 중국은 '중국'적인 특성을 강조하는 경향이 있다.

중국은 1980년대부터 경제 개발에만 몰두하다가 21세기에 들어서야 전통문화를 국가정체성 구축에 적극적으로 활용하기 시작했다. 그러나 한국과 달리,

중국의 무형문화유산 사업을 통해 전시된 '민족정체성'은 복합적인 것이며 그것에 한(漢)족의 전통문화만 아니라 여러 소수민족의 민속도 포함되어 있다. 중국의 문화정책에서 한족과 소수민족의 전통문화는 각자 다른 기능을 가지고 있는데 전자는 '중화민족'의 중심부를, 후자는 주변부를 상징하는 기호로 사용된다. 따라서 무형문화유산을 선정할 때 중국 정부는 실제적인 인구 구성이나 현지인의 생활문화가 아니라 해당 지역에 대한 정치적 구상에 따라 전통을 만드는 경향이 있다.

이와 같은 '만들어진 전통'의 시각에서 보면 중국 무형문화유산은 문화정치를 위한 수단으로서의 성격이 강하다. 예를 들어 초국가적 민족의 문화를 등재한 것은 국가 간 벌이는 문화정치에 무형문화유산을 이용하고자 하는 정부의 의도를 반영하고 있다(허윤정, 2014; 김창경, 2015). 또한 무대화된 전통문화는 소수민족의 내부적 다양성이나 현대적인 일상생활의 모습을 의도적으로 지워내고 중국의 '내부적 타자'의 모습을 그려내고 있다(이응철, 2016). 이러한 논의에 따르면 중국의 무형문화유산 제도는 소수민족의 전통문화를 보호하는 데 한계가 있다. 한편으로 소수민족의 전통문화는 무형문화유산 정책을 통해 재현된 '중국문화'의 중요한 구성요소이다. 따라서 접경지역의 지방정부는 소수민족의 무형문화유산을 우선적으로 선정하고 많은 행정적·재정적 지원을 제공한다. 다른 한편으로 그러한 문화정책은 무형문화유산의 전승 맥락을 만들기도 한다. 전승자들은 무형문화유산 등재를 신청하거나 등재 후의 지원을 받거나 기타 유리한 조건을 이용하기 위해 기존에 전승하던 것을 개조하기도 한다. 그러한 과정에서 정부 요원, 지식인, 전승자 등 다양한 주체는 원형보존과 지속가능한 발전 사이에서 균형을 찾기 위해 부단히 시도한다. 그러한 양상은 중앙정부가 구상한 '문화 주변부'에서 더욱 잘 나타난다.

중국 서남부에 있는 윈난성(云南省)은 그런 지역이다. 중앙정부는 소수민족의 무형문화유산 등재를 통해 독특한 지역문화를 전시하고자 한다. 그러나 역내의 많은 소수민족은 현대화와 도시화의 과정에서 문화접변이 일어나고 특히 한족의 문화로 동화되고 있다(권인호, 2005; 김덕삼, 2012). 소수민족의 전통문화는 현대 중국 사회에 어울리는 형식과 내용으로 개조되는 경우가 많으며 특히 문화유산화 등 정부가 주도하는 사업을 통해 전승되는 경우가 많다.[1] 그러나 문화유산 지정이나 보전은 산업화나 기타 정책과 결합되는 경우가 많다. 바꿔 말하자면 문화유산으로 재구성된 민속문화는 단지 정부의 선전 도구로 존재하는 것이 아니라 상품으로 개발되기도 하고 경제활성화 등 목적으로 활용되기도 한다. 이 글은 우선 윈난성의 무형문화유산 정책과 관리 체계, 현황을 살펴본 다음에, 이 지역의 사례를 통해 중국의 '문화 주변부'에서 무형문화유산 정책이 어떻게 실시되고 전승자들이 어떻게 대응하는지 논의하고자 한다. 그리고 중국의 무형문화유산 제도가 어떠한 가치를 반영하고 생산하는지도 검토하고자 한다.

II. 중국의 무형문화유산 제도

1. 법률 및 관리의 체계

무형문화유산 제도의 주도권은 사실상 비서양 국가에 있다(임돈희, 2004: 582). 한국과 중국을 포함한 많은 비서양 국가들은 새로운 문화산업의 영역에서 서양과 동등한 지위를 가지려고 하며 문화를 정의하고 창출하는 분야에서 발언권을 가지려고 한다. 앞서 논의한 바와 같이 문화는 국가의 소프트파워를 상징하는 중요한 기호이며 국민에게 문화정체성을 부여함으로써 국가 통치를 유지하는 중요한 수단이다. 중국을 포함한 많은 나라에서 세계 무형문화유산 제도에 관심이 생긴 것은 그러한 정치적인 의도에서 비롯된 것이다. 그것도 경제 성장이 어느 정도 성공했을 때에야 가능한 일이다. 따라서 일본과 한국에 비해 중국 정부는 문화에 대한 관심이 늦게 나타났다.

---

[1] 중국 민속문화의 문화유산화에 대한 논의는 王霄冰(2018) 참조

1998년에 중국 문화관광부(文化和旅游部)에서 문화교류를 담당하는 문화산업사(文化产业司)가 설립되었다. 2000년에 문화산업의 개념이 처음으로 제기되었고 같은 해 10월에 문화관광부는『문화산업 발전에 관한 제10차 5개년 계획 강요』를 발간했다. 문화산업의 중요한 구성 요소로서 전통문화의 중요한 가치가 발견되어 "비물질(非物质) 문화유산"이라는 이름으로 개조되기 시작했다.[2]

일본은 1950년에『문화재보호법』을 제정했고 한국은 1964년에 처음으로 국가 무형문화유산을 지정했다. 중국은 2001년에 곤곡을 유네스코 인류무형문화유산 대표목록에 등재시켰지만 국가 무형문화유산은 2006년에 지정한 것이다. 따라서 한국이나 일본과 달리, 중국의 무형문화유산 제도는 자생한 것이 아니라 유네스코의 영향을 받아 생긴 것이다. 2003년에 유네스코에서 통과된『무형문화유산 보호협약』은 이듬해 8월에 중국 국무원에서 실시하기로 결정되었다.[3] 그러나 무형문화유산 보호에 관한 법은 2011년에 제정되었다. 그때까지 주로 중국 국무원이 여러 차례로 행정 명령을 내려 중국의 무형문화유산 보호 사업을 지도하고 있었다.

그 중에 가장 중요한 것은 2005년의『중국 무형문화유산 보호 사업에 관한 국무원 판공청의 의견』이며 이 문서에는 중국 무형문화유산 보호의 원칙을 "정부 주도, 사회 참여"로 규정하고 있다. 따라서 한국의 무형문화유산 제도와 달리 중국은 중앙과 지방 정부가 주도적인 역할을 하고 있다. 이와 관련하여 무형문화유산 대표목록을 만드는 주체는 국가, 성, 시, 현/구 정부로 규정되어 있으며 무형문화유산을 국가, 성, 시, 현/구 등 네 가지로 분류하고 있다. 물론 정

---

[2] 중국어의 '비물질 문화유산'은 영어 intangible cultural heritage 를 번역한 말이며 한국어의 무형문화유산과 같은 의미. 이글에서 독자의 이해를 돕기 위해 고유명사를 제외한 경우 모두 '무형문화유산'을 사용하기로 한다.

[3] 무형문화유산공약을 허가하는 전국인민대표대회상후위원회의 결정(全国人大常委会关于批准《保护非物质文化遗产公约》的决定)
http://www.ihchina.cn/zhengce_details/11572 (검색일: 2020.12.21.)

부 공무원만으로는 무형문화유산에 관련된 모든 일을 할 수 없다. 따라서 이 문서는 다양한 연구기관과 대학교, 향토학자들을 무형문화유산의 연구, 지정, 보존, 교육에 참여하도록 한다고 규정하고 있다. 그리고 사회 교육과 학교 교육을 통해 무형문화유산의 전승을 보장한다는 내용이 있다.[4]

중국 정부는 이러한 체계를 수년간 실천하면서 수정·보완하여 2011년에 중국『비물질문화유산법』을 제정했다. 이 법은 무형문화유산의 조사와 대표목록, 전승 및 교육, 법적 책임 등 내용을 기재하고 있는데 이 글의 연구내용과 관련된 것은 주로 아래의 세 가지가 있다.

우선 무형문화유산의 정의에 관한 것이다. 제1장 제2조에 따르면 중국의 무형문화유산은 '각 민족'이 대대로 전승하고 있는 전통문화인데 이러한 정의에 따르면 중국의 무형문화유산은 한(漢)족과 소수민족의 문화 다양성을 전시하는 목적이 있다. 그러나 제1장 제3조와 제4조에 무형문화유산의 지정과 보존에 관련하여 '중화민족'의 우수한 문화전통을 전시하고 '중화민족'의 문화정체성을 강화하는 것을 우선적으로 지정하고 보존한다는 내용이 있다. 따라서 각 민족의 문화 다양성은 국가정체성에 종속된 개념이며 문화 다양성을 보존하여 국민국가의 획일성을 강화하는 것은 중국 무형문화유산 정책의 주요 원칙이다. 물론 문화 다양성을 보존한다는 내용은 사실상 윈난성 같은 소수민족이 많은 지역의 전통문화 보존에 매우 유리한 법적 근거를 제공하고 있다.

그다음에 전술했듯이 무형문화유산 지정 및 보존의 책임 주체를 규정하고 있다. 전술한 국무원 판공청의 문서는 무형문화유산 사업을 추진하는 주체를 명확히 규정하지 않았다.『비물질문화유산법』은 현/구 급 이상 '문화를 담당하는 유관 부문'이 무형문화유산 사업을 주관한다고 규정하고 있다. 이 '문화를 담

---

4 중국 비물질문화유산 보호 사업 강화에 관한 국문원판공청의 의견(国务院办公厅关于加强我国非物质文化遗产保护工作的意见) http://www.ihchina.cn/zhengce_details/11571 (검색일: 2021.12.21.)

당하는 부문'은 문화관광부와 문화관광청, 문화관광국 등을 말한다. 또한 부칙 제43조에 성·자치구·직할시 정부에게 지방 무형문화유산 대표목록을 만드는 권한을 부여하고 있다.

세 번째로는 전승자 제도이다. 『비물질문화유산법』 제4장 제29조에서 국무원과 성 정부는 대표목록에 등재된 무형문화유산의 전승자를 지정할 수 있다고 규정되어 있다. 전승자는 문화유산의 전승과 교육, 관련된 자료와 물품의 보존, 무형문화유산 조사에 대한 협력, 공익 선전 등 의무를 가지고 있다. 따라서 중국의 무형문화유산 제도는 한국과 마찬가지로 전승자 중심의 제도다. 전승자에 대한 지원이 전통문화의 보존에 필요한 조건이지만 무형문화유산의 창조적 계승보다 '원형'에 대한 보존을 과도하게 강조하는 경향이 있다. 그러나 전승자는 실제 상황에 따라 무형문화유산을 개조하기도 한다. 이 점은 아래에서 토론하겠다.

중국의 무형문화유산 관리 체계는 중앙정부와 성 정부, 시 정부, 구/현 정부 4등급으로 구분되고 같은 등급에서 보면 행정기구, 전담기구, 민간단체로 분류된다. 그 중에 민간단체인 비물질문화유산 보호협회는 2013년에 중국 문화관광부에 등록된 사단법인이며 주로 무형문화유산의 홍보와 전승, 개발 등을 지원한다. 보호협회는 모든 지방에 지사가 있는 것은 아니고 윈난성에는 지사가 없다.

무형문화유산 보호에 있어 주도적인 역할을 하는 전담기구는 행정기구와 민간단체 사이에서 교량 역할을 하는 준 행정기구라고 볼 수 있다. 중국 비물질문화유산 보호센터는 국가 무형문화유산 선정과 관리를 담당하는 기구이며 2006년 9월에 중국예술연구원에 설치되었다. 설치된 이래 국가센터는 『비물질문화유산법』의 제정에 참여했고 법률의 실시와 평가를 실질적으로 담당해 오고 있다.

법에 의하면 중국에서 무형문화유산 사업을 관리할 수 있는 지방 정부는 성 정부와 시 정부, 구/현 정부이다. 표 6-1에서 볼 수 있듯이 성 정부의 문화관

표 6-1 중국 무형문화유산 관리 체계

	행정기구	전담기구	민간단체
국가	중국 문화관광부 비물질문화유산 사(司)	중국 비물질문화유산 보호센터	중국 비물질문화유산 보호협회
지방(성)	윈난성 문화관광청 비물질문화유산국	윈난성 비물질문화유산 보호센터	없음
지방(시)	쿤밍시 문화관광국 비물질문화유산처	쿤밍시 문화관 비물질문화유산 보호센터	없음
지방(구/현)	시산구 문화관광체육국 비물질문화유산처	시산구 문화관 비물질문화유산 보호센터	없음

광청, 시 정부의 문화관광국, 구 정부의 문화관광체육국에 무형문화유산을 담당하는 인력이 있다. 그들은 각자 지역의 무형문화유산 등재를 관리하고 문화관광부에 보고한다. 구체적인 조사와 관리, 개발, 활용 등은 각 지역의 무형문화유산 보호센터에서 담당하며 이러한 센터들은 보통 지방 문화관에 소속되고 사무실도 문화관 안에 있는 경우가 많다. 자세한 상황은 다음 장에서 살펴볼 것이다.

2. 중국 무형문화유산 제도의 특징

중국 문화관리 체계의 일환으로서 무형문화유산 제도는 우선 정부주도의 성격이 강하다. 중국의 무형문화유산 제도는 일본과 한국이 이 분야에서 점점 주도권을 차지하게 된 것을 대처하기 위해 생긴 제도라고 볼 수 있다. 이는 2006년에야 국가 보호센터가 설치된 것에서 엿볼 수 있다. 이러한 제도에서 민간단체인 비물질문화유산 보호협회는 조역일 뿐이고 주도권은 각급의 보호센터가 잡고 있다. 보호센터와 함께 주도적인 역할을 하는 기구는 대학교인데 이 두 기구는 중국에서 준 행정기구이다. 이러한 기구에 있는 연구자는 무형문화유산 전승을 위협하는 문제를 해결하는 주체를 정부라고 주장한다(林庆·李旭, 2007: 42; 黄彩文, 2011: 204). 그러나 정부가 주도하는 무형문화유산 사업은 민속문화 전승에 적극적인 영향만 주는 것은 아니다(田素庆, 2015).

그 다음으로 중국 무형문화유산 제도의 특성으로 민족 정체성과 국가 정체성 간의 관계를 신중하게 처리하는 점을 들 수 있다. 앞서 논의한 바와 같이, 중국 정부는 무형문화유산 등재 사업을 통해 '중화민족' 공동의 문화적 특질을 만들어 내고자 하기 때문에 사실상 민족 정체성보다 국가 정체성을 앞세우고 있다. 이는 서양의 민족 개념과 매우 다르며 민족국가의 수립 시기에 각자 다른 역사적 배경에서 비롯된 현상이다. 중국 공산당이 집권한 후 소수민족 자치구 설립 등 수단을 통해 평등한 민족 관계를 만들려고 했으며 이러한 민족정책은 현재의 무형문화유산 제도에도 영향을 끼치고 있다. 세계 무형문화유산으로 등재된 것 중에 위구르족의 무캄(2008년), 몽골족의 긴 민요(2008년)와 후미 가창법(2009년), 티벳족의 구비문학 거사얼(2009년)와 전통희곡(2009년) 등이 있다. 또한 허저족(赫哲族) 같은 인구가 매우 적거나 경제적으로 어려운 민족의 전통문화도 무형문화유산으로 등재하여 진보적인 민족문화 정책을 과시하고자 한다.

세 번째 특징은 '원생태(原生態)' 개념을 중요시하는 점이다. 원생태라는 것은 한국 민속학의 '원형' 개념과 유사한데 현대 산업사회와 다른 농촌사회나 원시사회의 모습을 반영하는 문화적인 특질을 주로 가리킨다. 원생태를 추구하는 문화유산 정책은 마르크스적인 역사결정론의 사고방식을 반영하는데 이러한 정치적인 이데올로기의 영향으로 인하여 중국의 무형문화유산은 '내부적 타자'로 설정된 농촌지역과 소수민족 지역의 전근대적인 모습을 집중적으로 반영하는 경향이 있다. 그러나 종교나 예술, 수공예의 원초적인 형태를 상상하는 '원생태' 개념은 전통이 사회 맥락에 따라 부단히 달라지는 현실과 충돌된다. 바꿔 말하자면 원생태를 추구하는 무형문화유산 정책의 핵심은 보호가 아니라 보존이며 그것은 사실상 생활문화가 전승되는 '생태'를 파괴하고 무형문화유산을 화석화하는 역효과를 가져올 수 있다(刘晓春, 2008).

네 번째 특징은 전승자 제도이다. 무형문화유산은 사람에 의해 전승되는 것이다. 하지만 중국 정부는 처음부터 전승자의 중요한 역할을 알고 있었던 것이 아니라 사업을 추진하면서 이 점을 깨달았다. 최초의 국가 무형문화유산 전승자 명단은 2007년에 발표되었으며 문화관광부는 2019년에야 『국가급 비물질문화유산 대표성전승자 인정과 관리 방법』을 반포했다. 현대까지 중국은 국가 무형문화유산 전승자 명단을 5번 발표했으며 그 중 1차 226명, 2차 551명, 3차 711명, 4차 498명, 5차 1,082명이다. 그리고 각 성, 시, 구/현 정부 무형문화유산 담당 부문도 각자 지역의 전승자를 평가·지정할 수 있다. 전승자에 대한 관리는 주로 각급의 보호센터에서 담당하고 있으며 정기적으로 교육을 실시하기도 한다. 또한 각급 정부는 법에 따라 무형문화유산 전승자에게 보조금을 제공해야 한다. 그러나 전승자들의 경제적 상황은 각자 다르기 때문에 소정 금액의 보조금은 모든 종목의 전승에 큰 도움이 될 수 있는 것은 아니다.

그리고 하나 더 붙이자면 중국 정부는 무형문화유산의 여러 가치를 활용하고자 한다. 중앙정부는 무형문화유산 정책을 통해 지방에 대한 관리와 통제를 강화할 뿐만 아니라 지역 경제 개발을 위해 관련된 프로그램을 개발하기도 한다. 아래 윈난성의 사례를 통해 이러한 특징을 논의해 보겠다.

III. 윈난성 무형문화유산 현황

1. 관리 체계

중국 무형문화유산의 보호와 전승은 지역이나 종목에 따라 매우 다르며 제3장에서 중국 서남부에 있는 윈난성의 상황을 살펴보겠다.

중국의 각 성은 역사와 지정학적인 위치가 서로 다르기 때문에 문화가 서로 다르다. 윈난성은 역사상 남조국(南詔國)과 대리국(大理國) 등 토착 민족이 세운 나라가 있었으며 13세기에 들어서야 중원 왕조와 합병되었다. 해방 이후 중앙 정부가 지정한 지역의 토착 소수민족은 25개 있으며 역내 16개의 주시급(州市級) 행정구역 중에 소수민족 자치주는 무려 8개가 있다. 따라서 윈난성은 북쪽의 쓰촨성(四川省)과 달리 소수민족이 모여 사는 접경지대로 정의되고 지역 문화의 담론에서도 현대성과 대조되는 소수민족의 전통문화로 구성된 주변부로 서술되고 있다. 소수민족의 전통문화는 지역을 상징하는 기호로 인정되고 다민족 지역으로서의 지위도 전통문화 보호에 대한 유리한 조건이다.

문화대혁명이 끝난 후 윈난성 정부는 지역의 다양한 민족문화를 보존하기 위해 일련의 정책을 실시했다. 그 당시 무형문화유산의 개념이 아직 중국에 전래되지 않았으며 주로 지역 홍보와 관광자원 개발 등을 위해 소수민족의 전통문화를 개발하려고 했다. 따라서 초기의 무형문화유산 보호 사업은 사실상 전통 예술이나 수공예에 역점을 두고 있다.

1997년에 『전통공예미술의 보호 조례』가 제정된 후 윈난성은 이 조례의 규정에 따라 지역 민속을 전승하는 예술인을 등록하기 시작했다. 이는 중국에서 최초로 '전승자'를 등록한 것이다. 또한 윈난성은 2000년에 『윈난성 민족민간 전통문화 보호 조례』를 제정했는데 기타 지역보다 일찍 무형문화유산 보호를 시작한 편이다. 따라서 2002년 무형문화유산 보호에 관한 전국 회의에서 윈난성은 시범 지역으로 지정되었다.

2003년에 윈난성은 전통문화 조사에 관한 조례를 발표했고 중국에서 최초로 무형문화유산 조사 사업을 시작했다. 2006년에 발표된 국가 무형문화유산 1차 대표목록에서 윈난성이 추천한 것은 36개 있는데 비교적 많은 지역이다. 윈난성의 무형문화유산 사업은 그해부터 본격적으로 시작되었으며 2013년에 성 정부는 지역의 상황에 따라 『윈난성 비물질문화유산 보호조례』를 제정했으며 역내 무형문화유산 보호의 법적 근거를 보완했다.

윈난성의 무형문화유산 보호 사업은 성정부 '문화관광청(云南省文化和旅游厅)'에 직속된 '윈난성 비물질문화유산 보호센터(云南省非物质文化遗产保护中心)'가 주도하고 있다. 이 센터는 원래 윈난성 문화관에 있는 '민족민간 전통문화보호사업부'였는데 2008년에 현재의 이름으로 바꿨다. 또한 2011년에 윈난성 신문사진사를 합병한 것을 계기로 하여 윈난성 문화관에서 독립하였다. 윈난성 보호센터는 현재 직원 32명이 있고 모두 준 공무원이다. 총무부와 기획보호부, 전승교육부, 자료관리부, 정보수집부 등 부서를 두고 있으며 주로 역내 무형문화유산의 조사, 평가, 지정, 활용, 보호, 연구 등 사업을 진행하고 있다. 국가와 지방 무형문화재의 등재 신청, 전승자 지정과 관리도 이 센터의 업무 내용이다.[5]

윈난성에 있는 시 정부도 무형문화유산 사업을 관리하는 부서와 기구가 있다. 예를 들어 중심 도시인 쿤밍시(昆明市)는 문화관광국(文化和旅游局)이 있으며 비물질문화유산처가 있다. 또한 쿤밍시 문화관광국에 직속한 쿤밍시 문화관 내에 비물질문화유산 보호센터가 있는데 이 기구는 쿤밍시에 있는 무형문화유산 조사, 전시, 개발 등을 담당하는 준 행정기구이다. 그러나 윈난성 보호센터와 달리 쿤밍시 보호센터는 독립된 기구가 아니다.

쿤밍시에 있는 기타 구/현도 이와 마찬가지다. 예를 들어 시산구(西山区) 정부에 문화관광체육국이 있는데 그 안에 비물질문화유산처가 있다. 그리고 시산구 문화관 내에 비물질문화유산 보호센터가 있다. 규모가 작기 때문에 시산구 보호센터는 2013년까지 전문인력이 없었고 문화관의 직원이 역내 무형문화유산 조사 등 일을 겸하고 있다. 법이 정한 대로 무형문화유산 사업을 진행하기 위해 2013년부터 시산구 문화관광체육국은 향토문화를 담당하는 공무원 2명을 파견하고 계약직원 1명을 채용하여 구 보호센터 사무국을 설립했다. 사무국은 그해부터 시산구 지역의 커뮤니티 문화센터(社区文化站) 담당자를 상대로 하여 무형문화유산 보호에 관한 교육을 실시하고 무형문화유산 사업의 말단 조직을 만들었다. 커뮤니티 문화센터는 보통 한국의 동 주민센터에 해당하는 말단 행정조직에 있는데 문화센터 직원은 주민센터의 준공무원인 경우가 대부분이다.[6]

---

5 윈난성 비물질문화유산 보호센터의 공식 홈페이지 참조
http://www.ynich.cn/view-110-1866.html(검색일: 2020.12.21.)

6 중국 현행의 제도에 따르면 도시의 구(区)는 여러 가도(街道)도 구분되고 이는 한국의 동 개념과 유사하며 가도마다 말단 행정조직인 가도판사처가 있다. 쿤밍 같은 대도시에서 한 가도는 다시 사구(社区)로 구분되며 이것은 서양 선진국의 community를 모방한 개념이다. 사구마다 사무실이 있고 사무실 직원은 시청으로부터 봉급을 받는 준공무원이다. 중국 사구 제도의 발달사는 徐永祥(2006)

보통 한 문화센터에 담당자가 한 명만 있고 이 직원은 관할지역 안에 있는 전통 문화를 조사하여 매년 구 보호센터에 일정한 수량의 무형문화유산 후보 종목을 보고한다. 전승자들이 직접 구 보호센터에 가서 등재를 신청하는 경우도 있다. 구 보호센터는 매년 신고된 종목을 모아 지식인 등으로 구성된 심사위원회에 심사를 의뢰하여 구 대표종목을 만들어 시 정부에 보고한다.

구/현 무형문화유산으로 등록된 종목은 시 무형문화유산 등록을 신청할 수 있으며 시 무형문화유산은 성 무형문화유산 등록을 신청할 수 있다. 예를 들어 2016년에 4차 대표목록에 등록된 쿤밍시 무형문화유산 중 재래 발효음식과 [酱菜制作技艺(永香斋玫瑰大头菜), 卤腐制作技艺(七甸卤腐)], 전통 닭고기 쌀국수[米线烹制技艺(建新园过桥米线)] 등 세 종목은 2017년에 윈난성 4차 대표목록에 등재되었다. 물론 시 정부의 추천과 성 정부의 심사 과정을 거쳤다.

위에서 볼 수 있듯이 윈난성의 무형문화유산 보호 사업은 정부주도의 성격이 강하다. 말단 조직에서도 전담인력이 공무원이나 준 공무원이며 사무실도 정부 기구 안에 있는 경우가 많다. 비록 심사 과정을 거쳐야 하지만 등록을 신청하는 단계까지는 정부 요원과의 친분이 매우 중요하다. 그들로부터 추천을 받거나 신청에 관한 정부를 얻을 수 있기 때문이다.

윈난성 정부는 2020년에 5차 대표목록의 편찬 사업을 진행하고 있는데 역시 위의 방법과 절차를 따르고 있다. 즉 우선 구/현 정부가 각자의 5차 목록을 정한 후 시 정부에 추천하여 시 무형문화유산 5차 목록을 정한다. 그 다음에 시 정부가 각자 지역의 5차 목록 중에서 대표적인 것을 선택하여 윈난성 5차 목록 심사에 추천한다. 예를 들어 쿤밍시의 경우, 역내의 구/현 정부는 이미 2019년 말까지 5차 목록을 작성하였으며 시청 문화관광국은 2020년 9월 30일에 시 무형문화유산 5차 대표목록을 정식으로 공시하였다.[7]

참조

7 쿤밍시청 사이트의 내용 참조

윈난성에 있는 전통문화는 위의 방법으로 4등급의 무형문화유산으로 지정되고 있다. 한 도시나 자치주는 보통 국가, 성, 주, 현/구 무형문화유산을 동시에 보유할 수 있다. 예를 들어 쿤밍시 시산구는 2015년까지 무형문화유산 종목을 모두 80여 개 보유하고 있으며 그 중 국가 무형문화유산 1개, 성 무형문화유산 2개, 시 13개, 구 70여 개가 있다. 시산구 정부와 보호센터가 관리할 수 있는 것은 구 무형문화유산 70여 개이며 기타 종목은 각급의 기구가 관리하고 있다.

소수민족 자치주에서도 이와 같은 4등급 제도가 실시되고 있다. 예를 들어 추슝(楚雄) 이족자치주에서 2020년까지 국가, 성, 주, 현/시 정부가 지정한 무형문화유산 종목은 601개가 있다. 그 중 국가 무형문화유산 13개, 윈난성 무형문화유산 49개, 자치주 153개, 각 현/시 386개가 있다. 또한 전승자도 이와 같은 등급으로 분류된다. 추슝 자치주에서는 2020년까지 국가 무형문화유산 전승자 12명, 성 전승자 108명, 주 전승자 281명, 현/시 전승자 1,589명이 등록되어 있다.[8]

2. 윈난성의 무형문화유산 현황과 특징

중국 문화관광부는 2006년, 2008년, 2011년, 2014년에 국가 무형문화유산 대표목록을 작성했으며 윈난성 문화관광청은 2006년, 2009년, 2013년, 2017년에 지방(성) 무형문화유산 대표목록을 공고했다. 표 6-2에서 볼 수 있듯이 현재 윈난성의 전통문화 중에 국가 무형문화유산으로 지정된 것은 122개이며, 윈난성 무형문화유산은 526개가 등재되어 있다.

아래에서 무형문화유산의 종목, 지역 분포, 민족 등 세 측면의 특징을 살펴보겠다.

---

http://www.km.gov.cn/c/2020%2D10%2D14/3694966.shtml (검색일: 2020.12.21.)

8 윈난성 비물질문화보호센터 사이트 내용 참조
http://www.ynich.cn/view-11411-4173.html (검색일: 2020.12.21.)

표 6-2 윈난성의 국가와 성 무형문화유산 대표목록

종류	구비문학	전통음악	전통무용	전통희곡	민간문예	민속경기와 놀이	전통미술	전통기예	전통의약	민속	민족 전통문화 생태보호구	전통문화고장	언어문자	전통지식과 실천	합계
국가 대표목록															
1차	5	4	8	2	1	0	2	6	0	8	-	-	-	-	36
2차	6	4	13	11	0	0	2	7	0	4	-	-	-	-	47
3차	5	2	1	2	0	1	1	4	4	2	-	-	-	-	22
4차	1	1	5	0	0	0	0	3	2	5	-	-	-	-	17
소계	17	11	27	15	1	1	5	20	6	19	-	-	-	-	122
윈난성 대표목록															
1차	12	11	24	7	3	0	5	12	0	16	27	27	3	0	147
2차	4	6	13	1	3	4	3	28	3	25	29	0	1	4	124
3차	9	12	12	1	0	6	4	14	7	15	10	0	0	0	90
4차	13	21	12	1	1	2	14	32	8	42	19	0	0	0	165
소계	38	50	61	10	7	12	26	86	18	98	85	27	4	4	526

우선 종류로 볼 때 국가 무형문화유산 중에 전통무용, 전통기예, 민속, 구비문학이 가장 많고 전체의 68%를 차지하고 있다. 그 중에 전통 기예는 주로 전통 수공예를 말하고 민속은 전통의례나 민속축제를 가리키며 구비문학은 주로 각 민족의 서사시를 말한다. 윈난성 무형문화유산 중에 가장 많은 네 가지 종목은 민속, 전통기예, 민족 전통문화 생태보호구, 전통무용인데 이는 무형문화유산에 대한 윈난성과 국가의 정책 일치성을 보여주고 있다.

윈난성에 많은 소수민족이 모여 사는 자치구, 자치현이 많고 그런 곳에서 무형문화유산 종목이 많은 지역도 있다. 윈난성 정부는 그런 곳을 '민족 전통문화 생태보호구역'과 '전통문화의 고장'으로 지정하기도 한다. 이는 '총체적인 보호'라는 원칙을 따른 결과이다. 『윈난성 비물질문화유산 보호조례』 중에 제4장은 "지역적 총체 보호(区域性整体保护)"에 관한 내용인데 일정한 규모를 형성한 전통마을 중에서 전통가옥이 독특하고 전통문화가 잘 보존되고, 자연환경도 파괴되지 않은 곳을 '민족 전통문화 생태보호구'로 지정할 수 있다고 규정한다. 이것은 윈난성에만 있는 것이 아니라 2011년 중국 문화관광부가 정한 '국가 문화

생태 보호구역'의 지역적인 실천이라고 볼 수 있다. 2020년 7월까지 중앙정부는 17개의 성에 '국가 문화생태 보호(실험)구'를 24군데 설립했다. 그 중에 윈난성은 두 군데가 있으며 상대적으로 많은 지역이다.

그 다음에 분포 지역으로 볼 때 윈난성의 무형문화유산은 주로 서남부와 서북부에 모여 있으며 이 두 지역은 역사상 많은 민족이 활동했던 곳이고 오늘날에도 소수민족이 가장 많이 모여 사는 지역이다. 그리고 쿤밍시를 중심으로 하는 중부 지역은 그 다음으로 많은 무형문화유산을 보유하고 있으며 윈난성의 경제 중심지인 것은 주요 원인으로 파악할 수 있다. 이와 달리 윈난성 동북부에는 초국가적 이주 민족이 많지 않고 경제적으로 덜 발달된 지역이기 때문에 무형문화유산으로 지정된 전통문화는 많지 않다(张飞, 2017: 111). 윈난성 무형문화유산에 대한 학술 연구도 남부와 서북부 지역을 중심으로 전개되고 있다(普丽春·沈静, 2012).

위의 지역 분포 특징에서 볼 수 있듯이 윈난성의 전통문화는 경제활동과 큰 연관성이 있다. 소수민족이 많은 지역 중 서남부는 역사상 많은 민족이 국경선을 넘나들면서 일상생활을 영위하기 때문에 역내의 다른 지역보다 문화 다양성이 훨씬 잘 보존되고 있다. 쿤밍은 역내에서 가장 큰 도시이며 문화와 경제의 중심지이기 때문에 전통문화를 보존하는 조건이 좋다. 전승자들의 경제적 상황이 좋거나 전통문화의 소비자가 많은 것은 무형문화유산의 창조적 계승에 중요한 요인이라고 볼 수 있다.

마지막으로 윈난성 국가 무형문화유산은 각 민족의 인구와 정비례하지 않는다는 점이다. 표 6-3에서 볼 수 있듯이, 2018년까지 윈난성의 인구 중에서 한족이 66.4%를 차지하고 있으며 두 번째와 세 번째로 많은 이(彝)족과 하니(哈尼)족은 각각 11%와 3.6%를 차지하고 있다.[9] 그러나 국가 무형문화유산 122개 중

---

9   2019윈난성 통계연보
http://stats.yn.gov.cn/tjsj/tjnj/201912/t20191202_908222.html (검색일: 2020.12.21.)

에 가장 많은 민족은 이족(24개)이고, 그 다음은 한족(22개), 따이(傣)족(17개), 바이(白)족(13개), 하니족(8개) 순이다. 이런 민족들이 무형문화유산을 많이 보유한 이유는 단지 인구가 많은 것만 아니다. 이들은 윈난성의 토착민이고 지역에 따라 내부적인 차이도 크다. 따라서 이러한 민족들의 전통문화는 전승성이나 변별성의 차원에서 윈난성의 '문화'를 가장 잘 대변할 수 있다. 상대적으로 인구가 윈난성에서 8위를 차지한 훼이족(回族)은 국가 무형문화유산이 없다. 훼이족은 경건한 회교도들이며 독특한 생활문화를 전승하고 있다. 그러나 훼이족 자치구가 따로 있기 때문에 중앙정부는 이슬람 문화를 윈난성을 대표하는 토착 문화로 인정하지 않는다.

윈난성이 지정한 지방 무형문화유산 중에서도 소수민족의 전통문화가 많다. 예를 들어 제4차 대표목록에 등록된 165개의 종목 중에서 이족 40개, 나시족 19, 따이족 9개, 바이족 9개, 티벳족 8개, 쫭족 8개, 먀오족 7개, 하니족 4개, 리수족 4내 등 있다. 물론 가장 많은 것은 한족의 전통문화인데 무려 50개가 있고 전체 종목의 30%를 차지하고 있다. 이 비율은 국가 무형문화유산 중의 한족 종목이 차지하는 비율보다 훨씬 높다.[10] 한편, 윈난성 제5차 전승자 명단에 등록된 250명의 전승자 중에 한족은 69명이 있는데 27.6%를 차지하고 있다. 나머지는 이족 45명, 따이족 23명, 나시족 21명, 바이족 16명, 하니족 15명, 쫭족 12명, 티벳족 10명 등이 있다.[11] 한족 종목의 비율은 한족 인구가 절대다수를 차지한 지역에서 더 높다. 예를 들어 쿤밍시 문화관광국이 2020년에 추진하고 있는 제5차 시 무형문화유산 추천목록은 한족 종목 26개와 이족 5개, 리수족(傈僳族) 2개, 훼이족(回族) 1개 등으로 구성되어 있다.[12]

---

10 윈난성 무형문화유산 제4차 대표목록
http://www.ynich.cn/view.php?id=3220&cat_id=11411 (검색일: 2020.12.21.)

11 윈난성 무형문화유산 전승자 제5차 명단
http://www.ynta.gov.cn/Item/45240.aspx (검색일: 2020.12.21.)

12 쿤밍시 무형문화유산 제5차 추천목록

표 6-3 윈난성 각 민족 인구와 국가 무형문화유산 현황

민족	인구(천 명)	비중	무형문화유산 수량	비중
Yunnan	48,295	100%	122	100%
Han(汉)	32,082.4	66.43	22	17.05
Yi(彝)	5,319.0	11.01	24	18.60
Bai(白)	1,651.1	3.42	13	10.08
Hani(哈尼)	1,719.3	3.56	8	6.20
Dai(傣)	1,290.2	2.67	17	13.18
Zhuang(壮)	1,282.2	2.66	4	3.10
Miao(苗)	1,269.0	2.63	4	3.10
Hui(回)	736.7	1.53	0	-
Lisu(傈僳)	705.2	1.46	4	3.10
Lahu(拉祜)	501.2	1.04	2	1.55
Wa(瓦)	422.9	0.88	4	3.10
Naxi(纳西)	326.9	0.68	7	5.43
Yao(瑶)	232.0	0.48	0	-
Tibetan(藏)	150.1	0.31	6	4.65
Jingpo(景颇)	150.8	0.31	2	1.55
Bulang(布朗)	123.0	0.25	2	1.55
Buyi(布依)	62.0	0.13	0	-
Pumi(普米)	44.4	0.09	1	0.78
Nu(怒)	33.6	0.07	2	1.55
Achang(阿昌)	40.2	0.08	2	1.55
Jinuo(基诺)	24.0	0.05	1	0.78
Mongolian(蒙古)	23.9	0.05	0	-
De'ang(德昂)	21.3	0.00	3	2.33
Dulong(独龙)	6.7	0.00	1	0.78
Manchu(满)	14.2	0.00	0	-
Shui(水)	9.3	0.01	0	-
Other Groups	53.2	0.11	0	-

---

http://whhlyj.km.gov.cn/c/2020-05-21/3547717.shtml(검색일: 2020.12.21.)
또한 쿤밍시 민족종교사무 위원회의 통계 자료에 따르면 2017년 말까지 쿤밍시 인구 중 소수민족의

지방과 국가 무형문화유산의 이러한 민족 구성 차이는 중앙정부의 무형문화유산 정책과 윈난성의 실제상황 간의 격차를 반영하기도 한다. 앞서 언급했듯이 중국 중앙정부의 정치적인 구상에서 윈난성은 소수민족이 모여 사는 주변부로 인식되고 있다. 따라서 윈난성에 대한 정책은 소수민족에 대한 '배려'를 통해 진보성과 형평성을 반영해야 한다. 그러나 이러한 정책은 윈난성의 인구 구성과 지역 분포에 따른 내부적인 문화 차이를 외면하고 있다. 이러한 문화 정책에 의해 표현된 윈난성 문화의 '원형'은 당연히 인위적으로 조작된 것이다. 그런 의미에서 중앙정부가 추진하는 전통 만들기는 반드시 지방의 실제 상황을 반영한다고 볼 수 없다.

또한 중앙정부의 무형문화유산 정책은 소수민족 전통문화의 전승 위기를 크게 개선하지는 못하고 있다. 많은 소수민족 전승자들은 한족 전승자보다 경제적 여건이 좋지 않은 사람이 많으므로 소수민족의 무형문화유산은 전승의 어려움이 더 많다. 표 6-3에서 볼 수 있듯이, 2018년까지 윈난성의 소수민족 중에서 인구가 20만 명 미만인 소수민족은 13개 있는데 그 중에서 부랑족, 징포족, 지노족, 떠앙족, 뚜룽족, 누족 등은 해방 직전까지 원시사회 단계에 있었던 민족이다. 이러한 민족의 경제적인 여건은 오늘날에 많이 개선되었지만 민족문화의 전승자 양성이나 시설물 구비 등에 필요한 경비를 조달하는 데에 있어서는 여전히 많은 어려움이 있다.

소수민족의 무형문화유산 보호를 위협하는 요소는 우선 전승자의 인원수 감소이다. 윈난성 문화청의 통계에 따르면 2012년 말까지 윈난성에 있는 국가 무형문화유산 전승자는 3명이 사망하여 66명으로 줄었으며 지방 무형문화유산 전승자는 824명에서 618명으로 줄었다. 윈난성은 매년 국가 무형문화유산 전승자에게 보조금을 지원하고 있다. 그 중 국가 보조금은 일 인당 만 위안(약 170만 원)이고 성 정부 보조금은 일인당 3,000위안(약 51만 원)이다. 이러한 보조금

비율은 16.06%였다. http://mzw.km.gov.cn/c/2018-03-22/2671499.shtml (2020.12.21. 접속)

은 젊은 전승자를 양성하기에 매우 부족하다(吳曉亮·郝云华, 2014).

또한 정부의 관심과 지원만으로는 무형문화유산, 특히 소수민족의 전통문화를 구제할 수 없다. 그 중에서도 특히 소수민족의 언어에 의해 전승되는 것이라면 더욱 전승 상황이 낙관적이지 않다. 이는 각 종목의 전승 상황의 차이에서 확인할 수 있다. 여러 종목 중에 시장성이 있는 상품을 개발할 수 있는 전통 수공예 등의 전승 상황은 상대적으로 낫다. 이에 비해 언어에 대한 의존도가 높은 민요나 구비문학, 전통의례, 민속축제 등은 주로 현지인의 노력에 의해 전승되고 있는데 현지인의 참여가 감소되면 불가피하게 쇠퇴의 길을 걷게 된다.

대표적인 사례는 국가 무형문화유산으로 등록된 젠촨 쓰바오산 노래축제(劍川石宝山歌会)이다. 이 축제는 해방 전부터 현지의 바이족 사람들이 주최해 왔는데 1980년대 이후 현지 정부가 문화 사업을 추진하기 위해 그것에 대한 지원과 개입을 시작했다. 그러나 정부의 많은 지원에도 불구하고 기존 향유층의 고령화와 젊은 세대의 무관심으로 인하여 규모가 계속 줄어든다. 비록 2008년에 현지 정부의 노력으로 국가 무형문화유산으로 등재되었지만 정부에 의한 합법화는 전승의 위기를 본질적으로 개선하지 못했다(田素庆, 2015). 또한 아창족, 부랑족 등 윈난성에서 인구가 가장 적은 민족들이 전승하고 있는 쌀농사 의례도 이와 같은 문제를 직면하고 있다(朱颖祺·秦莹·黎恒, 2016). 이러한 사례들을 보면 정부가 주도하는 무형문화유산 보호는 민속문화의 전승 상황을 개선하는 데에 한계가 있다. 아무리 많은 경비를 지원하더라도 시민의 참여가 없으면 해당 종목의 소멸이나 규모 축소가 불가피하다. 그러나 보호하기 위해 무형문화유산 종목을 지나치게 개발하면 전승 맥락을 바꾸는 위험성도 간과할 수 없다.

IV. 무형문화유산의 탈맥락화

한국과 마찬가지로 중국의 무형문화유산도 전통사회의 해체에 따라 전승 맥락이 달라지고 있다.[13] 기존의 실용성을 상실하여 소수의 전문가에 의해 전승되는 종목이 있고 상품화나 산업화를 통해 전승되는 종목도 있다.

중국『비물질문화유산법』제37조에 따르면 중국 정부는 효율적인 보호의 전제하에 무형문화유산의 '합리적인 이용'을 권장하고 지원한다. 이때의 합리적인 이용이란 지역적, 민족적 특색이 있는 종목 중에서 시장성이 있는 것을 문화상품으로 개발하는 것을 포함한다. 따라서 최근의 무형문화유산 정책은 국가 정체성 구축과 국가 이미지 제고 등 정치적인 차원에만 머무르지 않고 빈곤해소나 문화상품 개발에도 무형문화유산을 적극적으로 활용하고 있다. 물론 전승자도 무형문화유산 선정을 통해 수공예 등을 상품화하여 삶의 질을 개선하려고 한다. 아래에서는 새로운 동향 세 가지를 논의해 보겠다.

1. 무형문화유산 전수관

무형문화유산으로 선정된 전통문화는 기존의 전승공간을 떠나 도시공간에서 직업 단체에 의해 전승되는 경우가 있다. 앞서 살펴본 바와 같이 윈난성의 무형문화유산 보호 사업에 지방 정부가 주도적인 역할을 해 왔다. 그러나 정부 기구는 단지 여러 주체 중의 하나이며 시민사회의 참여가 없이는 추진될 수 없다. 특히 윈난성에 있는 예술인이나 전통 기예의 장인들은 시민단체를 결성하거나 전수관 등을 운영하면서 무형문화유산 보존에 필요한 협조를 제공하고 있다.

한국의 전수관이나 전수센터에 해당하는 기구는 중국어로 전습관(傳習館)이라고 하는데 한국과 마찬가지로 시민단체가 운영하는 경우가 대부분이다. 한국에서 전수관의 설립은 법적 근거가 있는데 이와 마찬가지로 중국에서 무형문화유산 전수관의 설립도 법적으로 규정된 것이다. 중국『비물질문화유산법』제30조,『윈난성 비물질문화 보호조례』제19조는 구/현 급 이상의 정부는 무형문화유산 전승에 필요한 장소와 경비를 제공해야 한다고 규정하고 있다. 물론 전

---

13 한국 무형문화유산의 탈맥락화는 이진원·허용호(2012), 한양명(2009) 참조.

수관의 설립은 완전히 정부가 추진한 것이 아니라 법이 제정되기 전부터 민간인들이 이미 운영을 시도했다.

 1993년에 '윈난 민족문화 전수관'은 쿤밍시에서 설립되었는데 그것은 중국 최초의 전통문화 전수교육 기구이다. 설립자는 당시 중앙음악단의 유명한 작곡가 티엔펑(田丰)이었데 그는 윈난성 각 소수민족의 예술인과 지망생 100여 명을 모아 지역의 전통 가무를 전수교육하는 일에 기여했다. 그러나 설립자는 원형보존과 비영리의 방침을 고수하기 때문에 전수관은 심한 경영난을 겪었으며 결국 1999년에 운영이 중단되었다. 기존의 예술인 단체도 2001년에 설립자의 사망으로 인하여 해체되었다.

 그렇지만 민간인이 전통문화 전수관을 운영하는 노력은 계속되었다. 나중의 전수관을 설립한 사람들은 티엔펑의 교훈을 배워 정부와 협력하고 상업화를 시도하여 보다 많은 성과를 거두었다. 2004년부터 기타 민족문화 애호가의 노력으로 인하여 '윈난 웬성 민족악방'이 설립되었으며 2007년에 '윈난 웬성 민족문화 발전센터'라는 명칭으로 비영리 법인으로 등록되었다. 이 발전센터의 구성원은 이족, 와족, 하니족 등 소수민족의 예술인 50여 명인데 그 중에 8명은 기존 '민족문화 전수관'의 구성원이었다. 따라서 이 센터는 민족문화 전수관 역할을 대신하고 있으며 역내의 무형문화유산 보호에 기여하는 시민단체라고 볼 수 있다.

 다른 한편으로 학교 등 기구도 전통문화 전수관의 설립이나 운영에 참가하고 있다. 최초의 사례는 2000년에 윈난성 위씨사범대학에서 설립된 '메콩강 유역 민족민속문화 전수관'이다. 학교는 전통 수공예나 미술 등을 전수하는 예술인들을 강사로 초빙하여 무형무화유산과 관련된 교과목을 개설하고 있다. 강사들은 전수관을 통해 수공예품이나 미술작품을 만들어 판매하기도 한다. 전수관의 운영은 이렇듯 학교 경비와 영업 수입으로 지속될 수 있다.

 따라서 현재까지 운영되고 있는 무형문화유산 전수관은 대략 두 가지가 있다. 하나는 민간단체 등이 독자적으로 운영하는 경우이며 전통희곡이나 음악을 전수하는 사람들이 구성한 공연팀인 경우가 많다. 다른 하나는 사업장이나 학교 등과 같이 운영되는 경우이다. 그 중에 사업주가 무형문화유산 전승자이자 전수관 운영자인 경우가 있으며 학교 등 기구와 협력하는 경우에는 주로 전통수공예의 전승자들이 학교에서 강사를 겸하는 경우가 많다.

다음에 두 가지 사례를 통해 구체적으로 살펴보겠다.

[사례 1] 쿤밍시 오동주은 전수관

오동주은(烏铜走银)은 검게 만든 구리에 금이나 은으로 장식하여 식기 등 생활용품을 만드는 윈난성의 전통 수공예이며 2011년에 국가 무형문화유산으로 등재되었다. 전승자는 67세의 남성 진용차이(金永才)이다.

최근의 학술연구에 따르면 오동주은은 19세기 말부터 전승되기 시작했으며 원래 위에(岳)씨 집안에서 전승되었다가 1940년대 가족 전승이 사제 간 전승으로 전환되었다. 현재의 전승자 진용치이는 1982닌부터 스승에게서 수공예를 배웠다(郑艳姬, 2013; 陈柏宇·田野, 2019).

진용차이는 2010년 8월부터 쿤밍시 관뚜구(官渡区)에서 3층짜리 건물을 임대하여 오동주은 전수관을 운영하기 시작했다. 이 전수관은 전통 수공예의 전승과 교육만 실시하는 장소가 아니라 수공예품의 생산과 전시, 판매도 이곳에서 진행되고 있다. 진용차이는 전수관의 관장 외에도 '윈난 오동주은 문화산업 유한공사'의 사장을 하고 있으며 금은방도 여러 군데 운영하고 있다.[14] 현재 진용차이의 회사는 수공예품의 판로를 개척하기 위해 브랜드화의 전략을 시도하고 새로운 디자인도 개발하고 있다. 뿐만 아니라 오동주은 전수관은 관뚜구 공예미술 직업학교, 관뚜구 직업고등학교와 공동으로 수공예 교실을 설립하여 2018년 1월부터 운영하기 시작했다. 매년 800여 명의 학생들은 이곳에서 약 10

---

14 윈난성 오동주은 문화산업 유한공사 홈페이지.
http://www.ynwtzy.com/ (검색일: 2020.12.21.)

시간 가량의 수업을 들어 오동주은 수공예를 배울 계획이다. 이처럼 전수관은 전통적인 방식으로 수공예를 전승하는 것이 아니라 산·학·연 협력의 방식을 택했다.

지방 정부도 전수관의 운영에 적극적으로 지원하고 있다. 2014년 5월에 윈난성 문화관광청은 이곳을 '윈난성 비물질문화유산 보호 전승 기지'로 명명하고 전수관의 운영을 합법화했다. 2019년 6월 쿤밍시 문화관광국 등 부서는 『윈난성 전통공예 진흥 계획에 관한 실시 의견』을 발표했다. 이 문서는 현대 산업화를 통해 2020년까지 오동주은을 포함한 전통 수공예를 유명 브랜드로 만들겠다는 계획을 밝혔다.[15] 따라서 전술한 오동주은 전수관의 산·학·연 협력은 관민협력의 결과로 볼 수 있다.

[사례 2] 쿤밍시 호리병박 조각 전수관

현재 쿤밍시에서 호리병박을 조각하고 그림을 그리는 수공예를 전승하는 사람은 쉬샤오꿔(徐孝國 남성, 55세)이다. 호리병박 조각은 2016년에 쿤밍시 제4차 무형문화유산 목록에 등재되었다.

호리병박 조각은 원래 윈난성의 전통 수공예가 아니다. 쉬샤오꿔는 어릴 때 부모님을 따라 산둥성에서 윈난성으로 이주왔으며 호리병박 조각에 관한 지식은 할아버지에게서 배웠다고 한다. 쉬샤오꿔는 원래 육상 선수였고 부동산 중개사와 다방 주인도 했다. 2007년에 경영하던 다방이 문을 닫은 후 쉬샤오꿔는 쿤밍시 시산구에서 넓은 마당이 있는 집을 임대하여 호리병박 조각을 시작했다. 그는 기존에 배운 수공예에 현대적인 기술을 결합하여 실용성이 있는 상품을 개발하려고 한다. 2013년에 개발된 신상품의 특허를 신청하고 시산구에서 공방을 설립했다. 그리고 같은 해에 시산구 직업고등학교에서 호리병박 조

---

15 쿤밍시 관뚜구 문화관 웹페이지.
http://www.kmsgdqwhg.com/article/detail.aspx?id=1852&type=0 (검색일: 2020.12.21.)

각 강의를 개설했고 2014년부터 정식으로 이 학교의 교사로 초빙되었다. 이렇게 호리병박 조각은 산·학·연 협력의 방식을 택했다.

현재 시산구 직업고등학교는 전공을 5개 개설하고 있는데 그 중의 하나는 공예미술이다. 쉬샤오귀가 가르치는 '호리병박 조각과 회화' 강의는 공예미술 전공의 중요한 전공과목이다. 학생들은 이 강의에서 호리병박으로 수공예품의 제작과 판매 등 지식을 배울 수 있다. 수공예품 제작의 특수성 때문에 학교는 시산구에 있는 다른 캠퍼스에서 강의 전용 교실을 하나 마련했으며 이곳은 2014년에 시산구 무형문화유산 산·학·연 교육기지로 명명되었다. 2018년에 쿤밍시 문화관은 쿤밍시 무형문화유산 전수관 여섯 군데를 지정했는데 쉬샤오궈가 운영하는 교실도 그 중의 한 군데다. 따라서 호리병박 조각 전수관은 쿤밍시가 지정한 무형문화유산 전승 기구이면서도 전승자가 학교 강의를 하는 곳이다. 현재 수공예품의 전승, 교육, 제작, 전시 등 다양한 기능을 담당하고 있다.

이 글에서 쿤밍시에 있는 전수관 두 군데를 선택한 이유는 대략 두 가지다. 첫째, 앞서 말한 바와 같이 윈난성 무형문화유산 정책은 보통 소수민족의 전통문화를 선호하는데 기존의 연구도 이러한 경향이 있다. 본 연구는 한족의 전통문화를 소홀히 하는 단점을 극복하고자 한다. 둘째, 전통문화가 산업화, 도시화의 맥락에서 전승되는 상황을 논하고자 한다. 일부 종목이 여전히 산간 벽촌에서 고령의 전승자에 의해 간신히 명맥만 유지되고 있는 것은 사실이지만 전체 종목으로 일반화할 수는 없다.

위의 두 가지 사례에서 볼 수 있듯이 전수관은 민간인이 설립하고 정부가 지원하는 무형문화유산 전승기구이다. 현재 일부 전승자들은 스스로 상품화의 전략을 통해 전통 수공예를 전승하고 있는데 무형문화유산 선정은 그들의 경제 행위에 특수한 문화적인 의미를 부여한 것이다. 위에서 살펴본 전수관은 원래의 수공예 공방을 합법화한 장소이며 장인들은 합법화를 통해 상품 판매를 촉진하고 삶의 질을 개선하고자 한다. 그러한 의미에서 볼 때 전수관의 설립은 민간인이 능동적으로 무형문화유산 제도를 이용하는 행위로 해석될 수 있다.

두 전수관의 사례는 적어도 두 가지 특징을 보이고 있다.

첫째, 전승 방식은 기존의 가족 간, 사제 간 전승에서 학교 전승의 방식으로 전환되고 있다. 윈난성 소수민족의 무형문화유산 전승은 대개 사제 간 전승, 가족 전승, 친족 전승, 학교 전승 등 4가지 유형으로 구분될 수 있다. 그 중에 가족 전승과 사제 간 전승은 빨리 변화하는 현대 사회에서 적응하기 어렵다. 우선 아들과 며느리에게만 전승되는 기존의 가족 전승은 후손에게 의무를 강요하는 방식이므로 더 이상 현대사회의 가치관과 어울리지 않는다. 사제 간 전승은 개인적인 감정과 친분에 지나치게 달려 있기 때문에 지속가능한 발전을 도모하는 데 부족하다. 사례 1, 2의 전승자들은 이러한 단점을 극복하기 위해 학교 전승의 방식을 택했다.

두 번째 특징은 무형문화유산 선정을 계기로 한 산·학·연 협력이다. 두 사례에서 전승자는 모두 수공예 전승만 하는 장인이 아니라 회사를 운영하거나 학교에서 강의를 한다. 현대사회에서 적응하기 위해 그들은 전통 수공예로 상품을 제작하여 판매할 뿐만 아니라 전통 수공예의 전승과 교육을 생계 수단으로 활용하기도 한다. 이는 무형문화유산 제도에 힘입은 것으로 볼 수 있다.

위의 두 사례는 무형문화유산 선정을 계기로 하여 전통 수공예의 산업화를 이룩한 것이고, 윈난성의 무형문화유산 전수관 중에서 비교적으로 성공한 사례라고 할 수 있다. 그러나 전수관 운영을 통한 산·학·연 협력의 전승 방식은 전통 수공예에 유리하지만 산업화되기 어려운 전통 예능이나 민속축제 등과는 어울리지 않는다. 예를 들어 윈난성 한족의 전통희곡인 전극(滇劇)이나 먀오족의 전통복식, 악기 등은 이미 전승의 위기를 직면하고 있다(李丹, 2019; 王琼, 2019). 2011년에 쿤밍시의 희곡 애호가가 투자하여 전극 전수관을 설립했고 평소에 공연을 하여 운영비를 조달한다. 그러나 관람객의 지속적인 감소로 인하여 경영난을 겪고 있다. 이처럼 윈난성의 전통 예능 등은 전승의 위기를 극복하려면 전수관 외의 기타 방법을 모색해야 한다.

2. 신기술을 이용한 무형문화유산 보호

한족이든 소수민족이든 무형문화유산의 보존과 전승은 모두 도전을 받고 있다. 위에서 살펴본 현대 산업화를 통해 전승의 위기를 극복하는 전수관은 대부분 전통 수공예 종목이다. 이에 비해 전통 예능이나 민속축제 등은 상대적으로 산업화나 상품화되기 어렵기 때문에 전승의 위기는 쉽게 해결되지 못하고 있다. 예를 들어 중국 문화관광부의 보고서에 따르면 1980, 90년대에『중국희곡지』에 수록된 전통 희곡 중 2017년까지 이미 전승이 단절된 종목은 무려 60개가 된다(薛可·龙靖宜, 2020: 142). 따라서 전통 희곡 등 종목의 전승 위기를 극복하려면 좀 더 효율적인 수단이 필요하다. 따리(大理) 바이족 자치주의 무형문화유산이 관광상품화된 것은 비교적 성공한 사례이다(陈修岭, 2019). 이는 윈난성의 관광산업에 있어 소수민족의 의식주 문화가 상당한 비중을 차지하고 있음을 시사하고 있다. 현지 정부는 이러한 관광상품화를 통해 지역 경제의 활성화를 이룩하고자 하며 일부 현지인도 자기의 경제적인 상황을 개선하는 목적으로 무형문화유산 선정에 적극적으로 협조하고 있다.

　무형문화유산의 관광상품화는 사실상 새로운 일이 아니다. 본 절에서 주로 다루고자 하는 것은 인터넷이나 디지털 기술을 이용한 보호 방안이다. 우선 중국 정부는 무형문화유산의 문화상품 시장 진출을 지원하는 온라인 행사를 주최한다.

　산업화가 점점 깊어지는 중국에서 문화상품에 대한 수요는 증가되고 있으며 문화상품 개발에 활용되는 것 중에 무형문화유산도 있다. 중국 문화관광부는 2020년 6월 13일에 "무형문화유산의 날" 행사를 주최하여 영상전시회, 온라인쇼핑 페스티벌(非遗购物节) 등 프로그램을 진행하기로 했다. 중국의 알리바바, 징동 등 온라인쇼핑몰 거두들이 참가하기로 했다(『인민일보(人民日报)』, 2020.06.03[12면];『광명일보(光明日报)』, 2020.06.03[10면]). 온라인쇼핑 페스티벌에서 판매되는 문화상품은 주로 전통 수공예품, 전통음식, 전통복식, 전통의약품 등 시장성이 있는 상품들이다. 중국 문화관광부는 이 행사를 통해 최근에 발생한 코로나-19 감염증으로 인한 경제난을 해소하고자 한다. 특히 무형문화유산이 전승되고 있는 지역은 대부분 경제적 여건이 좋지 않기 때문에 지역 간 이동 통제 등 방역 조치로 인하여 이러한 지역에서 만들어진 전통 수공예품 등은 판매량이 급감되어 이러한 종목의 전승은 위협받고 있다. 그전의 '무형문화유산의 날' 행사는 주로 온라인이나 오프라인에서 전시회나 교육 등에 역점을 두었는데 인터넷 기술을 통해 판매촉진을 시도하는 것은 올해가 처음이다. 문화관광부는 처음 시도한 이 프로그램을 통해 중앙정부가 추진하는 경제난 해소 정책에 적극적으로 가담하려고 한다.

원난성 정부도 역내의 무형문화유산 종목을 이 행사에 추천했으며 중국인 사이에서 인기가 있는 앱에서 한 시간가량 행사를 진행했다. 이날의 행사에는 보이차, 이족 복식, 자주색 도자기, 바이족 홀치기 염색, 주석 기구, 은 기구 등을 제작하는 전승자 6명이 참가했다. 따라서 앞서 살펴본 바와 같이 원난성 정부가 추천한 종목은 주로 시장성이 있는 전통 수공예이다. 온라인쇼핑 페스티벌이기 때문에 무형문화유산 종목을 전시하는 것이 아니라 수공예품을 홍보하고 판매하는 것은 주목적이다. 온라인 행사 관람자는 109.5만 명에 달했다고 한다. 온라인쇼핑 페스티벌 외에 원난성의 관련 부서는 알리바바 등 온라인 쇼핑몰에서 가게 40여 군데를 섭외하여 무형문화유산 18종목의 전승자들이 만든 제품을 판매하기로 했다.[16] 물론 이 행사에 참여한 종목들은 모두 소수민족 지역의 전통문화, 특히 전통 수공예이다. 원난성 정부는 이러한 온라인 행사를 통해 무형문화유산과 지역문화를 홍보할 뿐만 아니라 전통 수공예품의 판로 개척에 지원하고자 한다. 따라서 궁극적으로는 경제개발과 빈곤해소 수단으로 활용되고 있다.

그러나 인터넷을 이용한 상품화 전략도 한계가 있다. 한국의 강릉단오제

---

16 윈난성 비물질문화유산 보호센터 웹페이지.
http://www.ynich.cn/view-11411-4163.html (검색일: 2020.12.21.)

같은 민속축제는 전승자들이 공연이나 교육을 통해 생계를 유지할 수 있지만 중국에서는 그만큼 발달된 문화상품 시장이 없다. 따라서 전통 예능이나 민속 축제 같은 것은 현재 중국의 문화상품 시장에서 진출할 가능성이 그다지 크지 않다. 물론 중국 정부는 그러한 종목의 전승자에게 보조금을 제공하고 있지만 디지털 기술을 이용하여 무형문화유산을 전시하거나 홍보하여 문화상품 시장에서의 발전가능성을 확보하도록 지원하고 있다.

중국에서는 2010년부터 디지털 기술을 이용한 무형문화유산 보호 방안을 모색하기 시작했다. 그것은 중국에서 '무형문화유산의 디지털화 보호(非遺數字化保护)'라고 하는데 주로 소멸의 위기에 있는 무형문화유산 종목을 음성이나 영상 등으로 기록하여 데이터베이스를 만드는 것을 가리킨다. 2019년에 중국 비물질문화유산 보호센터의 웹사이트(http://www.ihchina.cn/)는 '디지털 박물관' 기능이 새로 추가되었으며 현재 테마 전시회 12개와 음성·영상 기록물 12개가 준비되어 있다.

많은 소수민족 민요, 전통무용, 민속축제 등을 보유한 윈난성은 2013년에 중국에서 최초로 무형문화유산 디지털 보호 시범 지역으로 지정되었다. 2014년까지 국가 무형문화유산으로 선정된 이족 구비문학 메이거(梅葛), 이족 전통무용 연합무(烟盒舞), 바이족 홀치기 염색 등 세 종목은 영상으로 기록되어 디지털 관리 시스템으로 입력되었다. 이러한 데이터베이스를 만들기 위해 윈난성 비물질문화유산 보호센터의 관계자들은 서류 파일 48개, 사진 파일 678개, 음성 파일 86개, 동영상 파일 168개를 만들어 입력했다. 이 파일들은 세 종목의 보호와 전승 상황을 기록한 것이다.[17]

그러나 디지털화 보호 사업에 대한 비판적인 의견도 있다. 우선 기록물을 만드는 것은 무형문화유산의 전승에 간섭하는 외력이고 유네스코『무형문화유

---

17 윈난성 비물질문화유산 보호센터 웹페이지.
   http://www.ynich.cn/view.php?id=1805&cat_id=11411 (검색일: 2020.12.21.)

산 보호 협약』에서 규정된 창조적인 계승의 원칙을 위반하는 혐의가 있다. 또한 기록물의 내용은 전승자가 결정할 수 있는 것이 아니라 정부, 지식인, 대중매체 등 다양한 주체의 의지를 반영하는 경우가 많다(宋俊华, 2015).

3. 빈곤해소와 장애인 복지 관련 정책

중국 정부는 무형문화유산 종목의 경제적인 가치를 전부터 알고 활용하기 시작했다. 2018년부터 중국 중앙정부는 "맞춤형 빈민구제(精准扶贫)" 전략을 실시하고 있다. 경제 관리 부문만 아니라 문화를 관리하는 정부 기구도 한몫을 하게 되었는데, 그 중 문화관광부는 2018년에 빈곤 지역의 전통 수공예 개발 지원을 빈곤해소 프로그램의 일환으로 활용하기 시작했다. 1차 계획으로 쓰촨성 량산 이족자치주, 간쑤성 린샤 회족자치주 등 10개의 "무형문화유산 + 빈민구제" 지역을 지정하여 "무형문화유산 취업공방(非遗工坊)"을 만들었다. 정부는 해당 지역의 빈곤인구에게 전통 수공예를 가르쳐 이러한 공방에 취업시킨다. 이러한 방법을 통해 문화관광부는 2020년까지 무형문화유산 종목 2,200여 개를 활용한 취업공방 2,000여 군데를 지정했으며 18만 명에 달한 빈곤인구에게 교육을 실시하여 일자리를 50만 개 창출했다. 그러한 전략을 통해 구제한 빈곤 인구는 20만여 가구에 달했다(『광명일보(光明日报)』, 2020.06.03[10면]).

중국 문화관광부의 규정에 따르면 공방을 설립하고자 하는 종목은 우선 종업자가 많고 취직자리를 만들 수 있는 전통 수공예여야 하고 특히 빈곤인구나 저소득층에게 일자리를 제공할 수 있는 종목은 우선 지원한다.[18] 이러한 규정은 사실상 무형문화유산 보호가 아니라 활용에 역점을 두고 있다. 비록 중국 정부의 목적은 취업지원을 통해 전통문화를 보호하는 것이지만 취직자리를 만들 수 있는 종목은 대부분 시장성이 있는 상품을 개발할 수 있는 전통 수공예이

---

18 중국 무형문화유산 보호센터 웹페이지.
http://www.ihchina.cn/news_1_details/21274.html (검색일: 2020.12.21.)

다. 보호해야 할 소수민족의 구비문학이나 민속경기, 민속축제 같은 것은 오히려 위의 조건을 갖추기가 어렵기 때문에 지원을 받을 수 없다. 따라서 문화관광부가 추진하는 이 프로그램은 빈민구제가 일차적인 목적이고 전승 위기 해소는 오히려 이차적인 목적이다.

또한 빈민구제의 일환으로서 장애인 취업 지원도 무형문화유산 정책과 결합되어 있다. 중국의 장애인 취업 지원은 무형문화유산 보호와 마찬가지로 정부주도의 성격이 강하다. 또한 준행정기구인 장애인연합회는 시민사회와 정부 사이에서 중요한 중개자 역할을 한다. 중국 장애인연합회는 장애인 취업문제를 해결하기 위해 일찍부터 문화관광부와 협력해 왔으며 무형문화유산 보호 사업을 장애인 취업의 수단으로 활용하고 있다. 2020년 5월에 이 두 부서는 무형문화유산 보호 시범 사업을 지정하여 장애인의 참여를 촉진한다는 공문을 발표했으며 28명의 장애인 전승자를 지정하여 지원을 제공하기로 했다.[19] 중국 정부는 이러한 정책을 통해 장애인 취업난과 무형문화유산 전승자 양성의 문제를 동시에 해결하고자 한다.

윈난성도 무형문화유산 보호를 장애인 취업 지원의 수단으로 활용하고 있다. 앞서 살펴본 오동주은 종목은 장애인 전수생이 있다. 그의 이름은 왕광량(남성, 35세)이고 신장이 1미터쯤 되는 주유증 환자이다. 오동주은 수공예를 배우기 전에 그는 신체 조건 때문에 안정적인 직장이 없었다. 시장이나 광산, 복지업체 등에서 일했고 심지어 주유증환자들이 활동하는 공원에서 공연도 했다. 2011년에 쿤밍시 장애인연합회의 소개로 그는 오동주은 전수관에 가서 면접을 보아 합격했다. 3년 후 공식적으로 전수생이 되었고 전수관의 정직원으로 일하게 되었다. 올해까지 이미 9년 간 수공예를 배웠고 현재 자기의 작품을 개발할 수 있다. 또한 윈난성 펑위 벼루(凤羽砚台)는 따리 바이족자치주가 지정한 무형문화유

---

19 중국 장애인연합회 웹페이지.
http://www.cdpf.org.cn/yw/202005/t20200520_675040.shtml (검색일: 2020.12.21.)

산이다. 2020년까지 현지 정부는 이 종목에 의탁하여 빈곤자에게 기예능을 가르치는 교실을 마련했다. 현재 15명의 장인을 모집했고 그 중의 10명은 장애인이다. 따라서 이 교실은 장애인 취업 지원의 수단이기도 하다.

위의 두 사례에서 볼 수 있듯이 중앙정부가 집행하는 빈곤해소와 장애인 취업 지원 등 정책은 윈난성 지역에서도 실시되고 있다. 그러나 이러한 상품화 전략에 활용될 수 있는 무형문화유산 종목은 제한되어 있으며 주로 전통 수공예 분야이다. 또한 무형문화유산의 상품화를 지원하는 전략은 주로 빈곤층이나 장애인 등 취약계층을 대상으로 삼고 있는데 이는 한편으로 무형문화유산의 전승 상황이 낙관적이지 않다는 현실을 반영하고 있다.

현재 중국의 정치체제 하에 무형문화유산 보호와 취약계층 지원은 정부기구가 주도하는 사업이고 전통문화를 충분히 상품화할 수 있는 시장경제도 발달되지 않았다. 비록 중앙과 지방 정부는 소수민족의 다양한 문화를 보호하기 위해 노력하고 있지만 사회 현대화로 인한 문화 동질화의 위협은 계속 존재한다. 중국 정부는 무형문화유산의 원형보존과 지속가능한 발전 사이에서 균형을 찾기 위해 계속 시도할 것이다.

V. 맺음말

중국의 정치 체제는 한국과 달리 지방선거가 없는 중앙집권 제도이다. 지방의 고위 공무원들은 지역문화 활성화를 선거 전략으로 활용할 필요가 없다. 또한 무형문화유산 보호를 포함한 지방의 문화 정책도 주로 지방에 대한 중앙정부의 정치적 구상에 의해 결정된다. 앞서 살펴보았듯이 중국 중앙정부의 문화정책은 윈난성을 다채로운 소수민족의 전통으로 표현된 중국의 주변부로 서술하고 있다. 따라서 이곳의 국가 무형문화유산 중에서 소수민족의 종목은 인구에 비해 훨씬 높은 비중을 차지하고 있다. 그러나 지방정부가 선정한 무형문화유산은 어느 정도 한족 인구가 많다는 사실을 반영하고 있다.

또한 윈난성의 무형문화유산 정책은 지역경제 개발이나 빈곤해소 등 실용성을 포함하고 있다. 앞서 논의한 오동주은이나 호리병 조각 등 사례에서 볼 수 있듯이 산업화나 상품화 등 수단을 이용하여 전승 위기를 극복하는 종목은 주로 수공예 등이다. 정작 소멸의 위기에 있는 소수민족의 구비문학이나 민속경기, 민속축제 등은 이러한 정책을 통해 받을 수 있는 지원이나 도움은 매우 제한된다. 이는 무형문화유산 종목의 내부적 분화 현상을 만들어 가고 있다.

이러한 정책은 전통문화를 보존할 뿐만 아니라 사실상 전승에 개입하기도 한다. 그렇게 탈맥락화된 전통문화는 지역민의 실제적인 생활문화를 반영하고 있지 않다. 특히 윈난성의 무형문화유산 중에 상당수는 각 소수민족의 전통문화를 타자화하여 만든 종목이 많다. 비록 윈난성에 많은 소수민족 자치현이 있지만 이들 소수민족은 한족 등 다양한 인구와 장기간 교류하면서 이미 문화접변이 일어나고 있다. 그러나 중앙과 지방의 문화정책은 소수민족 문화의 '원형'을 전시하는 데 많은 관심을 기울이고 있다. 이러한 노력을 통해 표현된 윈난성의 무형문화유산은 다소 무대화된 진실의 성격을 지니고 있다. 물론 이것은 전통문화의 전승자를 국가의 내부적 타자로 대상화하는 중국의 문화정책과 일치한다.

전반적으로 볼 때 중국의 무형문화유산 정책은 현대성에 의해 개조된 전통을 집중적으로 전시하는 도구이다. 이러한 정책을 통해 재현된 전통은 국가의 내부적 타자를 서술하는 데 초점이 맞추어져 있으며 그들에 대한 지원이나 배려는 중국의 현대성을 전시하고자 하는 정치적 목적이 있다. 문화대혁명이 끝난 후 정치 세력은 시민사회에서 잠시 물러나갔는데 그전까지 억압당했던 민간의 전통문화가 다시 대두되었다. 중국 정부는 다시 이러한 전통문화를 관리하고 개혁개방의 전략에 맞추어 그것을 개조해야 했다. 이때에 도입된 유네스코 무형문화유산 정책은 중국의 전통 개조를 합법화했다. 이러한 맥락에서 전개되는 전통 만들기는 일상생활의 분야에서 전통의 실용적인 가치를 되찾는 것이 아니라 소수의 전문가에 의해 전개되는 산업이 되어 가고 있다.

위에서 논의한 특징은 한국의 무형문화유산과도 유사하지만 중국의 문화정책에서 서술되고 있는 내부적 타자는 소수민족이 많은 비중을 차지하고 있다. 특히 윈난성 등 국경 지역에서 소수민족의 전통 보존은 중국 무형문화유산 사업을 평가하는 중요한 기준이며 다만 이러한 보존 사업은 지역민의 생활문화를 그대로 반영할 수는 없고 중앙정부의 문화정책에 따라 지역문화를 재창조하는 성격이 강하다고 평가할 수 있다.

또한 이렇게 인위적으로 만들어진 문화유산의 특수성은 일부 종목의 전승 위기를 극복하기에 부족하다. 중국의 무형문화유산 제도는 전통문화의 특수성을 중한 기준으로 삼고 있으며 전통문화에 희소가치를 부여하는 기제로 작동되고 있다. 위에서 토론했듯이 지정된 종목 중에서 특수성을 보편성으로 전환할 수 있는 것은 상대적으로 보존의 위기에서 탈출하기 쉽다. 이는 무형문화유산 제도와 시장경제 간의 연관성을 간과할 수 없음을 시사하며 향후 무형문화유산 제도를 개선할 때 고려할 만한 점이라 생각된다.

참고문헌

권인호. 2005. "전통문화와 윤리관습의 변천과 사회발전 - 雲南省 紅河州 金平縣의 社會構造 및 婚姻習俗을 중심으로 - ." 『유교사상문화연구』 24.
김덕삼. 2012. "中國 少數民族 文化接變 樣相의 變化: 回族과 彝族의 文化를 중심으로." 『비교문화연구』 29.
김창경. 2015. "중국 무형문화유산과 국가적 정체성 고찰 - 소수민족 무형문화유산 등재 문제점을 중심으로." 『동북아 문화연구』 1(42).
이응철. 2016. "스펙터클의 문화정치: 현대중국의 실경공연 『인상·리장』을 중심으로." 『한국문화인류학』 49(1).
이진원·허용호. 2012. "무형문화유산 전승의 주요 쟁점 및 향후과제." 국립문화재연구소 편. 『무형문화유산보호협약 이행 현황 및 인류무형문화유산 대표목록 등재유산 전승실태 연구』 무형문화유산 연구총서 2.
임돈희. 2004. "유네스코 세계무형문화 유산으로 지정된 한국. 중국. 일본. 인도의 무형문화재의 보존현황과 전승방안에 대한 비교 연구." 『비교민속학』 27.
한양명. 2009. "놀이민속의 탈맥락화와 재맥락화: 영산줄다리기의 경우." 『한국민속학』 49.
허윤정. 2014. "중국 국가급 무형문화유산 목록의 고찰 - 소수민족의 목록을 중심으로." 『중국소설논총』 44.

白松强. 2017. "国家软实力视阈下中国的非物质文化遗产保护现状——以中日韩三国的世界非物质文化遗产名录申报为例." 『文化软实力研究』 3(2).
陈柏宇·田野. 2019. "云南乌铜走银技艺源起考辨." 『中国地方志』 6.
陈修岭. 2019. "复兴之路: 旅游市场中非物质文化遗产的产业化 - - 以云南大理非物质文化遗产产业化实践为例." 『中南林业科技大学学报: 社会科学版』 13(2).
黄彩文. 2011. "云南人口较少民族非物质文化遗产的保护与传承——以邦丙村布朗族的传统纺织技艺为研究个案." 『西北民族研究』 3.
李丹. 2019. "云南传统戏剧类非物质文化遗产的传承之路." 『新闻研究导刊』 8.

林庆·李旭. 2007. "云南少数民族非物质文化遗产保护与开发的对策." 『云南民族大学学报: 哲学与社会科学版』2.

刘晓春. 2008. "谁的原生态？为何本真性." 『学术研究』2.

普丽春·沈静. 2012. "云南少数民族非物质文化遗产保护和传承现状调查研究." 『中央民族大学学报(哲学社会科学版)』39.

徐永祥. 2006. 『社区发展论』. 上海: 华东理工大学出版社.

宋俊华. 2015. "关于非物质文化遗产数字化保护的几点思考." 『文化遗产』2.

田素庆. 2015. "原生态"的幻象: 作为国家非物质文化遗产的剑川石宝山歌会研究. 北京: 中国社会科学出版社.

王琼. 2019. "云南苗族传统体育非物质文化遗产现状调查研究." 『体育科技文献通报』27(3).

王霄冰. 2018. "民族文化的'遗产化' 本真性和传承主体问题." 周星·王霄冰主编. 『现代民俗学的视野与方向: 民俗主义·本真性·公共民俗学·日常生活』. 北京: 商务印书馆.

吴晓亮·郝云华. 2014. "云南少数民族非遗新生代传承人"回逆再构"式培养研究." 『云南民族大学学报: 哲学与社会科学版』31.

薛可·龙靖宜. 2020. "中国非物质文化遗产数字传播的新挑战和新对策." 『文化遗产』1.

张飞. 2017. "云南省非物质文化遗产类型结构及地理空间分布研究." 『宜宾学院学报』8.

郑艳姬. 2013. "传统手工技艺的文化生态内涵分析 - 以云南"乌铜走银"技艺为例." 『民族艺术研究』6.

朱颖祺·秦莹·黎恒. 2016. "云南人口较少民族稻作仪式探究." 『云南农业大学学报: 社会科学版』3.

자료

인민일보(人民日报)

광명일보(光明日报)

제7장

유네스코 무형문화유산 제도의 지역 적용
– 중국 옌볜조선족자치주의 사례[1]

주도경 (서울대학교 인류학과)

I. 서론: 유네스코 무형문화유산 제도와 관련 쟁점들

유엔 교육·과학·문화 기구인 유네스코의 역점 사업 중 하나는 세계문화유산 보호 사업이다. 현존하는 유형의 문화 유적을 대상으로 하던 세계문화유산 지정 작업은 이후 무형의 문화유산으로까지 확장되었다. 문화유산이 현 상태를 보존(preservation)하려는 의도에서 출발하였다면 무형문화유산은 세계화와 사회적 변동의 상황에서 소멸하거나 가치가 저하되지 않도록 예방하는 차원에서의 보호(safeguarding)가 강조되었다. 언어나 관습, 기술과 예술 등을 실제로 실천하고 연행하는 사람이 필연적으로 있어야 하는 무형문화유산의 특성상, 유형유산에서 무형유산으로의 확장은 문화와 민속에서 개인 및 지역 공동체의 역할

---

1 이 글은 『동북아문화연구』 67(동북아시아문화학회, 2021)에 실린 "유네스코, 국가, 지방정부: 중국 연변조선족자치주의 사례를 통해 살펴본 유네스코 무형문화유산 제도의 지역적 적용"을 일부 수정·보완한 것이다.

의 중요성에 대한 인식을 반영한다.

이렇듯 유네스코의 문화유산의 지정과 보호는 문화와 민속을 실천하는 주체에 대해 강조하는 방향으로 변화하고 있지만 세계유산제도는 유네스코의 일방적인 권력 작용이라는 점을 포함하여 여러 논쟁점을 낳기도 한다. 그 중 첫 번째는 '유네스코화(UNESCOization)' 혹은 유산화(heritagization)의 측면이다. 유네스코는 보편주의(universalism)의 이상 아래 각국 문화유산을 보호하는 역할을 하고 있다고 인식되고, 문화적 다양성을 목표로 삼고 있지만 역설적이게도 등재의 기준을 설정하고 균일한 틀을 만드는 등의 운영 체제로 인해 문화상대성과 문화다양성의 기반이 약화된다는 것이다. 외부의 가치가 부과됨으로 인해 각 지역에서 문화가 전승되는 방식에 손상을 입힐 수 있다는 주장이다(Labadi and Long, 2010: 98). 기본적으로 '목록화'를 목표로 삼고 있기 때문에 그 자체로 야기되는 문화의 물상화와 민속의 대상화 등이 지적되기도 한다(Kirshenblatt-Gimblett, 2004: 52-65).

두 번째는 유네스코가 단순히 문화유산의 등재 과정과 기준에만 영향을 미치는 것이 아니라 문화유산과 긴밀히 연결되어 있는 국가정체성 및 민족정체성의 강화 혹은 약화에도 영향을 미친다는 점이다. 유네스코는 기본적으로 국가를 단위로 하여 문화유산을 선정하기 때문에 유네스코에 의한 문화유산의 공인은 이를 소유하고 있다고 여겨지는 국가 혹은 민족을 강화하는 결과를 낳는다. 이는 국가 혹은 민족 내적 결속만이 아니라 주변국과의 관계에서도 국가 혹은 민족 단위의 강화를 발생시키고 국가 간의 갈등으로 이어지기도 한다. 특히 한국·중국·일본과 같이 비슷한 문화권에 속하거나 같은 역사적 배경을 공유하고 있는 경우에는 하나의 항목을 두고 경쟁이 벌어지기도 한다.

마지막은 비단 유네스코 무형유산제도에만 해당하는 것이 아니라 무형문화재법과 같이 특정 문화유산을 지정할 경우에 생기는 쟁점이다. 우선 '보호'라는 것이 정당한가—즉, 문화유산이 변화하는 것은 자연스러운 속성이므로 그대로 두어야 하는가 혹은 인위적인 보존의 노력을 통해 문화다양성의 유지에 힘써야 하는가—에 대한 논쟁이 될 수 있다(박상미, 2005). 후자를 지지한다고 하더라도 무형문화유산은 그 속성상 구체적인 형상이 없고 끊임없이 변화하기에 어느 시기의, 어떤 종류의 것을 기준이 되는 전통 혹은 정통으로 삼을 것인가 하는 딜레마를 안고 있다. 그리고 특정 범위로 기준을 삼아 무형문화유산으로 선정한 이후에도 보호를 하는 순간 탈맥락화되면서 화석화, 고정화될 우려가 있다. 예를 들어 구전 전통은 문자화하고 '정본'으로 인정하는 순간 탈맥락화할 수 있는 위험성이 있는 것이다. 또한 한편으로 문화유산으로 선정되지 못한 다른 문화나 민속의 경우에는 상대적으로 '보호'를 받지 못하는 문제가 생기기도 한다. 보호가 문화유산을 화석화하는 우려가 있다면 반대로 무형문화유산 지정으로 문화유산이 관광화, 상업화가 된다면 진정성이 위협될 가능성이 있다. 이 경우에는 고정보다는 변질에 대한 우려가 발생한다. 어느 쪽이든 문화유산의 진정성을 어떻게 해석해야 하며 그 진정성이 고정되거나 변질되지 않고 유지되도록 할 수 있는지에 대한 문제의식이 반영되어 있다.

    이 글에서는 이상의 쟁점들이 현실에서는 어떻게 나타나는지 중국 조선족의 사례를 통해 알아볼 것이다. 조선족에 주목하는 이유는 다민족 국가를 표방하는 중국의 특성상 국가와 지방정부(소수민족) 간의 관계를 잘 보여주기 때문이고 무엇보다 한국의 문화유산과도 밀접한 관련성을 맺고 있기 때문이다. 특히 후자와 연관되어서 조선족이 역사적으로 명확한 본국을 가지고 있다는 사실은 국가와 민족 간의 관계만이 아니라 국가와 국가, 이 경우에는 중국과 한국 간의 관계가 유네스코 제도에 어떻게 영향을 받는가를 잘 보여줄 수 있다. 아래에서는 유네스코 무형문화유산 제도가 유네스코와 국가, 국가와 국가, 그리고 국가와 지방정부(소수민족)의 차원에서 어떻게 적용되고 있는지를 살펴보도록 하겠다.

II. 유네스코와 국가

1. 유네스코 무형문화유산 협약과 중국 비물질문화유산법

유네스코 무형문화유산 보호에 관한 협약(Convention for the Safeguarding of the Intangible Cultural Heritage)[2]과 중국의 비물질문화유산법(非物質文化遺産法)[3]은 무형문화유산의 범위와 보호 방법에서 많은 부분 일치한다. 유네스코 협약에서 제시하는 무형문화유산의 범위는 중국 비물질문화유산법에서도 유사하게 반복된다. 중국 법에서는 자연 및 우주에 관한 지식이 의약에 관한 지식과 역법으로, 의례 및 축제가 전통 체육과 놀이로 구체적으로 정의되는 것이 차이점이다. 유네스코 협약이 공포된 지 얼마 지나지 않은 2005년에 국무원 판공청(国务院 办公厅)에서 반포된 "비물질문화유산 보호 작업에 관한 의견(关于加强我国非物质文化遗产保护工作的意见)(이하 "의견")[4]에서는 세부 항목뿐만 아니라 순서까지도 완전히 같았으나 2011년에 법을 새로 제정하면서 본국의 상황에 맞게 수정이 가해진 것으로 보인다(표 7-1).

유네스코 협약 중 무형문화유산의 국내적 보호에 관한 12~15조의 내용도 모든 조항에 대해서는 아니지만 여러 측면에서 반복됨을 살펴볼 수 있었다. 비물질문화유산법은 총칙을 제외하고 무형문화유산의 조사연구, 대표성 항목 목록의 지정, 전승 및 전파에 관한 내용으로 구성되어 있는데 그 구체적인 조항이 표 7-2에서 보듯이 12~15조의 내용에 대응하여 나타난다.

유네스코 협약과 중국 비물질문화유산법의 차이점은 후자에게서 국가가 매우 강조된다는 점이다. 또한 무형문화유산 보호 기준이 보다 엄격하게 나타나기도 한다. 비물질문화유산법 제4조에 따르면 비물질문화유산을 보호함에

---

2 https://ich.unesco.org/en/convention(검색일: 2021.03.31.)

3 법 전문은 다음에서 볼 수 있다.
http://www.gov.cn/flfg/2011-02/25/content_1857449.htm(검색일: 2021.05.10.)

4 http://www.gov.cn/zwgk/2005-08/15/content_21681.htm(검색일: 2021.03.26.)

표 7-1

무형문화유산 보호에 관한 협약	비물질문화유산법
(1) 무형문화유산의 전달 수단으로서 언어를 포함한 구전 전통 및 표현	(1) 전통 구전문학 및 그 매개가 되는 언어
(2) 전통 공예 기술	(2) 전통 미술, 서예, 음악, 무용, 연극, 곡예 및 잡기
(3) 공연 예술	
(4) 자연 및 우주에 관한 지식 및 관습	(3) 전통 기예, 의술과 약품 및 역법
(5) 사회적 관습, 의례 및 축제	(4) 전통 의례, 축제 등 민속
	(5) 전통 체육과 놀이
* 비교를 위해 순서는 비물질문화유산법에 맞추어 조정함	(6) 기타 비물질문화유산

표 7-2

유네스코 협약 중 Ⅲ. 무형문화유산의 국내적 보호	비물질문화유산법
12조 목록(inventories): 무형문화유산에 대하여 하나 또는 그 이상의 목록을 작성한다	18조. 대표성 항목 목록의 지정
13조 보호를 위한 다른 조치 c) 무형문화유산을 효과적으로 보호하기 위한 과학적, 기술적, 예술적 연구 및 연구 방법 촉진 d) 무형문화유산의 공연과 표현을 위한 장소와 공간을 통한 문화유산의 전승	33조. 무형문화유산과 관련된 과학기술연구, 보호 및 보존 방법에 대한 연구와 무형문화유산 기록 및 대표성 항목에 대한 정리와 출판 장려 29조. 전승인의 지정 30조. 전승인을 위한 전승장소의 제공
14조 교육·인식제고 및 능력 형성 a) 다음의 방법을 통한 사회의 무형문화유산에 대한 인식·존중 및 고양의 보장 (1) 일반 대중, 특히 젊은 세대를 대상으로 하는 교육, 인식 제고, 정보 프로그램 (4) 비공식적 지식 전수 수단	34조. 학교에서의 무형문화유산 관련 교육, 신문 매체에서의 선전과 보급 35조. 도서관·박물관·과학관 등 문화기관에서의 선전과 전시 활동을 장려
15조 공동체, 집단 및 개인의 참여: 유산을 창출·유지 및 전수하는 공동체·집단, 적절한 경우, 개인이 가능한 한 광범위하게 참여하고 이들이 이러한 유산의 관리에 적극적으로 관여하도록 노력한다.	일반 국민, 법인, 기타 조직의 9조. 비물질문화유산 보호에 대한 참여 장려 14조. 비물질문화유산에 관한 조사 가능 36조. 비물질문화유산 전시장이나 전승 공간설립 장려 23조. 대표성 항목에 대해 공공의견 수렴

있어 진실성과 총체성, 전승성이 중요하게 고려되어야 한다. 그리고 중화민족 문화의 공동성을 강화하고, 국가의 통일과 민족의 단결을 유지하며, 사회의 화합과 지속가능한 발전에 이바지해야한다. 이러한 경향성은 "의견"에서 더욱 두드러지게 나타난다. 비물질문화유산법과 달리 "의견"에서는 비물질문화유산의 심사 기준을 구체적으로 제시하고 있는데 다음과 같은 내용이 포함된다.

(1) 중화민족문화 창조력의 걸출한 가치를 보여줄 것
(2) 지역 사회의 문화적 전통에 근거하며 세대를 따라 전승되고 지방적 특색을 지닐 것
(3) 중화민족문화의 공동성을 촉진하고 사회의 응집력을 강화하며 민족 단결과 사회 안정의 작용을 하고 문화교류의 중요한 연결지점이 될 것
(4) 전통 공예와 기술을 탁월하게 이용하여 높은 수준을 보여줄 것
(5) 중화민족의 살아있는 문화 전통의 독특한 가치를 증명할 것
(6) 중화민족의 문화적 전승에 중요한 의의를 지니며 동시에 소멸의 위험에 처해있을 것.

두 문건은 모두 국가의 공동성과 통일, 단결, 응집력, 화합을 강조하고 있다. 다민족국가인 중국이 전체 민족을 아우르는 단어로 '중화민족'을 사용함을 고려해볼 때 중화민족이 반복적으로 등장하고 중화민족을 기본적 단위로 설정하는 것은 그 자체로 정치적 의미를 지닌다고 할 수 있다.[5]

이와 관련해서 눈여겨볼 점은 유네스코 협약에서는 무형문화유산 대표목

---

5   외국인의 무형문화유산 조사연구에 제약이 있다는 점은 이를 뒷받침해준다. 외국인이 중국의 비물질문화유산을 조사할 때는 지방 인민정부의 허가를 받아야 하고 중국 내 학술연구기관의 협조를 얻어야 하며 조사가 완료된 이후에는 보고서와 조사 중 취득한 자료의 복사본을 제출해야 한다. 이를 어겼을 경우 모든 자료가 압수되고 최고 50만RMB(한화 약 9,000만 원)에 해당하는 벌금이 부과될 수 있다.

록 등재의 기준이 폭넓고 문화유산 자체의 내재적 가치보다는 행정적 절차를 충족시켰는지 여부에 더 가깝다면[6] "의견"에서 제시하는 기준은 가치판단적이라는 것이다. 창조력, 지방적 특색, 전통 공예와 기술의 탁월한 이용과 높은 수준, 독특한 가치 등은 이를 잘 보여준다. 이러한 점에서 비물질문화유산의 선정 기준은 유네스코의 무형문화유산의 선정 기준보다는 세계문화유산에 더 가깝다. 특히 세계문화유산의 선정 기준 중 첫 번째인 "인간 창의성으로 빚어진 걸작을 대표할 것"은 "의견"의 첫 번째 심사기준과 거의 같다. 세 번째 기준인 "현존하거나(living) 이미 사라진 문화적 전통이나 문명의 독보적(unique) 또는 적어도 특출한(exceptional) 증거일 것"은 '살아있는' 전통의 '독특성'을 강조한다는 점에서 "의견"의 (5)에서 거의 동일하게 반복된다. 또한 세계유산에서 모든 문화유산은 진정성(authenticity)이 필요하다는 지점은 비물질문화유산법에서 진실성을 중요하게 생각한다는 점과 일치한다. 세계유산이 기본적으로 탁월한 보편적 가치(Outstanding Universal Value)를 주요한 기준점으로 삼고 있다는 점을 고려해 볼 때, 창의성과 탁월성, 독특성을 강조하며 국내에 적용되는 중국의 비물질문화유산 선정 기준은 탁월한 중국적 가치(Outstanding Chinese Value)를 표방한다고 할 수 있다.

　　유네스코의 무형문화유산 보호를 위한 협약은 중국의 비물질문화유산법에서 무형문화유산 범위의 설정, 대표성 목록의 지정, 무형문화유산 관련 연구와 교육, 선전 활동, 전승자의 지정, 일반 국민의 참여 독려 등에서 유사하게 나

6　참고로 유네스코의 무형문화유산 등재 기준은 다음과 같다. 아래에서 가치적 기준은 (2)의 문화 다양성과 창조성 정도에 국한된다.
(1) 무형유산협약 제2조에서 규정하는 무형문화유산에 부합할 것
(2) 대표목록 등재가 해당 유산의 중요성을 가시적으로 보여주고 인식을 제고하며 문화간 대화에 기여하여 문화 다양성을 반영하고 인류의 창조성을 입증할 것
(3) 신청 유산을 보호하고 홍보하기 위한 적절한 보호 조치가 마련되어 있을 것
(4) 관련 공동체, 집단, 개인들이 폭넓게 신청 과정에 참여하고 자유롭게 사전 인지 동의할 것
(5) 신청유산이 당사국 무형문화유산 목록에 포함되어 있을 것

타났다. 그러나 국가의 결속이 주요 목적이 된다는 점, 보편적 가치가 아니라 중국적 가치를 추구한다는 점이 다르게 나타났다. 이는 전 세계적 보편주의에 대한 유네스코의 추구가 중화세계라는 축소판에서 실현되는 모습이다. 서론에서 제시한 두 번째 쟁점 중 유네스코 제도가 국가를 강화시킨다는 점은 중국의 사례에서 명확히 드러난다.

한편 비록 비물질문화유산의 심사 기준이 세계문화유산, 즉 유형의 문화유산과 비슷한 면을 보였지만 물질문화유산과 달리 비물질문화유산은 인간이 중심이 된다는 점, 그리고 살아있는 유산이라는 점에 대해서는 명확하게 인지하고 있다. 비물질문화유산법이 제정될 때 법안 명칭에 '보호'라는 단어를 넣을지 말지에 대한 논쟁이 있었으나 비물질문화유산의 동태성과 맞지 않는다는 이유로 결국 제외되었다는 사실은 이를 뒷받침해준다(정준호, 2015: 423).

2. 국가 단위의 유네스코 제도와 한중 경쟁

유네스코 제도로 인한 국가 단위의 강화는 주변국과의 갈등이 일어날 가능성을 내포하고 있다. 역사적 배경을 공유하고 있어 단일 항목을 두고 경쟁이 발생하는 경우가 대표적이다. 무형문화유산을 둘러싼 한국과 중국의 갈등은 유네스코의 무형문화유산 제도가 국가 간에 어떠한 역동을 불러오는지를 잘 보여준다. 가장 잘 알려진 사례는 단오이다. 2005년에 한국의 강릉단오제가 유네스코 무형문화유산에 등재되자 중국에서 한국이 중국의 문화를 훔쳤다는 여론이 형성되는 등 이 사건이 사회적인 이슈로 부상했으며, 중국에서 무형문화유산의 보호와 전승을 위한 제도 수립과 관련 정책을 시행하는 기폭제가 되었다. 같은 해 중국 국무원 판공청에서는 앞서 살펴본 "의견"을 발표하고 다음 해인 2006년부터 비물질문화유산을 선정하기 시작하였다. 그러면서 2008년부터는 단오절을 정기 휴일로 지정하고 2009년에는 단오절에 하는 놀이인 '용선축제'를 유네스코에 등재하였다(이정원 외, 2012b: 417). 중국에서 비물질문화유산을 선정하기 시작한 2006년에는 또한 조선족의 농악무가 국가급 비물질문화유산으로 등록되었고, 2009년에는 유네스코에 중국 조선족의 농무(Farmers' dance of China's Korean ethnic group)라는 이름으로 등재되었다. 당시 민속계와 국악계에서는 이에 대한 비판 여론이 형성되었으며 (이정원 외, 2012a: 364) 5년 뒤인 2014년 한국은 농악을 무형문화유산으로 등재하였다. 2011년에는 중국이 국가급 비물질문화유산 목록에 아리랑과 판소리, 가야금예술을 승인하면서 한국에서 이미 2003년에 세계무형문화유산으로 지정된 판소리를 제외하고 아리랑과 가야금산조에 대한 우려가 고조되었다. 당시 한국에서는 가야금을 무형유산으로 등재 신청하고 대기하고 있던 상태였다. 2012년에 아리랑이 유네스코에 등재되면서 우려는 일부 불식되었고, 한국이 등재 신청을 했던 가야금이 선정되지는 않았지만 중국의 가야금예술도 등재되지 않음으로써 가야금을 둘러싼 긴장은 일단락되었다. 2013년에는 한국의 김장문화가 무형문화유산으로 등재되었는데 이에 반응하듯이 2014년에는 조선족의 김치제작기술이 국가급 비물질문화유산으로 선정되었다. 이처럼 무형문화유산을 둘러싼 한중 간의 갈등은 협약이 시행된 직후부터 계속되었다. 국가를 기본적인 단위로 하는 유네스코의 무형문화유산 등재 방식은 비단 국가 내부적 정체성과 결속력을 강화할 뿐 아니라 강화된 각 국가 간에 무형문화유산을 둘러싼 경쟁과 경합을 불러일으킬 수 있음이 중국과 한국의 사례에서 극명히 드러난다.

다만 최근에는 공동 등재를 통해서 국가 간 정체성보다는 국가에 걸쳐서 존재하는 문화나 역사에 주목하고자 하는 시도가 나타나고 있다. 2016년에는 한국, 중국, 일본을 비롯하여 타이완, 필리핀, 인도네시아, 동티모르, 네덜란드 등 8개국의 시민단체가 주도하고 영국 전쟁기념관이 동참하여 총 9개국이 공동으로 일본군 위안부 기록물의 세계기록유산 등재를 신청했다.[7] 2017년에는 한중일 삼국 서복문화연구국제협의회에서 서복문화를 유네스코 세계유산에 등재

---

7   http://www.womennews.co.kr/news/articleView.html?idxno=94599 (검색일: 2021.06.11.)

하는 것을 목표로 삼기로 합의하였다.[8] 일본군 위안부 기록물의 경우 그 전 해에 중국이 단독 신청을 하였으나 실패한 이력이 있기 때문에 유네스코 등재라는 공동의 목표를 위한 일시적인 협력에 지나지 않을 수도 있다. 그렇지만 국가적 이익에서 비교적 자유로운 민간과 학계를 중심으로 한 이러한 시도는 앞으로 국가 단위를 넘어선 초국적 협력을 바탕으로 유네스코 제도가 이행될 가능성도 존재함을 보여준다.

III. 유네스코-국가-지방정부

1. 옌볜조선족자치주 비물질문화유산보호조례

전체 국가를 대표하는 비물질문화유산법에 '보호'라는 단어가 사용되지 않은 것과 달리 각 지방정부에는 비물질문화유산'보호'조례가 제정되어 있다.[9] 옌볜조선족자치주에도 관련 조례가 2015년부터 시행되었고 2020년에 가장 마지막으로 수정되었다. 옌볜조선족자치주의 비물질문화유산보호조례는 비물질문화유산과 기본적인 구조와 내용이 같다. 그러나 국가 법안보다 보호가 더 강조되며 주력 항목이 세분화되어 있다는 점에서 차이를 보인다.[10]

우선 비물질문화유산법은 제1조에 법의 제정 목적을 "중화민족의 우수한 전통문화를 계승 및 발전시키고 사회주의정신 문명의 건설을 추진하며 비물질

---

8 http://www.newsje.com/news/articleView.html?idxno=95722(검색일: 2021.06.11.)

9 중국에서 지방정부는 성(省)과 시(市), 주(州)와 현(縣) 단위로 나뉜다. 비물질문화유산 보호조례는 성급, 시급, 혹은 주급 지방정부에 적용되어 있음을 확인할 수 있었다. 이 글에서 다루는 '지방정부'는 조선족 사회를 실제적으로 혹은 상징적으로 대표한다고 할 수 있는 옌볜조선족자치주에 한정한다.

10 옌볜조선족자치주 비물질문화유산보호조례의 전문은 다음에서 볼 수 있다. http://www.ybrd.gov.cn/lfgz/flfg/2020-06-19/177225.html(검색일: 2021.03.31.)

문화유산의 보호와 보존을 강화하기 위하여"라고 제시하고 있는데 옌볜의 조례에서는 "조선족의 비물질문화유산을 보호하고 중국조선족의 전통문화를 계승 및 발전시키기 위하여"라고 하여 보호가 가장 처음에 등장한다. 중화민족 문화의 계승 및 발전이 처음으로 제시되는 비물질문화유산법과 순서가 반대이다. 그리고 국가법에서도 긴급하게 보호해야 하는 문화유산에 대하여 관련된 기록과 자료를 수집할 것을 명시하고 있으나 옌볜 조례에서는 위기에 처한 문화유산은 물론이고 이미 전승자가 없거나 객관적인 지속 조건을 상실한 유산에 대한 조치 사항을 규정하고 있어 현지의 실정을 반영한다.

　　이러한 보호에 대한 강조는 사람에 대한 강조로 이어진다. 국가법에서도 교육에 대한 내용은 있지만 옌볜 조례에서는 특별히 문화유산 관련 인재를 개발하고 양성해야 함을 언급하고 있다. 일반 국민의 참여도 더욱 장려된다. 국가법에 따르면 유산 전승자는 국가에 의해 지정되지만 옌볜 조례에 의하면 일반 국민이 유산 전승자로 직접 신청할 수 있다. 이처럼 실제로 무형유산을 전승하는 사람이 있어야 보호가 가능하다는 명확한 인식은 '살아있는' 유산에 중요성을 부여하는 것으로도 나타난다. 옌볜주의 비물질문화유산 대표성 목록은 지금까지 살아있는 형태로 존재해야 한다는 조건을 만족시켜야 한다. 이는 국가법에서 제시하는 기준인 중화민족의 우수한 전통문화를 드러내며 역사, 문학, 예술, 과학적 가치를 지니고 있어야 한다는 것에 더해진 사항이다.

　　한편 보호를 강조할 수밖에 없는 현실적인 상황에서 비롯된 조항들도 눈에 띈다. 조례에 따르면 인민정부는 조선족 비물질문화유산 대표성 항목을 사용하는 기업을 정책적으로 지지해야 한다. 다시 말해 비물질문화유산을 활용한 사업을 장려한다는 의미로 브랜딩이 권장되고 상표권이 보장된다. 그래서 등록 상표 등의 형식으로 합법적인 권익을 보호하고 편리를 제공하며 상업 기밀을 보호해야 함을 명시하고 있다.

　　비물질문화유산의 상업적 활용에 대한 장려는 단순히 기업 차원에서 일어나는 것은 아니다. 마치 기업에 주력 상품이 있듯이 옌볜 자치주에서도 주력 항목이 존재한다. 아래에서 살펴볼 수 있듯이 조례에서 제시하는 비물질문화유산의 범위를 살펴보면 (3)에 민간공예와 음식 제조 기술 등에 대한 항목이 추가되어 있어 기존의 전통기예에 해당하는 항목이 세분화되어있음을 확인할 수 있다.

(1) 조선족 전통 구전 문학 및 그 언어, 문자
(2) 조선족 전통 공연예술과 서예, 회화예술
(3) 조선족 민간공예미술,특색있는 음식과 그 제조 기술,도구 및 대표 작품
(4) 조선족 전통 제사, 세시풍속, 일생의례 등 민속생활
(5) 조선족 전통 체육, 경기 및 놀이
(6) 조선족 전통 의약 및 보건 지식, 기술
(7) 기타 조선족 비물질문화유산

기업의 활동을 장려하는 부분에서도 조선족 전통 민속 음식, 악기, 의약, 복식 등 전통 수공예 기술이 전승되도록 해야 함을 특별히 언급하고 있으며 전통공예, 제작기술 및 예술표현기법 등의 기예를 보호해야 할 상업적 기밀로 제시한다.

이처럼 무형문화유산이 소멸하고 있는 현실을 직접 마주하고 있는 지방정부의 조례는 양가적인 모습을 보인다. 한편으로는 국가법에 비해 국가적 정체성은 훨씬 덜 강조되고, 무형문화유산을 실제로 전승해나갈(carry on) 사람들에 초점을 맞추어 참여를 권장하며, 살아있는 유산을 강조하는 등 유네스코가 추구하는 가치에 가까이 가기도 하지만 다른 한편으로는 상품화가 쉬운 몇 가지 무형문화유산을 주력 항목으로 삼음으로써 문화다양성이라는 가치에 반하는 방향으로 가기도 한다.

2. 사람 중심의 가치와 전승자 부족

옌벤주 조례의 양가적인 모습은 무형문화유산이 전승되는 현장, 그리고 이에

대한 학계의 논의에서도 비슷하게 나타난다. 우선 조선족 비물질문화유산을 다루는 논문에서는 실제로 무형문화유산을 실천할 사람들 혹은 전문적으로 전승자로 지정될 인재의 부재에 대한 지적이 반복적으로 등장한다(張钟月, 2013; 金晶, 2016; 金庆姬, 2016; 易秀梅, 2018: 195; 申明玉, 2018: 81; 葛励闻, 2018a: 128). 특히 전승자의 절대적인 수가 부족할 뿐만 아니라 기존 전승자 및 관련 기술을 보유한 인구의 노령화로 인해 단절의 위기를 맞고 있음이 문제점으로 제시된다. 한 통계에 따르면 조선족이 주로 분포하고 있는 동북삼성 중 하나인 헤이룽장성의 비물질문화유산 전승자 중 연령이 가장 낮은 경우가 45세, 가장 높은 경우가 84세로 평균 연령이 61세에 달한다고 한다(郑丽丽, 2016: 158). 동시에 다음 세대인 청년층은 관심이 부족하거나 각자의 생계로 바쁘기 때문에 새로운 전승자로 뒤를 이을 사람이 없어 문제는 심화된다(刘芳华·孙皓, 2017: 132). 이와 같은 상황은 근본적으로는 조선족 사회의 인구 공동화 현상에 기인한다.

〈옌볜조선족자치주 2019년 국민경제 및 사회발전통계 공보〉에 따르면 조선족 인구의 비율은 35.82%로 전체 인구의 3분의 1 수준이다.[11] 그마저도 한국 등 외지로 일하러 가는 경우가 많아 호적에 등록된 인구와 실제 거주 인구에는 차이가 있다. 2013년과 2014년 조선족 농촌 마을의 호적상 인구와 실제 인구를 조사한 결과, 실제 인구 비율이 가장 높은 마을은 47.1%, 가장 낮은 마을은 15.9%로 나타나 절반 이상이 마을에 거주하지 않고 있었다(송욱일·박금해, 2014: 254; 金晶, 2016: 18).

이렇게 무형문화유산을 전승할 사람이 부족하다는 지적은 무형문화유산이 사람을 중심으로 두어야 한다는 가치 기준과 함께 제시된다. 위에서 언급한 현실적인 위기 상황으로 인해 사람 중심의 가치가 강화된 것인지, 반대로 사람 중심의 가치에 기반하여 위와 같은 지적이 생겨난 것인지 그 선후관계는 명확히 할 수 없으나 분명한 사실은 '사람을 근본으로 함(이인위본, 以人爲本)'이 중심

11　http://tjj.jl.gov.cn/tjsj/tjgb/ndgb/202012/t20201211_7820933.html (검색일: 2021.03.31.)

적인 가치로 존재한다는 것이다. 비물질문화유산은 물질문화유산과 달리 사람의 몸에 의탁해야 하고, 신체와 언어를 통해서 표현되기 때문에 만일 인간의 생명이 다한다면 전승되던 유산도 같이 소멸되며, 따라서 비물질문화유산의 관건은 전승인의 보호에 있다는 것이다(金晶, 2016: 17; 苏馨, 2013: 216). 비물질문화유산의 보호와 전승은 이인위본의 원칙에 따라야 하고, 사람들 사이에서 활동성을 지니며 '살아'있어야 한다고 제시된다(金庆姬, 2016: 38; 苏馨, 2013: 216; 张钟月, 2013: 24).

　　사람을 중심으로 삼으며 사람들 사이에서의 활동성을 강조하는 학계의 논의는 공동체적 참여와 살아있는 전통을 강조하는 유네스코의 무형문화유산에 대한 가치 기준을 그대로 가지고 있다고 할 수 있다. 유네스코의 이 두 강조점은 앞서 살펴보았듯이 국가법에서도 동일하게 적용되었다. 물론 중국의 비물질문화유산 연구가 관변 민속학적 성격을 가지고 있고 어용 논문이 다량 생산된다는 비판점(남근우, 2015)에 비추어 학계의 논의가 국가의 논리를 답습한 것이라고도 할 수 있지만 역으로 몇몇을 제외한 다수의 학자에게는 유네스코에서 정부로 이어져 내려오는 가치가 통용되고 있는 현실을 말해준다. 다만 공유되는 가치의 장이 정부나 학계이고, 인재가 부족하다는 외침에 실제로 주민들이 응답하지 않고 있는 현실은 공동체의 자발적인 참여가 있다기보다는 지방정부 주도로 무형문화유산의 전승 작업이 이루어지고 있음 또한 말해준다.

3. 보호와 개발의 딜레마와 진정성의 문제

학계의 논의가 정부 친화적인 지와 관계없이 조선족 사회의 무형문화유산이 보호가 필요한 현실은 부인할 수 없는 측면이다. 이러한 점에서 지방정부 차원에서는 '보호라는 것이 정당한가'라는 이론적 차원의 논의는 불필요하게 받아들여진다. 그들에게는 보호가 선택적인 문제로 다가오기보다는 일단 소멸을 막는 것이 급선무이다. 변화하는 것은 자연스러운 속성이므로 그대로 두어야 하는가 혹은 인위적인 보존의 노력을 통해 문화다양성의 유지에 힘써야 하는가의 문제에서 전자의 변화는 단순한 변화가 아니라 소멸로 인식된다. 말하자면 결국 둘 중에서 후자의 입장을 택한 셈이다. 그렇다면 구체적인 형상이 없는 무형문화유산에 대해 어떤 시기나 종류를 기준으로 삼을 것인가? 이에 관해서는 별다른 논의가 없는 것으로 보인다. 여러 학자가 비판하고 있는 지점이기도 하지만 비물질문화유산으로 등재하는 것이 우선이기 때문이다. 2017년 기준으로 옌볜조선족자치주 비물질문화유산 항목에 등재된 건수가 이미 300건이 넘는 상황이기에 (葛励闻, 2018b: 78) 등재 전에 유산의 전통성 혹은 정통성에 대한 면밀한 고찰이나 논의가 이루어지고 있다고 보기 어렵다. 이렇게 많은 수가 등재되고 있기 때문에 자연히 문화유산으로 선정되지 못한 다른 문화나 민속이 상대적으로 보호를 받지 못하는 문제는 별로 없을 것이다.

그렇다면 문화유산이 상업화, 관광화됨으로써 오는 진정성의 위협 문제는 어떠한가? 이에 대해 원론적으로는 문화유산을 경제 개발의 수단으로 삼고 문화유산을 상품화하는 것이 지양된다. 상업화를 할 경우 원래 유산 안에 함유된 정신이나 내포된 의미를 상실할 우려가 있기 때문이다. 대표적인 사례로 결혼식은 본래 일생의례인데 무대화되면서 표면적인 부분만 남고 정서나 신앙이 삭제된다는 비판이 가해지기도 한다(刘慰立, 2007). 그러나 옌볜 주의 조례에서 살펴보았듯이 문화유산을 이용한 상업화는 적극적으로 장려된다. 이러한 상황에서 진정성은 중요한 고려 대상이 아니다. 지린성 왕칭현(汪清县)과 투먼시(图们市)를 각각 농가춤과 장고춤의 전승 기지, 옌지체육학교를 널뛰기와 그네의 전승기지로 삼거나, 지린성 왕칭현 바이차오거우진(百草沟镇)을 상모춤의 고향, 훈춘시(珲春市) 미장향(密江乡)을 통소의 고향, 투먼시 상상가(上向街)를 장고춤의 고향으로 삼는 것(刘芳华·孙皓, 2017: 131)은 집중적인 보호 전승과 인재 배양을 명목으로 하고 있지만 실제로는 각 지역마다 주력 문화유산을 배정하여 브랜드화하려는 의도로 보인다. 또한 조선족 농부절, 조선족 노인절 등 각종 '문화유산절'을 지정하여 지역 축제를 열기도 한다. 앞서 살펴보았듯이 민간 공예나 기술을 특별히 세분화한 이유도 결혼식과 같이 맥락성이 많지 않아서 무리 없이 상품화하기에 쉽기 때문일 것이다. 아이러니한 점은 소멸해가는 문화유산을 보호하기 위한 해결 방안이 상업적 개발이라는 사실이다. 문화유산의 상품화를 비판하고 상업적 이익을 위해 등재 신청에만 급급하여 이후의 보호와 관리는 부실한 측면에 대해 지적한 글에서도 결국에는 보호와 전승을 위한 해결 방안으로 '적절한 개발'[12]을 제시한다. 이처럼 조선족 사회는 문화유산의 지속적인 전승을 위해서는 축제의 개최나 관광지화 등을 통해 인위적으로라도 활성화를 시켜야 한다는 보호와 개발의 딜레마 상황에 처해있다.

보호와 개발이라는 모순 속에서 모범 사례로 제시되는 것이 농악무(상모춤)이다. 농악무는 조선족 무형문화유산 중 유일하게 유네스코에 등재된 항목으로 지역적 특색을 지니고 있으면서 무대예술적인 측면도 충족시켜 꾸준히 연행되었기 때문이다. 조선족의 농악무는 한국의 관점에서 본다면 그 진정성에 의구심이 제기될 것이다. 초기에 농악무는 무대의 현란함을 담당하는 장상모수를 제외하고 악기잡이와 소고, 채상모 등은 반드시 등장해야 하는 구성원으로 인식되지 않았고, 장고춤, 지게춤, 부채춤, 소고춤 등 다양한 민속예술이 편입되면서 사물반주의 자리를 대신하여 관현악단이 들어섰다(권봉관, 2014: 200). 상모춤이라는 다른 이름에서 알 수 있듯이 상모는 중요한 구성요소였지만 나머지는 자유로운 창작이 가능했다. 이는 조선족이 가지는 독특한 위치에 기인한다. 조선족은 한국의 다양한 지역에서 이주했기에 민속에 강원도, 충청도와 같이 지역성을 부과할 필요가 없었고 따라서 기준을 둘 원형도 없었던 것이다(권봉관, 2014: 202).

그런데 유네스코 등재 이후 농악무에는 변화가 일어난다. 사라졌던 농악 반주가 재등장하고 농기가 도입되며 상모춤이 한국식 상모놀음과 유사하게 변화했다. 이러한 전통적인 요소가 재도입되는 것에 대해서 '전통으로의 회항'(최

---

12 원문에서는 합리개발(合理開發). 합리적 개발은 조선족 비물질문화유산 조례에서 제시되는 기본적인 방향성이기도 하다.

민호, 2015)으로 본다면 전형을 강조하는 유네스코의 권위, 그리고 역사적 뿌리를 가지는 한국의 권위가 커진다고 해석할 수 있다. 유네스코가 명시하고 있지는 않지만 실제 사례에서 전통성을 무형문화유산 선정의 기준으로 삼고 있음(Labadi and Long, 2010: 109 - 110)과 옌볜방송에서 옌볜 사투리가 아니라 한국식 발음이 표준으로 채택되고 있음을 고려해볼 때 그러한 가능성도 배제할 수는 없다. 그러나 전통적인 요소의 재도입을 하나의 표현방식이 추가된 것이라고 본다면(권봉관, 2019) 이는 기존에 농악무가 그랬듯이 또 다른 창조성의 발현이라 할 수 있다. 그렇다면 유네스코가 본래 무형문화유산 지정을 통해 추구하는 문화 다양성, 그리고 목적은 조금 다르지만 중국이 지방과 국가 단위에서 중요하게 삼고 있는 기준인 지역적 특색과 일치하는 방향성이 될 것이다. 농악무의 사례는 조선족 사회에서 무형문화유산의 진정성이란 어떻게 해석될 수 있는지에 대해 시사점을 준다. 유네스코라는 국제기구가 가지는 권위, 그리고 한국이라는 국가가 역사적으로 경제적으로 가지는 권위로 인해 진정성의 기준이 전통성에 가까워질 수도 있지만 국가의 지방적 특색에 대한 장려와 상업적 개발이 필요한 현실 속에서 지역적 창조성이 더 주요한 기준이 될 가능성이 있다.

  이와 관련해서 조선족 비물질문화유산에는 전통혼례·회갑례·상장례와 같은 일생의례와 추석·백중·유두절과 같은 명절, 전통복식·냉면 제작기술·된장 만들기·민가건축기예 등의 의식주 생활문화가 포함되어 있어 도리어 한국의 무형문화재보다 예술이 아닌 민속 관습이 더 많이 포함되어 있다.[13] 김치공장이나 복식공장, 악기공장 등의 근무자와 음식점 주인이 전승자로 지정되어 있는데(정연학, 2016: 284) 이에 대해 영업이익을 우선시한다거나 제도가 잘 운용되지 않는 현실을 비판할 수도 있겠지만 도리어 '현재'의 무형문화유산을 대표할 수 있다고 여겨진다. 그리고 이러한 일생의례와 세시풍속, 의식주 생활문화

---

13 이는 한국의 무형문화재는 각 지역을 대표하는 것을 선정하는 반면 조선족의 비물질문화유산은 말하자면 한국 전체를 대표하는 것이기에 그 층위의 차이에서 초래되는 결과이기도 하다.

관습의 무형문화유산 등재는 진정으로 살아있는 유산이 될 가능성을 보여준다.

IV. 결론

지금까지 살펴본 바에 따르면 유네스코 무형문화유산 협약은 무형문화유산 범위 및 목록의 지정과 공동체의 참여라는 가치, 그리고 살아있는 유산을 강조하는 측면에서 중국의 국가적 차원과 조선족 지방정부의 차원에서 면면히 영향을 미쳤다. 세계유산제도와 관련된 첫 번째 쟁점으로 제시한 유네스코화와 유산화의 문제는 유네스코 협약에 따라 무형문화유산, 즉 비물질문화유산 관련 법률과 조례가 제정되고, 유네스코가 지정한 범위 내에서 문화유산의 범위가 설정되며, 목록을 작성하도록 하는 협약의 조항에 따라 문화유산 목록이 지정되는 것에서 나타난다. 중국 법률에서는 단순히 목록을 작성하는 것을 넘어 '대표성' 항목을 지정하고 있어 국가 단위가 강조된다. 이는 두 번째 쟁점인 국가 단위의 강화 문제로 연결된다. 흥미롭게도 유형 문화유산 제도에서 제시하는 '걸작'이 주요 기준이 되어 중국적 가치가 강조된다. 국가 내적 결속을 넘어 주변국과 갈등이 발생하는 모습은 무형문화유산 등재를 둘러싼 한중의 경쟁에서 잘 나타난다.

옌볜조선족자치주의 비물질문화유산은 조례를 살펴봤을 때 국가법에 비해서는 국가적 정체성이 훨씬 덜 강조되고 전승하는 사람에 초점을 맞추는 경향을 보인다. 개인과 공동체의 참여를 장려하고 살아있는 유산에 중점을 두는 유네스코의 가치는 조선족 사회에서 사람을 위주로 하는 가치로 표현된다. 전승 인력이 사라져가는 현실 속에서 사람을 위주로 하는 가치는 더욱 강화되지만 이 가치는 정부와 학계에 의해서 주창될 뿐 실제로 실천하는 주민의 참여는 이루어지지 않는 한계를 보인다. 그리고 소멸되어가는 문화유산의 보호를 위해서는 상업적 개발이 필요한 딜레마에 마주해 있기도 하다. 문화유산의 우선적인 등재와 상품화의 필요성 앞에 세 번째 쟁점으로 제시한 진정성은 유동적이다. 이는 기준을 둘 원형이 없는 조선족 사회의 특성이 반영된 것이기도 하고 전통성보다는 지역적 창조성이 발현될 가능성을 보여주기도 한다.

여기서 잠시 한국의 무형문화재법을 생각해보자. 무형문화재법은 전통성과 역사성을 강조하고 규범적 전형성을 따르는 부분이 있다는 비판이 제기되기도 한다. 2011년과 2012년 시행된 무형문화유산 목록 선정 작업에서는 항목 선정 기준으로 지역성이 제외되고 민족적 정체성과 독자성이라는 기준으로 대체되었다(정수진, 2015: 308 - 310). 만일 이 기준이 문화재청의 무형문화재 선정에도 반영된다면 지역보다는 국가를 기본 단위로 삼고자 함을 알 수 있으며 실제로 정선 아리랑은 국가적 아리랑으로 수정되었다. 이러한 경향성은 유네스코 등재를 위해서 소수민족을 위시한 지역성을 강조해야만 하는 중국의 상황과 대비를 이룬다. 무형문화유산은 탁월한 보편적 가치가 아닌 문화적 다양성과 공동체적 참여가 중시됨을 고려해 볼 때 지역적 창조성을 보여주는 조선족 무형문화유산의 사례는 한국의 무형문화재 정책이 나아갈 방향에 대해서도 일정 정도 시사점을 준다.

참고문헌

권봉관. 2014. "내향적 정교화의 두 얼굴 : 현 시대 한국의 농악과 중국의 농악무." 『비교민속학』 54.
권봉관. 2019. "유네스코 등재 이후 조선족 농악무의 변화양상 고찰." 『비교민속학』 69.
남근우. 2015. "유네스코 무형문화유산 체제와 동아시아 민속학." 『민속학연구』 37.
이정원·공정배·김용범. 2012a. "〈가야금산조〉의 유네스코 세계무형문화유산 목록 등재와 관련된 한중문화갈등의 배경과 대응방안." 『한국사상과 문화』 65.
이정원·공정배·김용범. 2012b. "〈아리랑〉의 유네스코 세계무형문화유산 목록 등재로 비롯된 한중간 문화갈등 배경 연구 - 중국 조선족 문화의 이중정체성을 중심으로 - ." 『한민족문화연구』 40.
송욱일·박금해. 2014. "연변 조선족 무형문화유산의 전승실태와 발전방안연구." 『역사문화연구』 51.
정수진. 2015. "무형문화유산의 문화정치학: 유네스코 체제에 대한 한국의 대응을 중심으로." 『실천민속학연구』 26.
정연학. 2016. "중국 조선족 무형문화유산 지정 현황과 문제점." 『민속연구』 33.
정준호. 2015. "중국 무형문화유산제도의 형성과 정책관리체계 연구." 『한국자치행정학보』 29(1).
최민호. 2015. "농악의 공연예술화, 그리고 전통으로의 회항." 『역사민속학』 47.

葛励闻. 2018a. "延边朝鲜族自治州非物质文化遗产旅游开发浅析." 『西部皮革』 40(20).
葛励闻. 2018b. "延边朝鲜族非物质文化遗产对当地经济的影响." 『延边党校学报』 34(6).
金庆姬. 2016. "朝鲜族非物质文化遗产(艺术)的价值与开发研究." 延边大学硕士学位论文.
金晶. 2016. "延边朝鲜族非物质文化遗产研究." 延边大学硕士学位论文.
刘芳华·孙皓. 2017. "中国朝鲜族非物质文化遗产传承保护探析." 『黑龙江民族丛刊』 6.
刘慰立. 2007. "论全球化背景下的中国非物质文化遗产保护." 『河南社会科学』 1.
申明玉. 2018. "中国朝鲜族传统体育的"保护"与"享用"—基于非物质文化遗产的视角—." 『延边大学学报』 51(5).

易秀梅. 2018. "中国朝鲜族非物质文化遗产保护传承研究."『长春师范大学学报』37(7).
张钟月. 2013. "朝鲜族非物质文化遗产的保护与传承"延边大学硕士学位论文
郑丽丽. 2016. "论黑龙江省朝鲜族非物质文化遗产的保护与传承."『黑龙江民族丛刊』1.
Labadi. Sophia and Colin Long. eds. 2010. *Heritage and Globalisation*. London: Routledge.
Kirshenblatt-Gimblett. Barbara. 2004. "Intangible Heritage as Metacultural Production." *Museum International* 56.

자료

https://ich.unesco.org/en/convention(검색일: 2021.03.31.)

http://www.gov.cn/flfg/2011-02/25/content_1857449.htm(검색일: 2021.05.10.)

http://www.gov.cn/zwgk/2005-08/15/content_21681.htm(검색일: 2021.03.26.)

http://www.womennews.co.kr/news/articleView.html?idxno=94599(검색일: 2021.06.11.)

http://www.newsje.com/news/articleView.html?idxno=95722(검색일: 2021.06.11.)

http://www.ybrd.gov.cn/lfgz/flfg/2020-06-19/177225.html(검색일: 2021.03.31.)

http://tjj.jl.gov.cn/tjsj/tjgb/ndgb/202012/t20201211_7820933.html(검색일: 2021.03.31.)

제8장

무형문화유산 보호의 두 가지 차원
- 일본의 공예 부문 사례를 중심으로

임경택(전북대학교 고고문화인류학과)

I. 일본의 '공예'가 맞닥뜨린 현실

2003년 10월 유네스코 총회에서 채택되어 2006년 4월부터 발효된 〈무형문화유산 보호에 관한 협약〉(이하 '협약')은, 1950년에 제정된 〈문화재보호법〉에 의거하여 문화재를 보호해 오던 일본사회에 많은 변화를 일으키는 계기가 되었다. 〈문화재보호법〉에서는 문화재를 이른바 사회 전체의 발전의 기반을 이루는 것으로 파악하여, 사회 전체의 '공공재(public goods)'로 자리매김하고 있다. 동법 제3조에는 "문화재는, 우리나라의 역사, 문화 등에 대해 올바르게 이해하기 위해서는 빠뜨릴 수 없는 것이고, 또한 장래의 문화 향상과 발전의 기초를 이루는 것"이라고 하였다. 그런데 21세기에 들어 특히 '협약' 체결 이후에, '문화의 공공재'로서의 문화재라는 기본적인 인식은 크게 변하지 않았지만, 문화재를 둘러싼 사회적 상황이 급격하게 변화하였다. 글로벌화나 정보화가 추진되어, 사람들의 의식이나 가치관의 다양화가 진행되면서 문화재에 대한 의식도 다양화하거나, 또는 사회 내에서의 문화재의 역할에 대한 기대도 다양하게 확산되었다.

즉 여태까지의 문화재라는 개념을 포함하면서, 더욱 폭넓게 유형·무형을 불문하고, 역사적인 가치를 보유한 문화적인 소산을 '문화유산(cultural heritage)'로 파악하고자 하는 움직임이 나타난 것이다.

일본에서 공예라는 말은 메이지시대 초기에 관제 용어로 탄생한 '미술'의 하위개념으로서, 1890년대에 포괄적으로 형성된 개념이다. 그 후의 일본에서 정치·경제·사회·문화적인 영향을 받으면서, 그 용어의 개념, 또는 틀 자체를 변용시켜 갔다. 특히 전람회에서 '공예' 부문이 설치됨으로써, '공예'로부터 '미술공예'의 분화가 결정적으로 추진되었다. 한편, '식산흥업'을 기치로 내걸고 산업의 근대화를 추진하던 시기의 일본의 중요한 무역 수출품이 재래 '수공업'의 가공제품(=공예품)이었던 관계로, '공예'와 '공업'은, 손작업=수공업에 의한 산업이라는 의미를 지닌 용어로서 동의적으로 사용되었다.

이러한 역사적 경위를 배경으로, 일본 국내에서는 무형문화재로서의 '공예' 분야에 크게 두 가지의 흐름이 병행되어 왔다. 메이지시대의 산업화 과정에서 공예개념이 형성되었고, 이후에 야나기 무네요시(柳宗悅)가 손작업으로 하는 공예품 제작 중에서도 일상용품에 대한 '실용미(用の美)'를 제창한 이래로, 일상생활 가운데 사용할 수 있는 실용품으로서의 기능미에 주목하게 되었다. 그런데 패전 후에 제정된 일본의 〈문화재보호법〉 제2조 2항에는 '연극, 음악, 공예기술, 그 외 무형의 문화적 소산으로 우리나라(일본)의 역사상 또는 예술상 높은 가치가 있는 것'을 '무형문화재'로 규정하고 있다. 그리고 중요무형문화재보유자 또는 보유단체에 의해 공예품 제작이 이루어지고, 전통적인 공예기법이 계승되고 있다. 이처럼 〈문화재보호법〉으로 보호받게 된 공예기술은 문화적 행위의 소산인 문화재로서 제작기법에 한정된 계승이 이루어졌다. 나아가 기술에 대한 상세한 내용이 모든 기록매체에 보존되면서 공예문화가 반영구적인 계승을 보장받은 것처럼 보이게 되었다.

하지만 제2차 세계대전 직후에 제정된 이른바 당시의 '인간국보'의 손으로 제작된 공예작품은, 오늘날의 상황에서 보면 실용품이라고는 할 수 없는 성격의 것들이었다. 보는 관점에 따라서는, 원래 생활 도구였던 도자기나 칠기, 염직품 등이 생활문화의 소산으로서의 본래의 의미를 상실하고, 미술작품의 범주 안에 포함되었다고도 할 수 있다. 즉 제조기법의 계승과 생활 속에서의 기능은 기본적으로 양립하지 않는다는 맹점을 가지고 있었다. 이러한 양립의 문제는 공예와 관련하여 〈문화재보호법〉 외에 〈전통적 공예품산업의 진흥에 관한 법률〉(이하, 〈전산법〉)이 제정됨으로써 더욱 극명하게 드러났다.

이러한 상황을 또 다른 측면에서 살펴보자. 재래의 생활문화의 소산이, 근대화 과정에서 외국 문화의 영향이나 효율성·합리성의 추구에 밀려 상실된 사례가 많지만, 우연히 잔존하게 된 것이 문화재로 보존되는 조치를 받는다. 이러한 도식은 문화적 행위의 계승, 문화적 정체성의 보유와 유지라는 점에서는 주체성이 심각하게 결여된 태도라고 아니할 수 없다. 또한 제작기법의 계승은 문화재의 보존이라는 점에서 중요한 요소이기는 하지만, 생산과 더불어 생활 속에서의 이용이라는 일련의 과정을 문화적 행위의 총체로서 생각하는 입장에서 보면, 일본의 전통공예문화는 상당히 위기적인 상황에 놓여 있다고 인식하게 되었다. 실제로 일본인의 생활 속에서 일본의 전통적 색채는 급속도로 희석되고 있는 것이 현실이다.

이처럼 21세기 일본의 '공예'는 국내적·국제적 두 차원의 문제가 복잡하게 얽힌 상황을 맞이하게 되었다. 그러한 상황은 단지 일본만의 문제는 아닐 것이다. 그래서 문화재 보호의 본래적인 의의인, 전통적 행위를 문화로 어떻게 평가하고 계승할 것인가라는 점에 대해 전통적 기법에 의한 공예제품을 제재로 검토해 보고자 하는 것을 이 글의 주요 목표로 삼았다.

이 목표를 실천하기 위해 우선, 일본에서 '공예' 개념이 형성되고 전개되는 과정에 초점을 맞추어 그 배경과 사회상황을 분석함으로써, 문화재와 문화유산 사이의 딜레마가 생겨나게 된 사회적 이유를 살펴보고자 한다. 19세기 후반 메이지시대부터 다이쇼시대까지 공예라는 말이 생겨나고 순수미술을 지향하던 시기의 공예, '고미술'의 한 분야로 보호받던 전통공예, 1920년대 중반 이후 이른바 '민예운동' 시기의 공예, 미술공예로부터 탈피하여 전개되었던 산업공예, 〈문화재보호법〉상 무형문화재로 지정되어 보호받던 공예, 기계와 수공의 융합에 의한 새로운 공업제품을 창출하려던 크래프트 운동, 경제산업성이 주도한 〈전산법〉에서 규정한 전통적 공예품 등을 중심으로, 일본 사회 내에서의 공예의 위치에 용법에 대해 파악해 볼 것이다. 나아가, 일본의 무형문화재와 유네스코의 인류무형문화유산 개념 사이의 간극을 살펴보기 위해 2014년에 유네스코 대표목록에 등재된 일본의 '수록화지'의 사례를 통해 살펴본다. 그리고 두 가지 공예가 각각 보호와 진흥의 대상이 되어 온 점을 고려하여, 그것들이 구체적으로 어떤 장면으로 나타나는지에 대해 살펴본다. 결론에서는 두 가지 공예와 두 가지 제도 사이에서 새로운 방향을 설정하기 위해 일본이 어떠한 이해를 해왔는가를 고찰함으로써, 무형문화유산의 두 가지 차원 즉 개념의 정의와 보호활동에서 나타난 현상을 분석해 보고자 한다.

II. 일본에서의 '공예' 개념의 형성과 전개

일본이 비로소 근대국가로서의 모습을 갖추게 되었다고 평가되는 1890년대는 '공예'의 대략적 개념·틀이 형성된 시기라 보아도 좋은데, 그것은 '미술(회화·조각)' 이외의 손작업에 의한 조형이라는 매우 큰 포괄적 개념으로부터 '미술공예'와 '공업'이 분리됨으로써 성취되었다. 그러나 '공예'는 그 포괄적·중간적 개념으로 인해 '미술공예'와 '공업'을 분리한 후에도, 자기의 개념 규정을 쉽게 이룰 수 없었다. 나아가 '미술'에 관한 '미술공예'는 문부성이, '공업'에 관한 '공예'는 농상무성이 담당하는 분담이 시도됨으로써, 1890년대 이후 현재까지 공예의 개념·용어적 틀의 문제는 지속적으로 남게 되었다.

　　메이지시대 이후, 현대에 이르기까지의 '공예'의 역사적 전환기를 정리해 보면, ① 공예의 순수미술화, ② 전통공예의 전개, ③ 민예운동의 전개, ④ 산업공예(industrial design)의 등장과 전개, ⑤ 문화재보호법의 제정, ⑥ 크래프트의 등장과 전개, ⑥ 〈전산법〉의 제정으로 집약할 수 있다.[1] 이에 대해 구체적으로 살펴보기로 하겠다.

1. 공예의 순수미술화

서구개념인 '미술'이 일본에 이식되고, 제도적으로도 규정된 것이 1890년의 제3회 내국권업박람회의 '미술' 분류였다. 따라서 이 해를 전후하여 '미술'에 관한 제반 제도가 정비되었고, 그에 따라 '공예'도 결정되었다. '공예'를 결정적으로 자리매김한 것은, 문부성이 주최한 문부성 미술전람회(통칭 '문전')의 개최이다. 1907년부터 개최된 문전은 일본화·서양화·조각의 3부문을 설정하였고, '공예'는 배제되었다. 그로 인해 공예는 국가의 미술에서 배제됨과 동시에 공예의 지위 그 자체도 결정되었다.

그로부터 미술공예는 1913년부터 1939년까지 개최된 농상무성 주최의 '도안 및 응용작품전람회'에 '응용(미술) 작품'으로 출품하였다. 또한 '미술공예' 및 그 담당자들은 관전에서의 '공예'부문 개설 운동을 추진하여, '공예' 작품의 순수미술화를 위해 노력했다. 이것을 추진한 중심은 내국권업박람회나 만국박람회·공진회 등을 통해 대가(大家)가 되었던 '공예 장인'이 아니라, 도쿄미술학교(현, 도쿄예술대학)를 중심으로 하는 미술학교의 학생이나 교사였고, 그들은 도제제도에 의한 기술 습득을 기반으로 하는 '공예 장인'과는 달리, 학교 교육을 통해 기술과 교양을 몸에 익힌 '공예가'였다. 이 '공예가'의 운동이 결실을 맺어, 1927년에는 '문전'의 후신인 제국미술원전람회(통칭, '제전')의 제4부에 '공예' 부

---

1 다나카 미나미는 공예의 역사적 변천을 ① 공예라는 말의 발생과 변화(메이지~다이쇼시대), ② 민예운동(다이쇼 말기~쇼와시대 초기), ③ 국립상공성공예지도소(쇼와시대 초기~중기), ④ 공예와 디자인의 분화(1945~1949년), ⑤ 1950년대 문화재보호법의 제정, ⑥ 1950년대 크래프트의 파생, ⑦ 1970년대 전산법으로 분류하여 고찰하였다(田中みなみ, 2001: 2 - 5 참조). 필자도 이 분류에 동의하여 그 분류를 따르기로 한다.

문이 설정되었다. 여기에 이르러 '공예'는 드디어 '미술'의 한 분야로서 공적으로 인지되었고, '공예'의 순수미술화(미술의 일부로서의 공예)가 실현되었던 것이다. 그 후 1937년에는 다시 문부성 주최의 '신문전'이 되어 1944년까지 개최되었고, 그 사이에 많은 '공예가'를 탄생시켰다. 패전 후 1946년에는 이 관전들을 계승하는 미술전람회로서 일본미술전람회(통칭, '일전')이 발족하였다.

'일전'을 통해 '공예가'들은 실용성을 포기하고, 추상적 작품을 추구함으로써(樋田豊次郎, 2004: 32 - 33) 1960년대에 '공예'는 전환기를 맞게 된다. 특히 그들은 재료의 가공법에 관한 기성 개념을 변혁시켰고, 그것을 새로운 작품의 표현방법으로 추구하였다. 그리하여 1961년에 '일전' 공예부 안에서 예술지상주의를 표방하는 공예작가들에 의해 '현대공예미술가협회'가 설립되었다. 그 기관지인 『현대공예뉴스(現代工芸ニュース)』에 '공예의 본의는 작가의 미적 환상을 근간으로 하여 이른바 공예 소재를 구사하여, 그 조형 효과에 의한 독특한 미를 표현하는 것으로, 그 제작형식의 입체와 평면을 불문하고, 공예미를 추구하는 것에 있다. "사용할 수 있는 공예"라는 문자는 오랫동안 공예의 도구적 설명밖에 되지 않았다'고 하여, '공예가'들은 실용을 포기한 감상용 공예작품의 제작을 지향하게 되었다. 그런데 1970년대가 되면, 이 순수미술이라는 틀이 붕괴된다. 즉 모더니즘이 종언을 고했고, 아방가르드 예술과 비예술의 경계가 모호해지면서, 포스트 순수공예가 모색되었으며, 1990년대의 현대공예는 전통으로의 회귀로 나아가게 되었다(北澤憲昭, 2003: 10 - 18 참조).

2. 전통공예의 지향

전술한 것처럼, '미술공예'의 전통으로의 회귀 즉 '전통미술(공예)'에 대한 지향은 1990년대의 특징인데, 이것은 근대 이후의 '공예'의 '순수미술화'와 병행하는 형태로 공예가들에 의해 계속 모색되어 왔었고, 나아가 제도적으로도 보완되어 온 역사를 지니고 있다. 특히 제도 면에서 보면, 메이지시대에는 '고미술'

이라 불렸고,[2] 현대에는 '문화재'라는 용어로 국가에 의해 수집·관리·지정·등록 등이 이루어지고 있는 '전통미술'이 되었다. 1871년에는 '고기구물(古器旧物=고미술)'의 보존이 태정관에 의해 포고되었다. 다만 당시의 '고기구물'의 보존을 담당한 것은 박람회 사업 등을 통해 식산흥업을 추진하던 박물국(태정관 정원의 관할)이었고, 수출진흥을 도모하던 부서가 '고미술'의 해외수출방지를 담당하였다. 그 후 박물국은 내무성·농상무성의 관할 하에 놓이게 되는데, 1884년에 박물국의 하부조직인 정창원(正倉院), 1886년에는 박물관까지 궁내성으로 이관됨으로써, '고미술'의 보호는 식산흥업에서 완전히 분리되어, 제국박물관을 중심으로 하는 황국역사 형성의 일단으로 기능하게 된다. 1888년, 궁내성 임시전국보물취조국은 고사사(古社寺)를 조사하여 보호·보존해야 할 '고미술'을 선정하였고, 1890년에는 제실기예원(帝室技芸員) 제도가 설치되어, 모범이 되는 일본미술의 제작자를 제실이 현창하였다(佐藤道信, 1996: 179-180 참조). 이 성과는 1897년의 〈고사사보존법〉에 의한 국보 지정으로 결실을 맺었다. 1929년에는 〈국보보존법〉, 1933년에는 〈중요미술품 등의 보존에 관한 법률〉도 제정되어, '고미술'의 법적인 보호체계가 정비되었다.

이처럼 과거의 '우량고미술'의 수집·보존·전시를 통해, 수출공예품의 진흥을 도모했던 '고미술' 보호정책은 근대 이후 서구화된 미술적 가치관에 반발하여, 과거의 우량고미술로 거슬러 감으로써 일본미술의 독자성 확립을 지향하는 방향으로 변용되어 갔다. 패전 후 이 '고미술'의 보호에 관한 법률은 1950년에 제정한 〈문화재보호법〉으로 일원화되었다. 이 법은 미술품 등의 유형문화재 외에, 무형문화재·매장문화재·민속문화재 등의 보호제도를 정비해 가게 되었다. 1954년부터 중요무형문화재 기술보유자(통칭, '인간국보')의 인정이 개시되는데, 이것은 '고전에 촉발되어 창작을 지향한 공예가들의 전전에 시작된 활동

---

[2] 메이지시대에 고미술을 보존하게 된 직접적인 요인은, 1868년에 포고된 '신불판연령(神仏判然令)'으로 인해 일어난 폐불훼석(廃佛毀釈)이었고 나아가 해외로 고미술이 유출되는 현상 때문이었다.

을, 제도적으로 인증한 것'(樋田豊次郎, 2003: 39)이라고 평가하기도 한다. 왜냐하면 〈문화재보호법〉의 담당기관으로 설치된 문화재보호위원회(1968년에 문화청으로 이관)가 공예를 행정적으로 보호하고자 했던 당초의 목적은 '장인의 전통적인 기예가 전통으로 설정되었던' 것을 보더라도 소멸되어 가던 '공예 장인'의 고도의 기술전승, 그에 의한 '조국의 문화적 지위'가 그 이념으로 설정되었기 때문이다(樋田豊次郎, 1996: 39). 그러므로 '공예 장인'의 고도의 기술이야말로 일본 전통의 상징이고, 그들이 만드는 '전통공예'를 보호함으로써 문화적 정체성의 확립을 시험해보고자 한 것이었다.

그러나 실제로 제도가 시행되었을 때는, 고도의 기술뿐 아니라 예술성이 추구됨으로써, 이것은 '패전 전의 고전회귀에서 파생한 창작활동을 제도 안에 받아들인' 성격을 지닌 것이 되었다. 그리하여 인간국보의 인정기준 그 자체가 고도의 전승적 기술과 예술성을 작품에 체현할 수 있는 인물이라는 모호한 것이 되었고, 결과적으로 '공예가'의 전통적인 창작활동은 '전통공예'라는 분야에서 확립된 한편, '공예 장인'의 전통적인 기술 전승에 대해서는 또 다른 과제로 남게 되었다.

3. 민예운동의 전개

'미술공예'·'전통공예' 등 '공예가'를 중심으로 하는 '공예'의 역사적 전개 가운데, 현대에도 큰 영향을 남기게 된 것이, 1926년부터 시작된 민예운동이다.[3] 민예운동의 특징은 '공예'를 '미술공예'와 '민예'로 명확하게 나눔으로써, '공예'의 본질을 규정한 것이었다.

민예운동의 주도자인 야나기 무네요시의 논저「공예의 미」(柳宗悅, 2004: 100-125)에서 야나기의 '공예'를 고찰해 보자. 우선 그가 주장하는 것은 '용도없는

---

[3] 미즈오 히로시는 〈일본민예미술관설립취의서〉가 발표된 1926년 4월 1일을 일본 민예운동의 본격적인 개시 시기라고 하였다(水尾比呂志 解説, 2004: 386 참조).

세계에, 공예의 세계는 없다. (…)용도에 대한 봉사, 이것이 공예의 마음이다'라고 한 것처럼, 공예에서의 용도의 중요성이다. 그리고 '미는 용도의 현현이다. 용도와 미가 결부되는 것, 이것이 공예이다. (…) 실용에서 벗어나게 되면, 그것은 공예가 아니라 미술이다. 용도와의 별리는 공예와의 결별이다. 그 거리가 떨어질수록, 공예의 의의는 죽어 간다'라고 하여, 실용의 중시를 통해 얻을 수 있는 미와의 조화(용과 미)를 지적한다. 그리고 '미술공예'와 그 제작자인 공예가를 통렬하게 비판하고, 그 대립축으로서 '민예'를 등장시킨다. 야나기의 '민예'란 '민중으로부터 나오는 공예'이고, '이름도 알 수 없는 민중의 노작'에 의해 제작된다고 설명한다. 그리고 그 특질을 무명성에서 찾았고, '모든 아집은 여기에서 포기당하고, 모든 주장은 침묵당하고, 다만 말 없는 그릇만이 남는다'고 하여, 제작자의 몰아=몰미의식을 주장함으로써, 민중을 위한 염가의 제품 제작을 재촉한다. 나아가 '미를 모르고, 거기에 밀리지 않는 그들에게야말로, 손쉽게 자유로운 미가 부여되었다'고 하여, 몰미의식에 의한 자유로운 창조에만 미가 부여된다고 주장한다. 또한, 제작조건 중 하나로, '공예는 자연이 부여해 줄 수 있는 자재에서 출발한다. 자재가 없으면 그 땅에 공예는 없다. (…)공예의 미는 (…)지방색으로 살린다'고 하여, 지역성 즉 지역에서 산출되는 원재료를 이용하는 것을 중시하고 있다. 또한 실제 제작에는 수공적 기술을 중요시하였고, 수공이 뛰어난 이유를 '자연이 직접 작용하기 때문이다. 자칫하여 기계가 미를 훼손한다면 그것은 자연의 힘을 잘라내기 때문이다'라고 설명한다. 그리고 공예(민예)가 염가로 다량으로 생산된다는 것을 전제로, 공예 제작의 근원을 노동에 두고, '올바른 공예는 좋은 노동의 하사품'이라고 하였다. 그리고 '뛰어난 모든 작품은 한 사람의 작품이 아니라 합작이다'라고 하여 그 노동을 민중의 단결에 의한 협동작업에 의한 것이라는 점을 주장하고 있다. 야나기가 제창하는 공예의 성질을 정리하면, 제작자(민중·장인)의 무명성, 염가양산성, 수공적 기술에 의한 생산, 지역성의 함유, 실용과 미의 조화의 다섯 가지로 집약할 수 있다.

그러나 이 민예운동은 운동 자체에 모순을 품고 있었다. 즉 '공예 장인'이 수공적 기술을 갈고 닦아서 생산한 '민예품(공예품)'만을 적극적으로 평가하고 있으므로, 기계공업에 의해 생산된 '공업제품'에 대해서는 당연히 비판적이었다. 하지만 대다수의 서민은 '민예품'보다는 다량으로 그리고 염가로 제공되는 '공업제품'을 구입할 뿐, 고가의 '민예품'은 소수층만이 누릴 수 있었다. 더욱이 수많은 '공예품' 중에서 민예운동가들의 엄격한 눈에 든 소수의 '민예품'만 한정적으로 인정받았다. 이처럼 민예운동은 첫째, 근대공업사회의 진행 과정에서 역행적 운동이라는 시대적인 착오, 둘째, '민예'의 인정기준이 모호하다는 문제를 운동 자체에 내재시키고 있었다. 결국 제2차 세계대전이 발발하던 무렵에 종식을 보게 되었다. 그러나 이 민예운동은, 일용품의 미에 대한 사람들의 관심을 강하게 이끌었고, 미학적 운동이라는 면에서는 성공하였으며, '미술공예'나 '디자인'에도 영향을 끼치게 되었다.

4. 산업공예의 등장과 전개

1901년 도쿄고등공업학교에 도안과가 개설된 후부터 미술학교나 공예학교 등에서 도안이나 의장의 개발·연구가 이루어지게 되었다. 또한 1913년부터 '공예'의 진흥을 도모하기 위하여 개최되었던 농전 또는 상공전[4] 등도 '공예'의, 그리고 무엇보다도 공업을 위한 고도의 도안·의장의 개발·보급에 큰 역할을 하였다. 이와 같은 전람회를 통해 '공예 장인'에서 공예·공업제품의 의장·도안의 제작을 전문적인 일로 삼는 '의장가'·'도안가' 등이 탄생하게 되었다.

    그것을 더욱 추진하여, 급속도로 발전하는 근대공업과 '공예'를 결부시키는 역할을 하게 된 것이 1928년에 설립된 '상공성 공예지도소'이다. 센다이(仙台)에 설치된 공예지도소는 『공예 뉴스』 등 기관지의 발행, 연구성과의 발표, 전시, 계몽 활동, 해외 디자인의 소개 등의 활동을 전개하면서, 이미 존재하던 지

---

4 최초에 '농전'이라고 통칭되다가, 1919년에 '공예미술전'으로 개칭되었고, 1925년부터는 상공성이 설치되면서 '상공전'이 되어 1939년까지 계속되었다.

방의 공예를 육성지도하던 기관에서 디자인을 명확한 이념에 둔 지도기관의 기둥으로 자리 잡게 되었다. 이같은 과정을 거쳐 서서히 '공예'에서 '디자인'이 자립하기 시작하였는데, 이것을 더욱 확고히 결정지은 것이 전쟁 중에 이루어진 대용품의 개발과 제작이다. 이를 통칭 '산업디자인'이라 불렀다.

그리고 패전 후 일본에서 산업공예가 미술공예로부터 탈피하여 일용·생활용품을 주도적으로 디자인하게 되면서, 신소재에 의한 생활용품의 디자인이 본격적으로 시작되었다. 그들은 특히 미국으로 수출하기 위한 생활용품을 제작하여 공예품의 수출에 큰 역할을 하였다. 1952년에 공예지도소는 통산성 '산업공예시험소'로 개칭되었고, 지도기관에서 연구기관으로 그 역할을 전환하게 되었다. 산업공예시험소는 1969년에 '제품과학연구소'로 개조되었고, 2001년에 독립행정법인 '산업기술총합연구소'로 통합되어 현재에 이르고 있다. 그리하여 전시 중에 '공예'로부터 싹이 튼 '산업디자인'은 패전 후에 본격적으로 자립하여, 그 담당자인 디자이너도 산업의 전문 분화와 함께 전문특화해 가게 되었다.

민속학자 모리구치 다리(森口多理, 1954: 216 - 217)는 이를 산업공예라 규정하고, '일반적으로 미술로 취급하지 않는 것, 예를 들면 자전거, 세탁기, 가방, 미싱 등과 같은 실용품의 공리성을 가장 능률적으로 발휘하게 하여, 생산과정에서의 절약과 능률을 향상시킴과 동시에, 사용자의 감성에 유쾌한 것이기도 하도록 형태를 창안하는 것'이라 하였다. 일본디자인센터 대표인 디자이너 하라 겐야(原研哉, 2003: 12)도, 오늘날의 프로덕트 디자인에 대해 '패전 후 일본의 산업이 세계의 제품 공장화한 것이 산업디자인과 문화디자인을 분단시켜 버렸다'고 하였다.

5. 문화재보호법의 제정

1949년 법륭사(法隆寺) 금당의 화재사건을 계기로 하여, 허술한 문화재 보호체제를 재검토하고, 새로운 체제의 확립을 도모하기 위해, 1950년에 제정된 법률이 〈문화재보호법〉이다. 그 후 몇 차례(1954, 1975, 1996, 2004년)의 대폭적인 개정을 거쳐 오늘에 이르고 있다.

　동법 제1조에 따르면, '이 법률은 문화재를 보존하고, 또한 그 활용을 도모하며, 그를 통해 국민의 문화적 향상에 이바지함과 동시에, 세계문화의 진보에 공헌하는 것을 목적으로 한다'고 되어있고, 문화재를 유형문화재·무형문화재·민속문화재 등으로 분류하여, 지정·등록 등이 이루어지고 있다.

　유형문화재란, 역사상, 예술상으로 가치가 높은 유형의 문화재(건축물·미술공예품)을 보호대상으로 하고, 이들 중 중요한 것은 중요문화재로 지정을 받고, 보존과 활용이 특히 필요한 것은 등록유형문화재로 등록된다. 또한 유형문화재 중에서 특히 가치가 높은 것은 국보로 지정된다. 국가는 지정·등록된 유형문화재에 대해, 조사, 보존수리, 방재시설의 설치 등에 필요한 경비의 보조 등 보호조치를 강구하게 된다. 이어서 무형문화재란 역사상, 예술상으로 가치가 높은 무형의 문화재(연극·음악·공예기술 등)을 보호대상으로 하고, 이들 중 중요한 것은 중요무형문화재로 지정받는다. 국가는 지정뿐 아니라, 기록의 작성, 전승자의 양성, 보존 등에 필요한 경비의 보조 등의 보호조치를 강구하고 있고, 무형문화재를 보호할 때에는 단순히 기술을 보호할 뿐만 아니라, 중요무형문화재보유자·보유단체(통칭, "인간국보")를 인정하고, 이들 사람과 단체에 대해 지원조치를 강구하고, 그 전승 등을 확보하는 구조를 취하고 있다. 민속문화재는, 유형 및 무형의 양쪽 분야에 걸쳐져 있고, 그 특질을 고려하면서 각각 유형문화재 및 무형문화재에 준하는 형태로 보호를 도모한다. 또한 각각에서 특히 중요한 것은 중요무형민속문화재·중요유형민속문화재·등록유형민속문화재로 지정 또는 등록한다.[5]

　이 중에서 '공예'와 관련된 지정·인정·등록제도로서는 ①유형문화재에 있어서 '미술공예품'의 지정·등록, ②무형문화재에 있어서 '공예기술'의 지정, ③'공예기술'의 중요무형문화재 보유자·보유단체로서의 인정 등의 세 종류가

5　이하의 각 문화재 설명은 『문화재보호법』의 전문을 참조

있다. ①유형문화재에 있어서 '미술공예품'의 지정·등록은, 시대적으로 근대 이전의 것이 압도적으로 많고, 과거의 유산인 고미술품(이른바 '전통공예')의 보존과 관련된 지정·등록이라는 측면을 지니고 있다. ②무형문화재에 있어서 '공예기술'의 지정은, '도예, 염직, 칠예, 금공, 목·죽공 기타의 미술공예와 관련된 제작기술이고, 예술작품을 만들어낸다는 예술적인 제작 의도가 강한' 기술이 대상이 된다. ③'공예기술'의 중요무형문화재 보유자·보유단체로서의 인정은, 역사적·예술적으로 고도의 공예기술을 보유하고 있는 사람·단체에 대해 이루어지며, 그 전통기술의 전승·후속 세대의 양성을 도모한다는 성격을 지닌 것이다.

　　이러한 규정 등을 보면, 문화재보호법의 '공예'에 관한 지정·등록 등은 모두 역사적·예술적으로 가치가 높은 것을 전제로 하고 있고, 기본적으로는 '미술공예'나 '전통공예', 전승주체는 전통적인 기술을 보유한 '공예가'를 그 대상으로 하고 있다는 것이 분명해진다. 2004년의 문화재보호법 일부 개정에 의해, 무형민속문화재에 '민속기술'이 새롭게 부가되었다. 이것은 지역에서 전승되어 온 생활이나 생산에 관한 용구, 용품 등의 제작기술을 새롭게 보호대상으로 부가한 것으로서, 종전의 '공예기술'과 대조적으로 비'미술공예가'인 '공예 장인'의 손작업에 의한 기술의 보호·전승에 착안한 것으로 주목된다.

6. 크래프트운동의 전개

크래프트라는 용어는, '국제공예미술협회'의 기관지 『크래프트 디자인』에 사용되었던 것이 새로운 공예를 상징하는 말로 서서히 정착한 것이라고 한다(田中みなみ, 2001: 4). 그리고 그 크래프트란 조금 양산적이고, 어느 정도 기계력을 이용하고 있지만, 수공예의 느낌을 어딘가에 조금 남겨두고 있는 것이고, 실용품이기는 하지만 약간은 취미적인 요소도 함유하고, 공업제품과 수공예와의 중간지대에 속하는 성질을 가진 것이다(前田泰次, 1975: 17-49).

　　크래프트가 이처럼 복잡한 성질을 가지게 된 것은, 공예의 순수미술화에 대한 반발, 민예운동에 대한 반성 등의 영향을 받아 탄생했기 때문이다. 크래프트가 지향한 것은 현대의 생활양식을 포함한 질 높은 실용품 제작이었고, 수공에 의한 품질의 불안정과 고가격화의 문제를 해결하기 위하여, 제조공정에 기계를 활용하여 기계와 수공의 융합에 의한 새로운 공업제품의 창출이었다. 그러므로 전통적인 생활용구에 근대적인 디자인을 도입하는 작업도 이루어지고, 참신한 일용생활품을 고안하게 되었다.

이렇게 출발한 일본의 크래프트 운동은 특히 1956년에 설립된 '일본 디자이너 크래프트맨 협회'(현, 재단법인 일본크래프트디자인협회)와 1960년에 설립된 재단법인 '크래프트 센터 재팬'이 중심이 되어, 백화점 등의 유통기구를 끌어들여 운동을 전개한 것이 그 원동력이 되었다. 이 법인조직들을 중심으로 하는 크래프트운동은, 개시 당초에는 지역의 공예품 산지를 기반으로 한 것도 있어서, 작자의 무명성이 강조되었지만, 점차로 아트 지향을 강화함과 동시에 공예품 산지에서 유리되어 버렸다. 그리고 산업디자인과 합류한 결과, 프로덕트 디자인의 한 분야로 특화하게 되었다. 그리하여 결과적으로는 '공예'로부터 '크래프트맨', '크래프트 작가', '디자이너' 등을 탄생시키게 되었다.

7. 〈전산법〉의 제정

제1차 오일쇼크를 계기로 고도경제성장이 멈추고, 대량생산·대량소비의 경제시스템에 대해서도 반성이 촉구되었고, 나아가 생활양식의 다양화·개성화, 공해문제의 노정 등과 맞물려, 기계로 생산된 제품으로부터 품질을 중시하는 손으로 만든 제품으로 소비자의 의식이 변화하게 되면서, '공예품'이 각광을 받게 되었다. 동시에 '공예품'을 생산하는 산업 산지에서는 후계자·원재료의 확보난, 자금 부족, 전통적인 기술·기법의 소멸 염려 등 산업의 존속 자체가 위기적인 상황을 맞았다.

그래서 이와 같은 경제·사회적 위기에 대응하기 위하여 등장한 것이 1974년에 시행된 〈전산법〉이다. 이 법은 '전통적 공예품'에 관해 명확한 정의나 규정은 하지 않았지만, 법률을 제정하기 전 해인 1973년에 통산성 생활산업국으로부터 '업종별 민예산업 실태조사'와 '민예산업 진흥의 생각과 대책에 대하여'라는 법률 제정을 위한 조사 보고가 이루어졌다(中小企業庁編, 1974: 6 -7). 후자의 보고서에는 민예품의 특징으로서, ① 기술 및 원재료의 면에서 전통성이 유지되고 있다(전통성), ② 생산공정의 주요 부분은, 수공업에 의해 이루어지고 있고, 노동집약성이 높은 산업이다(수공성), ③ 산지를 구성하여 발전해 오고 있다(산지성), ④ 미술품과는 달리, 그 제품을 실용품이고, 또한 '형태'나 '모양'이 형식화되어 있다(대중성, 모형성)는 네 가지 점을 들고 있다. 이처럼 보고서에 등장하는 민예품의 특징이 야나기 무네요시가 제창한 '민예'의 성질과 매우 근사한 것이며, 그로부터 '전통적 공예품'을 '미술공예'와 대치하는 민예품으로 치환함으로써 '전통적 공예품'은 기본적으로는 야나기의 '민예' 개념을 답습하여, 성립한 것이라고 할 수 있다.

그리고 〈전산법〉 제1조에는 '이 법률은, 일정한 지역에서 주로 전통적인 기술 또는 기법 등을 사용하여 제조된 전통적 공예품이, 민중의 생활 안에서 육성되고 계승되어 왔고, 장래에도 계속 존속할 수 있는 기반이 있다는 점을 고려하여, 이와 같은 전통적 공예품 산업의 진흥을 도모하고, 그를 통해 국민의 생활에 풍요로움과 윤택함을 부여함과 동시에 지역경제의 건전한 발전에 이바지할 것을 목적으로 한다'고 하여, '일정의 지역'이라는 산지를 전제로, 거기에서 생산되는 전통적 공예품을 진흥함으로써 지역경제의 발전을 도모하는 것이 명확하게 규정되어 있다. 또한 〈전산법〉을 제정한 이듬해인 1975년에는 재단법인 전통적 공예품 산업진흥회(약칭, '전산협회')가 발족하여, 상품에 첨부하는 전통 증지의 발행, '전통공예사'의 인정, 각종 산지의 진흥활동이 이루어지고 있다. 그리하여 '전통적 공예품'은 야나기 이래의 '민예적 성질'과 '크래프트' 운동에 의해 배양되어 온 실용성에 대한 대응을 실현하는 것으로 등장하였다. 또한 이 시대에 이르러, 새삼 야나기의 '민예' 개념이 받아들여지게 된 것은, 시대적 배경으로서 급속히 진행된 공업사회, 그것이 만들어낸 무기질의 제품의 증가에 대한 반성이 있었고, 또한 국민의 상대적인 소득 증가에 있었다는 것은 더 말할 필요가 없을 것이다.

전산법에 의한 '전통적 공예품'의 지정제도[6]는 기계화의 진전과 함께 전·폐업하는 장인의 전통적인 수공 기술을, 그리고 장인이라는 존재 자체를 재검토·재인식시키는 기회가 되었다. 그러나 '미술공예'의 제작자를 공예가=예술가, 전통적 공예의 제작자를 장인='공예 장인'이라고 파악함으로써 그 제도가 성립되기는 했지만, 이 차이가 소비자에게 명확하게 의식되지는 않았다. 그리고 '공예품'을 산지의 진흥을 위한 것이라 자리매김하였기 때문에, 메이지 이후의 근대화 과정에서 산지를 형성할 수 있었던 지역에 존재하는 '공예 장인'만이 그 대상이 되었고, 산지 이외의 '공예 장인'의 진흥은 방치하게 되었다. 또한 전산업의 제정은 전산협회로부터 인정된 '전통공예사'를 탄생시킴으로써, 결과적으로는 '공예'의 담당자인 '공예 장인'으로부터 새로운 사회적 계층을 낳았고, '공예'의 틀을 더욱 복잡하게 하는 결과를 초래했다고 할 수 있다.

전술한 바와 같은 '공예'의 역사적 전개 과정을 겪으면서, 현재 일본의 공예 및 공예산업이 안고 있는 딜레마가 생겨났다고 여겨진다. 그 딜레마에 대해 구체적으로 살펴보기로 하자. 첫째는 무형문화재 제도와 관련된 문제이다. 문화재와 문화유산의 개념 차이로 인한 문제이고, 둘째는 문화재로서의 보존·보호와 산업으로서의 보호·진흥의 문제 사이에 존재하는 틈새이다.

---

6 〈전산법〉에서는 전통적 공예품의 기준을 다음과 같이 정하고 있다. ①주로 일상생활용으로 제공된 것이어야 함. ②제조과정의 주요 부분이 수공업적이어야 함. ③전통적 기술 또는 기법에 의해 제조되어야 함. ④전통적으로 사용되어 온 원재료가 주된 원재료로 사용되어, 제조되어야 함. ⑤일정한 지역에서 적지 않은 숫자의 사람들이 제조를 하거나 또는 그 제조에 종사해야 함.

III. 위상과 범위의 문제: 문화재와 문화유산

일본에서의 무형문화재에 대한 개념은 전술한 바 있으므로, 새롭게 등장한 문화유산이라는 개념을 살펴보기 위해, 유네스코 인류무형문화유산의 대표목록에 등재되어 있는 종목을 살펴보기로 하자. 현재 총 23종목이 등재되어 있고, 그중에서 공예기술에 해당하는 종목은 3종목[7]이 있다. 이 글에서는 2014년에 인류무형문화유산 대표목록에 등재된 '수록화지(手漉和紙)'의 사례를 중심으로 살펴보기로 하겠다.

1. 일본의 수록화지의 사례: 무형문화재에서 무형문화유산이 되다

2014년 11월, 유네스코 무형문화유산보호조약 제9회 정부간위원회에서 '화지(和紙; Washi, craftsmanship of traditional Japanese hand-made paper)'가 대표목록에 등재되었다. 일본 정부는 국가 지정 중요무형문화재(보유단체 인정) 중 3건(표 8-1)을 구성요소로 그룹화하여 이미 등록되어 있던 세키슈반시(石州半紙)를 확장 제안하여, 이 위원회에서 등재 결정을 받게 되었다. 이 제안은 다음과 같은 기준을 충족시켰다고 판단되어 등재 결정을 받았다(文化庁, 2014.11.27.).

>기준1 수록화지를 제작하는 전통적인 지식, 기술, 공정은 세대에서 세대로 계승되고, 현지 사람들에게 정체성의 감각을 초래하며, 사회적인 유대감을 키우고 있다.
>기준2 화지의 대표목록 등재로 인해, 무형문화유산 전반의 중요성에 대한 인식이 고양되었고, 대화가 촉진되었으며 동시에 전통적인 지식과 기술의 존속으로 이어진다.

---

7 2010년에 등재된 '유키쓰무기(結城紬)', 2014년 등재 '수록화지(手漉和紙) 기술', 2020년 등재 '전통건축 공장(工匠)의 기술: 목조건축물을 계승하기 위한 전통기술'이 있다.

기준3 후계자 육성이나 전시, 학교에서의 체험사업, 그리고 닥나무[楮]의 재배 촉진, 그리고 전통적인 종이를 현대 디자인에 사용하는 등, 화지만들기를 촉진하고, 기록하고, 계승하기 위한 다양한 보호 조치가 현재 진행 중이며, 장래 계획도 세워져 있다.

기준4 화지만들기 커뮤니티나 현지 주민, 지방자치단체가 제안 과정에 전면적으로 참가하였으며, 또한 임의의 사전 설명을 들은 후 동의하였음이 제시되어 있다.

기준5 세 개의 화지 제작(石州半紙, 本美濃紙, 細川紙)은 모두 중요무형문화재로서, 문화청이 정비하고, 커뮤니티의 참가를 얻어 정기적으로 갱신되고 있는 일본 국내의 목록에 포함되어 있다.

일본의 시마네현 하마다시(島根県浜田市), 기후현 미노시(岐阜県美濃市), 사이타마현 오가와마치·히가시치치부무라촌(埼玉県小川町·東秩父村)의 세 커뮤니티에서 전통적인 손뜸기술[手漉]로 만든 종이인 화지의 기술이 전승되어 왔다. 화지는 고조[楮, 뽕나무과의 닥나무]의 섬유를 원료로 하여, 그 나무의 껍질을 깨끗한 강물에 담그고 풀어서 고조의 섬유질을 물속에서 불린 후, 대나무 발로 걸러서 만든다. 화지는 글자를 쓰고 책을 만드는 용도로만 쓰이는 것이 아니고, 종이 칸막이, 방과 방 사이를 막는 문인 '후스마(襖)', 미닫이문인 '쇼지(障子)' 등과 같은 가정용 실내 장식물에도 사용된다. 닥나무 재배에서부터 기술을 훈련하는 과정이나 화지를 국내외에 널리 알리기 위해 새로운 상품을 개발하는 등에 이르기까지, 화지 제지술을 지속적으로 보존하기 위해서 이 세 커뮤니티의 주민

표 8-1 유네스코 대표목록에 등재된 수록화지

명칭		보유단체	관계 자치단체
세키슈반시	石州半紙	세키슈반시 기술자회	시마네현 하마다시(島根県浜田市)
혼미노시	本美濃紙	혼미노시 보존회	기후현 미노시(岐阜県美濃市)
호소카와시	細川紙	호소카와시 기술자협회	사이타마현 오가와마치·히가시치치부무라(埼玉県小川町·東秩父村)

대다수가 참여하여 각자의 역할을 담당하고 있다.

화지 제지 기술은 화지 장인의 가족, 보존 협회, 그리고 지역 당국이라는 3가지 수준에서 전승되고 있다. 화지 장인의 가족과 직원들은, 부모로부터 기술을 전수받은 장인의 지도를 받으며 작업과 동시에 기술도 습득하고 있다. 세 커뮤니티에서 거주하는 모든 사람은 스스로 화지 제조 전통에 자부심을 가지고 있으며, 화지는 문화적 정체성을 상징하는 것이라고 생각하고 있다. 또한, 이들 공동체는 화지의 전통과 직접적으로 혹은 밀접하게 연관된 주민들로 이루어져 있기 때문에, 화지는 공동체의 사회적 결속을 보다 강화하는 역할을 하고 있다.

세 지역에 사는 주민들은 화지 제조라는 전통을 중심으로 생활하고 있다. 제지술은 주민들의 생계 수단이고, 그들의 사회·문화적 생활을 지탱해왔다. 세 지역의 커뮤니티는 닥나무의 제조에서부터 화지 제작, 제지술의 훈련, 화지 공예품의 소비활성화 및 홍보에 이르기까지 화지의 전통과 직접적으로 관련 있거나 밀접하게 연관되어 있다. 이 세 커뮤니티는 '와시노사토(和紙の里, 화지의 마을)'이라 불리며, 협회의 구성원뿐만 아니라 3개 커뮤니티의 모든 주민이 화지와 관련된 일에 종사하고 있다. 이처럼 각 커뮤니티는 화지를 통해 사회적 결속을 보다 강화하고 있다. 3개 지역은 역사적으로 화지를 통하여 발전하여 왔다. 그리하여 공동체에서 거주하는 모든 사람은 화지 제조 전통에 자부심을 느끼고 있으며, 화지는 이들의 문화적 정체성의 상징이 되었던 것이다.

오늘날, 화지의 지속적인 전승을 유지하기 위하여 화지와 관련된 많은 활동이 진행되고 있다. 3개 지역의 주민들은 화지 제지술 자체의 전승을 위하여 노력할 뿐만 아니라, 화지와 관련된 역사적 자료를 이용하여 새로운 상품을 개발하기도 한다. 예를 들면, 젊은 소비자층에서 특히 폭넓은 주목을 받고 있는, 화지로 세련되게 디자인한 램프의 갓과 같은 창조적인 형태의 새로운 상품을 만들기 위해서 애쓰고 있다. 이처럼 화지는 3개 커뮤니티 내에서 새로운 발전을 이루고 있다.

화지 제지술은 일반적으로 화지 장인의 가족과 직원들이 부모로부터 기술을 전수받은 장인의 지도하에 작업을 하면서 기술을 자연스럽게 습득하게 된다. 따라서 전통적인 제지술은 화지를 제조하는 가정에서 자녀가 부모에게서 배운다. 아울러 최근에는 화지 제조 과정을 배워 장인이 되고자 하는 도시 지역의 젊은이들도 참여하고 있다. 이런 젊은이들은 화지 제조 지역으로 이주하여 기술을 배움으로써 전통의 새로운 담지자가 되고 있다. 시간이 흐름에 따라 일본 사회가 발전하면서 동시에 화지의 수요가 감소하는 새로운 추세를 맞게 된 3개 커뮤니티의 화지 장인과 그 가족은 일본의 전통 제지술의 보존 및 활성화를 위한 협회를 설립하였다. 이들은 미래에 계속될 생활방식의 변화로 인한 새로운 수요를 만족시키기 위해 화지 제지술을 적극적으로 새롭게 재생시킴으로써 제지 기술과 관련 지식의 세부 사항을 효과적으로 보존할 수 있을 것이다. 화지 전통의 연행자인 화지 제조를 하는 가족이나 3개 지역의 주민들 모두가 화지 제조의 전통에 자긍심을 가지고 있으며, 지역주민과 관광객을 대상으로 한 화지 제조 강좌를 개최하는 등 화지 제지술의 발전과 이용을 위해 노력하고 있다. 3개 지역 모두 박물관이나 공예 센터를 통해서 화지를 직접 제작할 수 있는 체험 기회를 제공하고 있다. 아울러 화지 제지술 및 이용에 관한 정보와 기술을 제공한다는 목표 아래, 하마다 시의 경우에는 '세키슈 와시 센터', 미노시의 경우에는 '미노 와시 박물관', 오가와 마치의 경우에는 '오가와 와시 워크숍 센터', 히가시치치부 마을에서는 '히가시치치부 와시 노 사토 와시 공예 센터'를 각각 설립하여 홍보기관으로 운영하고 있다. 이들 기관은 지역 공동체 외부에서 예술가들을 초빙하여 화지의 이용에 관한 혁신적인 아이디어를 교환하는 등 여러 가지 행사를 주최하고 있다.

19세기 들어, 저가의 기계로 만든 종이가 도입되고, 사람들의 생활방식과 소비 패턴이 근대화된 결과 화지의 생산과 소비는 여러모로 영향을 받게 되었다. 그러나 화지를 제작하는 세 커뮤니티의 주민들은 화지 제작 기술을 중요한 문화유산이라고 여기고 전통을 지키는 동시에 현대적인 인테리어에 쓰일 수 있도록 소비자의 새로운 요구를 만족시키기 위해서 지속적으로 화지의 제작 기술을 개발하고 전승해왔다. 닥나무 재배에서부터 기술 훈련, 화지를 국내외에 널리 알리기 위한 새로운 상품의 개발 등에 이르기까지, 화지 제지술을 지속적으로 보존하기 위해서 세 공동체의 주민 대다수가 각자의 역할을 담당하고 있다. 오늘날 이들의 삶은 화지를 중심으로 돌아가며, 화지는 사회적 결속과 정체성, 자긍심을 확인하는 데 촉매의 역할을 한다. 아울러, 유네스코 등재 과정을 거치면서 세 커뮤니티는 상호 연대하게 되었으며, 서로 협력한다는 목표를 세우고, 정보 및 경험을 상호교류하기 위해 노력하고 있다.

2. 문화재와 문화유산의 간극

무형문화유산이란 영어 정문으로는 the Intangible Cultural Heritage라고 한다. '무형'의 문화유산이란, 유형의 유산에 대한 개념이라고 당연시되고 있지만, 'Intangible'이라는 말의 사용은 일본의 제도에 있던 '무형'을 영어로 직역한 것이라 생각된다. 원래의 의미는 '포착하기 어려운, 형태를 이루지 않은' 등의 의미로 사용되던 말이지만, 2003년 '무형문화유산 보호를 위한 협약'(이하 협약) 체결 후에 지속적으로 사용되어 이제는 당연한 용어로 사용되고 있다.

협약에서는 무형문화유산을 3단계—정의, 성질, 주요 분야—로 나누어 설명하고 있다. 즉, 무형문화유산이란, (전승자, 보유자, 실천자로 구성된) 커뮤니티가 자신들의 문화유산의 일부로 인정하는 '관습(practices), 재현(representations), 표현(expressions), 지식(knowledges), 기술(skills)'을 가리킨다. 또한 이와 관련된 '기구(instruments), 물품(objects), 가공품(artifacts), 문화적 공간(cultural spaces)'을 말한다고 했다. 나아가 이 무형문화유산은 세대에서 세대로 전승되고, 커뮤니티에 의해 환경이나 역사에 따라 항상 변화하며, 커뮤니티에 정체성이나 계속적인 의식을 부여하고, 문화의 다양성이나 인류의 창조성에 대한 존중을 촉진하는 성질을 가지고 있어야 하는데, 주요 분야로는 구두전승의 전통과 표현, 예능, 사회적 관습, 의식, 제례 행사, 자연이나 만물에 대한 지식과 관습, 전통공예기술 등이 있다고 정했다.

하지만 전술한 수록화지의 사례에서 볼 수 있듯이, 이 주요 분야에 속한다고 해서 자동적으로 협약의 무형문화유산이 되는 것은 아니다. 그리고 국가가 행정조치를 통해 지정했다고 해서 바로 협약에서 말하는 무형문화유산이 되지는 않는다. 그것은 커뮤니티(사회, 집단 및 경우에 따라 개인)가 자신들의 문화유산의 일부로 인정하는 것이어야 한다. 이 점은 협약의 목적인 무형문화유산의 보호(safeguarding)와 떼어놓을 수 없을 정도로 중요한 점이다. 협약에서 정한 등재 절차는 우선 국내의 무형문화유산의 목록에 기재되어 있어야 하고, 기재를 위한 추천은 국제법의 주체인 국가에 의해 이루어져야 한다. 또한 주요 분야로 제시된 다섯 가지 분야에 대해서도 조문에는 '그중에서도 특히(inter alia)'라는 표현이 있으므로, 한정된 것이 아니라 예시이며, 다른 분야도 존재할 수 있는 가능성을 남겨 두고 있다.

이 제도와 규정을 일본의 무형문화재의 등록방식과 비교해서 살펴보면, 양자가 차이가 있음을 알 수 있다. 일본의 문화재 보호 제도에서는 1950년의 '문화재보호법'(최신 개정, 2021년)에서 '문화재'라고 들고 있는 분야 중 두 가지가 무형의 문화재에 해당한다. 하나는 무형문화재(연극·음악·공예기술 등), 또 하나는 무형민속문화재(풍속관습·민속예능·민속기술)이다. 그리고 국가가 선정한 문화의 보존기술(선정보존기술)을 더한 세 가지를, 일본은 협약의 무형문화유산이라고 정해 두고 있다. 좀 더 구체적으로 살펴보자.

그림 8-1에서 보듯이, 공예나 공예기술, 그 외 무형의 문화적 소산 중 '우리나라(일본)에 있어서 역사상 또는 예술상 가치가 높은 것'을 무형문화재라고 한다. 국가는 이들의 기술을 중요무형문화재로 지정하고 동시에 보유자와 보유단체를 인정한다. 중요무형문화재는 다시 예능과 공예기술로 나뉘고, 그 중 공예기술은 다시 '염색'과 '도예, 칠공예, 수록화지'로 나뉜다. 그리고 '민속문화재'라고 여겨지는 풍속관습, 민속예능, 민속기술 중에서 '우리(일본) 국민의 생활의 추이를 이해하기 위해서 빼놓을 수 없는 것'을 국가는 무형민속문화재로 지정하되, 보유자와 보유단체는 인정하지 않는다. 또한 이에 사용되는 의복, 기

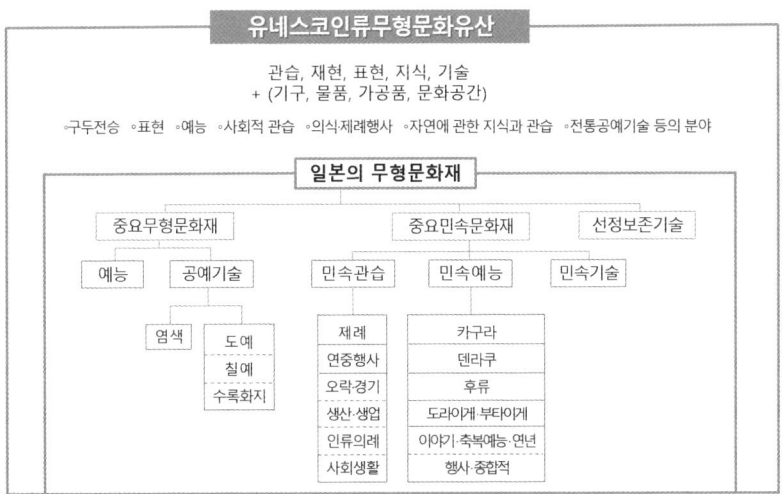

그림 8-1 유네스코의 인류무형문화유산과 일본의 무형문화재의 범위

구, 가옥 등은 '유형민속문화재'로 분류된다. 풍속관습은 '제례', '연중행사', '오락·경기, 생산·생업, 인류의례, 사회생활(민속지식)'로 나누어진다. 민속예능은 '가구라(神楽)', '덴가쿠(田楽)', '풍류', '이야기(語り物)·축복예능(祝福芸), 장수기원(延年), 행사(おこない), 종합적'으로 세분된다. 일본은 이 분야들만 무형유산조약의 무형문화유산에 해당한다고 간주하여, 이 분야와 관련된 무형문화재만을, 그것도 대표리스트에만 제안해 왔다. 원칙적으로, 전술한 세 범주 내에서, 문화심의회를 거쳐, 균형 있게 선택하여, 국가의 중요문화재로 지정된 순서대로, 두루두루 모두 제안한다는 방침이 정해져 있다(文化庁, 2008.07.30.). 여기에서 일본이 국내의 무형문화유산으로 간주하고 있는 문화재와 협약의 대상인 무형문화유산의 관계를 살펴보면, 협약의 무형문화유산이 일본의 문화재의 범위보다 훨씬 더 폭이 넓다는 것을 알 수 있다. 그리고 일본에서는 문화재의 범주에는 들어가지 않는 영역, 예를 들면, 농림수산, 교육, 스포츠, 환경과 자원, 의료, 천문·기상, 요리에 관한 전통, 자연에 관한 지식도 조약에서는 무형문화유산에서는 포함될 수 있다. 이러한 간극의 문제는 단순히 범위의 차이로 끝나지 않는다. 보호의 차원에서 새로운 딜레마를 낳게 된다.

IV. '보호'와 '진흥'의 문제

인류무형문화유산에 앞서 제정된 세계유산의 보호는 'protection'을 기본으로 하고 있는데 비해, 무형문화유산의 보호는 'safeguarding'으로 규정되어 있다. 이 차이 안에 무형문화유산에 관한 협약의 정신이 표현되어 있다고 해도 과언이 아닐 것이다. 조문(협약 제2조 3항)에서는 다음과 같이 정의하고 있다.

> "보호(Safeguarding)"라 함은 특히 무형문화유산의 감정·기록·연구·보존·보호·증진·고양·특히 공식적·비공식적 교육을 통한 전수 및 이러한 유산의 다양한 면모의 활성화 등 무형문화유산의 생명력을 보장하기 위한 조치를 말한다.

'보호'는 무형문화유산의 존속가능성을 분명히 하기 위한 조치이고, 그러한 조치에는 감정(identification)·기록(documentation)·연구(research)·보존(preservation)·보호(protection)·증진(promotion)·고양(enhancement)·전수(transmission)·활성화(revitalization)가 포함되어 있다. 이 조치의 구체적인 내용은 각국에 맡겨져 있고, 또한 무형문화유산의 내용이나 그 무형문화유산이 처한 상황, 커뮤니티(community)의 참가방식 등에 따라 달라진다. 예를 들면, 공예와 같은 무형문화유산에는 증진 조치를 중점적으로 실시하고, 또 다른 무형문화유산에 대해서는 전승의 재활성화에 주력하며, 또 다른 것에 대해서는 지역이나 학교에서의 의식향상의 활동을 중심으로 수행하는 등을 가리킨다. 보호를 위한 조치는 단순히 집행하기만 하면 되는 것은 아니다. 무형문화유산이 존속해 갈 수 있도록 보호 조치를 집행하는 것이고, 거기에서 중요한 것은 존속가능성이라는 말이다. '존속'이라고 하면 '계속 존재하는 것'이므로 현상만 계속되면 좋다는 느낌이 있다. 하지만 viable이라는 말은 원래 생명(vie)에서 온 말이다. 즉 '혼자서 살아갈 수 있는 생명력을 가지고 있다'는 의미가 있는 것이다. 그러므로 무형문화유산의 '보호'는 무형문화유산이 살아남으면 충분한 것이 아니라, 스스로 계속해서 '살아갈' 수 있는 조치를 적극적으로 취해야 하는 것이다.

한편 'protection'은 유형문화유산에 대해 사용되는 경우는, 일반적으로 파괴나 열화(劣化) 등의 변화, 또는 도난 등의 부정행위와 같이 무언가 해가 되는 것으로부터 지키는 것을 가리킨다. 전자에 대해서는 그대로의 상태를 유지한다는 의미로 'preservation'이라는 말도 사용된다. 이 경우 장기간에 걸쳐 가능한 한 형태를 바꾸지 않고 유지하는 것에 중점이 놓여 있으므로 유형유산에 'protection'은 유효한 것이다. 그러나 무형의 유산에 대해 형태를 바꾸지 않는 점에 주안을 둔 'protection'을 사용하면, 무형문화유산의 '냉동보존'을 상기할지도 모른다. 냉동보존이란, 예를 들면 박물관에 진열하고 끝내는, 즉 데이터나 관련기구를 모아 전시하는 것을 목적화하는 보존방법이다. 이 협약을 기초(起草)할 때 인류학자를 비롯한 많은 전문가의 우려 중 하나가, 'protection'이 사용되면, 전승자를 무시하고 외부자가 무형문화유산을 물건화해버리는 방식을 유발하지 않을까라는 것이었다고 한다.

협약의 목적은 무형문화유산을 고정화하는 것도 아니고, 박물관에 진열하고 끝내는 것도 아니다. 또한 관광지도에 싣는 것도 아니다. 건축물 등의 유형유산과는 달리 무형유산은 살아 있는 인간이 생활 안에서 표현하고 있는 유산이다. '살아 있는 유산'이란 본래 변화해 가는 성질을 가지고 있고, 그 보호는 보유자나 전승자의 존재를 무시하고 외부자가 고정화하는 것이 아니다. 그러므로 보호에는 'protection'이 아니라 'safeguarding'이 적절하다고 생각한다. 그리고 영어의 'safeguarding'이라는 말에는 'protection'이라는 말에 비해 적극적인 행동을 취한다는 의미가 있다. 즉 위기적 상황에 있는 무형문화유산을 방치하는 것이 아니라, 무언가의 조치를 취한다는 행동성을 나타내는 말이다. 이 협약이 생겨난 배경으로서, 1990년대에 가속화된 지구 규모의 사회변화로 인해 무형문화유산이 곳곳에서 위기적인 상황에 처해 있다고 생각된 부분이 있다.

이에 비해 전문가들 사이에서는 무형문화유산이 위협을 받는다고 하더라도 공동체의 유산인 무형문화유산에 국가나 외부자가 간섭해서는 안 되고, 협약도 바람직하지 않다고 하는 견해도 있었다. 한편으로 많은 전문가들은 아무 것도 하지 않으면 무형문화유산은 눈 깜짝할 사이에 소멸되어 버릴지도 모른 다는 위구심을 표명하였다. 한 번 소실되면 두 번 다시 되돌릴 수 없는 무형문 화유산에 적극적인 보호 조치를 취해야 한다는 의미에서, 'protection'의 의미 를 포함한 'safeguarding'이라는 말이 더욱 더 어울린다고 생각되었던 것이다. 즉 'safeguarding'이라는 말에는 무형문화유산을 살아 있는 유산으로 보호하는 것, 무형문화유산의 보호를 위하여 적극적으로 조치를 취한다는 것, 이 두 가지 의미가 함께 들어있는 것이라 할 수 있다.

다음으로 '문화재'와 '문화유산'의 개념이다. '재'와 '유산'의 용어는 같은 대상에 대해 사용되어, 실질적으로는 치환이 가능한 경우가 많다. 그러나 본래 의 함의에는 기본적인 차이가 있다. '재(영어로는 property, 불어로는 bien)'란 건축 물군과 같은 부동산처럼 소유자(공사를 불문하고)의 존재가 강하게 의식되는 말 이다. 이에 비해 '유산(영어로는 heritage, 불어로는 patrimoine)'은 일의적으로는 상 속되는 재산의 총체를 가리키는데, 자연유산이나 문화유산이라고 할 때는 단순 히 상속되는 것이 아니라 '소중하게 남겨서, 미래 세대에게 전해야 할 물건'이라 는 상징적인 의미를 띠게 된다. 즉 전자에서는 근대적인 사적 소유의 개념이 전 제되어 있는 것에 비해, 후자에서는 오히려 공공재를 후대에 계승하는 것의 의 의가 강조된다. 유네스코의 문화유산협약 중에서는, 1954년의 〈헤이그협약〉과 1970년의 〈문화재불법수출입금지협약〉에서 '재'가 사용되고 있다. 하지만 실제 로는 이 두 개의 협약에서 사용되는 '문화재'에는 공공재적인 성격도 다분히 부 여되어 있었다고 생각된다. '유산'의 용법은 국제법으로서는 1972년의 〈세계 유산협약〉이 최초였고, 그 후에는 이 말이 더 널리 사용되게 되었다. 이 협약에 서는 문화유산과 자연유산을 모두 소중한 '인류의 공통유산'으로 자리매김하였 고, 그로부터 약 30년 후에 작성된 〈무형문화유산보호협약〉에서는 무형문화유 산을 인류의 유산이라고 하였다. 취급 대상이 문화재에서 문화유산으로 바뀌면 서, 조약이 지향하는 시간의 방향성이 과거에서 미래로 확산되어 간다고도 할 수 있을 것이다.

　일본의 경우에는 수록화지의 사례에서도 볼 수 있듯이, 문화유산이기 이전에 문화재로서 존재해 왔던 까닭에, 보호의 개념에서 차이를 보이고, 더욱이 산업으로서의 위상이 양립하고 있었다. 그래서 단순한 보호를 넘어 진흥이라는 차원의 문제가 존재한다. 이러한 양립의 문제는 공예와 관련하여 〈문화재보호법〉 외에 〈전산법〉의 존재에서 극명하게 드러난다. 물론 중요무형문화재 지정과 경제산업대신의 지정이 중복되는 사례도 있지만, 두 개의 법률은 같은 전통공예를 다루면서도, 그 관점이나 이념에는 다른 방향성을 지니고 있다. 우선 〈문화재보호법〉의 관점에서 보면, 〈전산법〉에 규정된 전통적 공예품은, 일부 기계공정이 도입되므로 순연한 전통적 기법이 아니라고 할 수 있다. 거꾸로 전통공예가 생활문화의 소산이라고 한다면, 일본전통공예전에 출품된 작품은, 감상용 미술품이고, 그 본래의 용도인 생활용구라고는 할 수 없다. 이것이 바로 딜레마이다. 이 문제는 지금까지도 공예에 관한 논의 중에서 가장 소박하고 근본적인 요인이 되어 온 문제인데, 오늘날에 이르는 생활문화의 연속성이라는 것 안에서 공예품을 파악하는 데에는 이미 결착을 본 문제로 볼 수 있다. 즉 에도시대 이전의 제조기법에 의한 제품은, 극히 일부를 제외하면, 일상의 생활용품으로 이용될 가능성은 없고, 그러한 의미에서 에도시대 이전 또는 그로부터 그리 멀지 않은 시기에 단절된 것이라고 할 수 있다. 다만 전통적 기법을 전면적이지는 않더라도 계승하는 제품을 전통공예라고 부른다면, 어떤 정의로 전통공예가 아닌 제품과 구별을 할 것인가라는 점이, 여전히 논의의 여지를 남기고 있다. 한편 지장산업(地場産業)[8]의 입장에서는 전통공예를 '오랜 세월을 거친 전통

8　특정 지역에 중소영세기업이 집중적으로 입지해 있고, 생산·판매 면에서 산지 고유의 사회적 분업체제가 확립되어 있고, 지역의 독특한 '특산품'적 소비재를 생산하고, 전국 또는 세계에 그 판매시장을 확보하고 있는 것을 가리킨다. 산지형성이 에도시대 또는 그 이전으로 거슬러 가는 전통형 지장산업과 근대형 지장산업으로 나뉘는데, 전 산지 수의 약 40%를 차지하는 전통형 지장산업은 〈전산법〉의 대상지역이다.

성 안에서 생겨난 하나의 조형을 좇아 온 실용적인 일상생활품'이고, '실용성 안에 미적 감각을 감추고 있는 것'이라고 규정하여, 실용성이 없는 감상용 미술품과는 종류를 달리하고 있다.

중요무형문화재 보유자의 손에 의한 공예품이 실용품으로서의 의미를 상실한 것은 이미 많이 지적되어 왔는데, 특정 개인이 아니라, 중요무형문화재의 산지 지정에 의한 경우, 그 제품은 상품으로 공급되어야 한다. 중요무형문화재 지정의 효과는, 지정요건으로 인해 우선 구래의 제조법이 지켜진다는 점과 산지 브랜드가 향상된다는 점이 있다. 고급제품의 생산지로서의 특수한 유통경로가 생겨남과 동시에 관광자원으로서도 부각되는 등의 경제효과 또한 적지 않다. 하지만 노동비용이 높은 과거 제조법의 유지는, 가격을 비싸게도 하지만 과거와는 제품의 성격이 변해버리는 것도 현실이다. 원래 자급용을 주로 하던 일상용품으로 생산되던 것이 오늘날에는 세계 유수의 고급제품이 된다. 또한 전통기법 계승을 위해 중요무형문화재로 지정하지만, 거기에는 맹점이 존재한다. 지정은 어디까지나 특정한 공정이나 원재료에 대해 이루어진다. 생활용품으로서의 기능성의 부여, 고급품으로서의 정치한 의장이 요구됨으로써, 제조법을 에도시대 이전의 고식(古式)에 의한 것으로는 성립하지 않는 것이 현상이다. 특히 재료의 문제가 가장 곤란하다.

V. 새로운 '이해'와 방향 전환

이러한 딜레마를 극복하고 새로운 방향을 설정하기 위해 일본은 어떠한 '이해'를 하려고 했는가? 우선 Culture에서 culture 또는 cultures로의 개념 이동이다. 유네스코에서는, 문화란 특정의 사회 또는 사회집단에 특유의 정신적, 물질적, 감정적 특징을 합친 것이고, 또한 문화란 예술·문학뿐 아니라, 생활양식이나 인류의 기본적 권리, 가치관, 전통 및 신앙까지 포함한 것이라고 해석하고 있다

(UNESCO World Conference on Cultural Policies, 1982). 'Culture'(대문자로 시작하거나, 또는 단수로 취급되는 '문화')는 서구의 '고급문화(high culture)'에 대응하여, 보편적인 하나의 절대적 가치의 존재를 전제로 하고 있다. 서구 엘리트주의를 배경으로 하는 자유주의적 인문주의(또는 교양주의적 인문주의, liberal humanism)·예술지상주의를 반영하고 있다고 비판되기도 한다.

이에 대해 'culture'라는 표현은 문화인류학적인 광의의 정의에 호응하며, 문화다원주의적인 관점을 반영하고 있다. 후자는 1982년에 유네스코가 주최한 세계문화정책회의(장관급 정부 간 회의, 1982년 멕시코시티)에서 정의된 이래, 국제적으로 널리 인용되고 있다. 이 광의의 정의에 기초하여 '문화유산'에 대해서도 종래의 역사적 건축물이나 유적, 미술품뿐 아니라 사람들의 정신성이나 가치관을 표현하는 무형문화유산도 포함한 확대해석이 촉진되어, 이후의 〈무형문화유산보호협약〉의 개념으로 이어져 갔다. 이처럼 유네스코에서는, 시대와 함께 대문자(또는 단수)의 '문화'로부터 소문자(또는 복수)의 '문화'로, 즉 근대서구사상을 배경으로 한 일원적인 문화개념에서 보다 다원적인 문화개념으로, 그리고 근대적인 사적 소유권을 문제로 하는 '재'에서 '계승'을 보다 강조하는 '유산(heritage)'으로, 나아가 협의의 보호로부터 보다 광범위한 활동을 포함하는 보호로, 용어와 그 배경에 있는 이념이 조금씩 확대·변용되어 왔다. 일본에서도 이러한 문화개념을 바탕으로 문화재를 '이해'하고자 노력하고 있다. 문화재가 일실(逸失)되고 산일(散逸)되는 원인을 그 이해의 부족이라고 생각하고 있는 것이다.

그리고 보호와 진흥에 대해서도 새로운 '이해'와 방향을 추구하고 있다. 오늘날에는 중요무형문화재 지정에 의해 오래되고 좋은 공예기법이 후세에 전해질 수 있도록 기록되고, 또한 사람에서 사람으로 기법이 전달될 수 있는 태세가 갖춰진 것처럼 생각되고 있다. 그러나 과거에는 일상의 실용품으로 사용되었던 공예가 지닌, 물건으로서의 사회적 기능이 변화될 수밖에 없는 상황에 처해 있다. 즉 기법적인 측면에서는 전통공예에 보존의 길이 열렸다고 할 수 있지만, 물건 본래의 실용적·기능적 성격에 대한 이해는 점점 더 계승의 길이 닫히고 있다. 문화재라는 것이, 단순히 보존되는 것만을 목표로 하는 것이 아니라, 그것이 어떤 의미에서 문화재인가가 이해되고, 문화적 행위 안에서 활용되기 위해서는 이해를 심화시키기 위한 토대를 만들 필요에 대한 사회적 인식이 확대되고 있다. 이것은 전통공예를 예로 들어보면, 우리 주변에서 전통적인 요소를 가진 공예품을 접하고, 또한 그것을 실제로 다루어 봄으로써 그 성격·기능이라는 것을 알고, 그러한 과정을 거쳐 비로소 중요무형문화재로 지정되는 공예품의 의미에 대해 이해가 미치게 되리라는 생각에 근거하고 있다. 보존되어 온 것이 무슨 의미가 있는지 이해되지 않으면, 그것은 언젠가 상실되는 장면을 맞이하게 될 것이다. 그러한 의미에서 전통공예뿐 아니라, 모든 문화재에 대해 그것을 보존하기 위한 기초의 계승을 게을리해 온 것은 아닌지 돌아보고 있다.

그리고 현재의 문화재 보호는 관 주도에 의한 부분이 크다. 광범위한 사회적 요청에 의한 트러스트 운동을 배경으로 하는 문화재 보호라는 이미지와는 거리가 멀다. 사회적인 이해를 갖추어야만 진정한 문화재의 계승이 이루어질 것이라 생각한다면, 전통공예의 경우에도 정점에서는 순연한 고식의 기법이 지켜지면서도, 그 기초를 형성하는 오늘날의 요청과의 균형 위에 성립되는 공예 제품의 보급이 필요하다고 공감하고 있다. 즉 일상에서의 전통공예에 대한 이해를 위해서는 그 요소를 지닌 제품의 보급이 필요하고, 보급에 의해 산업의 진흥도 동시에 가능해진다는 것이다. 그리고 산업으로서의 발전과 동시에, 그것이 고식 기법으로 담보된 부가가치에 의한 제품이라는 이해를 견지하고, 효율지상주의에 의한 전통적 요소의 희박화를 방지할 필요성을 주장하고 있다. 전통적 공예품에 기계공정을 도입하는 것을 비롯한, 여러 가지 '타협책'은 전통적 요소를 조금씩 상실해가는 것이 아닌가라는 의구심이 항상 도사리고 있지만, 소비자 측의 이해가 있으면 그러한 제품을 시장으로부터 구축될 것이다. 전통공예의 계승을 위해서는 문화재로서의 그것과 더불어 보급품으로서의 존재가 불가결하다고 생각하고 있다. 보급품에 의해 전통공예에 대한 이해의 기초가 형성되고, 그로부터 전통공예 계승을 위한 소비자측의 담당자가 배출될 것이라

보고 있다. 그러기 위해서 다양한 수준에 대응할 수 있는 공예품 개발의 필요성을 인정하고 있다.

참고문헌

久米康生. 1995. 『和紙文化辞典』. わがみ堂.

菊池理子. 2009. "無形文化遺産としての工芸技術 - 染織分野を中心として -." 『無形文化遺産研究報告』3.

北澤憲昭. 2003. 『アヴァンギャルド以後の工芸 - "工芸的なもの"をもとめて』. 美学出版.

森口多理. 1954. 『美術概論』. 東峰書房.

水尾比呂志 解説. 1983. "工芸と現代." 『月刊文化財』241.

水尾比呂志 解説. 2004. "柳宗悦の足跡." 柳宗悦, 『民芸四十年』. 岩波書店.

文化財保護委員会. 1960. 『文化財保護の歩み』. 大蔵省印刷局.

文化庁 감수. 2001. 『文化材保護法五十年史』. ぎょうせい.

文化庁. 2008. "ユネスコ無形文化遺産の保護に関する条約への対応について." (2008.07.30일자)

文化庁. 2014. 일본 문화청 보도발표 "和紙: 日本の手漉和紙技術'のユネスコ無形文化遺産登録(代 表一覧記載)について." (2014.11.27일자).

原研哉. 2003. 『デザインのデザイン』. 岩波書店.

柳橋真. 2000. "無形文化財保護の三節 - 工芸技術篇 -." 『月刊文化財』445.

柳橋真. 2003. "日本伝統工芸展の理念と成果." 『月刊文化財』481.

柳宗悦. 1941. 『工芸文化』. 文藝春秋社

柳宗悦. 2004(1958). 『民芸四十年』. 岩波書店.

全国手すき連合会. 1988. "和紙の手帖." 全国手すき連合会.

前田泰次. 1975. 『現代の工芸』. 岩波書店.

田中みなみ. 2001. "生活用具としての伝統的工芸品." 『デザイン学研究特集号』8(2).

佐藤道信. 1996. 『〈日本美術〉誕生 - 近代日本の"ことば"と戦略』. 講談社

中小企業庁編. 1974. 『月刊中小企業』26. 中小企業庁.

河村恒明. 2002. 『文化財政策概論 - 文化遺産保護の新たな展開に向けて』. 東海大学出版会.

樋田豊次郎. 1996. 『〈日本美術〉誕生 - 近代日本の「ことば」と戦略』. 講談社

樋田豊次郎. 2003.『工芸の領分-工芸には生活感情が封印されている』. 中央公論美術出版.

樋田豊次郎. 2004.『工芸家"伝統"の生産者』. 美術出版.

UNESCO World Conference on Cultural Policies. 1982. *Final Report*. Mexico City(26 July-6 August).

제9장

유네스코 무형문화유산 보호협약과 인도네시아의 문화적 다양성
– 전통춤 자띨란의 사례를 중심으로[1]

김형준(강원대학교 문화인류학과)

I. 머리말

유네스코 무형문화유산 보호협약은 세계 여러 지역에서 커다란 관심을 받지 않던 무형문화유산을 문화 담론에 편입시키고 그에 대한 정책적 대응의 필요성을 부각했다. 공동체의 살아있는 전통, 관습, 표현물 등을 무형문화유산으로 개념화함으로써, 이 협약은 일상적 삶이 유산으로서의 가치와 중요성을 가지고 있음을 인식하도록 하는 계기를 제공했다(Kearney, 2009).

유네스코 무형문화유산 대표목록 등재를 위한 시도가 개별 국가에서 진행되고, 협약 비준에 따른 국내 정책이 시행됨에 따라 무형문화유산의 존재 조건에 커다란 변화가 나타났다. 유네스코 협약이 미친 영향은 물상화(reification),

---

[1] 이 글은 『무형유산』 11(국립무형유산원, 2021)에 실린 "유네스코 무형문화유산 보호협약이 문화적 다양성 확대에 미친 영향 –인도네시아 전통춤 자띨란의 사례를 중심으로–"를 수정한 것이다.

상업화(commercialization), 상품화(commodification), 유산화(heritagization), 표준화(standardization), 화석화(fossilization), 유네스코화(UNESCO-ization) 등과 같은 개념으로 설명되었다(Bendix, 2009: 254; Berliner, 2012: 235; Boonstra, 2015; Brown, 2005: 43; Byrne, 2009: 229; Caust and Vecco, 2017: 2; Schoneich, 2014: 448). 강조점의 차이에도 불구하고 이 개념들은 유동적이고 역동적이며, 끊임없는 창조와 재창조의 대상인 전통, 관습, 표현물 등이 무형문화유산이라는 범주로 형식화됨(codified)에 따라 탈맥락화되고 고정된 의미와 실체를 가진 것으로 전환되는 상황을 지적한다. 또한 무형문화유산이 선택되고 관리되어야 하는 대상으로 설정됨에 따라 정통성(authenticity)의 문제가 중시되고, 정부의 개입이 강화됨에 따라 무형문화유산의 공동체적 기반이 약화되는 양상이 전개되었다고 보고되었다(Kuutma, 2013: 3-8). 이러한 변화는 협약의 취지와 달리 문화적 다양성이 보전될 환경을 훼손하는 결과를 초래했다고 주장되기도 했다(de Cesari, 2012: 402).

유네스코 협약이 무형문화유산의 재생산 기반에 미친 긍정적 효과 역시 학계의 주목을 받았다. 가장 많이 논의된 문제는 관광으로서, 관광객 증가에 따라 무형문화유산의 경제적 생존력(viability)이 높아지고 유산 보호 기반이 강화되었다고 주장되었다(Caust & Vecco, 2017: 2-4; Timothy and Nyaupane, 2012). 같은 맥락에서 지역 산업과의 연계가 무형문화유산의 재생산 조건에 긍정적인 영향을 미쳤다는 분석 역시 제시되었다(Jones, 2018; Pfeilstetter, 2014; Riordan and Schofield, 2014).

무형문화유산의 제도화가 미친 영향을 검토할 때 간과할 수 없는 측면은 그것이 다양한 행위자들 간의 협상을 통해 현실에서 작동한다는 점이다(Leblon, 2012: 110-111). 무형문화유산을 보유한 개인과 집단, 공동체는 외부에서 유입된 변화와 강제를 수동적으로 받아들이지 않으며 그것을 지역적 맥락에 부합하게 변형함으로써 자신의 선택권을 확보하고 확대하고자 노력한다(Bendix, 2009: 263; Kuutma, 2013: 9-12; You, 2015: 123-124). 따라서 무형문화유산에 대한 국가의 간여를 국가 권력의 일방적 관철로 설명하거나, 관광화와 상품화를 무형문화유산의 내적 복원력을 약화하고 행위자를 무기력하게 만드는 요소로 단순화하여 이해할 수 없다(Comaroff and Comaroff, 2009: 9 - 21; Schoneich, 2014: 460 -63). 무형문화유산을 둘러싸고 전개되는 행위자들 간 상호작용의 중요성은 다양한 지역을 대상으로 한 자료 축적의 필요성을 제기하며, 이를 통해서만 협약이 미친 영향을 다면적으로 검토할 수 있을 것이다. 이러한 관점에서 볼 때, 무형문화유산 연구에서 주목해야 할 대상 중 하나는 이슬람권 국가이다.

1980년대 이후 무슬림이 다수를 차지하는 국가 대부분에서는 종교적 영향력의 급속한 확대가 보고되었다(Esposito, 2010; Voll 2019). 이러한 변화는 경전의 내용을 문자 그대로 이해하고 실천하려는 경전 중심적(scriptural) 종교 해석에 의해 주도되었고, 이는 '이슬람적 - 비이슬람적'이라는 틀을 통해 일상을 재단하려는 경향을 강화했다. 이러한 이분법적 구분은 경전에 언급되어 있지 않은 전통 문화유산의 기반을 흔들었고, 그에 대해 비판적이고 적대적인 태도가 특히 급진주의적(extreme) 성향의 무슬림을 중심으로 표출되었다(Turner, 2008: 123). 우상 숭배의 잔재라는 이유로 바미안(Bamiyan) 석불을 폭파한 '탈레반'(Taliban), 시리아와 이라크 유적지를 파괴한 '이슬람 국가'(Islamic State)는 이런 태도를 예시한다(Centlivres, 2008; Shahab and Isakhan, 2018). 이처럼 비이슬람적 성격을 내포한 문화유산에 대한 공세가 가시화되었음에도 무슬림 다수 국가에서 유네스코 협약이 미친 영향, 특히 문화적 다양성의 문제는 집중적으로 논의되지 않았다(Foley, 2014: 388).

무슬림 다수 국가에서 유네스코 협약이 미친 영향을 검토하기 위해 이 글에서는 인도네시아의 사례를 분석하고자 한다. 전체 국민의 87%가 무슬림이라는 사실에 더해 인도네시아를 연구 대상으로 설정한 이유는 협약 비준 이전과 이후의 상황을 쉽게 비교할 수 있기 때문이다. 2007년 협약 비준 이전까지 무형문화유산 개념은 인도네시아에서 거의 이용되지 않았지만, 협약 비준 후 정부는 국내 무형문화유산 지정제도를 시행했다. 이슬람화(Islamization) 흐름 이

전부터 전통 관행이 비이슬람적 성격을 가진 것으로 비판받았기 때문에,[2] 인도네시아는 유네스코 협약이 무형문화유산의 존재 조건, 나아가 문화적 다양성에 미친 영향을 검토할 좋은 사례를 제공한다.

인도네시아의 무형문화유산과 관련되어 학계의 주목을 받은 문제는 말레이시아와의 분쟁이다. 전통 염색기법인 바띡(batik)의 유네스코 대표목록 등재를 둘러싸고 전개된 두 국가 간 갈등, 이 과정에서 표출된 인도네시아의 문화적 민족주의와 국수주의적 태도가 집중적으로 연구되었다(Chong, 2012; Marshall, 2013; Suhardjono 2012). 여기에 더해 무형문화유산의 경제적 효과, 관광과 산업화가 문화유산 보호에 미치는 영향(Hani et al., 2012; Jones, 2018; Pawestri, 2019; Prabandari et al., 2020), 무형문화유산에 대한 대중적 관심 제고 방안과 저작권 문제(Aragon, 2012; Czermak et al., 2003; Maruf, 2015) 등에 관한 연구 역시 일부 진행되었다. 기존 연구에서 크게 주목하지 않은 주제는 인도네시아 정부가 시행한 국내 무형문화유산 지정제로서, 이슬람의 영향력 확대라는 조건 하에서 이 제도가 어떤 영향을 미쳤는지의 문제가 적절하게 검토되지 못했다.

이 글에서는 유네스코 협약 비준 후 인도네시아 정부가 시행한 국가 무형문화유산 지정제도를 먼저 살펴볼 것이다. 공동체 내의 살아있는 전통이라는 무형문화유산 개념이 정책 시행 과정에 어떻게 반영되었는지의 문제가 논의될 것이다. 이를 위해 전통 이슬람 왕국의 수도로서 궁전의 세련된 문화유산이 존재하는 중부 자바 족자까르따(Yogyakarta: 이후 족자) 사례를 통해 무형문화유산으로 선정된 전통과 관행의 성격을 파악해볼 것이다. 글의 후반부에서는 무형문화유산의 주류를 구성하는 전통 의례, 믿음, 공연예술에 무형문화유산 지정제가 미친 영향을 자띨란(jathilan)의 사례를 중심으로 밝혀볼 것이다. 비이슬람

---

[2] 20세기 초 개혁주의적(reformist) 성향의 이슬람이 인도네시아에 유입된 후 전통 관습의 비이슬람적 성격에 대한 비판이 계속되었다. 개혁주의 이슬람 단체 회원을 중심으로 유포되던 비판적 시각은 1980년대 이후 젊은 세대를 포함한 보다 광범위한 무슬림을 대상으로 확산되었다. 전통 관습에 대한 개혁주의 무슬림의 비판에 대해서는 페데르스필(Federspiel, 1970; 2009)을 참조할 것.

적인 성격을 가진 전통춤으로 비판되어 온 자뻘란이 제도 시행 후 어떠한 담론에 기반하여 어떠한 새로운 정체성을 획득하게 되었는가를 분석한 후, 유네스코 협약이 인도네시아 사회의 문화적 다양성 유지에 긍정적인 효과를 미쳤다는 주장을 제기할 것이다.

    코로나 상황으로 인해 현지에서의 직접적인 자료수집이 불가능했기에, 이 연구는 문헌 자료를 중심으로 인도네시아의 상황을 분석할 것이다. 공식적 문헌 자료에 더해 신문 기사와 블로그 자료 등을 활용함으로써, 일차 자료의 성격을 띤 데이터를 분석 대상에 포함하고자 시도했다.

II. 인도네시아의 국가 무형문화유산 지정제도

1. 무형문화유산에 관한 관심 고양: 말레이시아와의 갈등

독립 후 인도네시아 정부는 전통문화를 정치적으로 활용하려는 행보를 취했다. 이는 300개 이상의 종족으로 구성된 신생 국가를 통합해야 할 필요성에 기인한 것으로써, 전통문화는 '다양성 속의 통일성'(unity in diversity)이라는 국가 모토를 현실에서 실현할 효과적인 수단으로 이해되었다. 정부는 품앗이와 유사한 관행인 '고똥로용'(gotong-royong)을 모든 종족에 공통으로 존재하는 유산이라 선전했고(오명석, 2020; Bowen, 1986), 전통 공연을 활용하여 국가적, 정치적 통합 메시지를 전달하고자 했다(Boonstra, 2015). 이러한 노력이 지속됨에 따라, 전통문화는 신생 국가인 인도네시아가 오랫동안 존속해왔고, 통일성과 동질성을 가진 정치적 실체임을 보여주는 근거로 여겨졌다(Geertz, 1973: 318). 이러한 분위기 속에서 문화적 전통과 가치에 대한 경시는 "자신의 어머니를 인정하지 않는" 행동으로 비추어질 수 있었다(CNN International, 2009).

    전통문화를 민족주의적 관점에서 바라보는 시각이 널리 퍼져있는 상황에서 2009년 말레이시아가 바띡을 유네스코 대표목록에 등재하려 한다는 소문이 유포되었다. 말레이시아 기업이 출원한 바띡 모티브에 대한 상표 등록을 정부가 허가하자, 이 행보는 말레이시아가 바띡을 고유의 문화유산으로 간주하고 유네스코에 등재하려 한다는 식으로 인도네시아인에게 받아들여졌다.[3] 이런 해석이 가능했던 이유는 말레이시아에 대한 축적된 불만 때문이었다. 말레이시아 방송이 자국 소개에 발리의 빤뎃(pandet) 춤을 이용했고, 자바 뽀노로고(Ponorogo) 지역의 춤을 말레이시아 전통으로 소개했다는 식의 보도가 인도네시아 미디어를 통해 대중에게 알려져 있었다(이지혁, 2018: 170 - 76; Marshall, 2013: 399 - 400).

말레이시아의 바띡 등재 시도에 대한 소문이 확산되자 인도네시아인의 애국심이 폭발했다. 자까르따 말레이시아 대사관 앞에서 대규모 시위가 벌어져 말레이시아 국기를 불태우기까지 했으며, 말레이시아와의 전쟁에 참전할 1,500명의 의용군을 모집하기도 했다. 反말레이시아 정서는 곧바로 문화유산의 영역을 넘어서 영토 분쟁, 노동 문제 등 양국 간 현안을 둘러싼 갈등으로 이어졌고, 말레이시아에 대한 거부감과 불만이 전방위적으로 표출되었다(Chong, 2012: 3, 14 - 17).

격앙된 민족주의적 분위기 속에서 인도네시아 정부는 바띡의 유네스코 대표목록 등재를 2009년 서둘러 추진했다. 유네스코 등재 신청이 받아들여졌다는 소식을 전한 미디어 보도를 통해 무형문화유산에 대한 인도네시아인의 태도를 확인할 수 있다. 미디어에서 바띡은 민족의 특성과 정체성을 지켜주는 표상으로, 민족의 유산으로서 반드시 수호해야 할 대상으로 규정되었다(Antara News, 2009; Tempo, 2009). 인도네시아 정부의 등재 노력은 말레이시아의 사악한 의도에 맞서기 위한 정당한 투쟁이라 여겨졌고, 대통령의 등재 소식 발표는 "우리의 문화유산을 지키기 위한 도덕적 책무"라 평가되었다(Okezone, 2009).

---

[3] 말레이시아 관료와 미디어는 말레이시아가 바띡 등재를 시도하지 않았고, 시도할 의사를 가지고 있지 않음을 적극적으로 밝혔다(Marshall 2013: 407).

바딱 갈등 이후에도 무형문화유산을 중심으로 한 말레이시아에 대한 반감이 유지되었다. 인도네시아의 문화유산을 강탈하려는 국가로 말레이시아를 규정한 글은 이러한 정서를 대변한다(Ajinugroho, 2018). 글의 서두에서 필자는 말레이시아를 말링시아(Malingsia)라 칭하는데, 인도네시아어로 도둑놈을 의미하는 '말링'(maling)이 첨가됨으로써 이 표현은 '도둑놈의 나라'라는 의미를 전달했다. 말레이시아가 빼앗아 가려고 시도했던 말루꾸 지역의 토속 노래, 발리 춤, 대나무 악기인 앙클룽(angklung), 그림자극(wayang kulit), 전통 악기 가믈란(gamelan) 등을 차례로 지적한 후 필자는 다음과 같이 주장했다.

> 말레이시아가 몇몇 인도네시아 문화를 자신의 소유라고 주장한 사례에 대해 아직도 기억하고 있는가? [남의 것을 자기 것이라고] 주장하는 데 있어 말레이시아는 최상위권에 놓여 있다. … 다양한 문화를 소유하고 있는 인도네시아의 국민임을 우리는 자랑스러워해야 하며, 그것이 민족과 국가의 정체성으로서 높은 가치를 지니고 있음을 명심해야 한다.

유네스코 협약이 말레이시아와의 갈등 국면을 거치며 대중적 관심사로 편입되었다는 사실은 중요한 의미가 있다. 이전부터 이어져 온 문화적 민족주의와 결합하여, 갈등 상황은 무형문화유산이라는 새로운 개념이 쉽게 뿌리내릴 수 있는 기반을 공고히 했다. 또한, 무형문화유산을 보호, 선양하기 위한 정부 정책에 대한 요구가 강해졌으며, 관련 정책의 실행을 뒷받침할 사회적 분위기가 형성될 수 있었다.

2. 무형문화유산 관련 장관령

2007년 유네스코 협약 비준 후 2020년까지 인도네시아는 11개의 무형문화유산을 유네스코 대표목록에 등재했다. 등재 작업과 함께 정부는 국가 무형문화유산 지정제를 2013년에 시작했고 2019년까지 1,086개를 국가 무형문화유산으로 선정했다.

국가 지정제는 2013년에 제정된 '인도네시아의 무형문화유산에 대한 교육문화부 장관령'에 기반을 두고 있다.[4] 장관령에서 무형문화유산은 "물체, 행동체계, 믿음 체계, 관습에 포함된 소리, 몸동작 및 인식의 형태로 정체성, 이데올로기, 신화, 구체적 표상 등을 통해 구현된 행위와 사상의 모든 결과물"로 정의되었다. 장관령에서 무형문화유산은 유네스코 협약의 내용과 동일하게 5개 범주로 나뉘는데, 각 범주는 표 9-1과 같이 규정되었다.

장관령은 무형문화유산의 기록과 목록화, 그리고 지정제를 주요 목표로 설정했다. 전자는 BPNB를 중심으로, 후자는 교육문화부를 중심으로 시행하도록 정해졌다. 장관령에 따라 2013년 처음 진행된 지정 절차를 통해 77개 유산이 선정되었다. 그 수는 2014년 96개, 2015년 121개, 2016년 150개, 2017

표 9-1 장관령에 제시된 무형문화유산의 범주[5]

무형문화유산 범주	구체적인 예
무형문화유산의 전달체로서 언어를 포함한 구전 전통 및 표현	언어, 고문서, 전통 놀이, 전통 시(pantun), 민담, 주문, 기도문, 민중요 등.
공연 예술	춤, 음악, 목소리 기술, 연극, 영화 등
사회 관습, 의례, 축제행사	전통 의례(통과의례), 사회조직 체계, 전통 경제 체계 등.
자연과 우주에 대한 지식 및 관습	전통 지식, 민간의 지혜(local wisdom), 전통 의학 등
전통 수공업 기술	전통 기술, 건축, 옷, 악세사리, 공예, 음식, 미디어, 교통수단, 무기 등

---

4   무형문화유산에 대한 교육문화부 장관령(Peraturan Menteri Pendidikan dan Kebudayaan Republik Indonesia Nomor 106 Tahun 2013 tentang Warisan Budaya Takbenda Indonesia)은 다음 사이트에 제시되어 있음.
https://warisanbudaya.kemdikbud.go.id/dashboard/media/hukum/2013PERMEN-WBTB106.pdf(검색일: 2021.08.30.).

5   교육문화부 장관령 106호 3조(2013년)

년 150개, 2018년 225개, 2019년 267개로 증가해서, 제도 시작 후 7년 동안 1,086개가 국가 무형문화유산으로 지정되었다. 양적으로만 본다면 무형유산 지정 과정에 엄격한 기준이 적용되지 않았다는 인상을 받을 수 있다. 2019년을 예로 들면, 심사 대상 무형문화유산 698개 중 399개가 1차 심사를 통과하고 최종 267개가 선정됨으로써 선정률은 38퍼센트 정도였다(Kompas, 2019).

지정 유산의 증가가 보여주는 것처럼, 국가 지정제에 대한 대중적 관심은 꾸준히 확대했다. 제도 시행 몇 년 후 무형문화유산 지정을 경축하는 기념식을 거의 모든 지자체가 개최할 정도로 이 제도는 문화에 대한 지방정부의 관심과 역량을 드러내는 요소로 자리 잡았다. 아래는 2021년 국가 무형문화유산 지정 증서 전달식에서 서부 수마뜨라 주지사가 연설한 내용이다(Sigapnews, 2021).

> 이번에 지정된 서부 수마뜨라의 8개 무형문화유산은 우리가 일상에서 그리고 미낭까바우[Minangkabau: 서부 수마뜨라의 주요 종족]의 전통 의례에서 이용하는 것입니다. 그렇기에, 저는 무형문화유산 지정을 통해 미낭까바우 문화가 타지역, 나아가 국제 사회에 알려지게 되기를, 동시에 그것이 소멸하거나 다른 국가에 의해 강탈되지 않기를 기대합니다.

주지사의 연설은 말레이시아와의 소유권 논란이 무형문화유산 담론에서 중요한 위상을 차지하고 있음을 확인해준다. 무형문화유산 지정제는 말레이시아와의 잠재적 논쟁 가능성을 한발 앞서 제거하는 수단으로 인식되었다.

무형문화유산에 관한 관심이 고조되자, 곧이어 그것은 경제 활성화 담론과 연결되었다. 특히 관광 산업 발전에 관심을 가진 지역에서 그것의 경제적 가치에 대한 재평가가 활발하게 이루어졌다. 이런 입장은 국가 무형문화유산 지정 증서 전달식에 참석한 발리 주지사의 연설을 통해 확인할 수 있다.

발리 주지사는 발리가 자연환경의 아름다움이 아니라 관습, 전통, 예술, 민간의 지혜 등에 의해 생명이 불어넣어진 자연환경으로 인해 국내외 관광객의 관심을 받아왔다고 언급했다. 그에 따르면, 석유나 석탄과 같은 자원이 없는 발리에서 무형문화유산은 발리를 특별하게 만드는 자산이다. 이런 인식을 가지고 발리 정부와 지역 사회가 발리의 문화적 전통을 발전시키기 위해 강력한 정책을 펼쳐야 한다고 그는 주장했다(Nusabali, 2019).

경제 활성화와의 관련성은 지정제 도입 초기에 뚜렷하게 표출되지 않은 시각이었다. 하지만, 지정제가 계속 시행되고, 그에 대한 미디어와 대중의 호의적 태도가 확산하며, 증서 전달식이 지역 정치인의 활동 중 하나로 자리 잡음에 따라, 무형문화유산은 지역 활성화 담론과 긴밀하게 연결되었다. 이는 짧은 역사에도 불구하고 국가 지정제의 정치적, 대중적 기반이 확고해졌으며, 무형문화유산이 문화정책 수립에 있어 중요한 위상을 확보했음을 시사한다.

3. 국가지정 무형문화유산의 선정 과정

장관령에 따르면, 무형문화유산을 추천하는 주체는 개인, 집단(공동체), 관습법(adat) 공동체이다. 관습법 공동체가 추가된 이유는 인도네시아의 독특한 상황 때문이다. 인도네시아의 법체계는 다원적 성격을 띠어서, 국가법에 더해 종교(이슬람)법과 관습법이 인정된다. 관습법의 실행 및 판단 주체가 관습법 공동체임이 고려되어 추천 주체 중 하나로 편입되었다.

형식적 규정과 달리 무형문화유산 지정을 추진하는 실질적 주체는 주(provinsi)와 도(kabupaten) 소속 교육문화부이다. 일반적으로 도 교육문화부에서 전문가와 함께 무형문화유산 목록을 만들고 이를 현장에서 확인한 후, 관련된 개인이나 집단, 관습법 공동체를 추천 주체로 하여 서류를 작성한다. 도에서 추천한 목록은 주에서 심사되며, 최종 추천 목록이 중앙의 교육문화부로 집산된다. 행정 기관이 실질적 주체로 활동함으로써, 지정된 무형문화유산의 수에 있어서는 지역 간 편차가 나타났다. 적극적으로 지정을 추진한 주에서는 다수의 무형문화유산이 추천, 지정된 반면, 지자체의 관심이 적을 경우, 중앙으로 추천되는 무형문화유산의 수 자체가 제한적이었다.

무형문화유산에 대한 지역적 관심이 높을 경우, 그에 대한 심사가 엄격하게 진행되었다. 이를 보여줄 사례는 코로나 상황에서 진행된 남부 술라웨시주의 선정 과정이다.[6]

26개 무형문화유산이 도에서 주 교육문화부로 추천되었다. 하지만, [2020년] 8월 이 중 21개만이 심사 대상으로 선정되었고, 이후 3개로 줄었다. … 처음에는 26개, 곧이어 21개 그리고 마지막에는 3개로 줄어든 이유가 무엇인가? "코로나 상황으로 인해 무형문화유산을 검증하는 작업이 원활하게 이루어지지 못했기 때문이다. 전문가들이 방문 조사를 할 수 없었던 무형문화유산은 추천 목록에서 배제되었다"라고 무형문화유산 선정팀장이 말했다. 최종 평가회에서 3개의 문화유산을 보유한 주민이 주 사무실로 와서 자신들의 춤과 전통 공예를 줌(zoom)을 통해 심사위원 앞에서 시현했다.

코로나 상황에서 무형문화유산 추천이 감소할 수밖에 없었던 이유를 보면 선정 과정의 엄격성을 알 수 있다. 심사 과정에서는 추천된 무형문화유산 소재지를 방문하여 확인하는 절차가 필수적인데, 이 활동이 불가능하게 되자 추천 자체를 취소하는 결정을 내린 것이다.

이 사례에서 드러나는 것처럼, 무형문화유산 지정제는 지자체, 관련 전문가 그리고 지역 주민 간 상호작용을 촉진하는 효과를 가져왔다. 무형문화유산 추천 과정에서 세미나가 개최되고, 여기에 지역 주민이 참가하여 무형문화유산을 소개하거나 시현함으로써, 다양한 행위자들이 의사소통할 기회가 자연스럽게 만들어졌다.

주에서 추천한 무형문화유산은 교육문화부로 집산된 후 전문가의 심사를

---

[6] http://disbudpar.sulselprov.go.id/page/readmore/55/sulsel-usul-3-warisan-budaya-tak-benda-ke-kemdimbud-ri (검색일: 2021.08.30.).

받게 된다. 심사위원은 교육문화부 장관과 2명의 국장을 포함한 당연직 위원과 15명의 민간 위원으로 구성되었다. 2019년의 경우 심사위원 중 가장 많은 민간 위원은 인류학자였고, 5개 범주의 무형문화유산을 연구하는 전문가 역시 심사진에 포함되었다(Direktorat Jenderal Kebudayaan, 2019). 이런 구성은 지역 공동체와 긴밀하게 연관되고 일상적 삶에 밀착된 대상이 무형문화유산으로 선정될 가능성을 높였다.

심사 과정에서는 15개 기준이 고려되었다(Vivonews, 2016). 이 중 일부는 무형문화유산 자체의 성격과 직접 관련되지 않았다. '민족적 통합과 정체성 함양', '민족 정체성 강화', '타 국가와의 경계 지역 소재', '타 국가와의 분쟁 가능성' 등은 정치적 고려가 반영된 것이다. '사회경제적 승수 효과', '지속가능한 발전성' 등은 경제적 효용성을 고려한 것으로서 보전뿐만 아니라 활용 가능성의 차원 역시 중시됨을 지적한다.

사회문화적 차원에서는 무형문화유산의 공동체성과 일상성이 강조되었다. '하나 혹은 복수의 문화 공동체의 정체성 표현', '특정 공동체 전체에 의한 공유', '지역적 맥락과의 연계성'과 같은 기준은 지역과의 관련성을 강조하며, '인류의 삶에 유용한 집합적 기억과 살아있는 전통'이라는 기준은 일상성을 부각한다.[7] 화석화된 것이 아닌 일상의 한 부분으로 존재하는 문화유산이 강조되고, 질적 빼어남이나 정통성이 선정기준에 포함되지 않음으로써, 전체적으로 유네스코 협약의 정신이 선정 과정에 반영되었다는 평가를 가능하게 한다.

4. 국가 지정 무형문화유산(2013-2019): 지역적, 분야별 분포

2013년부터 2019년까지 지정된 1,086개의 국가 무형문화유산 중 17개는 특정

---

[7] 본문에 제시된 10개 기준에 추가하여 '위기적 상황에 따른 보전의 급박성', '소멸 위기', '한 세대 이상의 전승 기간', '인권과 국제협약, 국내법과의 배치 여부', '자연환경과 문화 다양성 지지' 등이 평가 기준에 포함되었다.

지역에 속하지 않는 공통의 유산으로 분류되었다. 이를 제외한 1,069개 무형문화유산은 34개 주에 분포되어 있는데, 지역 간 편차가 뚜렷하게 나타났다. 예를 들어, 쪽자주는 90개의 무형문화유산을 지정받았지만, 중부 깔리만딴주는 7개의 무형문화유산만을 등재했다.[8]

지역적 편차를 가져온 중요한 이유는 지자체의 적극성이다. 이는 유사한 문화적 배경을 지닌 지역 간 비교를 통해 확인할 수 있다. 동일한 문화적 전통을 지니고 있으며 인구 규모가 유사한 중부 자바주와 동부 자바주를 보면, 동부 자바주는 56개, 중부 자바주는 31개를 등재했다. 이들 두 지역과 쪽자가 같은 문화적 전통을 지닌 지역에 속해 있음은 지자체의 적극성이 가진 중요성을 보여준다.

지역 간 편차를 지자체의 적극성과 연결시킬 수 있는 또 다른 근거는 국가 무형문화유산으로 지정된 상당수의 유산이 일상에서 쉽게 찾을 수 있는 성격을 가진다는 점이다. 따라서 지자체에서 무형문화유산을 추천하려는 적극적인 의지가 있다면 그 대상을 찾기 어렵지 않다. 표 9-2는 5개 범주에 따라 1,086개의 지정 무형문화 유산을 분류한 자료이다.

5개 범주 중 가장 많은 유산이 속한 범주는 '공연예술'이다. '민간 풍속, 의

표 9-2   범주에 따른 국가지정 무형문화유산(2013~2019년)[9]

범주	개수
공연예술	347
민간 풍속, 의례, 행사	283
무형문화유산의 전달체로서의 언어를 포함한 구전 전통 및 표현	254
전통적 수공업 기술	148
자연과 우주에 대한 지식 및 관습	54

---

8   교육문화부 유산 및 문화외교국 웹사이트
https://warisanbudaya.kemdikbud.go.id/?penetapan&&tab=1 (검색일: 2021.08.30.).

9   교육문화부 유산 및 문화외교국 웹사이트
https://warisanbudaya.kemdikbud.go.id/?penetapan&&tab=1 (검색일: 2021.08.30.).

례, 행사'가 다음으로 많이 지정되었고, '자연과 우주에 대한 지식 및 관습'이 가장 적었다. 춤, 음악, 연극 등을 포함하는 공연예술이 가장 많이 등재되었지만, 민간 풍속, 의례, 행사, 그리고 구전 전통 및 표현과 같이 공동체와 밀접하게 연관된 무형문화유산이 반수 이상을 차지했음은 공동체성과 일상성과 같은 요소가 심사 과정에서 중시되었음을 시사한다.

등재된 문화유산의 성격을 구체적으로 검토하기 위해 다음 절에서는 가장 많은 무형문화유산을 등록한 족자의 사례를 검토할 것이다.

III. 족자까르따의 국가지정 무형문화유산

자바섬 중부에 위치한 족자의 공식 명칭은 '족자까르따 특별주'(Daerah Istimewa Yogyakarta)이다. 인근의 중부 자바주와 동부 자바주의 인구가 4천만 명 이상임을 고려해보면 4백만 명 정도의 인구 규모를 가진 족자가 독립된 주로 분리된 데에는 특별한 이유가 존재했다.

현재 인도네시아를 구성하는 지역에서 17세기 이후 가장 큰 정치적 영향력을 지녔던 이슬람 왕국 마따람(Mataram)은 18세기 중엽 두 왕국으로 분리되었고, 그중 하나의 수도가 족자에 위치했다. 마따람의 통치자인 술탄은 힌두불교적 세계관에 따라 우주의 소유자였고 이슬람적 세계관에 따라 알라의 대리인

그림 9-1 인도네시아 자바섬의 족자까르따

이었다(Moertono 1974). 이러한 인식에 기초하여 술탄은 절대적인 정치적, 종교적 권위를 행사했으며, 일반인은 그에 대해 거의 무조건적인 복종을 표했다. 네덜란드 식민 통치가 강화됨에 따라 족자 술탄의 정치적 영향력은 약화했지만, 독립 이전까지 그의 권위는 확고하게 유지되었고(Selosoemardjan, 1962) 이는 족자의 특별함을 인도네시아인에게 각인시켜 주었다.

1945년 독립 후 인도네시아는 네덜란드와 5년여에 걸쳐 독립 전쟁을 치렀다. 이 과정에서 족자 술탄은 독립 세력을 적극적으로 지원했고, 족자는 짧은 기간 동안 임시 정부의 수도가 되기도 했다. 이러한 행보로 인해 족자는 특별주라는 지위를 부여받게 되었다. 족자 술탄은 종신 주지사로서 행정 수반의 역할을 실질적으로 행사한다. 술탄의 권위는 과거보다 약화했지만, 현재까지도 지역 주민을 대상으로 한 정치적, 사회문화적 지배력을 일정 정도 유지하고 있다(Ratnawati, 2011).

이백 년 이상 마따람 왕국의 수도였다는 역사로 인해 족자 궁전의 문화는 지속적인 세련화와 복잡화의 과정을 거쳤다. 그 결과 궁전을 중심으로 한 '고급문화'와 일반인들 사이의 '민간문화'가 족자에서는 타지역과 달리 공존하는 양상을 보인다.

마따람 궁전의 영향력이 강하게 존속하는 족자에서 어떤 무형문화유산이 국가 유산으로 지정되었는가의 문제는 인도네시아 무형문화유산 제도의 성격을 이해할 단초를 제공한다. 2013 - 2019년 사이에 지정된 90개의 문화유산을 궁전에 근거한 것과 민간에 근거한 것으로 구분하면 표 9-3과 같다.

족자의 무형문화유산은 2016년부터 급증하는 모습을 보였다. 2013 - 2015년 사이 6개가 지정된 반면 그 수는 2016년에 9개, 2017 - 2019년 사이 75개로 증가했다. 이는 자바 문화, 나아가 인도네시아 문화의 중심지라는 정체성을 유지하는 데 있어 무형문화유산이 가진 중요성을 족자 주 정부가 간파한 결과라 할 수 있다.

2013년 국가 유산으로 처음 지정된 족자의 무형문화유산은 민간 범주에

표 9-3 소재지에 따른 쪽자의 무형문화유산[10]

	궁전	민간
2013	0	1
2014	1	0
2015	0	4
2016	3	6
2017	4	14
2018	9	18
2019	3	27
합계	20	70

속했고, 2014년에는 궁전의 문화유산이 등재되었다. 2013 - 2019년 사이 각 범주에 속하는 문화유산을 비교하면, 궁전에 기반을 둔 문화유산이 20개, 민간에 기반을 둔 유산이 70개였다. 민간 문화에 대한 강조가 조금씩 강해지는 모습이 나타나서, 2019년 궁전의 유산은 전체 30개 중 3개로 제한되었다.

5개 범주 중 특히 '공연예술', '구선 선동 및 표현', 그리고 '자연과 우주에 대한 지식 및 관습'과 관련되어 쪽자 궁전에는 셀 수 없을 정도로 많은 문화유산이 존재한다. 그럼에도 이들 중 극히 일부만이 무형문화유산으로 지정되었다는 사실은 추천 과정에서 궁전의 것과 민간의 것이 차별적으로 취급되지 않았고, 오히려 후자에 더 많은 강조점이 놓였음을 추정할 수 있도록 한다.

대중성에 대한 강조는 '전통적 수공업 기술' 범주에 속한 22개의 무형문화유산을 통해서도 확인할 수 있다. 이 중 일상적으로 소비되는 음식과 음료가 14개였으며, 집, 옷, 탈 것이 6개였다. 전문적 기술을 필요로 하는 수공업이나 공예 기술은 4개에 불과했다.

일상적 소비 대상인 음식과 음료는 전문적 기술을 요구한다고 평가될 수 없는데, 이는 무형문화유산으로 지정된 표 9-4의 두 음식을 통해 예시될 수 있다.

---

10 교육문화부 유산 및 문화외교국 웹사이트를 기초로 하여 정리.
https://warisanbudaya.kemdikbud.go.id/?penetapan&&tab=1(검색일: 2021.08.30.).

표 9-4 음식 관련 쪽자의 무형문화유산[11]

무형문화유산	주요 소재지	설명
구득(gudeg)	쪽자 전지역	구득은 인도네시아 쪽자와 중부 자바에서 기원한 전통 자바 음식이다. 어린 잭플루트(jack fruit)를 야자나무 설탕과 코코넛 우유와 함께 몇 시간 삶은 후 여기에 다양한 양념을 넣어 만든다.
사떼 끌라딱 제제란 (sate klathak jejeran)	반뚤(Bantul)도, 쁠레렛(Pleret)군	사떼 끌라딱 제제란은 쪽자 반뚤도 쁠레렛군에 기원을 둔 독특한 염소 혹은 양 사떼 음식이다. 이 사떼와 다른 종류의 사떼와의 차이는 주요 양념으로 소금과 후추를 이용한다는 것이다.

'구득'은 쪽자뿐 아니라 중부 자바에서 애용되는 음식으로서 거의 모든 가정에서 일상적으로 조리하는 음식이다(Nurindiani, 2016). 쪽자 내 반뚤도의 특산물로 소개되는 '사떼 끌라딱 제제란'에 대한 설명을 보면, 이 음식과 인도네시아에서 일반적으로 소비되는 사떼와의 차이는 소금과 후추의 사용 정도이다. 이를 통해 알 수 있듯이, '사떼 끌라딱 제제란'을 만들기 위해 전문적이고 복잡한 기술이 요구되지 않는다. 음식의 명칭 역시 일상성을 드러낸다. '제제란'은 이 사떼가 많이 판매되는 지역명이며, '끌라딱'은 사떼 조리 과정을 일컫는 일반명사이다. 따라서, 이 명칭은 '제제란' 지역에서 조리하는 '사떼'를 의미한다. 특수한 레시피나 조리 방식이 요구되지 않는 음식의 무형문화유산 지정은 대중성과 일상성이 추천 및 선정 과정에서 중시되고 있음을, 다른 식으로 표현하면 무형문화유산과 관련된 정통성의 문제가 심각하게 고려되지 않음을 시사한다.

살아있는 전통에 대한 강조로 인해 오랜 역사를 지니지 않은 관행 역시 무

---

11 음식 관련 설명은 위키피디아에 제시된 것으로 다음 사이트를 참조할 것.
https://en.wikipedia.org/wiki/Gudeg; https://en.wikipedia.org/wiki/Sate_klatak(검색일: 2021.08.30.).

형문화유산으로 지정될 수 있었다.[12] 70개 유산 중 시작 시점이 명확하게 제시된 경우는 5개였고, 이 중 4개가 공연예술, 1개가 공동체 의례였다. 이들의 시작 시점은 20세기 초부터 1962년에 걸쳐 있었으며, 5개 중 4개의 문화유산을 처음 시작한 인물 역시 제시되었다.[13] 예를 들어 '빽시 모이'(Peksi Moi) 춤에 대한 설명은 아래와 같다.[14]

> 나흐로위(Nahrowi)는 지역의 종교지도자로서 마을 모스크를 짓는 공동 노동을 조직했다. 어떤 마을에서 주민들과 함께 밤낮을 가리지 않고 모스크를 짓고 있었다. 밤이 되어 휴식을 취할 때, 나흐로위가 이들에게 호신술을 응용한 춤동작을 가르쳤고, 이것이 빽시 모이 춤의 기원이 되었다.

빽시 모이 춤을 포함해서 그 창시자를 알 수 있는 4명의 인물 중 3명은 종교지도자였고, 1명은 사탕수수 농장 관리인이었다. 이들이 지역 공동체 내에서 높은 경제적, 종교적 지위를 가졌음은 확실하지만, 이는 마을 수준에서의 차이일 뿐 신분 관계가 명확했던 당시 이들이 귀족이나 관료 집단에 속했던 것은 아니다. 지위를 알 수 없는 한 명 역시 농촌 거주자였음에 비추어볼 때 그 창시자가 일반 주민과 뚜렷한 신분 차이를 갖지 않았다고 추정할 수 있다.

궁전 외부에서 전승된 문화유산이 등재 목록에 다수 포함되었다는 사실은

---

12 심사 과정에서 무형문화유산의 역사적 기준은 최소 한 세대로 설정되었다(Vivonews, 2016).
13 창시자를 알 수 있는 공동체 의례는 '수란 음바 드망'(Suran Mbah Demang)이다. 전통 자바력의 첫째 달 '수라'(Sura)에서 파생된 '수란'은 '수라'월과 관련된 관행을, '음바 드망'은 사람 이름을 일컫는다. 1896년에 출생한 음바 드망은 사탕수수 농장을 관리하는 하급 관리자였다. 그의 집에 있던 우물이 가뭄에도 마르지 않는다는 사실이 알려진 후, 족자 궁전에서 이 우물물을 길어 와 의례에 사용하게 되었다. 그 후 '수라'월이 시작되면, 인근 주민이 이 우물에 모여 공동 의례를 행했다.
14 https://warisanbudaya.kemdikbud.go.id/?newdetail&detailTetap=708 (검색일: 2021.08.30.).

민간의 무형유산이 궁전의 것과 차별적으로 취급되지 않았음을 지적한다. 이는 무형문화유산과 관련된 인도네시아 국내 정책에 유네스코 보호협약의 취지가 적절하게 반영되었음을 시사한다. 높은 완성도와 정통성을 가진 공연 예술이나 공예 기술보다 공동체에 기반을 둔 전통과 공연이 무형문화유산 범주에 부합하는 것으로 받아들여졌고, 이는 국내 제도 운용의 기초가 되었다.

IV. 국가 무형문화유산 지정제와 문화적 다양성: 자띨란을 중심으로

1980년대 이후 인도네시아에서는 이슬람 교리를 일상에서 실천하려는 이슬람화 움직임이 강화되었고, 사회 전체적으로 종교적 색채가 뚜렷해졌다(김형준, 2013). 경전의 내용을 문자 그대로 이해하고 실행하려는 경전 중심적(scriptural) 해석에 기반을 둔 이슬람화는 '이슬람 - 비(非)이슬람'이라는 이분법적 구분의 적용을 확대했다. 이러한 분위기 속에서 공동체적 전통과 관행, 공연예술 등을 비이슬람적 성격을 띤 금지된 것(haram)으로 규정하는 경향이 강해졌다(Turmudi, 2012: 30 - 34; Wahib, 2017: 10 - 11).

 인도네시아에서 대다수의 전통 의례, 믿음, 관행, 공연예술은 이슬람 도래 이전의 토착적, 힌두불교적 전통과 이슬람의 전통이 혼재된 혼합주의적(syncretic) 성격을 띠었다. 자바의 종교를 연구한 기어즈(Geertz)는 이를 "힌두교 여신이 이슬람 선지자와 어깨를 맞대고, 이들 모두가 지역의 토착 수호신과 어울리지만, 어느 누구도 서로의 존재에 놀라움을 느끼지 않는" 상황이라고 설명했다(1976: 40).

 이슬람화에 따른 공세가 강화되자 전통을 지지하는 무슬림들은 몇몇 대응 전략을 펼쳤다. 그중 하나는 전통 관습에 포함된 이슬람적 요소를 부각하고 비이슬람적 요소를 억제하는 것이다. 자바의 전통 통과의례인 슬라마딴(selamatan) 기도문에서 비이슬람적 정체성을 가진 초월적 존재를 제거하고 알라와 선지자 무함마드만을 언급하는 방식(Kim, 2007: 116-119)은 이를 예시한다. 이들이 활용한 또 다른 전략은 전통을 종교와 분리하는 것이었다. 과거 세대로부터 전승되었기에 그 자체로서 보전해야 할 가치를 전통 관습이 가지고 있다는 식이다(Christensen, 2013: 6-7; Riyadi et al., 2016: 158-160). 이는 비이슬람적이라는 비판을 회피하고, 새로운 정체성 구축을 통해 전통을 유지하려는 의도를 지녔다. 이러한 전략에도 불구하고 이슬람화가 공적 영역에서 전통 의례, 믿음, 공연예술을 주변화했음을 부정할 수는 없다. 전통을 지지하는 무슬림은 자신들에게 가해지는 비판에 대응할 적절한 반대 담론을 확보하지 못했고, 공적으로 자기검열적인 상황에 놓이게 되었다(Schlehe, 2016: 10-14).

이들 무슬림에게 있어 무형문화유산 지정제는 새로운 변화를 야기할 잠재력을 내포하고 있었다. 무형문화유산으로 지정되는 관행 중 상당수가 비이슬람적 성격을 가진 것으로 규정된 전통, 의례, 믿음, 공연예술일 수밖에 없기 때문이다. 이는 전통 관행을 뒷받침할 반대 담론의 형성 가능성을 높였다. 무형문화유산 지정제가 초래한 변화를 알아보기 위해 아래에서는 자띨란이라는 전통공연을 사례로서 검토할 것이다.

자띨란은 대나무 껍질을 엮어 만든 말 모양의 얇은 판에 탄 연행자들이 집단으로 춤을 추며 일탈적 행위를 즉흥적으로 펼치는 공연이다. 자띨란은 자바에서 광범위하게 전승되었으며, 자바 이외의 지역에도 다른 이름으로 불리는 유사한 형식의 공연이 존재했다. 초월적 존재의 강림과 연행자의 신들림은 자띨란의 핵심 요소인데, 인도네시아 문화를 소개하는 홈페이지에서는 이를 아래와 같이 설명한다.[15]

자띨란은 마법적 요소를 내포한 트랜스(trance)와 동일시되는 춤 공연이다.

---

15 https://www.indonesiakaya.com/jelajah-indonesia/detail/jathilan (검색일: 2021.08.30.).

대나무 말을 탄 연행자들은 계속 회전하면서 춤을 추며, 이 과정에서 일종의 신들림을 경험하게 된다. 신들림에 빠진 공연자는 깨진 유리 조각을 포함해 자기 앞에 있는 무엇이든지 손으로 잡으려 하며, 풀 먹기, 이빨로 코코넛 껍질 벗기기, 기타 이성적으로 설명할 수 없는 행동을 취한다. 신들림에 빠진 연행자들은 맛있는 간식처럼 유리잔을 씹어 먹기도 한다. 관객들에게 있어 트랜스 장면은 가장 신나는 광경이 될 것이다.

연행자들이 행하는 일탈적이고 비일상적 행위는 신들림에 의해 야기된 것으로 이해되며, 여기에 간여하는 초자연적 존재는 다양한 종교적 기원을 가진다고 이야기된다. 공연 장소와 밀접하게 연관된 토착적 성격의 초자연적 존재, 힌두불교적 종교관에 기반을 둔 초월적 존재, 이슬람 지도자의 영혼과 같은 초월적 존재가 신들림을 촉발한다고 설명된다(Kim, 2007: 156 - 157).

자띨란의 혼합주의적 성격은 경전 중심적 무슬림으로부터 부정적 평가를 받은 이유였다. 알라 이외의 초자연적 존재와 접촉하고 이들을 현세로 부르는

그림 9-2 **신들림에 빠진 자띨란 연행자**

행동은 비이슬람적인 것으로서 유일신에 대한 믿음을 훼손하는 것으로 간주되었다. 이슬람 선교를 목적으로 활동하는 '살와 라디오'(Salwah Radio) 홈페이지에 제시된 자띨란에 대한 '종교적 판단'(fatwa)은 이런 부정적 평가를 예시한다.[16]

자띨란은 초자연적 존재와 떼려야 뗄 수 없는 관계를 갖는다. 연행자의 몸에 강림한 초자연적 존재는 연행자가 [일탈적, 파괴적 행동을 해도] 피해를 보지 않게 하는데, 이를 위해 옳지 않은 방식을 이용하는 주술사(dukun)의 도움을 요청한다. 따라서, 결론은 자띨란이 이슬람 교리에 부합하지 않는다는 것이다.

자띨란에 대한 종교적 판단 과정에서 신들림, 초자연적 존재, 주술사가 고려되었다. 이러한 요소 모두가 비이슬람적이기에, 자띨란은 금지된 행동이라고 규정된다. 이러한 종교적 판단보다 유연하고 개방적인 견해 역시 존재한다. 아래는 이슬람 교육기관 중 가장 큰 영향력을 가진 '떠부 이릉 뻐산뜨렌'(Pesantren Tebu Ireng) 웹사이트에 제시된 내용이다(Suharto, 2016).

자띨란의 요소 중 상당수는 마술이라는 의심을 받는다. 이와 관련하여 아래와 같이 종교적으로 판단할 수 있다. 첫째, 사람들을 신들림 상태에 빠뜨리는 요소가 유일신을 부정하는 성격을 지니고 있다면, 자띨란은 이슬람의 믿음에 어긋난다고 판단될 수 있다. 둘째, 자띨란의 주술적 요소가 이슬람에서 금지된 요소를 포함한다면, 자띨란은 금지된 행동에 속한다. 세 번째로는 그 영향을 검토해야 한다. 자띨란이 부정적이고 위험한 영향을 미친다면 금지된 행동이다. 하지만 … 긍정적 영향이 있다면, 허용될 수 있다.

---

16 http://www.salamdakwah.com/pertanyaan/294-hukum-kesenian(검색일: 2021.08.30.).

떠부 이릉 뻐산뜨렌의 설명은 자띨란의 특징을 단정하지 않은 채 가정적인 서술 방식을 사용한다. 유일신에 대한 믿음을 훼손하지 않는다면 허용될 수 있다는 식이다. 그렇다고 해서, 이 종교적 판단이 자띨란을 용인하는 것이라 말할 수 없다. 첫 번째와 두 번째 가정에 포함된 유일신 이외의 초월적 존재나 주술적 성격은 자띨란을 규정하는 핵심 요소이기 때문이다. 세 번째 판단의 경우 상이한 해석이 가능한데, 긍정적 영향의 가능성을 배제하지 않기 때문이다. 이 설명에는 긍정적 영향이 무엇인지 제시되어 있지 않지만, 여기에 종교외적 요인, 즉 사회문화적, 경제적 차원이 고려될 수 있으리라 가정할 수 있다. 자띨란을 지지하는 무슬림은 이러한 긍정적 효과를 부각하면서 자띨란을 이슬람 교리에 어긋나지 않는 공연예술로 정당화하고자 시도했다.

무형문화유산 지정제가 시행된 후, 자띨란은 자연스럽게 그 목록에 등재되었다. 자띨란은 2014년 족자의 문화유산으로 선정되었으며, 2019년 자띨란과 유사한 3개의 춤이 족자, 중부 자바, 동부 자바에서 각각 등재되었다.[17]

무형문화유산 추천과 지정 과정에서 지역의 공무원과 전문가는 중요한 역할을 한다. 비이슬람적 관행이라고 비판받는 자띨란을 무형문화유산에 추천하면서 이들은 예술적이고 공동체적인 차원을 강조하는 전략을 취했다. 자띨란의 무형문화유산 등재를 설명하는 슬레만(Sleman)도 교육문화부의 설명은 이런 경향을 대변한다.[18]

· 자띨란은 농촌 주민들 사이에서 발생해서 유지되어 온 예술의 한 종류이다.
  자띨란은 대중 친화적 속성을 띠고 있어서 농촌에서 이는 민간의 예술이라

---

17 2019년에 등재된 자띨란과 같은 성격의 춤은 족자의 오글렉(oglek), 중부 자바의 자라난 마르고와띠(jaranan margowati), 동부 자바의 자란 께빵(jaran kepang)이다.

18 https://kebudayaan.slemankab.go.id/post/disbud-tayangkan-jathilan-turonggo-bekso-budoyo(검색일: 2021.08.30.).

불린다. ... 자띨란 공연자는 예술적 잠재력을 찾고 구현하기 위해 노력한다. 또한 이들 예술가는 자신만의 특징을 개발하기 위해 그리고 세련된 문화를 대중과 함께 공유한다는 느낌을 고양하기 위해 노력한다. 민간문화의 세계화를 시도함으로써, 자띨란은 세계화 시대를 맞아 외부로부터의 부정적 영향에 대응하는 방어막과 필터가 될 것이다.

자띨란을 설명하면서 교육문화부에서는 민간 예술, 예술적 잠재력, 예술가와 같은 표현을 이용한다. 이러한 서술만을 놓고 본다면, 자띨란과 비이슬람적 전통을 연결시킬 고리는 존재하지 않으며, 예술로서의 가치만이 부각된다.

예술적 측면을 강조함으로써, 지방정부는 종교적 정체성과 관련된 논란을 피하면서 자띨란을 지원할 수 있었다. 예를 들어 자띨란 축제에 초대받은 중부 자바 끌라뗀(Klaten)도 문화부 수장은 이 축제가 전통문화 보전을 위한 노력 중 하나라고 설명한 후 "이러한 축제 개최를 통해 관심 가진 사람이 증가해서 자띨란 예술이 계속 전승되고 발전하기를 희망한다"라고 언급했다(RRI, 2019).

전통 예술로서의 정체성이 부각되자 그 경제적 가치를 활용하자는 주장 역시 제기되었다. 브로모(Bromo)에서 열린 자띨란 축제에 참석한 동부 자바 주지사는 이 축제를 정례화함으로써 브로모로의 관광객 유입이 계속 증가하리라 예상했다. 이는 자띨란과 같은 전통 예술이 관광객을 유인하고 오랫동안 지역에 머물도록 하는 흡인력을 가지고 있기 때문이라고 그는 덧붙였다(Dutajatim, 2019).

2020년 코로나가 확산하는 상황에서 슬레만도는 자띨란 공연을 유튜브 라이브 스트리밍을 통해 송출했다. 이는 "도민을 집에 머물게 만듦으로써 코비드 19 확산을 억제하려는 정책을 지원하고, 전통문화를 사랑하는 도민이 함께 공연을 즐기게 하려는" 의도를 지녔다.[19] 지방정부에서 자띨란 공연을 인터넷으

---

19 https://kebudayaan.slemankab.go.id/post/jadwal-penampilan-festival-jathilan-

로 송출하는 행보는 전통 예술이라는 정체성 없이는 쉽게 상상할 수 없는 일이었다.

이처럼 일부 지방정부에서는 적극적으로 자띨란을 후원했다. 대표적인 지원 활동은 자띨란 경연대회로서 각 지역을 대표하는 자띨란 그룹을 모아 공연하게 한 후 순위를 정해 시상하는 방식을 취했다. 예술 공연처럼 치러지는 경연대회에서 자띨란의 핵심 요소인 신들림이 표현되기는 쉽지 않다. 무대라는 제한된 공간에서 공연됨으로써, 신들림을 뒷받침할 환경을 만들 수 없기 때문이다. 따라서, 아래의 기사에 서술된 것처럼 경연대회에 참가한 자띨란은 공연 예술로서의 성격을 명확하게 표출했다(The Jakarta Post, 2019).

> 경연대회에서 자띨란 춤은 영적인 신들림을 표현하지 않는다. 대신, 춤꾼들은 오음계에 맞추어 역동적이고 조화로운 움직임을 표현하면서 품위 있는 말춤을 시현한다. 태양의 열기가 연행자의 열정을 꺾을 수 없으며, 발 구르기 동작으로 인해 퍼진 먼지가 관람객을 움츠러들게 만들지 못한다. 현대의 자띨란 그룹은 복장과 춤사위에서의 혁신을 모색한다. 이들은 집중적인 훈련을 통해 … 최고의 안무(choreography)를 제공하려고 노력한다.

기사에 언급된 '품위 있는 말춤', '연행자의 열정', '춤사위에서의 혁신', '최고의 안무'와 같은 표현은 자띨란이 다른 예술 장르와 커다란 차이를 갖지 않음을 드러낸다. 특히, 춤동작을 일컫기 위해 이용된 'choreography'라는 표현은 자띨란이 다른 무대 예술과 견줄 수 있는 장르임을 부지불식간에 전달한다.

여러 전통 예술집단이 함께하는 경연대회에서 자띨란의 위상은 더욱 극적인 변화를 겪게 된다. 예술로서의 정체성은 부각되는 반면 비이슬람적 관행으로서의 정체성은 축소되기 때문이다. 이런 효과가 가능한 이유는 이슬람에 기

---

tahun - 2020(검색일: 2021.08.30.).

반을 둔 전통 예술 역시 경연대회에 참가하기 때문이다. 2018년 꿀론 쁘로고(Kulon Progo)도에서 개최한 '문화적 자산의 잠재성 경연대회'(Gelar Potensi Kantong Budaya)는 이를 예시한다.[20]

도 문화부에서 일 주일여 동안 개최한 경연대회에는 도내 각 면을 대표하는 36개 예술 그룹이 참여했다. 자띨란 그룹이 14개로 가장 많았으며, 인도네시아의 대표적 전통 예술인 와양 그림자극(wayang kulit), 까라위딴(karawitan), 끄또쁘락(kethoprak), 전통 음악인 안데안데 루뭇(ande‐ande lumut), 지역 고유의 전통 예술로서 국가지정 무형문화유산에 포함된 그룹 등이 참여했다.

경연대회의 또 다른 참가자는 르바나(rebana) 그룹이었다. 르바나는 탬버린과 유사한 모양을 지닌 얇고 평평한 북으로서, 명확한 이슬람적 정체성을 가진다. 과거 이슬람을 선교하는 과정에서 대중의 관심을 끌고자 르바나를 이용했다고 거론되며, 이슬람을 찬양하는 내용의 가사가 르바나 소리에 맞추어 암송된다(Azmi et al., 2018). 뚜렷한 이슬람 정체성을 가진 르바나 그룹의 참여는 자띨란에 부여된 예술로서의 정체성을 강화해준다. 이슬람 예술과 같은 자리에서 동등하게 공연될 수 있음을 드러냄으로써, 자띨란의 비이슬람적 성격을 완화시킬 수 있기 때문이다.

전통 예술이라는 정체성은 자띨란을 연행하고 지지하는 집단에 의해 적극적으로 수용되었다. 새로운 정체성은 비이슬람적 관행이라는 비판에 대응할 담론 상의 무기를 제공함으로써, 공적 영역에서의 주변화에 대응할 수 있도록 했다. 새로운 정체성의 수용을 보여줄 좋은 예는 자띨란의 선전 문구에 '자띨란 예술'(kesenian jathilan)이라는 표현이 광범위하게 이용된다는 점이다. 예를 들어 끌라뗀도 돔뽈(Dompol)면에서 자띨란 공연을 선전하는 현수막에는 "민족 문화

---

20 http://karangsari‐kulonprogo.desa.id/index.php/artikel/2020/10/22/bawakan‐koreo‐babat‐alas‐mentaok‐turonggo‐suryo‐manunggal‐juara‐3‐kulon‐progo (검색일: 2021.08.30.).

의 풍부함을 계승하기 위한 자띨란 예술의 재생"이라는 표현이 제시되었다.[21]

전통 예술이라는 정체성을 수용할 때 문제시되는 측면은 자띨란의 핵심 요소인 신들림이다. 경연대회에서는 신들림을 제외한 음악과 춤만으로 자띨란이 공연되고 평가되지만, 신들림이 배제된 자띨란은 일반 대중에 의해 쉽게 상상될 수 없다. 대다수 자띨란 그룹은 지방정부와 마찬가지로 신들림이라는 측면을 부각하지 않으려는 전략을 택했다. 자띨란과 신들림의 관계가 널리 알려진 상황에서 이를 강조하기보다는 예술적 차원을 부각하려는 모습을 취했다.

일부 자띨란 집단은 신들림에 새로운 성격을 부여함으로써, 비이슬람적이라는 비판에서 벗어나려고 시도했다. 이를 보여줄 좋은 사례는 대학교에서 열린 자띨란 경연대회를 뒷받침하기 위해 조직위원회에서 제시한 설명이다. 조직위 위원장은 자띨란의 신들림을 특정 분야에 몰입하는 행위로 확대해석했는데, 이것이 가능한 이유는 신들림을 일컫는 자띨란 용어 중 하나인 'ndadi'가 '~이 되다'의 의미를 갖기 때문이다. 자띨란에서 이 용어는 '신들림 상태에 빠지게 되다'를 의미하는데, 이를 활용하여 '~에 빠지게 되다'로 그 의미를 확장할 수 있다. 조직위 위원장은 이를 아래와 같이 설명했다.[22]

> 여기에서 신들림(ndadi)은 총체적인 의미를 갖는다. 즉, 일에 빠지다, 연구에 빠지다, 대중 봉사에 빠지다, [대학을] 발전시키기 위해 그리고 국가와 민족에게 도움이 되기 위한 활동에 빠지다와 같은 긍정적 의미를 가진 것으로 이해할 수 있다. … 자띨란의 핵심은 신들림에 빠지는 것뿐 아니라 의상과 다양한 대형으로 이루어지는 춤이나 안무의 창조에 빠지는 차원을 포함한다.

---

21 http://dompol.sideka.id/2018/12/19/gelar-seni-budaya-jathilan(검색일: 2021.08.30.).

22 https://www.uny.ac.id/berita/uny-sukses-gelar-festival-jathilan(검색일: 2021.08.30.).

조직위 위원장은 예술적 차원을 강조할 뿐 아니라 신들림의 의미를 확대 해석함으로써 자떨란의 주술적 성격을 희석하고자 시도했다. 비이슬람적이라는 낙인의 핵심이 신들림을 일으키는 비이슬람적 성격의 초자연적 존재이기 때문에, 세속화된 의미를 신들림에 부여함으로써 이러한 비판에서 벗어나고자 했다.

전통 예술이라는 정체성을 통해 지방정부, 자떨란 연행자와 지지자 사이에는 일종의 '공모적(conspiratory) 상태'가 전개되었다. 이들 모두 신들림을 강조하지 않음으로써 그에 대한 비판을 회피하고자 시도했다. 자떨란을 처음 본 외국인조차 신들림의 중요성을 쉽게 알아차릴 수 있지만(Richter, 2008: 171), 공연 예술로서의 정체성이 부각됨으로써 이러한 공모적 상태가 유지될 환경이 조성될 수 있었다.

전통 의례, 믿음, 공연예술에 대한 정부의 지원을 확대한 계기는 무형문화유산 지정제였다. 이 제도 시행 이전까지 전통문화 보전의 필요성은 국가 통합과 같은 정치적 목적하에 단편적으로 표출되었다. 하지만 유네스코라는 국제기구의 뒷받침을 받는 제도가 시행된 후, 무형문화유산을 후원해야 할 당위성이 공적 레토릭으로 확립될 수 있었고, 이는 주변화되고 있던 전통 의례, 믿음, 공연예술의 위상을 공고히 하는 데 일조했다. 비이슬람적 관행이라는 비판을 회피할 새로운 정체성의 확립은 국가 지정제의 의도치 않던 효과이지만, 결과적으로 이 제도가 인도네시아의 문화적 다양성을 유지하는 데 있어 중요한 역할을 행하고 있음을 자떨란 사례는 확인해준다.

V. 맺음말

유네스코 협약의 목적 중 하나는 문화적 다양성의 보호와 증진이다. 협약 채택 2년 전에 발표된 유네스코 '문화다양성 선언'(Universal Declaration on Cultural Diversity)은 시공간에 따라 문화가 여러 형태로 나타나는 현상을 문화적 다양성으로 규정하면서, 이것이 인류의 공동 유산이며 현재와 미래 세대 모두를 위한 혜택이라고 설명했다. 협약에서는 무형문화유산이 문화다양성을 실현할 핵심 요소임을 지적한 후 이를 보호하고 전승하기 위한 정책과 전략 수립을 권고했다.[23]

개별 국가에서 유네스코 협약을 비준하고 관련된 정책을 시행함에 따라 무형문화유산의 존재 조건에 변화가 발생했다. 대표목록 등재 신청 과정에서 나타난 물상화와 화석화 경향, 정통성에 대한 강조 등이 살아있는 전통으로서의 무형문화유산의 성격을 훼손했다고 평가되었다. 관광화와 산업화 대상으로의 전환은 무형문화유산이 형성한 공동체와의 연계를 약화시켰다고 주장되었다. 이러한 변화는 무형문화유산의 창조적 전승과 변형을 가로막고 유네스코 협약이 추구하는 문화적 다양성의 증진을 어렵게 만들 것이라 예상되기도 했다.

화석화의 가능성은 상존하지만, 그렇다고 해서 무형문화유산을 둘러싼 행위자들의 상호작용이 외부 영향에 의해 일방적으로 규정된다고 말할 수 없다. 협약 채택 이전 무형유산의 활용과 전승이 단선적으로 이루어지지 않은 것처럼, 무형문화유산 개념의 적용과 활용 역시 다양한 경합과 협상의 과정에 놓이게 된다.

이 글에서 살펴본 인도네시아의 사례는 유네스코 협약이 어떠한 해석의 과정을 거쳐 행위자들에 의해 수용되고 실천되었는가를 검토할 수 있도록 한다. 문화적 다양성과 관련되어 주목할 점은 두 가지이다. 첫 번째는 국내 지정제 시행 과정에서 대중성, 일상성, 공동체성이 강조되었다는 점이다. 족자의 사례에서처럼, 민간의 일상적 삶과 관련된 무형문화유산은 높은 완성도를 가진 궁전의 유산과 차별적으로 취급되지 않았고, 무형문화유산을 둘러싼 정통성의 문제 역시 제기되지 않았다. 이는 협약에서 지적한 '끊임없이 변화하는 살아있는 문

---

23   유네스코 무형문화유산 보호 협약 관련 내용은 아래 자료를 참조하여 작성되었음. http://heritage.unesco.or.kr/wp-content/uploads/2019/05/%EB%AC%B4%ED%98%95%EB%AC%B8%ED%99%94%EC%9C%A0%EC%82%B0%ED%98%91%EC%95%BD_%ED%95%9C%EA%B8%80.pdf (검색일: 2021.08.30.).

화로서의 무형문화유산' 개념이 인도네시아 국내 정책에 적용됨으로써 문화적 다양성을 지지할 환경 구축에 일조했음을 시사한다.

두 번째는 국가 지정제를 통해 전통문화와 관습을 뒷받침할 레토릭이 제공되었다는 점이다. 이슬람화로 인해 주변화되던 전통문화와 관습은 무형문화유산이라는 새로운 정체성을 획득하게 되었으며, 이는 전통을 지지하는 개인 및 집단의 활동과 이들에 대한 정부 지원을 정당화하는 데 이용되었다. 또한 경제 활성화 담론과 연결되면서, 전통문화와 관습은 주민의 삶에 실제적인 혜택을 주는 유용한 관행으로 여겨졌다. 이슬람 교리에 부합하지 않기에 제거되어야 한다는 식의 주장이 공적 담론을 주도했던 이전 상황과 비교해보면, 국가 지정제는 문화적 다양성을 지지할 교두보로 기능할 수 있었다.

인도네시아의 무형문화유산 지정제는 비이슬람적이라는 비판으로부터 전통문화와 관습을 보호하려는 목적하에 시행되지 않았다. 무형문화유산이라는 정체성의 확립과 활용은 관련된 행위자들의 창조적 노력과 상호작용 과정에서 구체화되었다. 이처럼 새로운 정체성이 상황적이고 우연적인 과정을 통해 확보되었기 때문에 인도네시아의 상황은 독특한 사례처럼 비추어질 수 있다. 이런 측면을 부정할 수는 없지만 그렇다고 해서 인도네시아 사례를 완전히 예외적인 것으로 간주할 수는 없다. 이와 유사한 변화의 양상이 상이한 종교적 환경을 지닌 지역에서도 보고되었기 때문이다. 예를 들어 미신이라는 이유로 기독교 교회의 비판을 받던 말라위의 정령치료 관습은 유네스코 협약 비준 후 무형문화유산으로 인정받았고, 보호해야 할 대상이라는 정당성을 확보할 수 있었다(Gilman, 2015: 74-75). 인도네시아 사례는 협소하고 제한된 관점에서 전통문화와 관습을 재단하고 주변화하려는 움직임에 대응하여 문화적 다양성을 유지하는 데 있어 유네스코 협약이 지닌 잠재력을 드러내며, 동시에 인도네시아와 유사한 무슬림 다수 국가의 상황에 관한 비교문화적 연구의 필요성을 제기한다.

참고문헌

김형준. 2013. "이슬람 부흥의 전개와 영향: 인도네시아의 사례." 『동남아시아연구』 23(3).
유네스코아태무형유산센터. 2010. 『무형문화유산의 이해』. 대전: 유네스코아태무형유산센터.
이지혁. 2018. 『바틱으로 보다: 자바. 인도네시아 이야기』. 서울: 세창출판사.
오명석. 2020. "동남아의 증여와 호혜성." 오명석 외, 『인류학자들, 동남아를 말하다: 호혜성, 공공성, 공동체의 인류학』. 서울: 눌민.

Aragon, Lorraine. 2012. "Copyright Culture for the Nation? Intangible Property Nationalism and the Regional Arts of Indonesia." *International Journal of Cultural Property* 19(3).
Azmi, U. Z., et al. 2018. "Aesthetic and Religious Value of Rebana Music Art in Darul Ulum Islamic Boarding School Ngembalrejo Bae Kudus." *Catharsis* 7(2).
Bendix, Regina. 2009. "Heritage between Economy and Politics: An Assessment from the Perspective of Cultural Anthropology." *Intangible Heritage*. London & New York: Routledge.
Berliner, David. 2012. "The Politics of Loss and Nostalgia in Luang Prabang (Lao PDR)." *Routledge Handbook of Heritage in Asia*. New York: Routledge.
Boonstra, Sadiah. 2015. "Defining Wayang as Heritage: Standardization, Codification and Institutionalization." *Sites, Bodies and Stories: Imagining Indonesian History*, Singapore: NUS Press.
Bowen, John. 1986. "On the Political Construction of Tradition: Gotong Royong in Indonesia." *Journal of Asian Studies* 45(3).
BPNB DIY. 2019. *Laporan Kinerja 2019*. Yogyakarta: Balai Pelestarian Nilai Bu-

daya D.I. Yogyakarta.

Brown, M. 2005. "Heritage Trouble: Recent Work on the Protection of Intangible Cultural Property." *International Journal of Cultural Property* 12.

Byrne Denis. 2009. "A Critique of Unfeeling Heritage." *Intangible Heritage*. London & New York: Routledge.

Caust, Josephine & Vecco, Marilena. 2017. "UNESCO World Heritage Recognition a Blessing or Burden? Evidence from Developing Asian Countries." *Journal of Cultural Heritage* 27.

Centlivres, Pierre. 2008. "The Controversy over the Buddhas of Bamiyan." *South Asia Multidisciplinary Academic Journal* 2.

Chong, Jinn Winn. 2012. "Mine, Yours or Ours?: The Indonesia – Malaysia Disputes over Shared Cultural Heritage." *Sojourn* 27(1).

Christensen, Paul. 2013. *Modernity and Spirit Possession in Java Horse Dance and Its Contested Magic*. Göttingen: University of Göttingen.

Commaroff, John & Commaroff, Jean, 2009. *Ethnicity, INC*. Chicago & London: The University of Chicago Press.

Czermak, Karin, et al. 2003. "Preserving Intangible Cultural Hegitage in Indonesia: A Pilot Project on Oral Tradition and Language Preservation." Jakarta: UNESCO Jakarta, Indonesia.

de Cesari, Chiara. 2012. "Thinking Through Heritage Regimes." *Heritage Regimes and the State*. Göttingen: University of Göttingen.

Esposito, John. 2010. *The Future of Islam*. Oxford: Oxford University Press.

Federspiel, Howard. 1970. "The Muhammadiyah: A Study of an Orthodox Islamic Movement in Indonesia." *Indonesia* 10.

Federspiel, Howard. 2009. *Persatuan Islam: Islamic Reform in Twentieth Century Indonesia*. Sheffield: Equinox Publishing.

Foley, Kathy. 2014. "No More Masterpieces: Tangible Impacts and Intangible Cultural Heritage in Bordered Worlds." *Asian Theatre Journal* 31(2).

Geertz, Clifford. 1973. *The Interpretation of Cultures*. New York: Basic Books.

Geertz, Clifford. 1976. *The Religion of Java*. Chicago & London: The University of Chicago Press.

Gilman, Lisa. 2015. "Demonic or Cultural Treasure? Local Perspectives on Vimbuza, Intangible Cultural Heritage, and UNESCO in Malawi." *UNESCO on the Ground: Local Perspectives on Intangible Cultural Heritage*. Bloomington and Indianapolis: Indiana University Press.

Hani Ummu, et al. 2012. "Preserving Cultural Heritage through Creative Industry: A Lesson from Saung Angklung Udjo." *Procedia Economics and Finance* 4.

Jones, T. 2018. "International Intangible Cultural Heritage Policy in the Neighbourhood: An Assessment and Case Study of Indonesia." *Journal of Cultural Geography* 35(3).

Kearney, Amanda. 2009. "Intangible Cultural Heritage: Global Awareness and Local Interest." *Intangible Heritage*. London & New York: Routledge.

Kim, Hyung-Jun. 2007. *Reformist Muslims in a Yogyakarta Village: The Islamic Transformation of Contemporary Socio-Religious Life*. Canberra: ANU E Press.

Kuutma Kristin. 2013. "Concepts and Contingencies in Heritage Politics." *Anthropological Perspectives on Intangible Cultural Heritage*. Springer.

Leblon, Anais. 2012. "A Policy of Intangible Cultural Heritage between Local Constraints and International Standards: The Cultural Space of the Yaaral and the Degal." *Heritage Regimes and the State*. Göttingen: University of Göttingen.

Marshall, Clark. 2013. "The Politics of Heritage: Indonesia-Malaysia Cultural Contestation." *Indonesia and Malay World* 41.

Maruf, Irma. 2015. "The Protection of Indonesian Indigenous Heritage in the International Conventions and Their Implication toward Indonesian Law." *Sampurasun e-Journal* 1(1).

Moertono, S. 1974. *State and Statecraft in Old Java: A Study of the Later*

Mataram Period, 16th to 19th Century. Ithaca: Cornell University Southeast Asia Program.

Nurindiani, Rizkie. 2016. "Gudeg sebagai Ikon Kuliner: Konsumsi Materi Budaya di Masyarakat Yogyakarta." MA Thesis. Yogyakarta: Universitas Gadjah Mada.

Pawestri, Galuh. 2019. "Jathilan: Between the Javanese Sacred Rituals and Performance in Tourism Attractions." *Journal of Advances in Humanities and Social Sciences* 5(5).

Pfeilstetter, R. 2014. "Heritage Entrepreneurship. Agency‐Driven Promotion of the Mediterranean Diet in Spain." *International Journal of Heritage Studies* 21(3).

Prabandari et al. 2020. "The Economic Contribution of Indonesia Intangible Heritage By Means of Visitor Spending: Study of Solo Sekaten Traditional Festival." *International Journal of Advances in Social and Economics* ?(3)

Ratnawati, Tri. 2011. "Antara Otonomi Sultan Dan Kepatuhan Pada Pusat Di Era Reformasi: Studi Kasus Daerah Istimewa Yogyakarta (DIY)." *Governance: Jurnal Ilmu Pemerintahan* 2(1).

Richter, Max. 2008. "Other Worlds in Yogyakarta: From Jatilan to Electronic Music." *Popular Culture in Indonesia: Fluid Identities in Post‐Authoritarian Politics*. Oxon: Routledge.

Riordan, A. and Schofield, J. 2014. "Beyond Biomedicine: Traditional Medicine as Cultural Heritage." *International Journal of Heritage Studies* 21(3).

Riyadi, Irfan et al. 2016. "Conflict and Harmony between Islam and Local Culture in Reyog Ponorogo Art Preservation." *el Harakah* 18(2).

Schlehe, Judith. 2016. "Contesting Javanese Traditions." *Indonesia and the Malay World* 45.

Schoneich, Svenja. 2014. "From Global Decisions and Local Changes: The Ceremonial Dance of the Voladores Becomes UNESCO Intangible Cultural Heritage." *Ethnologies* 36(1‐2).

Selosoemardjan. 1962. *Social Changes in Jogjakarta*. Ithaca: Cornell University Press.

Shahab, Sofya & Isakhan Benjamin. 2018. "The Ritualization of Heritage Destruction under the Islamic State." *Journal of Social Archaeology* 18(2).

Suhardjono Liliek. 2012. "Battling for Shared Culture between Indonesia and Malaysia in the Social Media Era." *Humaniora* 3(1).

Timothy, Dallen & Nyaupane Gyan(eds.). 2009. *Cultural Heritage and Tourism in the Developing World: A Regional Perspective*. London & New York: Routledge.

Turmudi, Endang. 2012. "Puritanism vis‐a‐vis Traditionalism: Islam in Modern Indonesia." *Harmoni: Jurnal Multikultural & Multireligius* 11(2).

Turner, Bryan S. 2008. "Acts of Piety: The Political and the Religious or a Tale of Two Cities." *Acts of Citizenship*. London: Zed Books.

Voll, John. 2019. *Islam: Continuity and Change in the Modern World*. London & New York: Routledge.

Wahib, Ahmad Bunyan. 2017. "Being Pious among Indonesian Salafis." *Al‐Jamiah* 55(1).

You, Ziying. 2015. "Shifting Actors and Power Relations: Contentious Local Responses to the Safeguarding of Intangible Cultural Heritage in Contemporary China." *UNESCO on the Ground: Local Perspectives on Intangible Cultural Heritage*. Bloomington and Indianapolis: Indiana University Press.

자료

Antara News. 2009. "Batik Indonesia Resmi Diakui UNESCO."(2009.10.02.)
CNN International. 2009. "Battle for Batik."(2009.10.14.)

Dutajatim.com. 2019. "Gubernur Khofifah Minta Festival Jathilan Digelar Ruin di Gunung Bromo."(2019. 9. 29.).

Kompas. 2019. "Sah, 267 Warisan Budaya Takbenda Ditetapkan Kemendikbud." (2019. 10. 9.).

Nusabali. 2019. "Jegog Resmi Jadi Warisan Budaya Tak Benda Sertifikat Diserahkan Saat Pawai Budaya HUT Kota Negara."(2019. 9. 2.).

Okezone. 2009. "Diklaim Malaysia, Indonesia Kukuhkan Batik."(2009. 10. 1.).

RRI. 2019. "40 Kelompok Ikut Festival Jathilan Lereng Merapi."(2019. 6. 19.).

Sigapnews. 2021. "8 Kebudayaan Asli Sumbar Mendapatkan Sertifikat Warisan Budaya Takbenda Indonesia."(2021. 3. 24.).

The Jakarta Post. 2019. "A Contemporary Take on Kuda Lumping."(2019. 6. 26.).

Tempo. 2009. "Dunia Akui Batik Indonesia, Malaysia Tahu Diri."(2009. 10. 2.).

Vivonews. 2016. "Ini 15 Kriteria Penetapan Warisan Budaya Tak Benda Indonesia."(2016. 10. 24.).

Ajinugroho, Seto. 2021. *"Kena Karma, Giliran Kebudayaan Malaysia Diklaim Oleh Negara Lain."* https://www.grid.id/read/04929489/kena-karma-giliran-kebudayaan-malaysia-diklaim-oleh-negara-lain?page=all(검색일: 2021.08.21.).

Direktorat Jenderal Kebudayaan(인도네시아 교육문화부). *"Keputusan Jenderal Kebudayaan Nomor 16/3/E.EI/KP/2019 tentang Tim Ahli Warisan Budaya Takbenda Indonesia Tahun 2019-2020."* 2021, http://www.magisterseniusu.com/uploads/1/8/0/0/1800340/sk-tim-ahli-wbtb-2019-2020.pdf(검색일: 2021.08.21.).

Suharto, Yusuf. *"Ini Hukum Kesenian Kuda Lumping."* 2021, https://tebuireng.online/ini-hukum-kesenian-kuda-lumping/(검색일: 2021.08.21.).

3부

무형문화유산 정책·제도와 정체성

제10장 인류무형문화유산 '후미' 등재를 둘러싼

　　　 몽중의 갈등과 그 배경　이평래(한국외국어대학교 중앙아시아연구소)

제11장 말레이시아 무형문화유산과 이슬람 부흥　홍석준(목포대학교 고고문화인류학과)

　　　 - '디끼르바랏'과 '방사완', 그리고 '와양꿀릿'의 사례를 중심으로

제12장 인도 유네스코 무형문화유산 '요가'(Yoga)의

　　　 정치화와 국가 정체성　김경학(전남대학교 문화인류고고학과)

제13장 이란 시아 무슬림의 감정 동학과 인류무형문화유산

　　　 - 수난극 타지에를 중심으로　구기연(서울대학교 아시아연구소)

제10장

인류무형문화유산 후미 등재를 둘러싼 몽중의 갈등과 그 배경[1]

이평래 (한국외국어대학교 중앙아시아연구소)

I. 머리말

현재 몽골국 이름으로 유네스코 인류무형문화유산(이하 무형유산으로 약칭) 목록에 등재되어 있는 것은 총 15건이다. 전통 악기 마두금(馬頭琴, 2008), 장가(長歌, 2008; 중국과 공동 등재), 전통 춤 빌게(2009), 서사시 토올(2009), 전통 음악 초르(2009), 전통 창법 후미(2010), 매사냥(2010; 한국 등과 18개 국가 공동 등재), 전통 축제 나담(2010), 전통 악기 림베 연주(2011), 전통 가옥 게르의 제작법과 관련 관습(2013), 몽골의 서예(2013), 전통 놀이 샤가이 쏘아 맞추기(2014), 새끼 낙타 받아들이기 의례(2015), 오보제(2017), 마유주(馬乳酒) 제조 전통과 관련한 관습(2019) 등이다. 이중 오보제, 몽골 서예, 림베 연주, 빌게, 서사시, 초르는 긴급보호목록에 등재되어 있다.

---

[1] 이 글은 『민속학연구』 48(국립민속박물관, 2021)에 실린 "인류무형문화유산 후미 등재를 둘러싼 몽중의 갈등과 그 배경"을 수정·보완한 것이다.

그 밖에도 몽골에는 유목민들이 남긴 수많은 무형문화유산이 전해지고 있다. 이 때문이겠지만 몽골은 어려운 경제 사정에서도 불구하고 문화유산의 수집과 정리 및 보존과 복원에 많은 노력을 기울이고 있다. 이는 몽골인들의 전통문화에 대한 자부심과 함께 문화를 국가경쟁력의 하나로 인식하는 정부 정책과도 깊은 관련이 있다. 지난 2020년 수립된 국가장기발전계획인 〈비전 2050〉에도 이 점이 오롯이 반영되어 있다. 즉 몽골정부는 〈비전 2050〉에서 향후 30년간 수행할 9대 국정목표를 제시했는데, 그 첫번째 목표가 문화 강국이 되겠다는 포부이다. 몽골이 국력과 나라 규모에 비하여 아시아권에서 뿐 아니라 세계적으로도 유네스코 등재 무형유산이 많은 나라에 속하는 것도 이러한 국가 정책에 힘 입은 바가 크다. 이 점을 염두에 두고 이 글에서는 전통 창법인 후미(Khöömii/Khöömei)의 등재를 둘러싸고 벌어진 몽골과 중국의 갈등과 그 원인을 살펴보려고 한다.

후미는 몽골과 그 북부 투바 등지에 전해지는 독특한 창법이다. 후미 가수는 오직 자신의 발성기관을 이용하여 저음과 고음 등 2개 이상의 소리를 동시에 낸다(박소현 2005: 90-98). 이 창법은 처음 바람 소리, 물 소리, 새 소리 등 자연의 소리를 모방하고자 하는 인간의 노력에서 유래했다고 전해진다. 몽골의 경우 호브드 아이막(Khovd aimag)과 고비-알타이 아이막(Gov'-Altai aimag) 등 서부와 서북부 산악지대를 중심으로 계승되어 왔으며, 몽골인들은 그중 호브드 아이막 찬드만 솜(Chandman' sum)에서 처음 후미가 발생했다고 믿고 있다. 현재 몽골 후미 가수들이 사용하는 가장 보편적인 창법은 하르히라(kharkhiira, 가슴 깊이 울리는 창법)와 이스게레(isgeree, 휘파람 소리를 내는 창법) 등 두 가지이다. 후미는 국가 행사, 가정 잔치, 공연 등에 이르기까지 다양한 장소에서 연행되고 있다.[2]

---

2 "Mongolian traditional art of Khöömei", https://ich.unesco.org/en/RL/mongolian-traditional-art-of-khmei-00396(검색일: 2022.03.23.).

몽골과 중국 간에 후미를 놓고 갈등이 생긴 것은 2009년 9월 30일 아부다비에서 개최된 유네스코 인류무형문화유산 회의에서 후미가 "몽골족 가창 예술, 후미(Mongolian art of singing, Khoomei)"라는 이름으로 무형유산 대표목록에 등재되면서부터이다.[3] 등재 신청국은 물론 중국이었다. 그러니까 중국정부가 자국 내 소수민족인 몽골족의 후미를 자국 이름으로 대표목록에 등재를 신청한 것이다. 후미가 중국의 무형유산으로 등재되었다는 소식이 알려지면서 몽골 언론에는 "후미를 도둑맞았다", "후미가 중국의 성(姓)을 갖게 되었다", "후미를 외국에 빼앗겼다" 등 자극적인 말이 등장하고 문화유산 담당 관리들을 처벌하라는 여론이 비등했다(Б. Цэцэнцолмон 2014: 250). 외부 관찰자들 역시 중국에 의한 후미 등재가 "반중정서의 집결지"[4]가 되었으며, "(양국 간에) 새로운 경계선을 세우는데 기여했다"(괄호 안 필자)고 말할 정도로 몽골인들은 이 문제에 민감하게 반응했다(Sarina Wu 2020: 277).

이런 상황에서 몽골정부는 교육과학문화부장관을 유네스코 본부에 보내 사무총장을 면담케 하는 한편, 유네스코 몽골위원회 사무총장을 해임하고, 후미를 자국 명의로 무형유산 대표목록에 등재시키기 위한 노력에 박차를 가했다. 그리고 2010년 11월 16일 나이로비에서 개최된 무형유산 정부간위원회 회의에서 "몽골의 전통 예술 후미(Mongolian traditional art of Khöömei)"라는 이름으로 등재가 결정되었다.[5] 물론 등재된 무형유산의 공식명칭과 영문표기가 약간 다르게 되어 있다. 그러나 하나의 무형유산이 공동 등재도 아니고 유사한 이

---

[3] 賀文忠, "蒙古族民歌呼麥入選人類非物質文化遺産代表作名錄", 『中國網』, http://www.china.com.cn/txt/2009-10/16/content_18717952.htm (검색일: 2021.03.21.).

[4] Lisa Gardner, "Mongolia and China mark ancient cultural ties", *Alzazeera*, https://www.aljazeera.com/features/2014/08/31/mongolia-and-china-mark-ancient-cultural-ties/?xif (검색일: 2021.03.21.).

[5] Г. Баттүшиг, "Монголын гурван ч соёлын өвийг ЮНЕСКО бүртгэлээ", *News.mn*, https://news.mn/r/538728/ (검색일: 2021.03.21.).

름으로 연이어 등재된 것은 흔한 사례는 아니다. 더 특이한 것은 후미가 2009년 중국 명의로 등재된 직후는 물론이고, 2010년 몽골이 자국 명의로 등재한 이후에도 몽골 언론에 지속적으로 이 문제가 거론되고, 중국의 또 다른 무형유산의 침탈에 대한 몽골인들의 우려가 점증되었다는 점이다.

그러나 사실을 말하면 후미는 결코 몽골만의 유산이 아니다. 무형유산이 대게 그렇듯 후미는 몽골국, 중국의 내몽골자치구, 러시아연방의 투바공화국, 부랴트공화국 등 여러 곳에 전해지는 다국적 음악 장르이다. 기왕의 연구자도 지적한 것처럼 후미가 몽골국 호브드 아이막 찬드만 솜에서 발생했다고 하는 몽골인들의 오래된 주장도 근거가 빈약하다(Carole Pegg 2001: 61). 그렇다면 반드시 몽골의 무형유산이라고 할 수 없는 후미 등재에 대해서 몽골인들이 반발하고, 자국 명의로 등재한 후에도 틈만 나면 이를 중국에 의한 문화침탈의 표본으로 거론하는 이유는 무엇일까? 더구나 몽골인들은 이른바 후미 등재 사건이 발생한 2009~2010년에서 10년이 지난 지금까지 후미의 소유권이 몽골에 있다는 주장을 펴고 있으니 그 이유가 궁금할 수밖에 없다.

주지하듯이 무형유산은 인접국들과 공유하는 소위 공유유산이 많다. 또한 2005년 강릉단오제 등재 후 한중 간 갈등에서 보았듯이 공유유산의 등재를 둘러싸고 벌어지는 국가 간 갈등도 드문 일이 아니다. 따라서 후미 등재와 관련한 몽골인들의 반발 역시 이런 유형의 갈등으로 볼 수 있지만, 그 강도와 지속성이라는 측면에서 매우 특이한 경우에 해당한다. 우리가 그 동안 목격한 인접국과의 유산 갈등이 대게 국가의 자존심을 놓고 벌이는 다툼이라고 한다면, 몽골인들은 이를 민족의 정체성을 넘어 국가의 존립을 좌우하는 문제로 보고 있다는 데서 차이가 있다. 실제로 여기에는 단순한 문화유산 문제가 아니고 몽중 간 역사문제, 몽골국 몽골인과 내몽골자치구 몽골인 관계 등 복잡한 문제가 얽혀 있다. 그리고 이러한 제반 문제를 살펴보는 것이 본장의 목표이다.

필자가 확인한 바로는 현재까지 후미 등재와 관련한 몽중 관계와 갈등을 논의한 논문은 두 편 정도가 있다(Б. Цэцэнцолмон 앞의 논문; Sarina Wu 앞의 논문).

하나는 몽골국 몽골인이 쓴 평이한 소개 글이고, 다른 하나는 내몽골 몽골인이 쓴 수준 높은 논고이다. 그밖에 주로 영어권 학자와 저술가의 이 문제에 관한 발표문과 언론 기고문이 몇 편 더 있다. 따라서 이 문제에 대한 몽골인들의 인식과 사안의 심각성에 비하면 거의 연구가 이루어지지 않았다고 할 수 있다. 이와 대조적으로 대중매체에는 후미 문제가 현재까지도 지속적으로 다루어지고 있다. 이는 후미가 몽골문화의 중요한 구성요소라는 점 때문이기도 하지만, 이를 국가로서 몽골국의 존립과 관련지어 보는 몽골인들의 인식 때문이다. 이런 점을 고려하여 필자는 중국 명의로 후미가 유네스코에 등재된 2009년부터 현재까지 몽골 언론에 보도된 후미와 관련한 기사(단순보도, 기고문, 인터뷰)를 1차 자료로 삼아 상기한 문제들을 논의해 보려고 한다.

    논의는 2009년 중국의 후미 등재에 대한 몽골의 반발, 후미 문제로 촉발된 중국의 문화침탈에 대한 몽골인들의 우려와 그 정치 문화적 배경 그리고 무형유산 등재제도가 안고 있는 문제점을 차례로 살펴보는 순으로 행해질 것이다.

II. 중국의 후미 등재에 대한 몽골의 반발

2009년 9월 30일 후미의 무형유산 등재가 결정된 직후 내몽골자치구 성도(省都) 후흐호트[呼和浩特]에서는 이를 축하하는 전문가 좌담회가 열리는 등 축제 분위기가 이어졌다.[6] 이러한 가운데 이 소식이 몽골에 알려지자 한 외부 관찰자의 표현대로 몽골인들은 큰 충격과 분노에 휩싸였다(Thalea Stokes 2015: 3). 몽골 음악인 아리온볼드(D. Ariunbold)는 언론인터뷰에서 당시 몽골인의 마음을 다음과 같이 토로했다.

---

6   "內蒙古呼麥申請世界非物質文化遺産的幕後故事",『鳳凰網』, http://culture.ifeng.com/2/detail_2009_11/27/309717_0.shtml (검색일: 2021.03.21.).

후미를 이만큼 발전시켜 왔는데 유감스럽게도 국가정책의 부재로 내몽골과 중국이 합세하여 유네스코에 목구멍[喉]플루트(Khoolooin tsuur)라는 이름으로 등재시켜버렸습니다. 우리나라가 등재하지 않고 있다가 뒤처진 것입니다. 이는 정말 애석한 일입니다. 내몽골인들은 우리에게서 10년 내내 후미를 배웠습니다. 그러나 (그들이) 후미에 대해 100년을 얘기하고 발전시켜온 몽골국에 앞서 유네스코에 등재한다는 것은 후미 가수뿐만 아니라 (모든) 몽골(인의) 마음을 아리게 합니다.[7] (괄호 안 필자)

내몽골인들에게 후미를 전수한, 따라서 후미 등재 사건 이후 한 동안 매국노로 매도된 원로 후미 가수 오드수렝(B. Odsüren) 교수도 언론인터뷰에서 "나는 충격을 받았습니다. 내가 그들을 가르쳤습니다. 그런데 그들은 그것이 자기 것이라고 합니다."[8]라고 후미 등재로 인해 받은 마음의 상처를 숨기지 않았다. 몽골의 한 유력 일간신문은 아예 "미안합니다. 중국 형님 후미는 당신 것이 아닙니다"라는 제목 하에 본격적인 등재 반대 청원에 나설 것을 요청하기도 했다.[9] 그런가 하면 툽신투구스(B. Tüvshintögs)라는 지식인은 "후미는 말갈기 위에서 (머리를) 휘날리고, 장가(長歌)가 울려 퍼지는 광활한 초원에서 자유로이 살면서 대자연과 가장 가까이 있는 몽골인들이 창안한 둘도 없는 유산의 하나이다. (중략) 중국인들이 후미를 자신의 것인 양 세뇌하고, 도장 박은 종이(등재 증서)를 받아도 수천 년 동안 전해 내려온 후미를 몽골인의 생활과 문화와 마음으로부터

---

7 Т. Дашмаа, "Д. Ариунболд: Хөөмий Монгол хүний оюун санааны агуу бүтээл", *GoGo.mn*, https://gogo.mn/r/61818 (검색일: 2021.03.21.).

8 Andrew Higgins, "A Showdown Over Traditional Throat Singing Divides China and Mongolia", *Washingtonpost*, https://www.washingtonpost.com/world/asia-pacific/a-showdown-over-traditional-throat-singing-divides-china-and-mongolia/2011/06/24/gIQASaZS7I_story.html (검색일: 2021.03.21.).

9 "Уучлаарай Хятад ахаа, хөөмий танайх биш", *Өнөөдөр*, https://unuudur.mn/ (검색일: 2021.03.21.).

영원히 지울 수 없을 것이다"[10](괄호 안 필자)라고 중국에 의한 등재의 부당성을 지적했다. 또한 몽골에서 오랫동안 현지조사를 수행한 민족음악 연구자 캐롤 페그(Carole Pegg)는 몽골인들의 분노를 다음과 같이 전해주고 있다.

> 2010년 유네스코 무형유산 목록에 '몽골의 목구멍 노래 예술' 등 몽골예술과 문화유산이 '중국 것'으로 등재되면서 몽골과 내몽골의 몽골인들 사이에서 큰 소동이 일어났다. "중국, 후미는 당신의 것이 아니니 유네스코에 등재하지 마시오!" 라는 청원이 거의 9,000명의 청원자들과 함께 인터넷 상에 나타났다. 몽골 출신 일부 기고가들이 중국인에게 전쟁과 죽음으로 위협하는 등 감정이 고조되었고, 이들은 (이를) 자신들의 땅을 차지하기 이전의 전략으로서 정체성 탈취 시도로 인식했다.[11](괄호 안 필자)

이처럼 여론이 들끓던 가운데 몽골인들 사이에서는 중국이 전통 복식 델, 전통 축제 나담, 전통 문자 몽골비칙, 전통 의례 오보제 등도 자국 이름으로 무형유산 목록에 등재하려 한다는 소문이 퍼졌다.[12] 비판자들은 대통령에게 공개서한을 보내 문화유산의 보호를 촉구하고, 몽골의 델이 중국의 유산으로 등재되면 앞으로 대통령 당선자가 의회에서 벌거벗고 선서를 해야 하는가 하고 반문했다.[13] 대통령이 취임할 때 전통복을 입고 선서하는 관행에 빗대어 한 말이

---

10 Б. Түвшинтөгс, "Шаахайтай хятад хөөмийлж байхыг сонсоогүй л юм байна", *Baabar.mn*, http://www.baabar.mn/article/1270(검색일: 2021.03.21.).

11 Carole Pegg, "Nomads, States and Musical Landscapes: Some Dilemmas of Khöömii as Intangible Cultural Heritage", *AKDN.org*, https://www.akdn.org/akmi/musical-geographies-central-asia/carole-pegg(검색일: 2021.03.21.).

12 Ж. Солонго, "Эрийн гурван наадам Хятадын уламжлалт соёл болох нь", *GoGo.mn*, https://gogo.mn/r/ee39d(검색일: 2021.03.21.).

13 Б. Ууганбаяр, "Монгол дээл Хятадаар овоглоход ЕРӨНХИЙЛӨГЧ МААНЬ ТАНГАРГАА ШАЛДАН ӨРГӨХ ҮҮ...", *Өнөөдөр*, https://unuudur.mn/(검색일: 2021.03.21.).

다. 심지어 갈상수흐(B. Galsansükh)라는 시인은 "몽골 라디오에서 중국어로 인사말이 나오면 나는 죽어버리겠다"[14]는 극단적인 발언까지 했다. 모든 것이 중국 것이 되면 방송 역시 중국어로 하지 않겠냐는 우려를 이렇게 표현한 것이다. 물론 이는 외국과 외국인, 특히 중국과 중국인에 대한 적대감을 국수주의적 시각에서 표현한 극단적 사례지만, 2010년경 중국과 중국인에 대한 몽골의 사회 분위기를 보여주는 데는 부족함이 없다.

당연하지만 정부와 문화유산 관련 부서와 관계자들에 대한 비판도 이어졌다. 어떤 신문기자는 문화유산센터 관리들은 그 동안 무슨 일을 하고 시간을 보냈는지? 중국인들로부터 뇌물을 받고 조용히 있었는지? 따져봐야 할 시간이 되었다고 비판했다.[15] 이 과정에서 어떤 기관과 누가 잘못했는가를 밝혀 처벌해야 한다는 의견도 나왔다. 구체적으로 일반 몽골인 임금의 10배를 받고 내몽골에 가서 후미를 가르친 오드수렝 교수[16], 정부로부터 재정지원을 받는 몽골후미협회 관계자들, 중국보다 먼저 후미를 등재시키지 못한 오르트나상(N. Urtnasan) 유네스코 몽골위원회 사무총장과 에르덴바트(G. Erdenebat) 교육과학문화부 문화예술정책국장 등이 비난의 표적이 되었다(Б. Цэцэнцолмон 앞의 논문: 250). 당시 내몽골에 가서 후미를 가르친 사람들이 모두 비난을 받았지만, 그 화살은 주로 오드수렝 교수에게 집중되었다. 후일 언론인터뷰에서 그는 동료와 제자들이 안면을 몰수하고, 흙과 모래를 뿌리고, 승용차로 위협하는 일까지 벌어져 후미가 몽골 이름으로 등재될 때까지 거의 1년 동안 고통 속에 지냈다고 회고했다. 후미 사건에 대한 몽골인의 감정이 어느 정도였는지 짐작케 해주는 대목이다.

---

14   Б. Галсансүх, "Монголын радио хятадаар мэндчилэхэд би үхнэ", *facebook.com*, https://www.facebook.com/watch/?v=315232992288031(검색일: 2021.03.21.).

15   Ч. Ул-Олдох, "Бодлогогүй бодлогын газар", *GoGo.mn*, https://gogo.mn/r/66077(검색일: 2021.03.21.).

16   Г. Ганчимэг, "Б. Одсүрэн: ЮНЕСКО-гоос ирэх хариуг бүтэн жил хүлээж шаналах амаргүй байлаа", *GoGo.mn*, https://gogo.mn/r/5yj2w(검색일: 2021.03.21.).

상황이 이렇게 되자 몽골정부와 유네스코 몽골위원회도 민심을 수습하기 위해 적극 나섰다. 먼저 주무부서인 교육과학문화부의 오트공바야르(Yo. Otgonbayar) 장관은 유네스코 본부에 서한을 보내 중국의 후미 등재와 관련한 몽골의 민심을 전하고, 당해년 심사예정인 몽골 측이 제출한 후미 등재 건과 관련하여 그것의 발생지가 몽골국 서부지역임을 강조하고 지지를 부탁했으며[17], 직접 유네스코 본부를 방문하여 일리나 보코바(Irina Bokova) 사무총장 등 관계자들과 면담하고 후미와 기타 몽골 문화유산의 등재와 관련하여 협조를 요청했다.[18] 이와 함께 몽골정부는 후미 갈등 이후 해임 비난이 쏟아진 유네스코 몽골위원회 사무총장을 해임시켜 성난 민심을 달래려고 했다.[19] 또한 몽골 교육과학문화부 장관과 중국 문화부장관은 하이난(海南)성 싼야(三亞)에서 만나 "무형유산 보호에 관한 협력을 위한 양해각서"(2010년 3월 25일)에 서명하고 양국이 공유하는 무형유산을 유네스코에 등재할 경우 양국의 협의를 거치도록 합의했다.[20]

이렇게 합의한 데는 양국 정부의 이해관계가 맞아 떨어졌기 때문이다. 몽골의 상황은 이미 설명한 바이지만, 중국 역시 이 문제로 편치 않았음을 여러 자료에서 확인된다. 먼저 3월 25일 양국 장관 회의에서 중국 대표들은 몽골인들의 격렬한 반발에 대해 중국 관리들도 매우 당황해하고 있음을 솔직하게 토로했다고 전해진다. 내몽골 문화유산 담당 관리의 증언에 의하면 중국 문화부와 내몽골 고위관리들이 몽골인들의 예상밖의 분노 표출에 대해 전전긍긍하고, 중

---

[17] "БСШУ - НЫ САЙД ЮНЕСКО - ГИЙН ДЭЛХИЙН СОЁЛЫН ӨВИЙН ТӨВИЙН ЕРӨНХИЙ ЗАХИРАЛД ЗАХИДАЛ ИЛГЭЭВ", *VIP76.mn*, https://vip76.mn/content/8913(검색일: 2021.03.21.).

[18] Г. Одгарав, "Хөөмийг дэлхийн соёлын өвд бүртгүүлэх асуудалд ...", *GoGo.mn*, https://gogo.mn/r/0gqj5(검색일: 2021.03.21.).

[19] Г. Одгарав, "Н. Уртнасан хөөмийгөө алдчихлаа гэж толгойгоо гашилгахааргүй болов", *GoGo.mn*, https://gogo.mn/r/66002(검색일: 2021.03.21.).

[20] "Соёлын өвийн асуудлаар Монгол Улс БНХАУ - тай харилцан тохиролцлоо", *News.mn*, https://news.mn/r/4443/(검색일: 2021.03.21.).

국 외교부는 문화부에 등재를 철회해줄 것을 공식 요청했다는 말까지 전해진다(Sarina Wu 앞의 논문: 276). 중국 외교부의 조치는 비등하던 몽골 내 반중정서의 확산을 우려했기 때문이다. 그리고 이것이 양국이 서둘러 문화장관 회의를 열어 문제 해결에 착수한 배경이다. 무형유산 등재 문제로 고위급 관리들이 전면에 나서 수습을 시도한 것이 흔한 사례인지는 알 수 없지만, 이는 몽중 관계의 현실과 밀접한 관련이 있다.

아무튼 양국 정부 당국자들이 나서 급한 불은 껐으나 들끓던 민심이 곧바로 수습된 것은 아니다. 국회에서 부처장관을 상대로 한 후미 관련 질의와 질책은 그 후에도 계속되었으며,[21] 그러다가 2010년 11월 16일 나이로비 회의에서 몽골국이 신청한 후미의 무형유산 대표목록 등재 건이 통과되었다. 이때 후미와 함께 전통축제 나담, 매사냥의 등재도 결정되었다.[22] 후미 사건 후 중국에 후미를 팔아먹었다고 비난받아온 오드수렝 교수는 몽골의 후미 등재 소식을 접하고 행한 언론인터뷰에서 "모두가 뛰고 노력한 덕분에 오늘날 후미를 몽골의 무형유산으로 등재할 수 있었습니다. 허리에서 짐을 내려놓고 마음이 편해지고 (절로) 웃음이 나옵니다"[23] (괄호 안 필자)라고 정부의 개입으로 후미를 되찾았으며 자신도 무거운 짐을 내려놓았다는 소감을 밝혔다. 몽골정부의 총력 대응을 시사하는 대목이다. 물론 정부를 움직이게 한 것은 여론이었다. 그러나 후미 등재 사건에 의하여 촉발된 비판적 여론은 후미가 몽골 이름으로 등재된 이후에도 그치지 않았고, 정부 역시 무형유산 보호와 관련한 좀 더 적극적인 대책을 수립하기 시작했다.

---

21 "Ё. Отгонбаяр: Хөөмийн урлаг 15 оронд хөгжиж байна", *Өнөөдөр*, https://unuudur.mn/(검색일: 2021.03.21.).

22 Г. Баттүшиг, 앞의 기사.

23 Г. Ганчимэг, 앞의 인터뷰 기사.

III. 중국의 문화침탈에 대한 몽골인들의 우려

몽골정부는 후미 등재를 전후해 무형유산 문제와 관련하여 중국과 협력을 강화했다. 먼저 2010년 3월 25일 양국 문화부장관 회담 합의에 따라 구성된 차관급 협의체와 실무단 회의가 연차적으로 개최되어 관련 사항을 논의해나갔다. 그러면서도 몽골정부는 무형유산 등재와 관련한 중국과의 협력에서 매우 신중한 태도를 견지했다. 내몽골 문화유산 담당 관리들의 증언에 따르면 2005년 장가를 공동 등재할 때 몽중 간에 문화협력 관련 협약이 체결되었는데, 다시 그 협약의 복원을 제안했지만 몽골 관리들이 이에 대해 생각해 보겠다고 할 뿐 더 이상 응답하지 않았다고 한다(Sarina Wu 앞의 논문: 277). 후미 사건 이후 2005년 장가의 공동등재까지 비판의 대상이 되면서 몽골 문화유산 담당 관리들은 외국과의 협력에 대해 대단히 소극적으로 대응했던 것이다.

이와 별개로 몽골정부는 자국 명의의 등재로 '되찾았다'고 생각하는 후미를 보호하고 홍보하기 위한 정책을 추진해나갔다. 예컨대 2010년 12월 10~11일에는 몽골문화유산센터, 유네스코 몽골위원회, 울란바타르 문화예술국이 공동주관한 "무형유산 보호를 위한 당면과제"라는 주제의 대규모 학술회의가 열렸다. 국내 문화 담당 관리들과 학자들이 대거 참여한 본 학술회에서는 '무형유산과 그 전수자의 확정과 등록, 데이터베이스 구축' 등 총 18개 주제를 놓고 활발한 토론이 벌어졌다.[24] 또한 2011년 7월 19~20일 런던에서는 후미 등재를 기념하여 주영국 몽골대사관이 주최하는 "몽골 후미 유산"(학술회의), "몽골 후미 축제"(공연)를 개최하고 그 자리에서 세계후미협회가 설립되었다. 본 행사의 목적은 알탄게렐(B. Altangerel) 영국 주재 몽골대사의 다음 발언에 잘 나타나 있다.

---

24 Соёлын өвийн үндэсний төв, *СОЁЛЫН БИЕТ БУС ӨВИЙГ ХАМГААЛАХ ТУЛГАМДСАН АСУУДЛУУД" СЭДЭВТ СИМПОЗИУМ АМЖИЛТТАЙ БОЛЖ ӨНГӨРЛӨӨ*, http://www.monheritage.mn/mn/news/NewsMore.aspx?ItemID=13 (검색일: 2021.03.21.).

우리의 자랑스러운 문화유산인 후미를 무형유산 목록에 등재한 것은 모든 몽골인들의 이마를 펴게 한 멋진 일입니다. 바로 그 놀라운 유산을 세계인 모두에게 받아들이게 한 민족의 입장에서 모든 사람에게 홍보하고 전파하는 일을 끊임없이 해나가야 할 것입니다.[25]

2010년 12월 대규모 국내 학술회의에 이어 국제적으로 활동하는 몽골 후미 가수와 연구자가 많은 서유럽을 무대로 후미를 '몽골 소유'로 확인시키기 위한 본격적인 국제행사에 나선 것이다. 실제로 본 행사에서는 서유럽에서 활동하는 몽골의 후미 가수와 영국, 프랑스 등 여러 나라 학자들이 참여하여 후미의 기원 문제를 비롯한 다양한 주제를 논의했다. 정부의 이러한 노력과 관계없이 언론에는 계속 후미가 '몽골 것'이라는 말이 반복되었다. 예를 들면 한 언론인은 몽골음악무용학교 학생들의 베이징 공연을 아래와 같이 대단히 자의적으로 해석한 짧은 기사를 내보냈다.

> 항상 (자기) 자리를 지키고 있는 전문학교의 하나로 음악무용학교를 들 수 있다. 계속 성공적인 창작물로 가득한 이 학교 학생들이 최근 베이징에서 공연했다. (중략) 특히 장가의 멋진 저음과 고음, 하르히라 후미(가슴 깊이 울리는 후미) 등 몇 종의 후미 등은 '의문의 여지가 없이 북몽골(몽골국)에서 기원한 것이다'라고 (청중들이) 받아들였다.[26] (괄호 안 필자)

위의 기사를 비판적으로 보자면 기자가 마치 중국인들의 마음에 들어갔다 온 것처럼 썼다고 할 수 있다. 학생들이 공연한 몇 가지 장르 중 장가와 후미를

---

[25] "Олон улсын хөөмийн холбоо байгуулагдлаа", *Өнөөдөр*, https://unuudur.mn/(검색일: 2021.03.21.).

[26] С. Туул, "Уртын дуу, хөөмийг хятадууд биширчээ", *Sonin.mn*, http://www.sonin.mn/news/culture/2982(검색일: 2021.03.21.).

특기한 데도 이유가 있다. 전자는 무형유산 대표목록에 중국과 공동 등재했지만 소유권은 몽골에 있다는 뜻, 후자는 각각 단독으로 등재했지만 이 역시 소유권이 몽골에 있다는 것을 강조하기 위해서이다. 그로부터 몇 개월 후 몽골인들이 후미의 본고장이라고 일컫는 몽골국 서부 호브드 아이막에서 제2회 국제후미축제가 열렸다. 이 축제에서는 몽골과 세계 각지에서 온 500명의 후미 가수들이 한 곳에 모여 합창하는 행사가 열렸는데, 이 행사의 목적은 기네스북에 등재하기 위한 것이었다. 말하자면 세계인들로부터 후미가 '몽골 소유'임을 확인받기 위한 행사였다. 본 행사를 보도한 몽골통신사 기자의 설명이 이를 뒷받침한다.

> 중국이 후미를 자국에서 기원했다고 유네스코에 등재하면서 (다시 이) 무형유산의 주인이 된 우리 몽골인들은 (이를) 안타깝게 바라보았다. 초원 몽골인의 삶, 문화, 관습, 대자연의 온갖 소리에서 비롯된 서몽골 예술의 하나가 후미이다. 세계 여러 나라 학자들은 악기를 전혀 사용하지 않고 목소리로 부르는 후미 예술이 호브드 아이막 찬드만 솜에서 발생했다는 것을 확인했다.[27] (괄호 안 필자)

더 이상 설명이 필요하지 않을 정도로 후미의 '몽골 소유'를 주장하는 내용이다. 잠시 중국에 빼앗겼다가 다시 주인이 되었다거나 찬드만 솜이 후미가 처음 발생한 곳이라는 주장은 이를 강조하기 위한 증거인 것이다. 저명한 후미 가수 산닥자브(E. Sandagjav) 또한 언론인터뷰에서 "우리는 민족의 자랑거리인 이 예술을 거의 잃을 뻔했는데 되찾았지 않았습니까? (중략) 좀 늦었지만 몽골 이름으로 등재시켰습니다"[28]라고 이와 비슷한 발언을 했는데, 인터뷰 중간에 그는

---

[27] А. Бямбасүрэн, "500 - гаад хөөмийч Ховдын тэнгэр дор чууллаа", *Sonin.mn*, http://www.sonin.mn/news/culture/5255 (검색일: 2021.03.21.).

[28] Ч. Гантулга, "Э. Сандагжав: Хөөмийг Монгол улсаараа өвөглүүлж чадсан", *Зууны*

몽골 이름으로 등재시킨 것 자체가 유네스코가 후미의 기원지를 몽골로 인정한 것이라고 견강부회했다. 문제는 후미와 관련하여 이런 말이 몽골인들에게 받아 들여진다는 것이고, 이것이 후미 등재 이후에도 계속 변주되고 있다는 데 있다.

이런 와중에 2013년 4월에는 몽골족의 안장(鞍裝)을 중국이 유네스코 무형 유산 대표목록에 등재하려 한다는 소문이 퍼졌고 부처 장관이 언론인터뷰[29]를 통하여 부인하는 일까지 벌어졌다. 또 내몽골자치구 퉁랴오시(通辽市)에서 마구 제작 기술[30]을 유네스코 대표목록에 등재하려 한다는 보도[31]도 나왔다. 이 보도 역시 사실이 아니었다. 이처럼 무형유산 등재와 관련하여 확인되지 않은 기사가 언론에 오르내리는 이유는 후미 사건이 가져온 충격의 연장이다. 이 과정에서 후미 사건을 예로 들어 몽골 내 반중정서를 자극하는 단체의 주장도 나타났다. 2013년 5월 1일 〈내몽골 젊은이들로부터 몽골국 형제들께 드리는 선언〉이라는 문건에는 아래와 같이 후미 문제가 주요 문제로 거론되었다.

> 최근 몇 년 동안 중국정부는 조직적으로 몽골족의 유형·무형유산을 복원하고 보호한다는 명목으로 중국 국가급·세계문화유산으로 등재하는 것이 많아졌습니다. (중략) 이중 가장 염치없는 것은 2009년에 몽골 후미를 내몽골인들의 이름을 빌려 중국 명의로 유엔의 무형유산으로 등재한 것입니다.[32]

мэдээ, http://www.zms.mn/a/1582, Zuun(검색일: 2021.03.21.).

29   В. Дондовдорж, "Монгол эмээлийг Хятадын нэр дээр ЮНЕСКО - д бүртгүүлэхгүйн тулд манай ард түмний оролцоо чухал", *Sonin.mn*, http://www.sonin.mn/news/politics-economy/15581(검색일: 2021.03.21.).

30   내몽골자치구 퉁랴오시(通辽市) 예하 科爾沁左翼後旗의 '蒙古族馬具制作技藝'이 2008년 2차 국가급 무형유산으로 선정되었다.

31   "ХЯТАДУУД ЭМЭЭЛИЙГ ЮНЕСКО - Д БҮРТГҮҮЛЭХЭЭР ЗЭХЭЖ БАЙНА", *24tsag.mn*, https://www.24tsag.mn/a/30836(검색일: 2021.03.21.).

32   Mongolian Liberal Union Party, "Мэдэгдэл…", http://erhchuloo.blogspot.com/2013/05/m.html(검색일: 2021.03.21.).

"몽골자유연합당"이라는 단체의 홈페이지에 올라와 있는 선언문으로 중국 정부의 소수민족 정책에 대한 정치적 입장이 여과 없이 나타나 있다. 중요한 것은 이들이 몽골국 형제에게 중국의 정책을 비판하면서 후미를 중요한 사례로 들었다는 점이다. 이는 곧 후미 문제가 전술한 대로 "반중정서의 집결지" 역할을 하고 있다는 것을 말해준다. 상황이 이렇게 되자 주몽골 중국대사관 담당자가 몽골 언론을 상대로 중국의 무형유산 정책과 당해 분야에서의 몽중의 협력에 대하여 상세히 설명했다.[33] 먼저 2010년 후미 사건 이후 양국 정부 간에 이루어진 무형유산 분야의 협력에 대해 말한 뒤, 중국은 양국이 공유하는 유산을 몽골과 협의 없이 유네스코에 등재 신청하지 않을 것이고, 그럴 생각조차 없음을 분명히 밝힌다고 천명했다. 후미에 의하여 촉발된 여론의 불을 끄기 위한 것임을 쉽게 이해할 수 있다. 그러나 중국의 문화침탈을 성토하는 여론은 쉽게 사그라지지 않았다. 장가 같은 공동 등재뿐 아니라 후미 같은 개별 등재를 예로 들면서 "단지 우리에게만 전승되고 전해진 문화유산을 왜 다른 나라와 공유해야 하는가?"[34]라는 강경한 입장도 표출되었다.

그 후에도 계속 중국의 문화침탈에 대한 경계와 우려가 그치지 않았고,[35] 해외 몽골족 단체도 이러한 비판에 합류했다. 뉴욕에 본부를 두고 있는 남몽골인권정보센터[36]에서는 〈몽골문화는 중국 것이 아닙니다〉라는 제목 하에 아래

33　中華人民共和國駐蒙古國大使館, "БНХАУ - ААС МОНГОЛ УЛСАД СУУГАА ЭСЯ - НЫ СОЁЛЫН ЗӨВЛӨХ ВЭЙ ХУНШЭН МОНГОЛ УЛСЫН ХЭВЛЭЛ, МЭДЭЭЛЛИЙНХЭНД ХАНДАЖ ХИЙХ СОЁЛЫН БИЕТ БУС ӨВИЙН БАЙДЛЫН ТАНИЛЦУУЛГА", http://mn.chineseembassy.org/mn/xw/t1050313.htm(검색일: 2021.03.21.).

34　"Бидний л байх өв соёлоо бусадтай хуваах шаардлага байна уу", ASSA.mn, http://www.assa.mn/a/14439(검색일: 2021.03.21.).

35　"Үндэсний уламжлалаа алдах нь тусгаар тогтнолоо алдахтай утга нэг", Tsag.mn, http://tsag.mn/985 - ndesniy - ulamzhlalaa - aldah - n - tusgaar - togtnoloo - aldahtay - utga - neg.html(검색일: 2021.03.21.).

36　몽골인들은 전통적으로 자신의 거주지를 남몽골과 북몽골로 구분했다. 남몽골은 현재의 내몽

와 같이 역시 후미 문제를 거론하고 나섰다.

최근 몇 년 동안 중국정부는 몽골의 문화와 예술을 중화민족의 문화유산으로 선언하는 노력을 적극적으로 해왔습니다. 그들은 이를 여러 가지 방법을 통하여 하고 있는데 그중 하나는 각 민족과 국가의 독특한 문화를 기록하고 '무형유산'으로 선언하고 보호하는 유네스코에 등재하는 것입니다. 단 하나의 사례가 중국정부가 몽골의 후미를 자기 이름으로 성공적으로 등재시킨 것입니다.[37]

성명서는 공개된 당시까지 중국정부가 후미와 아울러 몽골 전통무용, 전통악기, 전통의학 등을 유네스코 대표목록에 등재시키기 위해 어떻게 해왔는지를 상세히 보고하고 있다. 몽골 국내문제가 국제적으로 확산된 사례인데, 이는 그만큼 후미 문제가 몽골인들에게 중요한 사항임을 반증한다. 물론 시간이 가면서 후미의 소유권 주장에 반대하는 등 합리적인 목소리[38]가 없지는 않았지만, 후미가 '몽골 소유'라는 주장은 현재까지 이어지고 있다. 일례로 2019년 10월 30일 후미의 본고장이라 일컬어지는 몽골국 서부 호브드 아이막에서는 1308명의 후미 가수들이 모인 역사상 최대 규모의 후미 합창이 이루어졌다. 2012년 500명의 세 배에 가까운 인원이 모여 "사랑하는 내 고향(Khaluun elgen nutag)", "맑은 보양트강(Tungalag Buyant)" 등 몽골 색이 물씬 풍기는 노래를 제창했다.[39]

골, 북몽골은 몽골국으로 보면 된다.

37 Southern Mongolian Human Rights Information Center, "Mongol soyol n Hytadiin uv bish", http://www.smhric.org/uum_190.htm (검색일: 2021.03.21.).

38 Э. Энхцолмон, "САЛХИН ДУУН", *IKON.mn*, https://ikon.mn/n/mcy (검색일: 2021.03.21.).

39 "Монгол хөөмийг "Гиннесийн ном"-д бүртгүүлэв", *МОНЦАМЭ*, https://www.montsame.mn/mn/read/206038 (검색일: 2021.03.21.).

주최 측은 행사의 취지를 문화유산 보호, 국민의 문화의식 제고, 전통문화 전수 등으로 설명했지만, 2012년에 실패한 기네스북 등재가 가장 큰 목적이었다. 이는 본 행사의 준비과정에 참여한 후미 가수 호스바야르(D. Khusbayar)의 발언에 잘 나타나 있다.

> 몽골 후미를 2010년 유네스코에 등재시켰습니다. (우리가) 이렇게 했다고 만족한 것은 아닙니다. 왜냐하면 유네스코는 나라가 아니고 민족 별로 (유산을) 보호하고 등재합니다. 이에 따르면 몽골 후미를 러시아연방, 중국에 거주하는 몽골족이 모두 공유하고 전파시키고 선전할 의무가 있습니다. 얼마 전 단지 몽골국 이름으로 기네스북에 등재시켰습니다.[40] (괄호 안 필자)

유네스코가 민족 별로 유산을 보호하고 등재한다는 등 사실관계에서 착오가 있지만 중요한 것은 굳이 기네스북에 등재한 이유이다. 후미가 유네스코에 두 나라 이름으로 등재되었기 때문에 소유권이 확실치 않지만, 기네스북에는 몽골국 이름으로만 등재되었기 때문에 소유관계가 확실해졌다는 뜻이다. 심지어 2020년 10월 30일에는 기네스북 등재 1주년을 기념하는 행사가 열렸으니[41] 몽골인의 후미에 대한 소유권 주장이 어느 정도인지 짐작할 수 있다. 상식적으로 이해가 안 갈 정도의 집요함을 읽을 수 있는데, 이것이 후미에 대한 몽골인의 기본정서이다. 이런 점에서 "후미는 몽골족 존립의 근거가 된다"[42]고 한 바양몽흐(T. Bayanmökh)라는 한 예능인의 말도 이해가 간다. 그렇다면 몽골인들은 왜

---

40 "Өв соёлд хайртай хүн", *NPOST.mn*, http://www.npost.mn/a/164876(검색일: 2021.03.21.).

41 "Монгол хөөмийг "Гиннесийн ном"-д бүртгүүлсний нэг жилийн ой тохиов", *МОНЦАМЭ*, https://montsame.mn/mn/read/241403(검색일: 2021.03.21.).

42 Т. Эрдэнчимэг, "Т.Баянмөнх: Хөөмий нь Монголчуудын үндэсний дархлааг хадгалан авч үлдэнэ", *Zaluu.com*, http://www.zaluucom.mn/read/4dde44434(검색일: 2021.03.21.).

후미 등재 문제에 이처럼 민감하게 대응한 것일까? 아니 후미가 몽골국 이름으로 유네스코 무형유산 목록에 등재된 뒤에도 왜 이렇게 집요하게 이를 붙잡고 있는 것일까?

IV. 시노포비아의 정치 문화적 배경

몽골인들이 후미를 집요하게 거론하고 있는 표면적 이유는 특정 문화유산을 중국이 빼앗아갔다는 데 있다. 2009년 말 후미 문제로 몽골의 여론이 들끓고 있던 시기 한 몽골인이 페이스북에 올린 글에는 후미에 대한 몽골인의 생각이 함축되어 있다.

> 몽골 사람인 내가 알기로는 후미는 몽골 땅, 그중에서 장엄한 알타이산맥 부근에서 발생했을 뿐 아니라 진정한 의미에서 후미를 부를 수 있는 사람들은 단지 우리의 후미 가수 그리고 투바의 가수들뿐입니다. 사실 나는 이전에 내 몽골의 후미 가수라는 말을 들어본 적이 없습니다.[43]

학술적 입증 여부와 관계없이 몽골인들은 오래 전부터 몽골국 서부지역을 후미의 본고장으로 믿고 있다. 투바의 후미를 약간 인정해주기는 하지만 원산지는 어디까지나 몽골이고 나머지는 아류라는 것이 후미에 대한 몽골인의 인식이다. 예컨대 "원래 머리가 좋고 총명한 우리 남쪽 이웃사람들은 이 틈을 이용하여 몽골족의 목구멍 플루트인 후미를 점유하고 주인이 될 생각을 실현했다"[44]

---

43 "Хөөмий Хятадын Соёлын Өвөөр Бүртгэгдсэн нь", *Factnews.mn*, http://factnews.mn/4a8(검색일: 2021.03.21.).

44 "Монгол хөөмий”нэрээр хятадын нэр дээр бүртгэхийн учир юу вэ", *ЭРХ ЦАС*, https://erkhtsas.wordpress.com/2012/10/11/%d0%bc%d0%be%d0%b-

는 주장은 후미의 소유권이 몽골에 있다는 데서 나온 말이다. 앞서 인용한 "민족의 자랑거리인 이 예술을 거의 잃을 뻔했는데 되찾았지 않았습니까?"[45]라는 음악인 산닥도르지의 말에서 알 수 있듯이 전문가들도 후미의 소유권이 몽골에 있다고 굳게 믿고 있다.

특히 몽골인들은 소유권이 있는 자기들에게서 후미를 배운 내몽골인들이 중국의 무형유산으로 등재한 데 대해 분개하고 있다. 상기한 페이스북에도 나오지만 몽골인들은 내몽골인들이 1세기 이상 후미를 잊고 살다가 근년에야 일부 젊은이들이 배우기 시작했다고 말한다. 물론 1990년대 중반 이후 내몽골에서 복원된 후미를 가르친 사람들은 몽골국 후미 가수들이다. 따라서 몽골인들 입장에서 보면 자기들이 가르친 사람들이 후미를 먼저 자국(중국)의 유산으로 세계에 선포했으니 억울할만했을 것이다. 이 점은 앞서 인용한 "내몽골인들은 우리로부터 10년 내내 후미를 배웠습니다. 그러나 후미에 대해서 완전히 100년을 얘기하고 발전시켜온 몽골국에 앞서 유네스코에 등재시킨다는 것은 후미 가수뿐만 아니라 (모든) 몽골(인의) 마음을 아리게 합니다"[46] (괄호 안 필자)라고 한 아리온볼드의 발언에서도 확인이 된다.

후미를 내몽골에 팔아먹었다고 비난받은 오드수렝 교수 역시 "내가 그들에게 후미를 가르쳤습니다. 하지만 내 제자들이 후미를 중국 것이라고 얘기하는 것을 보고 충격을 받았습니다"[47]라고 비슷한 심정을 토로했다. 그는 또 중국이 후미를 유산목록에 등재할 때 유네스코에 제출한 자료 속에 자신을 비롯한

---

d%d0%b3%d0%be%d0%bb - %d1%85%d3%a9%d3%a9%d0%bc%d0%b8%d0%b9 - %d0%b-d%d1%8d%d1%80%d1%8d%d1%8d%d1%80%d1%8d%d1%85%d1%8f%d1%82%d0%b0%d0%b4%d1%8b%d0%bd - %d0%bd%d1%8d%d1%80 - %d0%b4%d1%8d%d1%8d/#more - 331 (검색일: 2021.03.21.).

45 Ч. Гантулга 앞의 인터뷰.
46 Т. Дашмаа 앞의 인터뷰.
47 Andrew Higgins 앞의 기사.

몽골국 후미 가수들이 나오는 것을 보고 "제자들이 그런 이상한 짓을 하리라고는 전혀 생각하지 못했습니다"[48]라고 괘씸한 마음을 숨기지 않았다. 자기들에게 배운 제자들이 불법까지 자행하면서 등재시켰다는 지적이다.

몽골 후미 전문가의 이런 감정 표출은 개인적인 부분도 있을 수 있지만 이보다는 일반 몽골인들의 정서를 대변한다고 보아야 한다. 그리고 일반인들의 후미에 대한 정서는 이것이 장가 및 마두금과 더불어 몽골문화의 3가지 보배[49]라는 인식에서 나온 것이다. "사람이 살아가기 위하여 반드시 숫자에 대한 지식이 필요한 것처럼 몽골인이 민족성을 잃지 않기 위해서는 후미 문화를 이해할 필요가 있습니다"[50]라고 한 바양몽흐의 발언도 이를 두고 한 말이다. 중국의 등재 반대 청원에 서명한 어떤 몽골인들은 중국의 후미 등재를 땅을 빼앗기 이전의 전략으로서 "정체성 탈취"[51]로 인식했으며, 외국 연구자 또한 후미가 중국 이름으로 등재된 것을 "본질적으로 몽골의 정체성에 대한 모욕"(Thalea Stokes 앞의 논문: 11)이라고 후미 문제를 정체성 문제와 관련지어 언급했다.

몽골의 정체성 침해에 대한 우려는 곧 몽골 역사와 문화침탈에 대한 우려인데, 실제로 후미 사건 이후 몽골인들 사이에서는 이 문제가 매우 빈번하게 언급되었다. 예컨대 중국의 등재 직후 한 일간신문에 게재된 반대 청원 독려 기사에는 "유네스코에 중국이 우리의 후미를 자신의 유산, 기원을 자신으로부터 발생한 것처럼 등재시켰습니다. 내몽골을 우리(중국)의 일부라 하고, 이와 같이 민족의 역사를 없애려는 생각이 보이는 것을 당신도 보고 있을 것입니다"[52](괄호 안 필자)라는 내용이 나온다. 이는 곧 몽골인들이 후미 등재를 중국이 내몽골을 자국의 일부로 만든 것처럼 몽골 민족사를 부정하려는 시도로 받아들였음을 말

---

48 Г. Ганчимэг 앞의 인터뷰.
49 "內蒙古呼麥申請世界非物質文化遺産的幕後故事" 앞의 기사.
50 Т. Эрдэнчимэг 앞의 인터뷰.
51 Carole Pegg 앞의 논문.
52 "Уучлаарай Хятад ахаа, хөөмий танайх биш" 앞의 기사.

해준다. 앞에서 언급한 툽신투구스라는 지식인은 후미 사건과 관련한 기고문에서 이를 아래와 같이 명확하게 정리한 적이 있다.

> 언어와 문화를 잃은 민족이 멸망한다는 것은 쓰디쓴 진실이다. 오늘날 독립국이라고 국경에 총을 든 군인이 평화롭게 서 있는 뒤편으로 선조들이 남긴 유산을 중국인들이 자기 것으로 만들고 있다. 이는 문화와 전통의 독립을 빼앗기는 것이다.[53]

여기서 한 걸음 나아가 몽골인들은 중국의 후미 등재를 역사와 문화유산을 통하여 중국에 동화시키려는 정책으로 인식했다.[54] 심지어는 일부 몽골인들은 역사와 문화의 침탈을 중국이 몽골을 '먹는' 것으로 이해했다. 즉 "그러나 그 사람들(몽골 관리)의 발을 핥을 정도로 아부하고 있는 중국인들은 야금야금 몽골을 먹고 멸망시키고 있다. 그들은 모든 면에서 갉아먹는 정책을 마련한 것처럼 보인다. 왜냐하면 2008년(2009년) 유네스코에 몽골의 후미 예술을 중국이 자국 이름으로 등재시켰기 때문이다"[55] (괄호 안 필자)는 기사에는 막말이 등장하지만 중국에 대한 비판이 거세게 일어났던 그 당시 몽골 여론을 대변한다. 그리고 이러한 것들은 다음 인용문에서 보듯 몽골을 중국의 일부로 만들려는 시도로 이해되었다.

중국의 큰 문화인 장가[56]에 대하여 영국 예술가들이 기록영화를 만들고 있

---

53 Б. Түвшинтөгс 앞의 기고문.

54 "Үндэсний өв соёлоо хамгаалхаар ерөнхийлөгчид ил захидал илгээлээ", *Factnews.mn*, http://factnews.mn/4hh (검색일: 2021.03.21.).

55 Ж. Солонго 앞의 기사.

56 몽골과 중국은 2008년에 장가를 공동 등재했다. 아마도 영국 예술가들이 기록영화를 만들면서 이를 중국의 위대한 문화유산으로 소개했던 듯하다.

다는 소식이 아프게 귀를 찔렀다. 이 모두를 보면 중국의 문화적 협잡은 단지 노래, 서사시, 전통복식 등에 그치지 않고 이를 통하여 몽골족과 몽골국을 세계인의 기억에서 지우려는 의도를 담고 있다. 나아가 초원의 몽골이 중국 예하 내몽골의 일부라는 생각을 온 세상에 퍼뜨리는 것이 가까워지고 있다.[57]

장가는 이미 몽골과 공동 등재된 상황이고, 서사시는 티베트(몽골)의 서사시 게사르(게세르)의 등재를 말하고, 앞서 언급한 전통복식에 관한 등재 풍문을 이렇게 표현한 것이다. 후미 문제가 문화유산 전체로 비화되고, 이것을 다시 몽골족과 몽골국의 멸망과 관련지어 설명하고 있다. 외부인의 눈으로 보면 대단히 무리한 주장 같지만 중국의 부상에 대한 몽골인들의 두려움은 현실적으로 존재한다. 전술한 남몽골인권센터에서 발표한 〈몽골의 문화는 중국의 유산이 아니다〉라는 성명서에는 중국정부의 몽골족 무형유산 등재 노력은 그들의 실질적 지배하에 있는 내몽골에 대한 정치, 경제, 문화적 지배를 합법화하는 데 그치지 않고, 독립국인 몽골국의 침탈까지를 겨냥한 것이라고 단정하고 있다.[58]

물론 중국정부가 소수민족 거주지의 통제와 안정을 위하여 후미 등 소수민족의 무형유산을 활용하고 있다는 좀 더 합리적인 견해도 있다.[59] 또한 중국이 몽골족과 다른 소수민족 무형유산을 자기 것이라고 주장하는 동기는 통합된 중국(중화민족)을 세계에 보여주기 위한 것이라는 설명도 있다(Thalea Stokes 앞의 논문: 10 - 11). 자국 내 소수민족 관리차원이라는 지적이다. 이 문제에 대해서는 우리 연구자들(장정아 2008; 허윤정 2014; 박성혜 2014; 박선희 2019 등)에 의해서도 많은 논의가 이루어졌기 때문에 부연할 필요는 없을 것 같다. 다만 이러한 정

---

57 Р. ЭМУЖИН, "Монгол дээл Хятадаар овоглоход ЕРӨНХИЙЛӨГЧ МААНЬ ТАНГАРГАА ШАЛДАН ӨРГӨХ ҮҮ...", *Unuudur*, https://unuudur.mn/(검색일: 2021.03.21.).

58 Southern Mongolian Human Rights Information Center 앞의 성명서.

59 Andrew Higgins 앞의 기사.

책이 어떤 몽골 기자의 지적, 즉 "몽골의 문화유산을 중국 이름으로 세계유산에 등재시키기 위해 일을 크게 벌이는 것은 중국 국가정책의 핵심전략이자 기본정책을 따르는 것"[60]임은 분명하지만, 그것이 자국 내 소수민족(내몽골의 몽골인)만을 겨냥한 것인지 국경 밖 민족(몽골국의 몽골인)까지 고려한 것인지는 별개의 문제이다. 이와 관련하여 국내외 연구자들은 대부분 후미를 비롯한 소수민족 무형유산 등재 문제를 중국 내부 문제로 다루고 있는 듯하다.

그렇다면 상술한 후미 문제를 문화침탈을 넘어 국권침탈로까지 이해하는 몽골인들의 주장은 허무맹랑한 것인가? 그렇지 않다는 게 필자의 생각이다. 즉 후미 문제를 몽골국의 존립과 관련지어 얘기한 것은 역사적 근거가 있으며, 현재 몽골인들의 대(對)중국 인식을 반영하고 있다. 2009년 중국의 후미 등재 소식이 막 몽골에 알려질 당시 중국에서 유학한 젊은 몽골 지식인의 아래의 발언은 그 단적인 사례이다.

> 한편으로 중국의 경제발전은 몽골에 좋은 기회를 주지만, 다른 한편으로 경제적으로 과도하게 종속될 위험도 있다. 그러나 이것은 약소국의 피치 못할 고통의 하나로 이해할 수 있다. 이렇게 보면 중국 위험론이 몽골에서 퍼질 개연성의 원인은 두 가지 경계심에서 비롯된다. 하나는 서로 다른 역사관이 몽골인들에게 중국을 경계하게 하고, 둘째는 중국의 성장 및 약소국의 취약함이 결합된 경계심이다.[61]

짧지만 현대 몽골국 몽골인들의 중국 인식을 축약해 놓은 느낌이다. 몽골

---

60 Ө. Прэвхүү, "Хятадын соёлын стратеги ба Монгол улс", *News.mn*, https://news.mn/r/14417/(검색일: 2021.03.21.).

61 Индра, "Монгол Хятадын соёлын харилцаанд тулгарч буй асуудал", *Baabar.mn*, http://www.baabar.mn/article/884(검색일: 2021.03.21.).

인들이 갖고 있는 중국 위험론은 인용문처럼 크게 두 가지이다. 하나는 역사과정에서 형성된 위험론이고, 또 하나는 1990년대 이후 중국의 경제성장과 몽골 진출에서 비롯된 현실적인 위험론이다.

국경을 맞대고 있는 나라들이 그렇듯 과거 몽골과 중국의 관계도 그다지 매끄럽지 못했다. 양국의 불편한 관계는 고대 농경민과 유목민의 관계로까지 소급되는데, 두 집단은 만리장성을 사이에 두고 2000년 이상 공방을 거듭했다. 이 과정에서 양측은 때로는 지배하고 때로는 지배를 당했다. 원나라 시대(1271-1368) 한인들은 몽골인들의 직접적인 지배를 받았고, 청나라 시대(1636-1911) 몽골인들은 만청(滿淸)의 지배를 받았다. 현재 중국의 역사교과서에는 정치적 목적에 따라 원나라 시대가 남북분열을 극복하고 중화민족을 통합한 위대한 중화왕조로 기술되고 있지만, 얼마 전까지만 해도 원나라 지배기를 북방의 야만인들에 의하여 중화문명이 유린된 치욕의 시대로 평가되었다. 잘 알려진 것처럼 청나라 시대는 엄밀하게 말하면 한인들이 몽골족을 지배한 것은 아니다. 그러나 현대 몽골인들의 중국과 중국인에 대한 인식의 뿌리가 주로 이 시기에서 기원하고 있다는 점에서 청 지배 시기는 현대 몽골과 중국의 관계를 이해하는 데 매우 중요하다(이평래 2013: 156-158쪽).

그리고 이러한 중국 인식은 사회주의시기에 몽골이 소련의 첫 번째 위성국이 되면서 더욱 강화되었다. 즉 중소 대립시기 몽골은 철저하게 친소정책을 표방했는데, 이 과정에서 역사적으로 형성된 중국에 대한 부정적 인식이 강화되어 현대 몽골인들의 대중국 인식으로 이어졌던 것이다(Mendee Jargalsaikhan 2015: 7-10).

그러나 1980년대 말부터 몽골은 사회주의시기에 소원했던 중국과의 관계를 개선하고, 이 시기부터 중국인의 몽골 진출이 확대되었다. 그리고 1990년대 초기 체제전환, 특히 2000년대 중반 이후 몽골에서 광산개발이 확대되면서 중국의 몽골에 대한 정치 및 경제적 영향력이 확대되기 시작했다. 즉 이때부터 중국은 서방국가들과 더불어 소련이 떠난 파산 직전의 몽골경제를 떠받치는 지주

표 10 - 1 총 무역액 중 대중국 무역액 비중[62] (단위: %)

비중\연도	1990	1995	2000	2005	2010	2015	2019
대중국 무역액 비중	2.3	14.8	34.8	36.4	56.4	62.6	64.4
대중국 수입액 비중	2.7	12.2	20.5	25.8	30.5	36.6	33.6
대중국 수출액 비중	1.7	17.1	51.2	48.2	84.8	83.7	89.1

역할을 했다. 이는 1990년 이후 몽골의 총 무역액에서 대중국 무역이 차지하는 비중을 보면 이 점이 더욱 분명하게 확인된다.

표 10 - 1에서 보듯이 몽골경제의 중국 의존도가 높아지면서 역사과정에서 형성된 중국에 대한 부정적 인식은 중국 위험론으로 발전했다. 2000년대 중반 이후 국수주의 단체가 출현하여 중국인(내몽골인 포함) 및 중국계 회사 그리고 그들과 관련이 있는 몽골인을 공격하는 일이 발생한 것도 중국의 영향력 확대에 대한 반작용에서 비롯되었다(湊邦生 2015: 30 - 31). 즉 군사, 경제, 인구 등 제방면에서 압도적인 중국에게 몽골이 잠식될 수도 있다는 우려가 일부 몽골인들으로 하여금 극단적인 반중국 행동에 나서게 했다고 할 수 있다. 물론 대다수 몽골인들은 이들 단체의 이념과 극단적인 행위에 동의하지 않지만, 그들이 내세우는 반중 정서를 많은 몽골인들이 공유하고 있는 것은 분명한 사실이다.

이러한 몽골인의 정서를 고려해서인지 시진핑 주석은 몽골 방문 때(2014년 8월 21 - 22일) 몽골 대통령과의 정상회담 및 공동성명에서 중국은 몽골의 안보를 보장하고 몽골로의 팽창의도가 없음을 강조했다.[63] 대단히 이례적인 발언인데, 이는 반대로 몽골인들이 그 만큼 중국의 팽창을 우려하고 있다는 증거이다. 이런 점에서 "중국인들은 주석에서 거지까지 몽골을 중국의 일부로 생각하고

62　*Монгол Улсын статистикийн эмхэтгэл 2017*, pp.403~405; *Монгол Улсын статистикийн эмхэтгэл 2019*, pp. 607~609. https://1212.mn/BookLibrary.aspx?category=007(검색일: 2021.03.21.).

63　이평래, "모스크바와 베이징 사이의 몽골", https://www.emerics.org:446/issueDetail.es-?systemcode=04&brdctsNo=147901&mid=a10200000000(검색일: 2021.03.21.).

있다"[64]고 한 몽골 평론가의 발언은 과장된 표현이지만 현대 몽골인들의 중국과 중국인에 대한 정서를 반영하고 있다. 이렇게 보면 몽골인들이 왜 후미 문제를 집요하게 거론하고, 이를 문화적 침해를 넘어 국권탈취로까지 보는지를 이해할 수 있을 것이다.

V. 결론 – 무형유산 등재제도의 그림자 –

하나의 무형유산을 두 나라 이상 여러 나라가 등재하는 것이 문제가 되지는 않고 이는 오히려 유네스코가 적극 장려하는 사안이다. 따라서 중국과 몽골의 후미 등재도 외형적으로 전혀 문제가 될 것이 없다. 더구나 몽골과 중국은 이미 장가를 공동 등재한 경험도 있고, 내몽골 관리들의 전언에 따르면 후미를 등재할 때도 중국 측이 공동 등재를 제안했다고 한다. 그러나 어떤 이유인지 후미의 공동 등재가 무산되고 양국이 서로 해를 달리하여 등재시켰다. 이로 인하여 양국 간 문화교류에서 여러 불편한 일이 일어났으며, 후미 문제가 몽골인들의 부정적 중국 인식을 자극하면서 몽골사회에 내재해 있던 반중정서를 더욱 확산시켰다. 그리고 이렇게 하여 확산된 반중정서는 역으로 후미 문제가 계속 논의되는 동력으로 작용했으며, 후미를 넘어 전통복식과 안장 등 다른 무형유산의 침탈과 심지어 국권침탈에 대한 우려로까지 이어졌다.

앞에서 언급한 한 것처럼 몽골과 중국의 문화부 장관들은 양국이 공유하는 무형유산을 등재할 때 두 나라가 논의하기로 합의했지만, 장가의 공동 등재를 제외하고는 이에 관한 논의가 외부에 알려진 것이 전혀 없다. 또한 2010년 양국 장관들의 합의에도 불구하고 필자는 두 나라 사이에 공동 등재 문제가 계

---

64 "Ш. Гантулга: ОХУ-ын ерөнхийлөгч Монголын хувь заяаг эргүүлэх чухал шийдвэр гаргаж магадгүй", Sonin.mn, http://sonin.mn/news/politics-economy/30987(검색일: 2021.03.21.).

속 논의되고 있는지 어떤지를 확인할 수 있는 자료를 보지 못했다. 다만 후미 관련 자료와 일부 연구자들의 논문을 보면 중국 측에서 이 문제를 계속 요청하고 있는 것처럼 보인다. 일례로 내몽골대학의 훅질트(B. Khögjilt) 교수는 최근 발표한 논문에서 몽골과 중국의 문화 방면 협력사항으로서 중몽 문화센터 및 공자학교를 발전시킴과 더불어 공동 등재 문제를 거론하고 있다(Боржигон Хөгжилт 2019: 114).

또 하나는 내몽골의 언론보도이다. 2019년 8월에는 몽골과 중국 측이 2017년부터 전통 몽의약(蒙醫藥)을 무형유산 목록에 공동 등재하기 위하여 협의하고 있다는 내몽골 발 보도[65]가 나왔다. 이어 2020년 초에는 내몽골 정협상위(政協常委) 겸 내몽골 의과대학 당위서기(黨委書記) 올랑[烏蘭]이 "중국 내몽골과 몽골국의 몽의약은 근원이 같고 공유하는 문화유산이므로 중몽 양국의 공동신청을 통하여 신고 시간을 단축시킬 수 있을 것입니다"[66]라는 견해를 표명한 바가 있고, 2020년 8월에는 중국과 몽골이 전통 몽의약을 공동으로 무형유산 목록에 등재하기 위한 사업을 진행 중이라는 보도[67]도 나왔다. 이 과정에서 중국 문화부와 몽골 교육문화과학부 사이에 〈무형유산 공동보호에 관한 협약〉이 체결되었다는 내용이 소개되었다. 이들 몇 가지 보도로 미뤄보아 양국 간에 몽의학 공동 등재 논의가 이루어지고 있는 것은 사실인 듯하다.

문제는 몽골 언론에는 이에 관한 보도가 전혀 없다는 데 있다. 몽골정부가 진행 중인, 그것도 중국 매체를 통해 이미 보도된 사항을 공표하지 않은 이유는 간단하다. 1차적으로는 후미 사건 이후 중국과의 무형유산 협력에 대한 몽골

---

65 "內蒙古積極推動蒙醫藥"走出去", 『走出去導航』, https://www.investgo.cn/article/yw/dfzcq/201908/460722.html (검색일: 2021.03.21.).

66 "烏蘭委員 : 加快推進中蒙聯合申報蒙醫藥爲世界級非物質文化遺産名錄", 『人民網』, http://nm.people.com.cn/n2/2020/0114/c196689 - 33715561.html (검색일: 2021.03.21.).

67 勿日汗, "蒙醫藥加速"出國"夯實中蒙民心基礎", 『經濟參考』, http://dz.jjckb.cn/www/pages/webpage2009/html/2020 - 08/26/content_67101.htm (검색일: 2021.03.21.).

인들의 과민반응 때문이다. 그 배경에는 역사적 및 현실적인 중국 위험론이 자리하고 있음은 앞에서 언급했다. 이런 점에서 무형유산 등재제도는 유네스코의 원래 목적과는 별개로 특정 유산을 공유하는 당사국 간 갈등을 유발시킬 수 있다는 것이 다시 확인된다. 그리고 이러한 갈등이 단지 자국 위주의 민족주의 발로나 문화적 자존심의 싸움이 아니라 몽골의 사례처럼 국가의 존립 문제로까지 비화된 경우에는 더욱 그렇다고 할 수 있다. 이는 무형유산 등재제도의 원래 목적과 달리 본 제도에 내재된 어두운 그림자임에 분명하다.

또 하나는 무형유산 등재를 둘러싼 몽골국 몽골인과 내몽골인 간 입장 차이 역시 등재제도의 취지와 달리 두 집단의 갈등과 오해를 불러일으킬 소지를 안고 있다는 점에서 문제가 있다.

2005년 장가의 공동 등재와 2009년 후미의 공동 등재 시도, 상술한 몽의약 사례에서 알 수 있듯이 내몽골인들은 몽골족 무형유산의 공동 등재에 관심이 많다. 그들은 이를 중국 내에서 몽골족의 무형유산을 보호하고 지키는 것으로 이해한다. 즉 내몽골인들은 다민족 국가인 중국에서 몽골국과의 공동 등재를 하면 국내 경쟁을 거치지 않고도 대표목록에의 등재가 가능하고, 후미처럼 중국이 단독으로 등재를 신청할 경우처럼 당해 무형유산이 중국의 무형유산으로 기록되는 것을 막을 수 있다고 본다(Sarina Wu 앞의 논문: 272, 276 - 277). 그러나 몽골국 몽골인들은 이를 곧이곧대로 보지 않고 중국의 정책으로 이해한다. 즉 그들은 공동 등재를 중국과 몽골족의 무형유산을 나누는 것 혹은 중국에게 무형유산을 침탈당하는 것으로 이해한다는 뜻이다.

이와 관련하여 "최근 몇 년 동안 중국정부가 조직적으로 수행하고 있는 몽골족의 유형 및 무형유산의 복원과 보호라는 이름으로 중국 및 세계유산목록에 등재하는 것은 몽골국 국민과 내몽골인들을 이간질시키고 오해하고 증오하게 만들려는 뜻을 담고 있다고 우리는 보고 있습니다"[68]라고 한 내몽골 출신 활동

---

68   Mongolian Liberal Union Party 앞의 성명서.

가들이 몽골국 형제들에게 보내는 공개서한은 많은 것을 시사한다. 특별한 사례이기는 하지만 공동 등재[69] 역시 국제협력과 국가 간 평화증진이라는 원래의 취지와는 별개로 특정 집단 간 갈등과 오래를 불러일으킬 수 있다는 뜻이다. 그리고 이 또한 등재제도가 안고 있는 어두운 그림자라고 할 수 있다. 따라서 유네스코는 무형유산 등제제도의 본 목적을 달성하기 위해서는 갈등의 대안으로 제시한 공동 등재 제도와 관련한 제반 문제점까지 세심하게 점검할 필요가 있을 것 같다. 그 구체적인 사례가 후미 등재를 둘러싼 몽골과 중국 그리고 몽골국 몽골인과 내몽골 몽골인들 사이의 갈등이다.

---

69 공동등재에 대한 전반적인 사항은 황경순(2018)의 논문 참고

참고문헌

박선희. 2019. "문화다양성의 역설: 유네스코 무형문화유산협약과 국가주의."『문화와 정치』6(4).

박성혜. 2014. "중국의 유네스코 무형문화유산에 대한 초탐."『로컬리티 인문학』12.

박소현. 2005.『몽골의 토올』. 서울: 민속원.

이평래. 2013. "몽골인의 중국인식: 역사 속의 중국과 현실의 중국."『성균차이나브리프』3(2).

장정아. 2008. "민간문화유산에서 위대한 중국의 문화유산으로."『한국문화인류학』41(1).

허윤정. 2014. "중국 국가급 무형문화유산 목록의 고찰 – 소수민족의 목록을 중심으로 –."『中國小說論叢』44.

황경순. 2018. "유네스코 인류무형문화유산 공동등재제도의 이상과 현실."『영남학』67.

湊 邦生. 2015. "モンゴル 圧倒的な「南の隣人」への反感と現実認識."『国際問題』643.

Mendee Jargalsaikhan. 2015. "Lingering anti‐Sinic sentiments in post‐Communist Mongolia: Why dislike the Chinese?" *Voice from Central Asia* 19.

Pegg, Carole. 2001. *Mongolian Music, Dance, & Oral Narrative: Performing Diverse Identities*. Seattle & London: University of Washington Press.

Stokes, Thalea. 2015. "Whose Throat‐Singing? UNESCO Awarding Khoomei as a Chinese Intangible Cultural Heritage." *MIDSEM Annual Meeting 2015*.

Sarina Wu. 2020. "To share or not to share: contested heritage in Inner Mongolia, China – A case of overtone singing(khoomei)." *International Journal of Heritage Studies* 26(3).

Хөгжилт, Боржигон. 2019. "Хөрш орнуудын нийтлэг хувь заяаны үзэл баримтлал хийгээд, Хятад, Монголын харилцаа." *Олон Улс Судлал* 1(109).

Цэцэнцолмон, Б. 2014. "Хуваалцах уу, үгүй юу: Биет бус соёлын өвийн тухай Монголчуудын маргаан." *Усаатан судлал* Боть XXI – XXII.

자료

이평래. "모스크바와 베이징 사이의 몽골."
https://www.emerics.org:446/issueDetail.es?systemcode=04&brdctsNo=147901&mid=a10200000000(검색일: 2021.03.21.).

"內蒙古呼麥申請世界非物質文化遺產的幕後故事."『鳳凰網』. http://culture.ifeng.com/2/detail_2009_11/27/309717_0.shtml(검색일: 2021.03.21.).

"內蒙古積極推動蒙醫藥"走出去.""『走出去導航』. https://www.investgo.cn/article/yw/dfzcq/201908/460722.html(검색일: 2021.03.21.)

勿日汗. "蒙醫藥加速"出國" 夯實中蒙民心基礎."『經濟參考』. http://dz.jjckb.cn/www/pages/webpage2009/html/2020-08/26/content_67101.htm(검색일: 2021.03.21.).

"烏蘭委員：加快推進中蒙聯合申報蒙醫藥爲世界級非物質文化遺產名錄."『人民網』. http://nm.people.com.cn/n2/2020/0114/c196689-33715561.html(검색일: 2021.03.21.).

賀文忠. "蒙古族民歌呼麥入選人類非物質文化遺產代表作名錄."『中國網』. http://www.china.com.cn/txt/2009-10/16/content_18717952.htm(검색일: 2021.03.21.).

Gardner, Lisa. "Mongolia and China mark ancient cultural ties." *Alzazeera*. https://www.aljazeera.com/features/2014/08/31/mongolia-and-china-mark-ancient-cultural-ties/?xif(검색일: 2021.03.21.).

Higgins, Andrew. "A Showdown Over Traditional Throat Singing Divides China and Mongolia." *Washingtonpost*. https://www.washingtonpost.com/world/asia-pacific/a-showdown-over-traditional-throat-singing-divides-china-and-mongolia/2011/06/24/gIQASaZS7I_story.html(검색일: 2021.03.21.).

"Mongolian traditional art of Khöömei." https://ich.unesco.org/en/RL/mongolian-traditional-art-of-khmei-00396(검색일: 2021.03.23.).

Southern Mongolian Human Rights Information Center. "Mongol soyol n Hytadiin uv bish." http://www.smhric.org/uum_190.htm(검색일: 2021.03.21.).

Pegg, Carole. "Nomads, States and Musical Landscapes: Some Dilemmas of Khöömii as Intangible Cultural Heritage." *AKDN.org*. https://www.akdn.org/akmi/musical-geographies-central-asia/carole-pegg(검색일: 2021.03.21.).

Баттүшиг, Г. "Монголын гурван ч соёлын өвийг ЮНЕСКО бүртгэлээ." *News.mn*. https://news.mn/r/538728/(검색일: 2021.03.21.).

"Бидний л байх өв соёлоо бусадтай хуваах шаардлага байна уу." *ASSA.mn*. http://www.assa.mn/a/14439(검색일: 2021.03.21.).

中華人民共和國駐蒙古國大使館. "БНХАУ-ААС МОНГОЛ УЛСАД СУУГАА ЭСЯ-НЫ СОЁЛЫН ЗӨВЛӨХ ВЭЙ ХУНШЭН МОНГОЛ УЛСЫН ХЭ-ВЛЭЛ, МЭДЭЭЛЛИЙНХЭНД ХАНДАЖ ХИЙХ СОЁЛЫН БИЕТ БУС ӨВИЙН БАЙДЛЫН ТАНИЛЦУУЛГА." http://mn.chineseembassy.org/mn/xw/t1050313.htm(검색일: 2021.03.21.).

"БСШУ-НЫ САЙД ЮНЕСКО-ГИЙН ДЭЛХИЙН СОЁЛЫН ӨВИЙН ТӨВИЙН ЕРӨНХИЙ ЗАХИРАЛД ЗАХИДАЛ ИЛГЭЭВ." *VIP76.mn*. https://vip76.mn/content/8913(검색일: 2021.03.21.).

Бямбасүрэн, А. "500-гаад хөөмийч Ховдын тэнгэр дор чууллаа", *Sonin.mn*, http://www.sonin.mn/news/culture/5255(검색일: 2021.03.21.).

Галсансүх, Б. "Монголын радио хятадаар мэндчилэхэд би үхнэ." *Facebook.com*. https://www.facebook.com/watch/?v=315232992288031(검색일: 2021.03.21.).

Гантулга, Ч. "Э. Сандагжав: Хөөмийг Монгол улсаараа овоглуулж чадсан." *Зууны мэдээ*. http://www.zms.mn/a/1582, Zuun(검색일: 2021.03.21.).

Ганчимэг, Г. "Б. Одсүрэн: ЮНЕСКО - гоос ирэх хариуг бүтэн жил хүлээж шаналах амаргүй байлаа." *GoGo.mn*. https://gogo.mn/r/5yj2w(검색일: 2021.03.21.).

Дашмаа, Т. "Д. Ариунболд: Хөөмий Монгол хүний оюун санааны агуу бүтээл." *GoGo.mn*. https://gogo.mn/r/61818(검색일: 2021.03.21.).

Дондовдорж, В. "Монгол эмээлийг Хятадын нэр дээр ЮНЕСКО - д бүртгүүлэхгүйн тулд манай ард түмний оролцоо чухал." *Sonin.mn*. http://www.sonin.mn/news/politics - economy/15581(검색일: 2021.03.21.).

"Ё. Отгонбаяр: Хөөмийн урлаг 15 оронд хөгжиж байна." *Өнөөдөр*. https://unuudur.mn/(검색일: 2021.03.21.).

Индра, "Монгол Хятадын соёлын харилцаанд тулгарч буй асуудал." *Baabar.mn*. http://www.baabar.mn/article/884(검색일: 2021.03.21.).

Монгол Улсын статистикийн эмхэтгэл. 2017. pp.403~405; *Монгол Улсын статистикийн эмхэтгэл*. 2019. pp.607~609. https://1212.mn/BookLibrary.aspx?category=007.

"Монгол хөөмийг Гиннесийн ном - д бүртгүүлэв." *МОНЦАМЭ*. https://www.montsame.mn/mn/read/206038(검색일: 2021.03.21.).

"Монгол хөөмийг Гиннесийн ном - д бүртгүүлсний нэг жилийн ой тохиов." *МОНЦАМЭ*. https://montsame.mn/mn/read/241403(검색일: 2021.03.21.).

Mongolian Liberal Union Party. "Мэдэгдэл…" http://erhchuloo.blogspot.com/2013/05/m.html(검색일: 2021.03.21.).

Одгарав, Г. "Н. Уртнасан хөөмийгөө алдчихлаа гэж толгойгоо гашилгахааргүй болов." *GoGo.mn*. https://gogo.mn/r/66002(검색일: 2021.03.21.).

Одгарав, Г. "Хөөмийг дэлхийн соёлын өвд бүртгүүлэх асуудалд …" *GoGo.mn*. https://gogo.mn/r/0gqj5(검색일: 2021.03.21.).

"Олон улсын хөөмийн холбоо байгуулагдлаа." *Өнөөдөр*. https://unuudur.mn/.

"Өв соёлд хайртай хүн." *NPOST.mn*. http://www.npost.mn/a/164876(검색일: 2021.03.21.).

Прэвхүү, Ө. "Хятадын соёлын стратеги ба Монгол улс." *News.mn*. https://news.mn/r/14417/(검색일: 2021.03.21.).

Солонго, Ж. "Эрийн гурван наадам Хятадын уламжлалт соёл болох нь." *GoGo.mn*. https://gogo.mn/r/ee39d(검색일: 2021.03.21.).

Соёлын өвийн үндэсний төв. *СОЁЛЫН БИЕТ БУС ӨВИЙГ ХАМГААЛАХ ТУЛГАМДСАН АСУУДЛУУД" СЭДЭВТ СИМПОЗИУМ АМЖИЛТТАЙ БОЛЖ ӨНГӨРЛӨӨ*. http://www.monheritage.mn/mn/news/NewsMore.aspx?ItemID=13(검색일: 2021.03.21.).

"Соёлын өвийн асуудлаар Монгол Улс БНХАУ-тай харилцан тохиролцлоо." *News.mn*. https://news.mn/r/4443/(검색일: 2021.03.21.).

Туул, С. "Уртын дуу, хөөмийг хятадууд бишичээ." *Sonin.mn*. http://www.sonin.mn/news/culture/2982(검색일: 2021.03.21.).

Түвшинтөгс, Б. "Шаахайтай хятад хөөмийлж байхыг сонсоогүй л юм байна." *Baabar.mn*. http://www.baabar.mn/article/1270(검색일: 2021.03.21.).

Ууганбаяр, Б. "Монгол дээл Хятадаар овоглоход ЕРӨНХИЙЛӨГЧ МААНЬ ТАНГАРГАА ШАЛДАН ӨРГӨХ ҮҮ…" *Өнөөдөр*. https://unuudur.mn/(검색일: 2021.03.21.).

"Уучлаарай Хятад ахаа, хөөмий танайх биш." *Өнөөдөр*. https://unuudur.mn/.

Үл-Олдох, Ч. "Бодлогогүй бодлогын газар." *GoGo.mn*. https://gogo.mn/r/66077(검색일: 2021.03.21.).

Үндэсний уламжлалаа алдах нь тусгаар тогтнолоо алдахтай утга нэг." *Tsag.mn*. http://tsag.mn/985-ndesniy-ulamzhlalaa-aldah-n-tusgaar-togtnoloo-aldahtay-utga-neg.html(검색일: 2021.03.21.).

"Үндэсний өв соёлоо хамгаалхаар ерөнхийлөгчид ил захидал илгээлээ." *Factnews.mn*. http://factnews.mn/4hh(검색일: 2021.03.21.).

"Хөөмий Хятадын Соёлын Өвөөр Бүртгэгдсэн нь." *Factnews.mn*. http://factnews.mn/4a8(검색일: 2021.03.21.).

"ХЯТАДУУД ЭМЭЭЛИЙГ ЮНЕСКО-Д БҮРТГҮҮЛЭХЭЭР ЗЭХЭЖ БАЙНА." *24tsag.mn*. https://www.24tsag.mn/a/30836(검색일:

2021.03.21.).

"Ш. Гантулга: ОХУ-ын ерөнхийлөгч Монголын хувь заяаг эргүүлэх чухал шийдвэр гаргаж магадгүй." *Sonin.mn*. http://sonin.mn/news/politics-economy/30987.

ЭМҮЖИН, Р. "Монгол дээл Хятадаар овоглоход ЕРӨНХИЙЛӨГЧ МААНЬ ТАНГАРГАА ШАЛДАН ӨРГӨХ ҮҮ…" *Unuudur*. https://unuudur.mn/(검색일: 2021.03.21.).

Энхцолмон, Э. "САЛХИН ДУУН." *IKON.mn*. https://ikon.mn/n/mcy(검색일: 2021.03.21.).

Эрдэнчимэг, Т. "Т.Баянмөнх: Хөөмий нь Монголчуудын үндэсний дархлааг хадгалан авч үлдэнэ." *Zaluu.com*. http://www.zaluucom.mn/read/4dde44434(검색일: 2021.03.21.).

제11장

말레이시아 무형문화유산과 이슬람 부흥
– 디끼르바랏(dikir barat)과 방사완(bangsawan),
그리고 와양꿀릿(wayang kulit)의 사례를 중심으로[1]

홍석준(목포대학교 고고문화인류학과)

I. 머리말

20세기의 말엽부터 21세기의 초반을 거쳐 현재에 이르기까지 무형문화유산 관련 정책과 인식은 유네스코를 중심으로 재빠르게 재편되고 있다. 주지하다시피, 유네스코는 국제교육문화과학 협력기구이다. 본부는 파리에 있으며 세계 각국에 회원국을 보유하고 있다.

말레이시아 역시 유네스코의 회원국 중 하나로, 말레이시아의 무형문화유산 관련 정책과 인식의 재편 과정에 미친 유네스코의 영향력은 지대하다고 하겠다. 말레이시아 역시 이러한 영향에서 결코 예외가 아니다. 말레이시아에서 무형문화유산 관련 정책과 인식은 유네스코 무형문화유산 관련 논의와 담론의

---

[1] 이 글은 『한국민요학』 27(한국민요학회, 2009)에 실린 "말레이시아의 전통예술과 이슬람 부흥의 문화적 의미"를 대폭 수정·보완한 것이다.

영향을 점차 더욱 강하게 받고 있다. 이러한 현재 상황은 가히 "유네스코 무형문화유산 체제"라 칭할 만하다.

"유네스코 인류무형문화유산 대표목록 등재"로 구체화되는 "유네스코 무형문화유산 체제"의 영향력은 막강하다. 특히 유네스코 대표목록 등재 결과를 전후해서 대중매체의 관심과 홍보는 지나칠 정도로 지대해지고 과열되기도 함으로써, 국가 간, 국가 내, 지역 간, 지역 내 무형문화유산 관련 정책을 좌우 지할 정도가 되기도 한다. 관련 법령도 개정되고 있으며, 정부기관이나 지자체에서는 이와 관련된 학술대회를 지속적으로 유치, 개최하고 있는 상황이다.

이런 의미에서 말레이시아의 무형문화유산을 주된 대상으로 삼아 유네스코 정책과 말레이시아 문화정책 사이의 상관관계 및 말레이시아 무형문화유산과 이슬람화(Islamization, Islamisasi) 또는 이슬람 부흥 간의 상호 관련성에 주목하는 것은 매우 긴요한 일이다. 이와 더불어, 말레이시아의 문화재 관련 정책에 대한 비판적 고찰, 즉 말레이시아에서 문화유산, 특히 무형문화유산의 보호와 그 정책적 함의를 비판적 관점에서 살펴보는 일은 문화유산 보호와 관련된 말레이시아의 문화정책의 특성과 그 의미를 문화유산 관련 정책적 측면에서 제대로 파악하기 위한 이론적, 실천적 관심을 환기하는 중요한 작업이기도 하다.

특히 이미 21세기에 접어든 지 20년에 이른 현재 말레이시아의 무형문화유산 관련 정책과 인식의 재편 과정에서 유네스코의 영향력을 고려할 때, 이는 더욱 중요한 의미를 지닌다. 현재 말레이시아의 무형문화유산 관련 정책과 인식은 유네스코의 영향력에 의해 재편되고 있다고 해도 과언이 아니다(임돈희·로저 L. 자넬리, 2004; 2005). 말레이시아에서 무형문화유산 관련 정책과 인식은 유네스코 무형문화유산 관련 논의와 담론의 영향을 더욱 강하게 받고 있으며, 소위 "유네스코 무형문화유산 체제"의 영향하에 있다고 말할 수 있겠다.

이에 "유네스코 무형문화유산 체제"의 영향 하에서 유네스코 무형문화유산 체제에 대한 비판적 검토를 통해, 현재 말레이시아에서 무형문화유산 보호와 그 정책적 함의가 무엇이며, 이를 어떻게 인식하고 무형문화유산 관련 정책에 반영해야 할 것인가를 비판적으로 고찰하는 학술적, 실천적 작업은 매우 중요할 뿐만 아니라 시의적절한 일이기도 한 것이다.

『문화재보호법』이 제정되면서 시행된 무형문화재 지정과 육성의 일차적 목적은 산업화 및 서구문화의 유입 속에서 급속하게 사라져 가는 전통문화를 보존하고 영속시키는 데 있다고 할 수 있다. 무형문화유산을 어떻게 보호하고 전승·계승시킬 것인가는 무형문화재 보호 정책에서 핵심적 위치를 점하고 있으며, 정책의 성패를 가름하는 중요한 기준이 될 수밖에 없다(김세건, 2002). 따라서 기존의 문화재 정책에 대한 평가와 향후 올바른 정책의 방향을 설정하기 위해선 무형문화재의 전승교육과정에 대한 비판적 (재)검토 역시 필요하다고 생각한다.

이 글의 목적은 말레이시아를 대상으로 '전통의 부흥'(the revival of tradition)[2]이라는 현상을 전통예술, 특히 민요의 사회문화적 맥락 속에서 다룸으로써 말레이시아 민요의 문화적 다양성과 그 변화의 의미를 사회문화적 맥락 속에서 이해하고자 함이다. 말레이시아는 동남아시아에 속하는 나라로서, 19세기 말경부터 20세기 중반에 이르기까지 영국의 식민 지배를 경험하였고, 그 과정에서 예전부터 별다른 의문 없이 막연하게 '전통'이라 불리던 대상에 대한 인식이나 태도의 측면에서 급격한 변화를 겪었다. 근대의 시기라 일컬어지는 20세기에 접어들면서 말레이시아의 사회구조와 문화체계는 서구와 자국, 서구적인 것과 토착적인 것, 식민주의와 민족주의, 전통과 근대 등의 대립적 구도의 영향 하에서 총체적인 변화를 경험하게 되었다. 근대 이후에 말레이시아 사회에서는

---

[2] 이것은 여러 용어로 번역되어 사용될 수 있다. 예컨대 홉스봄과 랑거(Hobsbawm and Ranger et al. 1992)는 '전통의 발명'(the invention of tradition)이라는 용어를 고안해 내어 전통의 의미를 해석한 바 있고 이와 거의 같은 의미로 '전통의 활성화'(the revitalization of tradition) 또는 '만들어진 전통'이라는 용어가 사용되기도 한다(김광억, 1991; 1993; 에릭 홉스봄 외 편, 2004). 여기서는 전통이 현대적 맥락에서 새로운 의미로 해석, 재해석된다는 의미에서 이 용어를 '전통의 부흥'으로 번역하여 사용하기로 한다.

탈근대의 욕구와 근대적인 전통 사이에서 자신의 역사와 문화의 굴절과 파행을 경험하면서 나름대로의 독자적인 문화, 예컨대 '말레이시아적인 것', '말레이시아성(性)' 또는 '말레이시아다움'(Malaysianess)을 회복하고 이를 활성화하려는 강력한 사회적 압력이 작용할 수밖에 없는 사회문화적 환경이 조성되기 시작하였다. 독자적이면서 고유한 문화적 원형과 토착 문화에 대한 향수와 그것의 부흥이라는 상징적 체계는 근대 이후의 말레이시아를 특징짓는 또 하나의 독특한 문화 현상으로 자리 잡았다고 할 수 있다.

이러한 문제의식을 바탕으로 이 글에서는 1920년대 말레이시아[당시에는 말라야(Malaya)로 불렸다] 사회에 급격한 사회변동을 발생시켰던 전통문화에 대한 관심이 영국과 일본의 식민 지배 시대 이후 1957년 독립을 성취한 이후 국가건설(nation building)을 위한 민족통합(national unity)을 목표로 다양한 종족집단(ethnic groups) 사이의 조화와 화합을 추구하는 과정에서 잠시 잠복해 있었거나 '숨겨진 전통'(hidden tradition)으로 생각된 전통예술, 특히 민요가 1970년대 이슬람화의 움직임과 함께 급속하게 확산되어 1990년대를 거쳐 최근에 이르기까지 일종의 '문화적 신드롬'(cultural syndrome)이라 불릴 정도 말레이시아 사회 전반에 걸쳐 급격한 변화를 가져온 '전통의 부흥' 문제를 다룬다(Tan, 1993; 2005; Pillai 2004). 이러한 문제 제기를 통한 말레이시아 민요에 대한 이론적 관심과 실천은 현대적 맥락에서 여가와 소비생활, 관광 등의 문화적 장치를 통해 전통음악으로 대표되는 민요를 포함한 전통의례 또는 전통민속이 어떤 과정을 통해 그 특징과 의미가 변화되며, 그것이 말레이시아의 문화적 다양성과 정체성과는 어떠한 관계가 있는지를 고찰하는 데 중요한 시사점을 던져줄 것이다(오명석 외, 2020; 홍석준, 1993; 1997; Stokes, 1994: 4).[3]

---

[3] 여기서는 전통이란 하나의 실체로 존재하는 '순수한' 것이 아니라 특정의 사회적 맥락 속에서 끊임없이 변화되는 것으로 규정하고자 한다. 특히 현대사회에서는 전통문화라는 것이 탈구조적 사회체계, 또는 후기 자본주의적 경제 질서에 의해 지속적으로 재생산되는 문화적 매개(cultural media)를 통해 끊임없이 구성되거나 새로이 변화되는 '전통의 부흥' 현상으로 인식될 수 있는 사회적 분위

이 글은 말레이시아의 사례를 통해 본 유네스코 무형문화유산 체제의 비판적 성찰을 시도하고 있다. 이와 함께, 말레이사의 이슬람화에 따른 (특히 민요 등의) 전통의 부활 문제를 다루고 있다. 또한, 전통민속과 연행들의 문화적 특징과 의미 변화, 그리고 문화적 정체성과의 관계를 고찰하는 것을 목표로 하고 있다.
　말레이시아에서 전통예술의 부흥 문제에 관한 논의를 문화적 맥락 내에서 담론화하기 위해선 우선 보다 근본적인 질문을 제기할 필요가 있다. 다문화사회로서의 말레이시아에서 말레이 문화가 차지하는 비중은 어떠하며, 말레이 사회와 문화의 환경 속에서 전통이란 과연 무엇이며, 그것이 의미하는 바는 과연 무엇인가? 물론 이 질문을 접한 사람들은 대체로 디끼르바랏(Dikir Barat: 인도음악의 영향을 받은 말레이 전통민요)과 방사완(bangsawan: 전통적인 말레이 오페라), 와양꿀릿(wayang kulit: 그림자 연극), 막용(makyong: 주술적 성격이 강한 말레이 전통의례)[4], 마인뿌떼리(main puteri: 말레이 왕족이나 귀족들이 즐겼던 전통의례), 실랏(silat:

기가 형성된다. 예컨대 관광은 전통문화라는 것에 영향을 미치고 전통문화 역시 관광의 요구에 따라 변화하지 않으면 안 되는 상황이 만들어지는 것이다. 따라서 전통과 현대, 이 양자 간의 관계는 서로 독립된 실체로 존재하는 것이 아니라 끊임없이 상호작용하는 문화 현상의 일부를 구성하고 있는 것으로 보아야 할 것이다(Dirlik, 2007: 10-11). 이러한 관점은 전통 또는 전통문화를 하나의 수동적이고 고정된 실체로 존재하는 '순수한 그 무엇'으로 간주하는 정태적인 시각을 벗어나게 하는 데 도움을 준다.

4　말레이시아의 말레이인들이 창조한 고전극 '막용(Mak Yong)'은 연기·노래·음악·춤 그리고 화려한 코스튬(극을 위해 마련된 장식 의상)이 결합된 일종의 뮤지컬이다. 막용은 말레이시아 북서부의 끌란딴(Kelantan) 마을에서 유래되었으며, 여흥이나 치료 목적으로 연행되었다. 전문가들에 따르면 막용은 말레이시아에 이슬람이 퍼지기 이전부터 연행되었다고 한다. 1920년대에는 끌란딴 술탄의 후원으로 왕립극단에서 공연하기도 했다. 막용 공연은 제물 봉헌식으로 시작하여, 춤·연기·노래 그리고 즉흥 대화로 이어진다. 막용은 힌두교적 요소와 이슬람교적 요소가 적절하게 혼합되어 있으며 말레이 전통신앙과 전통 말레이 왕족과 귀족의 궁중 생활의 모습이 묘사된다. 막용에 나오는 노래의 가사는 주로 왕과 왕국에 대한 충성과 전쟁과 관련된 것이며, 이러한 충성심은 종교적 신앙심과 동일시된다. 한 이야기는 3시간짜리 공연 시리즈로 계속해서 며칠 동안 연행을 이어가기도 한다. 전통적인 마을 공연의 경우, 무대는 야외이고 무대 장식은 주로 나무와 종려나무 잎으로 꾸며지며, 관람석은 네모난 무대의 3면에 배치되고, 나머지 면에는 전통 관현악단이 자리 잡는다. 전통 관현악은

전통무예로서 일종의 호신술), **돈당사양**(dondang sayang)⁵ 등을 먼저 떠올릴 것이

삼현악기 스파이크 피들(spiked fiddle)인 르바브(rebab), 장구 모양처럼 생겨서 양면을 두드려 소리를 내는 북인 근당(gendang), 매달려 있는 한 쌍의 징 사이에서 양쪽에 채를 쳐서 소리 내는 악기인 공(gong) 또는 트타왁(tetawak)으로 구성되어 있다. 대부분의 배역은 여성배우가 연기하며, 극의 이야기는 말레이 전통신화 '끌란딴 - 파타니(Kelantan - Pattani)'를 바탕으로 구성한다. 이 신화의 등장인물은 왕·신 그리고 광대이다. 막용은 음악과 신들린 듯한 춤, 빙의(憑依) 등을 통한 샤머니즘적 치료 의식과도 관련이 있다. 여러 해 동안 수련 과정이 필요한 막용 연극은 오늘날까지도 주로 구전에 의해 기예를 전수하고 있으며, 오늘날에는 소수의 사람들만이 엄격한 도제과정에 참여하고 있다. 그 결과 극적이고 음악적인 레퍼토리는 줄어들었고 노련한 예능보유자도 줄어들어서 막용의 전통은 점차적으로 쇠퇴해 가고 있는 실정이다. [네이버 지식백과] 막용, 말레이시아의 전통 고전극 [Mak Yong Theatre] (유네스코 인류무형문화유산, 인류무형문화유산(영/불어 원문)).(https://terms.naver.com/entry.nhn?docId=2082159&cid=62348&categoryId=62590)

5 '돈당사양(Dondang Sayang)'은 믈라까(Melaka, 영어식 표기로는 Malacca) 지역에서 말레이, 바바논야(Baba Nyonya), 치티(Chitty), 포르투갈어권의 4개 공동체가 현재까지 연행하고 있는 말레이 전통 예술이다. 돈당사양은 바이올린·공(gong, 징의 일종)·탬버린·탬부어(tambour, 북의 일종) 등의 악기 연주, 노래, 찬트, 아름다운 멜로디의 시 등의 요소들이 어우러진 예술이나. 관련 공동체는 '사랑의 발라드'라고도 알려진 돈당사양 노래로 사랑을 전달하고, 애정이나 친절과 같은 특정 주제에 대해 조언을 할 때 연행하기도 한다. 이들은 15세기 믈라까 술탄 시대부터 왕궁 행사나 의식에서 돈당사양을 연행했고 오늘날에도 널리 연행하고 있다. 전통적으로 돈당사양은 악기 반주에 2명의 남녀 혼성 가수가 4행시를 노래한다. 일반적으로 돈당사양 가수는 시를 잘 암송하고 음악적 재능이 있는 사람이 맡는다. 돈당사양 예술은 연령, 직업, 사회적 지위 또는 종교에 상관없이 누구나 연행하며 즐긴다. 돈당사양은 긍정적 메시지와 사랑, 기쁨, 슬픔의 감정을 전하는 수단이며 관련 공동체의 결속을 다진다. 돈당사양은 모임이나 축제, 파티 등에서 정기적으로 공연된다. 오늘날, 돈당사양 가창과 연행을 더 잘하고 싶어 하는 사람을 대상으로 다양한 문화 프로그램과 활동 교육이 조직되고 있다. 돈당사양은 믈라까 떵아(Melaka Tengah), 마스지드 따나(Masjid Tanah), 알로르 가자(Alor Gajah), 자씬(Jasin) 등 믈라까 주의 여러 지역에서 연행된다. 그렇지만 말레이시아 전역에서도 연행단을 초정하여 공연을 개최하기도 한다. 돈당사양은 말레이 전통 예술이다. 바이올린·공·탬버린·탬부어의 음악 연주, 노래, 구호 등 여러 요소들이 결합된 예술이다. 관련 공동체는 '덴당사양(Dendang Sayang)' 또는 '사랑의 발라드'라고도 알려진 돈당사양 노래를 부르며 사랑을 전하고, 애정이나 친절과 같은 특정 주제에 대해 조언을 할 때 연행하기도 한다. 돈당사양은 말레이시아 열도, 특히 말레이시아 믈라까(Melaka) 주에서 널리 연행되었다. 15세기 믈라까 술탄 시대에는 돈당사양이 왕궁 행사나 의식에서 자주 연행되었다. 오늘날은 말레이, 바바논야(Baba Nyonya), 치티(Chitty), 포르투갈어권의 4개 공동체가 널리 공연하면서 큰 인기를 얻고 있다. 바바논야 공동체는

다. 이것들은 분명히 말레이 전통의 일부라고 할 수 있다. 그러나 이들 중 어느

돈당사양을 페낭(Penang)이나 싱가포르까지 전파했다. 돈당사양의 가장 큰 특징은 찬트(chant)와 시에서 나타난다. 돈당사양은 시를 아름다운 멜로디에 실어 부르는 엔터테인먼트 장르이다. 돈당사양 가수는 시를 암송하면서 노래를 부를 때 화려하면서도 기교적인 독특한 재능을 발휘한다. 이때 가수는 몸에서 울려 나오는 자연스러운 높은 음의 공명음(sonority)를 내면서 빤뚠(Pantun, 詩)를 암송한다. 전통적으로 돈당사양은 악기 반주에 2명의 남녀 혼성 가수가 4행시를 노래한다. 일반적으로 돈당사양 가수는 시를 잘 암송하고 가창의 재능이 있는 사람이 맡는다. 우수한 가수의 능력은 빤뚠과 같은 가사나 아름다운 이야기를 얼마나 잘 전달하느냐에 달려 있다. 돈당사양은 특히 믈라카 주를 중심으로 말레이, 바바논야, 치티, 포르투갈어권의 4개의 다양한 공동체 집단에서 전승된다. 이들은 돈당사양의 전승에 중요한 역할을 했다. 학교와 시 당국, 근린 공동체 등에 소속된 자원봉사 단체는 돈당사양의 교육과 연행, 대중화, 전승에 기여한다. 돈당사양과 관련된 공동체가 기울여온 열정적이고 자발적인 노력 덕분에 돈당사양 문화예술은 보호와 전승을 지속할 수 있었다. 정부기관도 돈당사양을 보호하기 위해 적극적으로 노력하고 있다. 특히 국가유산부(Department of National Heritage, 연방정부 기관)는 2005년 국가유산법(National Heritage Act, 법률 제645호)에 따라 돈당사양 장르의 명창들을 공인해왔다. 주 정부는 ISSMA나 PERZIM과 같은 자체 기관을 통해 돈당사양을 지속하기 위한 여러 교육 프로그램을 조직했고, 문화예술부(National Department of Culture and Art)와 같은 연방정부 부처와 적절한 협력 관계를 맺고 있다. 학생들은 교육에 참여함으로써 돈당사양을 익히고 돈당사양 연행에 쓰이는 악기들의 연주법을 배우고 있다. 돈당사양의 연행 및 전승에 대한 특별한 역할이나 책임은 정해져 있지 않다. 다만 일반적으로 돈당사양은 남녀 혼성의 가수 2명이 4행시를 노래하며, 보통 가수는 시 암송을 아주 잘하고 가창 기교가 상당히 뛰어난 사람이 맡는다. 일반적으로 돈당사양의 전승은 공식적인 방식과 비공식적인 방식의 2가지로 이루어지고 있다. 공식적인 전승은 문화예술부와 같은 연방 기관이나 말레이시아 믈라카 예술연구소(Arts Institute of Malaysia Melaka)와 같은 주정부 산하 기관을 비롯한 여러 정부기관이 주도한다. 이 경우 교실에서 훈련과 강습을 통해 전승된다. 아울러 돈당사양을 대중에게 널리 알리고 대중이 더 자주 돈당사양을 접하고 관심을 갖게 하기 위해 수시로 다양한 프로그램들을 만들고 있다. 이러한 프로그램으로는 아트 아웃리치 프로그램(Art Outreach Programme), 주말 공연(Weekend Performance), 아트 바자(The Art Bazar), 돈당사양 인물 알기 프로그램(Recognition of Dondang Sayang Figure Programme) 등이 있다. 아울러 말레이시아 믈라카 예술연구소는 돈당사양의 연행자 여러 명을 선임하여 믈라카 젊은이들에게 돈당사양을 알리고 교육하고 있다. 비공식적인 전승은 다음과 같이 이루어지고 있다. 공동체의 구성원들은 어린 시절부터 돈당사양 연행을 관람하면서 자연스럽게 체험하여 익히고 있다. 돈당사양은 모임이나 축제, 파티 등에서 흔히 연행된다. 아울러, 공동체의 구성원들은 가족 모임이나 지역사회 모임에서, TV나 라디오의 방송 프로그램, 서적, 잡지 등을 통해서 자연스럽게 돈당사양을 배우고 이해할 수 있다. 돈당사양의 무형유산의 의미는 다음과 같이 요약된다. 돈당사양은 특별히 믈라카 말레이 공동체의 생활방식과 지역 문화에 중요한 역할을 한다. 가수나 연행자들은 돈당사양 시

부분을, 또 어떤 측면을 전통이라 부를 수 있을까. 그리고 전통의 시간적 범주는 어떻게 설정해야 하며, 그것의 적실성을 확보하기 위해선 전통의 시간 설정과 현대와의 연속성 또는 단절을 어떠한 기준에 의해 만들어내야 할 것인가 등의 문제가 제기될 수 있다.

오늘날 민요를 포함한 전통음악을 통해 재현되는 특정 장소 또는 현장이라고 할 수 있는 전통의례는 문화관광(cultural tourism)을 장려하기 위한 훌륭한 관광자원으로 각광받고 있다. 그리고 그것은 현재 말레이시아 지역에서 고조되고 있는 전통의 부흥 문제, 즉 잊혀져 가는 문화유산의 현대적 구성을 위한 정책적 고려에서 출발하여 자신의 정체성을 확립, 강화하려는 시도로서, 일종의 말레이 정체성의 확립과 관련된 문화 현상으로 인식되고 있다(홍석준, 1993; 1997; Stokes, 1994). 그 중 대표적인 것으로 디끼르바랏과 방사완, 와양꿀릿 등을 들 수 있다. 이것들은 최근에 무형문화재로 지정되어 관광객을 상대로 말레이 전통의례의 한 형태를 보여주는 관광자원으로 이용되고 있다. 현재의 디끼르바랏과 방사완, 그리고 와양꿀릿은 관광을 매개로 관광이 활성화되기 이전과는 매우 다른 형태로 존속되고 있다. 오늘날 말레이시아 사회에서 관찰되는 전통의 부흥 현상은 총인구 약 3,300만 명(2020년 통계 기준) 중에서 극히 일부

가를 통해서 관련 공동체의 세계관과 말레이 지식인의 학문적 지식을 표현한다. 돈당사양 문화예술은 노래 속에 자신의 의도를 전달할 때 공손한 본성을 담아 묘사한다. 시구에 담긴 의도는 상호존중의 원칙을 기본으로 하여 전체 사회의 완전성과 조화를 보호하고 장려하기 위한 것이다. 시는 옛 말레이어 시의 성장과 발전이 담겨 있으므로 지역사회에서 특별한 의미가 있다. 힘든 하루일과를 마친 후 사람들은 돈당사양 연행을 관람함으로써 함께 어울리며 즐겁게 지낼 수 있다. 이러한 기회에 공동체의 사회 구성원들은 바람직한 관계를 강화하게 된다. 더 나아가 돈당사양은 전체 사회 구성원에게 메시지를 전하는 매체이기도 하다. 보통 긍정적인 메시지를 전달하거나 사랑·기쁨·슬픔의 감정을 함께 나누면서 공동체의 결속을 강화하는 데 활용된다. 전하고자 하는 생각이나 메시지를 담아 돈당사양을 연행하며 은연중에 전달한다. 때문에 돈당사양 연행은 간접적인 방식으로 사회 구성원 전체가 스스로 존엄하고 조화로운 삶을 살도록 돕는다. 돈당사양 노래는 대부분 사랑과 친절에 관한 것이지만 얼마간은 유머러스하고 풍자적인 요소도 더해져 있다. [네이버 지식백과] 돈당사양 [Dondang Sayang] (유네스코 인류무형문화유산, 인류무형문화유산(영/불어 원문)). (https://terms.naver.com/entry.nhn?docId=5809025&cid=62348&categoryId=62590).

를 차지하는 오랑아슬리(orang asli)라 불리는 토착민들을 포함하여 사회 전체의 약 60%를 점할 정도로 다수를 형성하고 있으면서도 현실 세계에서 경제적, 사회적, 문화적 자원이나 자원에 대한 통로가 제한된 말레이인들이 자신의 역사적 경험에 대한 기억과 역사의식을 의례 또는 예술의 형식을 통해 조작적으로 재현, 또는 활용하고 있다는 의미에서 일종의 문화 운동이라고 볼 수 있을 것이다.[6]

이 글은 말레이인들이 근대 이후의 역사적 경험에 대하여 국가 또는 민족 단위의 맥락에서 어떠한 의미를 부여하는지를 살펴봄으로써 근대의 역사적 경험에 대한 이해를 모색하고자 하는 것이다. 특히 전통문예 또는 전통예술에 대한 말레이인들의 관심의 높고 낮음을 국가의 정책과 이에 대한 일반 국민들의 반응을 중심으로 살펴봄으로써 '전통의 부흥'을 둘러싸고 국가와 국민 사이에 생겨나는 갈등과 대립의 문화적 의미를 밝혀보고자 한다.

이러한 갈등과 대립의 현상은 말레이인들이 주기적으로 국가에 의해 유도된 이념의 흐름에 크게 영향을 받으면서도 그 과정에서 때로 국가정책이나 이념에 저항적이거나 순치되지 않은 반응을 보임으로써 스스로에게 부과된 이념적, 구조적 통제에 대해 능동적이고 적극적인 반응을 보일 수 있음을 의미하는 것이다. 즉 특정의 국가시책으로 연출되는 '정치적 드라마(political drama)'에 대해 국민들은 방관자적 자세를 가지고 단순히 구경만 하는 구경꾼이 아니라 스스로 적극적인 조작적 행동을 통해 그러한 정치적 드라마의 정체를 밝혀내는 작업을 시도할 수 있는 주체라고 할 수 있다(김광억, 1991; 1993). 따라서 이 논문은 민요를 매개로 하여 말레이시아 역사의 주체로서 스스로의 '역사 만들기(making history)'를 통해 자신을 만들어 가는 말레이인들의 역사적 경험에 대한 재해석을 위한 학술적 시도의 일환이기도 하다.

---

6 말레이시아에는 2008년 말 현재 약 2,800만 명의 다양한 인구로 구성되어 있다. 이와 같이 다종족 사회인 말레이시아에서 화인들이 약 30%를 차지하고 있고, 인도계가 10% 미만을 유지하고 있다. 총 인구의 약 60%의 말레이인들 중에는 다른 종족집단보다 약 4천 년 전에 이 곳에 정착했던 것으로 알려진 오랑아슬리라 불리는 토착민들이 있다(Nasaruddin, 1992; 2009).

II. 말레이시아 전통예술 세계의 특징과 의미:
디끼르바랏, 방사완과 와양꿀릿의 문화적 특성과 의미 변화

말레이시아의 전통음악은 놋쇠로 만든 공(gong) 종류의 유율타악기를 중심으로 구성된 가멜란(gamelan) 음악으로 통칭된다. 독특한 음색을 지닌 다양한 타악기들로 이루어진 가멜란 음악은 말레이시아와 인도네시아를 중심으로 발달되어 왔다. 말레이시아의 가멜란 음악은 오랜 기간 다양하고 복합적으로 발전한 인도네시아의 경우와 달리 상대적으로 짧은 역사를 갖고 있다. 약 18세기 말경, 인도네시아로부터 전해진 말레이시아의 가멜란은 궁정의 예식에 특히 무용공연의 반주 음악으로 제한적으로 사용되었으며, 일반 대중들에게는 매우 낯선 악기의 집합체로 받아들여졌다. 그 이유는 말레이시아에서는 인도네시아처럼 힌두교가 대중들 사이에서 신봉된 적이 거의 없었으며, 따라서 라마야나(Ramayana)와 마하바라타(Mahabharata) 등 힌두교 서사를 근간으로 하는 와양 공연이 인도네시아에 비해 상대적으로 발달하기 어려운 문화적 환경이 조성되었기 때문이다. 말레이시아에서는 가멜란 음악이 주요 요소가 되는 와양(wayang) 공연이 자바에서 이주해 온 자바인들을 중심으로 극히 일부 계층이나 지역에서만 행해졌기 때문에 대중적으로 발달하기 어려웠던 것이다(김영수, 1993: 250-251).

　　인도네시아 자바섬 지역에서 유래된 말레이시아의 가멜란은 리아우(Riau)와 링가(Lingga) 지역을 경유하여 말레이시아의 조호르(Johor) 지역과 빠항 지역을 거쳐 뜨렝가누와 끌란딴 지역으로 전해지게 되었다. 18세기 말경 뻰넹앗(Penyengat) 지역을 통치했던 술탄 자이날 아비딘(Zainal Abidin) 1세의 보호를 받게 되면서 궁정을 중심으로 정착, 발전하게 된다. 말레이시아 궁정 가멜란의 최대 융성기는 19세기 중엽부터 술탄 아흐맛(Ahmad) 통치 시기이며, 이때 3개의 대규모 궁정 무용단을 위해 가멜란 연주단이 조직, 운영되었으며 효과적인 가멜란 교육과 운영을 위해 술탄의 왕비들이 직접 가멜란 악단을 이끌기도 했다. 그러나 1914년 술탄 아흐맛이 사망한 후 궁정 무용단과 함께 가멀란 악단이 동반 해체되면서 가멀란은 급속한 쇠퇴기를 맞이하게 된다.

1930년대에 술탄 아흐맛의 아들인 떵꾸 아부 바까르(Tengku Abu Bakar)에 의해 이미 해체된 가멀란 악단이 재구성되게 되었으며, 이를 통해 가멀란 음악은 부흥기를 맞게 된다. 그러나 2차 세계대전 중 일본의 침략으로 가멀란 음악은 다시 침체를 맞게 되었다. 1970년대 이슬람 부흥운동의 전개와 더불어 가멀란 음악에 대한 재해석과 발전 방안이 음악계를 중심으로 논의되기도 했다. 그 후 1990년대를 거치면서 현재까지 가멀란 음악은 전성기를 맞이하고 있다. 이슬람 부흥과 함께 말레이 전통음악이 부활하게 된 것이다.

가멀란 음악을 말레이시아에 소개한 사람들은 주로 말레이시아로 이주한 자바인들이었으며, 그들은 자바어를 사용하는 와양꿀릿 공연을 위해 가멀란 음악을 말레이시아로 전했다. 초기 말레이시아에서의 가멀란 연주는 술탄 궁정에서 의례용 배경음악으로 소개되어 발전하게 된다.

서구 식민주의의 영향으로 말레이인뿐만 아니라 화인, 인도계 등 도시의 다종족 인구가 증가하면서 새로운 오락과 유흥문화가 도시를 중심으로 발생하기 시작하였다. 식민지 시대 이전에는 조겟 가멀란(joget gamelan)과 노밧(nobat)과 같은 전통음악과 춤이 오락과 술탄의 정통성을 지지하기 위해 술탄 궁정에서 공연되었다. 일반인들은 결혼, 출생, 추수기의 축제, 장례식 때 와양꿀릿과 같은 민속예술을 공연하거나 음악을 즐겼다.[7] 이러한 민속예술들은 지역적인 형태를 띠고 구전되어 왔으며, 여기에는 노래를 하는 고정인물이 등장한다. 그 줄거리와 음악의 구성은 순환구조로 이루어져 있다.

---

[7] 영국의 식민 지배 후, 도시가 성장하면서 유럽과 미국의 오페라와 중국의 경극, 자바의 또닐(tonil)과 같은 외국의 상업적 극장예술단이 말레이시아 반도를 유람하며 도시에 거주하는 종족집단들에게 오락을 제공했다. 음악, 연극 춤, 스포츠 등을 통한 구성원들 간의 교류를 갖는 지역적인 사교클럽들이 생겨나게 된 것도 이 무렵부터이다(Tan, 2005: 90). 말레이시아의 전통적이고 혼종적인 민요에 대한 형식 분석에 대해서는 Matusky ad Tan(2004)와 Tan(1993; 2005)를 참조할 것.

도시의 성장에 따라 말레이 문화와 외래문화의 혼합으로 이루어진 혼종의 퓨전 문화의 형식과 내용을 지닌 디끼르바랏이나 방사완, 와양꿀릿과 같은 연극과 음악이 생겨났다(Mohamed, 2000; Muhammad, 2008). 당시 이것들은 말레이 사회의 변화 양상을 잘 보여주는 새로운 장르의 음악으로 소개되었다.[8] 전통적인 내용을 바탕으로 새로운 사회변화에 적응하기 위한 다양한 형태의 음악이 생산, 유통, 소비되었다. 이러한 음악의 특성은 변화하는 사회 속에서, 한편으로는 '전통적인 것'에 바탕을 둔 '근대적인 것'을 강조하면서 새로운 환경에 적응된 전통음악의 근대화를 주창하였다. 방사완의 음악은 '전통적인 것'과 '근대적인 것'의 공존을 그 음악적 특징으로 한다. 여기에는 말레이인들에게 친숙한 민속극과 민요의 리듬과 멜로디가 이용되었다(Tan, 2005: 97). 방사완의 '모던'은 말레이 전통과 혼합되어 공존과 대립의 변증 속에서 독자적인 민요 형식과 내용으로 진화된 것이다.

디끼르바랏은 전통적으로 끌란딴적인 것과 현대적인 변형을 거쳐 근대적인 형태를 띤 것이 있다. 이러한 대중성에도 불구하고 그동안 이 노래에 대한 연구는 거의 이루어지지 않았다. 심지어 종족음악학자들의 관심사에서도 멀리 떨어져 있었다. 하지만 끌란딴 주의 수도인 꼬따바루(Kota Baru)의 야시장에서는 매달 2일 밤에 수많은 디끼르바랏을 들을 수 있다. 그것이 야외에서 공연되기 때문에 건기의 활동으로 인식되고 있으며, 도시와 농촌 마을 모두에서 대규모 공연단에 의한 공연이 펼쳐진다. 민요의 대중화가 이루어져 있는 것이다. 민요의 대중화는 가멀란의 대중화와 긴밀한 관련을 맺고 있는데, 원래 술탄 궁정과

---

8 특히 1920년대와 1930년대에 방사완은 매우 인기를 얻었고, 막간에 공연된 민요는 당대에 크게 히트하였다. 이 노래들은 그 이후 말레이 민요를 대표하는 곡으로 자리 잡았다. 말레이 민요는 그 후 뻰따스 조겟(pentan joget, 조겟을 위한 무대)과 웸블리(Wembley), 뉴월드(New World) 또는 그레이트월드(Great World) 등과 같은 놀이공원이나 무도회장(카바레), 아마추어 극장과 음악클럽 등에서 연주되기도 했다(Tan, 2005: 91). 방사완에 대한 상세한 역사와 오케스트라, 음악과 무대형식, 경향 등에 관해서는 Tan(1993)을 참조할 것.

자바에서 이주한 사람들을 중심으로 연주되는 제약성을 극복하기 위해 이슬람교와 가멀란 사이의 관계에 착목하여 상관성의 의미를 부여함으로써 가멀란과 민요의 대중화를 공히 꾀하고 있다.[9]

디끼르바랏을 노래하는 가수와 공연단의 연주를 담은 카세트테이프와 CD, VCD, DVD 등을 제작해서 판매하는 산업이 성행할 정도로 상업화가 이루어져 있다. 이 민요는 지끼르(zikir)라 불리는 이슬람 종교 암송의 한 형태에서 파생된 것으로, 남자들로 구성된 공연단이 합창의 형태로 알라와 이슬람, 예언자 무함마드 등을 칭송하는 내용으로 되어 있다(Matusky, 1993: 170). 다양한 말레이 전통 악기와 악단의 연주에 따라 남자 가수가 노래를 하면 남자 합창단이 가사 암

---

[9] 이슬람과 가멀란 사이의 관계를 알려주는 신화가 전해지고 있다. 이를 소개하면 다음과 같다. 알라의 지시에 따라 이브라힘이 세운 까바(Kabah) 신전으로 무슬림들의 순례를 인도하기 위해 이브라힘은 잡발 까비흐(Jabbal Qabih) 산 정상에 올라 손에 천 조각을 들고 까바의 위치를 알려주었다고 한다. 그러나 효과를 보지 못한 이브라힘에게 대천사 가브리엘이 와서 3마리의 새를 주면서 그 살점을 잘게 썰어 땅에 흩뿌리면 그 살점들이 다시 새로 변해 여러 지역으로 날아가 까바 신전의 위치를 사람들에게 알려줄 것이라고 말했다고 한다. 그러나 그러한 노력 역시 큰 결실을 거두지 못했다고 한다. 그 때 세이크 아부 바까르 아다니(Syeikh Abu Bakar Adani)라는 사람이 큰 소리를 질러 사람들을 불러 모을 수 있는 악기를 가져와 이브라힘을 돕기를 원했다고 한다. 그러나 그 방법은 당시 실력자인 세이크 이브누 하자르(Sheikh Ibnu Hajar)에 의해 수용되지 않았고 그 악기들은 방치되었다고 한다. 그러나 알라의 뜻에 따라 그 악기들은 스스로 소리를 내면서 성지인 까바 신전 주위를 돌기 시작했는데, 이것을 이슬람교에서는 최초의 악기 출현으로 여기고 있으며 가멀란의 역사 역시 이때부터 시작된다고 여기고 있다. 이 영향은 가멀란 음악에 맞춰 무용수가 춤을 출 때 보통 어깨에 두르는 긴 천은 이브라힘이 산정에 올라 흔든 천을 상징하며 음의 강약이 조화를 이루고 있는 람방 사리(Lambang Sari) 곡은 이브라힘이 신도들에게 성지 순례를 권하는 모습을 상징하고 있다고 한다. 띠망 부룽(Timang Burung) 가멀란 곡은 이브라힘에 의해 다시 수많은 새로 태어난 새의 형상을 나타내고 있다고 한다. 또한 말레이시아 가멀란의 소리를 의성어로 표현할 경우 '넹'과 '농'이라는 소리로 크게 양분할 수 있는데, 5음계인 스렌드로로 그 음들을 표현할 수 있는데 5라는 숫자의 의미는 무슬림들이 하루에 다섯 번 메카(Mecca)를 향해 기도하는 숫자와 같음을 들어 신성시하고 있고, 7음계인 펠록은 알라가 세상을 창조한 7일이라는 숫자와 같다고 여기고 있다고 한다(김영수, 1993: 252 - 253 참조하여 재구성). 이는 현대 말레이시아에서 이슬람과 가멀란 음악의 상관성을 통해 무슬림 사이에서 민요를 대중화하는 주요 근거로 작동하고 있다.

송과 안무가 포함된 후렴구를 반복하는 형태로 이루어져 있다. 이슬람에 기원을 두고 있는 디끼르바랏은 멜로디의 소리를 설명하는 데 도움을 주며, 흔히 장엄하고 엄숙한 종교적 경건성과 성스러움을 표상한다. 이를 위해 장조보다는 단조가 자주 사용된다는 점이 특징적이다.

하지만 디끼르바랏은 말레이인들 사이에서 기본적으로 세속적인 예술 형태로 인식되고 있다. 디끼르바랏의 전형적인 앙상블은 똑 주아라(tok juara)와 뚜깡 까룻(tukang karut)이라 불리는 두 명의 가수와 합창단, 그리고 오케스트라를 위한 악기 연주자들에 의해 이루어진다. 악기에는 짜낭(canang)이라 불리는 두 개의 수평적인 징들과 르바나(rebana)라 불리는 크고 작은 드럼들, 마라카스와 아주 큰 징 등이 사용된다. 음악의 어떤 지점에서 합창단이 특정의 형태로 두드리는 소리와 장단을 포함한 후렴구의 노래가 부가되기도 한다. 디끼르바랏은 그 형태의 특징으로 인해 매우 특이한 관심의 대상이 된다. 똑 주아라가 선창하는 서사적인 노래로 시작되어 이야기꾼인 뚜깡 까룻의 노래가 이어진다. 까룻이 노래하는 부분에서는 공연자가 상황에 따라 즉흥적으로 자기 나름대로의 서사를 가사로 만들어 부르는 것이 허용된다. 여기에는 관객의 흥미를 끌기 위해 재미있는 농담이나 재담이 동원되기도 하고, 사람들의 일상생활에서 겪는 소소한 이야기들이 포함되기도 한다. 이 대목이 재미있는 부분인데, 뚜깡 까룻의 재량에 따라 멜로디와 리듬이 일정한 패턴으로 계속 반복되며, 이는 관객을 이야기 속으로 집중시키는 효과가 있다. 이 모든 것이 뚜깡 까룻의 소관이며, 그의 재량에 따라 노래 시간과 형태, 내용 등이 결정된다. 똑 주아라와 뚜깡 까룻이 제공하는 화재는 매우 다양하지만, 주된 소재는 알라에 대한 경배, 칭송, 사랑과 존경, 예기치 못한 사랑, 죄의 고백, 일상사 등이다.[10]

---

10 끌란딴에서 가장 유명한 똑 주아라 중 한 명으로 꼽히는 스따쁜(Stapo)의 노래 가사를 소개하면 다음과 같다. "Apa bulih buat kita due takdok temue/ hati rasa berat terlepas demo dalam genggaman/ sedih hati toklih nok ghoyak/ air mata tubik berlena (우리가 서로 만나지 않았다면 무엇을 할 수 있었을까/ 당신을 그냥 가도록 내버려두는 것은 어려운 일이야/ 내가 겪고 있는

방사완이 시작되기 전에 와딱(watak: dratis personae)이라 불리는 등장인물들은 연극에 쓰일 무대장면을 설치하고 준비한다. 무대가 완성되면 무대감독이 배우들의 역할을 정해주게 된다. 이는 방사완의 주요 레퍼토리를 구성할 이야기 주인공들을 정하는 일이다. 방사완에 등장하는 주요 인물은 와양꿀릿의 경우와 매우 유사하다. 주요 등장인물들은 다음과 같다.

첫째, 훌륭한 인물(halus)로 등장하는 것이 젊은 남자(orang muda), 여자(sri panggung) 주인공, 그리고 왕(raja)이다. 둘째, 해적이나 악령(jin)으로 나오는 악인, 어릿광대(pelawak)들이 천한 인물(kasar)로 등장한다. 다른 나머지 조연이나 엑스트라 같은 역할들은 여왕, 신하, 전사, 시녀, 마을사람들, 정령(mambang) 등이 맡는다.

원작과는 상관없이, 이들 중요 인물들은 극 중에서 특정한 기능과 역할을 맡게 된다. 특정한 극본에 나오는 시간과 지리적 배경에 따라 약간의 변화가 있기는 하지만 각각의 인물들은 그 인물에게 정해져 있는 의상을 입어야 하고 이미 그 역할에 맞게 정해져 있는 표정이나 동작을 연기해야 한다.

남자주인공은 애국심에 불타고 여자주인공과 열렬한 사랑을 하며 용감한 사람이다. 그의 중요 기능은 왕에게 충성하고 공주에게 어떤 일이 발생했을 때에는 공주를 구하는 선한 마음과 애국심을 이상화시켜 보여주는 인물이다. 따라서 남자주인공은 '수려한 외모'와 '근사한 목소리'를 가지고 있어야 한다. 여자주인공은 이상적인 '귀족 집안의 아가씨'로 등장한다. 빼어난 아름다움과 착한 마음씨, 겸손과 인내를 갖춘 인물이다. 그녀 역시 불의에 저항하고 굽힐 줄 모르는 힘으로 순결을 지켜야 한다. 때로는 고통을 당하고 재판을 당해야 하지만 그 순간에도 사랑을 지키고 아버지와 사랑하는 연인 그리고 남편에 대한 사랑을 배신하지 않는 인물이다. 그녀 스스로 순결을 지키지 못했을 경우에는 죽

슬픔을 형용하기는 힘들어/ 당신이 떠난 것을 생각하니 주체할 수 없이 눈물이 흘러내리네.) (스따뽀의 알라의 의지(Takdir Ilahi) 중에서) (Brennon, 2001: 307에서 재인용).

음을 택하게 된다. 때로 락사마나븐딴(Laksamana Bentan)이라고 하는 다른 유형의 여주인공의 모습이 등장하기도 한다. 이 주인공은 남, 여주인공의 사랑과 왕과 공주로서의 의무를 지키는 것에 갈등을 일으키는 인물로 나오게 된다.

왕은 남자 주인공과 여자 주인공 중 한 사람의 아버지로 등장하는 인물로 위엄과 높은 이상을 가지고 있으며 인자하고 자비로운 인물이다. 그는 주위 사람들에게 항상 좋은 충고를 들려주면서 이야기의 도덕적 교훈을 주는 사람이다.

락사마나븐딴에 나오는 머갓(Megat)과 같은 인물은 관객들에게 두려움을 불러일으키는 인물이다. 도둑이나 사기꾼들로 여자주인공을 끈질기게 괴롭히는 사람이다. 그 역시 싸움을 잘하며 방사완이 전체적으로 도덕적인 교훈을 전달하려는 메시지를 갖고 있다고 볼 때, 위엄을 가지고 자신의 최후를 맞이하게 되며 따라서 결국에는 죽거나 머갓처럼, 죄를 뉘우치고 착한 사람이 되기도 한다. 그는 종종 희극적인 악인으로 묘사된다.

하인들은 희극적인 인물로 등장한다. 그러나 이들은 주인공이 어려움에 있을 때는 항상 등장해서 도움을 주는 사람들이다. 이들은 소박하고 착한 마음씨와 밝은 성격을 가지고 있으며 항상 정의로운 사람들로 등장한다. 이들이 갖는 성격은 항상 어려움에 직면하는 남, 여주인공의 성격과는 대조를 이루게 된다. 끔방찌나(Kembang Cina: 여주인공의 하녀)와 머갓이 여기에 해당되는 인물이다.

악령(jin)이나 거인은 '인간 중에서도 매우 추한 모습을 한 사람들'로 대개 검정 페인트로 얼굴을 칠하고 등장한다. 거인은 다른 사람의 부인을 뺏어오는 것을 즐겨하는 인물이지만 변함없이 젊은 남자(orang muda)의 손에 죽게 된다. 다른 작은 역할들이 왕궁의 신하들과 여왕으로 이들은 애국심이 강하고 왕을 정성스럽게 모시는 인물들이다. 여기에는 공주를 모시는 희극적인 여자 시녀도 포함되고 마을 장면에서는 평범한 마을 남자들과 잔소리 많고 바가지를 긁는 부인들이 등장하게 된다.

그러면 방사완에 등장하는 주요 등장인물의 특징에 대해 살펴보도록 하자. 극중인물들은 그 배역에 맞는 의상, 화장, 동작이나 목소리, 대사를 가지고 있다. 왕에서 왕실의 신하에 이르기까지 왕실인물들은 화려한 의상을 입고 머리 장식과 왕실의 장신구로 장식을 하고 등장한다. 왕은 대부분의 말레이 왕가의 전통적인 색깔인 노란색을 입고 나오고 얼굴은 하얀색과 빨간색으로 분칠을 하며 이들은 대부분 신발을 신고 나온다.

왕실장면에서는, 할루스(halus)라 불리는 훌륭한 인물의 역을 맡은 인물은 천천히 부드럽게 걸어 다니는데, 이것은 술탄과 왕실의 위엄을 상징하는 것이며, 왕에 대한 존경심을 표현하는 것이기도 하다. 또한 왕실장면에 나오는 대화들은 이스따나(istana)를 사용한다. 즉 극본의 원작과는 상관없이, 뚜안꾸(Tuanku)라고 불리는 술탄에게 '나'(Saya)를 칭할 때에는 빠띡(patik)을 사용하며 왕은 '나'를 베따(beta)라고 말한다. 말할 때는 위엄 있고 조용한 목소리를 내도록 해야 한다. 사랑의 장면에서는 형이나 오빠, 남편 등과 같이 손윗사람을 나타내는 아방(abang)이나 여동생이나 아내를 칭하는 아딘다(adinda)와 같은 친숙한 용어들이 자연스럽게 사용된다. 할루스는 싸우는 장면에서 그들의 힘과 용맹을 보여주어야 한다. 그와 달리 악인들은 항상 검정 수염을 기르고 검정 옷을 입고 있으며 단정하지 못한 긴 머리와 검은 피부색을 하고 있고 불그스레한 얼굴을 하고 있다. 이들은 싸움을 좋아하고 크게 웃으며 빠르고 거칠게 움직인다. 목소리도 거칠고 주로 방언을 사용한다.

오늘날 말레이시아에서 와양꿀릿은 주로 외국인 관광객이나 주민들과 같은 대중 앞에서 공연되고 있지만 전통 왕조시대에는 궁정에서 왕족이나 귀족들을 위한 일종의 의례적인 행위였다. 궁정에서는 이 공연을 적극 후원했다. 그 후 와양꿀릿은 마을단위나 가구단위로 행해졌는데, 이때에도 일상적인 유흥이나 오락이라기보다는 악마나 악령을 달래거나 물리치고 풍요로운 생활을 보장해주는 조상에 대한 일종의 종교의례로 행해졌다(Camilleri, 2001).

과거에 와양꿀릿 공연은 "우주와 자연의 평안을 기원하며 주문을 외우고 희생제물을 바침으로써 조상(moyang)을 기리는 일종의 종교적 의례"(Brandon, 1967)로 간주되었다. 그것은 그림자에는 인간의 혼이 담겨 있다는 믿음에서 출발한 것이었다. 이처럼 그것은 오락적 목적보다는 종교적, 주술적 목적에서 연행되는 경우가 대부분이었다. 인형은 조상을 상징하는 것으로 받아들여졌다. 공연 전에 신에게 예배하고 제물을 바치는 것은 바로 이 때문이었다.

와양꿀릿에서 그림자를 이용했다는 것은 이 의례의 주술적 측면을 나타낸다. 이는 어둠에 대한 두려움의 발로일 뿐만 아니라 빛으로 어둠을 물리침으로써 앞날을 밝게 비추고자 하는 기원의 의미가 담겨 있다. 예전에 와양꿀릿이 주로 저녁에서 시작해서 새벽에 끝났던 것도 이러한 주술적 사고와 믿음이 반영된 것이다.

와양꿀릿에 반영된 말레이인들의 관념이나 의식은 달랑(dalang)에 대한 인식에서도 잘 드러난다. 달랑은 가죽조각에 불과한 인형들에 의식 또는 힘을 부여하여 살아있는 인격체로 만들어낸다. 그것은 달랑에게 초자연적, 주술적 능력이 있음을 의미하며, 그러한 능력으로 그는 삶과 죽음을 이어주는 중개자가 된다.

과거의 와양꿀릿 공연은 관객에게 단순한 흥미 이상의 것을 제공했다. 관객은 스크린의 오른쪽에 위치한 선을 대표하는 인형의 배역들이 스크린의 왼쪽에 위치하는 악을 대표하는 인형들에 의해 고난을 당하지만 결국에는 승리한다는 것을 믿게 된다. 이는 공연이 주술적, 신비주의적 성격을 강하게 드러내면서도 우주와 인간사를 상징하는 구도로 이루어졌음을 보여준다.

이러한 의미를 담고 있는 와양꿀릿은 말레이인들의 전통적 세계관을 구성하는 데 중요한 역할을 해 왔으며, 오랜 기간 동안 예술적 형식이나 종교적 의례, 도덕 교육의 수단이었다. 특히 와양꿀릿의 종교적, 도덕적 성격은 말레이인의 생활과 의식에 직접적인 영향을 미쳤다. 이는 와양꿀릿을 공연하는 원래의 목적이 단순히 오락적이거나 유희적인 것이 아니라 종교적이라는 사실에서 입증된다. 달랑 역시 한 사람의 예술가이기 이전에 전체 사회의 안전과 개인의 행복을 가져다주는 주술사로 간주되었다.

이러한 측면에서 과거에 와양꿀릿은 말레이인들이 일월성신의 자연물에 대해 우주의 자비와 만물의 평안을 기원하며 주문을 외우고 희생제물을 바치는 정령 숭배적이고 범신론적인 성격을 지닌 종교의례나 신앙의 대상으로 신격화된 조상을 기리기 위한 의례의 형태로 발전했다는 것을 알 수 있다. 이러한 와양꿀릿의 종교적, 주술적 성격은 개인과 가족의 차원을 넘어 결국 민족이나 국가 차원의 정체성을 확립하는 데 큰 영향을 끼쳤다.

그러나 와양꿀릿의 이러한 종교적, 주술적 성격은 영국의 식민지배 시기를 거쳐 독립정부가 들어서면서 종교적, 사상적, 경제적 혼란에 처하게 되었다. 이에 따라 새로운 의례나 연예의 형태가 소개되고 서구화된 오락물이 점차 대중성을 획득하는 상황이 발생하였다. 서구화의 진전과 그로부터의 영향이 강화되면서 전통적인 와양꿀릿에 새로운 변화가 불가피하게 되었다. 서구의 세계관과 물질주의의 영향을 받은 사람들은 전통적인 문화유산으로서의 와양꿀릿의 정신과 내용을 낡은 것으로 여기는 경향이 늘어났다. 급속한 사회변화에 민감하게 반응하고 대처하려는 사람들에게 와양꿀릿의 인형들이 보여주는 종교적 의미와 도덕적 교훈은 그리 바람직하지 않은 것으로 간주되고 있다. 이에 따라 와양꿀릿의 내용과 공연방식은 큰 변화를 맞게 되었다.

이러한 서구화와 물질주의의 파급에 대한 반작용으로 본래의 이슬람 규범과 원칙을 강조하는 움직임이 일어났다.[11] 이는 말레이인들 사이에 이슬람 본연의 정신과 원칙의 회복을 통해 이슬람 전통을 새롭게 해석하고자 하는 시도로 받아들여졌다. 이러한 이슬람 정신의 강화는 와양꿀릿에도 영향을 미쳤다. 와양꿀릿의 정신과 내용 중에서 이슬람의 기본 정신과 규범에 위배되는 것으로

---

11 이러한 움직임을 말레이시아에서는 다꽈(dakwah)라 부른다. 이것은 "이슬람의 교리와 원칙에 충실하자"라는 일종의 이슬람 부흥운동의 일환으로 일어났다(Ab. Aziz, 2001; Abdul Ghafar et al., 2000; Azmi Aziz and Shamsul, 2004). 과거의 힌두교적, 불교적, 애니미즘적 요소 등은 비이슬람적인 것으로 간주되어 이슬람의 기본 정신이나 규범에 위배되는 것으로 규정되었다. 따라서 와양꿀릿의 힌두교적 요소는 금지되었다. 예컨대 라마야나와 마하바라타의 서사 줄거리는 이슬람의 규범과 원칙에 위배되는 것으로 규정되어 이슬람 성인이나 영웅의 이야기로 대치되었다.

간주되는 요소들은 규제의 대상이 된 것이다.

말레이시아 정부에서는 말레이 민족문화의 창달이라는 기치 하에 와양꿀릿을 말레이 민족문화의 일부로 규정하고 이를 장려하는 정책을 시행하였다.[12] 특히 이슬람의 기본 원칙과 규범을 일상생활에까지 철저하게 적용시키려는 이슬람화(Islamization) 정책을 표방한 범말레이시아이슬람정당(PAS: Parti Islam Se-Malaysia, 이하 빠스)이 1990년에 재집권에 성공한 끌란딴 주에서는 와양꿀릿에 대한 규제와 비판이 더욱 심하게 나타났다. 그 결과 와양꿀릿의 공연 자체를 금지시키지는 않았지만 예전처럼 공연 도중 힌두교의 색채가 짙은 노래와 춤으로 흥을 돋우는 것은 금지되었다. 이로써 정령숭배나 힌두교, 불교, 그리고 이슬람 신비주의의 영향을 받은 와양꿀릿의 전통적인 종교적, 주술적 성격은 이슬람 본연의 정신과 그를 통한 말레이인들의 단결을 고취하는 방향으로 전환되거나 쇠퇴했다. 따라서 와양꿀릿의 전통을 잇고자 하는 일련의 노력은 힌두교적 요소를 이슬람적 요소로 대치하거나 주로 궁중생활을 이야기하던 것을 일반 주민들을 위한 이야기를 바꾸는 등 일련의 각색 과정을 통해 이루어질 수밖에 없었다.

이러한 시대적 요청에 부응하기 위해 끌란딴 주 정부에서는 이슬람을 홍보하는 정책의 일환으로 말레이 전통문화를 이슬람 교리와 규범에 적합한 내용으로 개조하여 적극 지원하기로 결정하였다. 이를 위해 예술회관(Gelanggang Seni)[13]을 새로 이전하여 재건립하는 등 이슬람문화의 창달을 위해 말레이 전통문화를 활용하는 정책을 수립, 시행하였다. 이슬람의 기본 원리와 규범에 위배

12 　말레이시아 문화예술관광부(Ministry of Culture, Arts and Tourism)에서는 와양꿀릿을 주요 무형문화재로 정하고 달랑을 경제적으로나 전통예술의 보전 차원에서 보호하는 운동을 전개했다.

13 　이곳은 끌란딴 전통의례의 공연이 펼쳐지는 곳이다. 커다란 팽이돌리기(gasing)나 전통악기 연주(gamelan), 전통무예(silat) 재현, 연 날리기(wau), 그림자 연극 공연 등 다양한 공연 소재로 끌란딴 관광의 요람으로 일컬어지는 곳이다. 입장료는 없으며 누구나 공연일정에 맞춰 원하는 전통의례의 공연을 관람할 수 있다(Nasaruddin, 2009).

되지 않는 새로운 전통문화의 창출을 위한 방안을 적극적으로 모색하기 시작한 것이다.[14]

와양꿀릿은 새로 건립된 예술회관에서 정기적으로 공연할 수 있도록 인가를 받았다. 더욱이 끌란딴 주 정부에서는 보다 많은 외국인 관광객을 유치하기 위해 정책적으로 이슬람의 요소가 가미된 와양꿀릿을 장려했기 때문에 예술회관에서 공연되는 와양꿀릿은 점차 끌란딴주를 대표하는 전통의례의 일부로 자리를 잡기 시작했다.

이러한 정책적 노력에 힘입어 오늘날에는 예전처럼 마을에서 전통의례의 공연을 구경하기가 매우 어렵게 되었다. 와양꿀릿과 같이 말레이 전통의례의 맥을 잇는 이야기와 노래, 춤, 연주 등은 마을 사람들의 일상적 유흥이나 대중적 관심의 차원이 아니라 외국인 관광객의 흥을 돋우는 데 이용되었다. 와양꿀릿의 공연은 이제 하나의 관광 상품 또는 관광 이벤트가 된 것이다. 달랑들은 와양꿀릿의 전통적인 내용과 줄거리에 희극적인 장면을 첨부하여 현대적인 문제를 풍자하거나 현대적인 생활방식에 부응하기 위해 공연시간을 단축하고 이제까지 야간에 상연하던 것을 주간에도 상연하는 등 일련의 변화가 일어났다. 이와 같이 관광 이벤트로서의 와양꿀릿은 주 정부의 지원과 주민의 호응 그리고 적극적인 홍보 등이 삼위일체가 되어 전통에 대한 새로운 이미지를 외국인들에게 소개하는, 이 지역의 주요 관광 상품으로 자리매김하게 된 것이다.

와양꿀릿은 기본적으로 연극이다(Brandon, 1967). 연극이 상연되는 동

---

14 예컨대 인도와 태국의 전통으로부터 영향을 받은 디끼르바랏(이 용어는 문자 그대로는 서쪽의 노래라는 의미를 담고 있는데, 여기서 서쪽이란 인도와 태국(시암)을 가리킨다. 이로부터 디끼르에 대한 인도와 태국의 영향을 짐작할 수 있다) 중에서 인도의 힌두교적 전통과 태국의 불교문화의 전통을 이슬람 전통으로 전환하고, 여기에 이슬람적 규범과 가치로 대변되는 이슬람적 문화 요소를 강화한 현대적인 디끼르(moden dikir)를 개발하였다. 끌란딴 주 정부에서는 인도와 태국 문화로부터 영향을 받은 디끼르바랏을 이슬람 대중가요로 전환시키고자, 이슬람적 색채가 강한 현대적인 디끼르를 제작하여 끌란딴 주민들을 포함한 말레이인들이 널리 부를 수 있도록 적극 독려했다. 현대적인 디끼르에는 전통적인 서사에 술탄의 업적을 찬양하거나(untuk selamat Sultan) 국가의 발전을 꾀하는(untuk maju bangsa dan maju negara) 가사 내용이 새로이 부가되었다.

안 민요가 음악으로 사용된다. 흰 스크린 뒤에서 소가죽이나 물소 가죽을 잘라서 만든 인형에 대나무로 만든 막대를 끼워 만든 기구를 움직이면서 달랑은 여러 이야기를 풀어냈다. 관객들은 흰 스크린에 비친 그림자를 보면서 이야기 속으로 빠져들어 갔다. 때로는 숨을 죽이는 침묵과 고요의 정적이 감돌기도 하고, 때로는 박장대소가 터져 나오기도 했다. 운동장을 가로지른 흰색의 스크린 뒤에서 달랑은 예술회관의 좁은 공간에서는 생각하지도 못했던 연기를 펼쳐 보일 수 있었다. 그곳에서는 관객들이 이야기의 내용뿐만 아니라 달랑의 손놀림과 대사를 감칠맛 나게 만드는 화술과 동작, 그리고 목소리의 톤까지를 감지할 수 있었다. 이런 점에서 와양꿀릿의 공연은 예술회관의 공연과는 또 다른 새로운 문화를 창출할 수 있었던 것이다.

예술회관에서 와양꿀릿을 공연할 때 그것이 관객을 대상으로 한다는 사실은 전통의 관광 상품화라는 측면에서 매우 중요하다. 예술회관에서의 공연을 통해 달랑들은 연기에 대한 감각을 유지할 수 있었으며, 전통의례의 맥락에서 관객들과 소통할 수 있는 공식적인 통로를 개척했다. 그것은 전통문화에 대한 새로운 해석을 창출하는 계기가 되었다.

와양꿀릿이 공연되는 날이면 끌란딴 주를 찾은 거의 모든 관광객이 예술회관에 모여든다. 이슬람식으로 각색된 새로운 와양꿀릿은 말레이 전통문화의 특징과 그 변화를 이해하는 중요한 단서를 제공한다. 전설적인 영웅들의 무용담이나 이슬람 성직자들의 행적에 관한 이야기가 포함되어 있기 때문에 말레이시아의 초기 이슬람의 도입과 전파과정을 이해하는 데도 큰 도움을 준다.

예술회관에서의 공연은 분명 과거의 마을 내 공연이나 거리 공연과는 많은 차이가 있다(New Straits Times, 2007.05.08.). "말레이 문화의 '진짜 순수한' 정수 또는 본질은 바로 저것이다"라는 말은 크게 잘못된 것이다. 왜냐하면 그 공연은 관광과 불가분의 관계를 맺고 있기 때문이다. 공연이 열리는 날에는 각지에서 찾아온 관광객들과 끌란딴 관광청의 요구에 부합하기 위해 그들의 '시선'이라는 요소가 강조될 수밖에 없다. 와양꿀릿의 내용과 형식은 관광객의 '시선'에 따라 재해석된다.

　오늘날 와양꿀릿의 핵심은 달랑을 중심으로 구성된 연극단의 참가에 의해 새롭게 구성되는 각종 행사를 통해 관광을 위한 이벤트로 변모하고 있다. 경연대회는 1년에 한 번씩 정규적으로 열리고 있으나 예술회관에서의 공연은 매주 수요일마다 하루에 두 차례씩 열리고 있는 상황이다. 관광객들을 위한 이벤트에 달랑들이 출연하는 기회는 줄어든 것이 아니라 예전에 비해 오히려 늘어났다. 이것은 매년 한 번씩 열리는 공연대회가 와양꿀릿을 관람할 수 있는 유일한 기회는 아니며, 와양꿀릿이라는 전통의례가 관광을 매개로 계속해서 재창조되는 문화현상이라는 사실을 의미한다.

　그렇다면 전통예술의 이러한 창조과정은 어떻게 해석될 수 있을까? 디끼르바랏은 인도와 태국의 영향을 받은 말레이 전통 노래에 속한다. 방사완은 전통 말레이적 요소가 강한 의례에서 발전되어 온 음악에 의해 의례적 측면이 강화된 반면, 와양꿀릿은 원래 힌두문화로부터 영향을 받은 그림자 연극의 일종으로 주술적, 종교적 성격이 강한 의례를 위한 노래였다. 그러나 이슬람 교리와 규범의 강화로 인한 종교변동으로 인해 이를 일상적으로 즐기는 일이 점점 더 어렵게 되었으며, 이제는 예술회관이라는 특정의 장소에서 특정한 날에만 공연되는 관광 상품으로 그 성격이 변모하였다.

III. 말레이시아 무형문화유산과 이슬람 부흥

끌란딴의 전통적인 뮤지컬인 막용에서 '르바브에게 인사를'(menghadap rebab)이라는 제목의 노래[15]는 힌두교적 요소와 이슬람 신비주의적 요소가 적절하게 혼

15　끌란딴의 전통예술을 대표하는 이 민요는 한때 끌란딴 주의 주요 관광자원으로 지정되기도 했다. 그러나 이슬람화가 진행되면서 끌란딴 주정부에서는 이 노래의 가사 내용이 힌두교와 이슬람 신

합된 말레이 전통신앙의 특징과 전통적인 말레이 왕족과 귀족들의 궁중생활의 면모를 잘 보여주고 있다. 이 노래의 가사내용은 주로 왕과 왕국에 대한 충성과 전쟁과 관련된 내용으로 이루어져 있다. 여기서 왕과 왕국에 대한 충성과 용맹성의 가치는 종교적인 신념과 행위로 승화된다. 전쟁에서 왕을 위해 죽는 것은 순교로 칭송된다. 왕과 왕국에 대한 충성이 종교적 신앙심과 동일시된다. 따라서 말레이인의 전통적인 신앙관은 애니미즘, 힌두교 그리고 이슬람의 요소들이 결합되어 각 지방의 무슬림 종교지도자들이나 꾸란에 대한 다양한 해석 그리고 악한 영령들을 물리칠 유일신 알라에 대한 사고방식 등에 다양한 방식으로 영향을 미쳤다고 할 수 있다.

그러나 최근에 이슬람 근본주의의 확산으로 말레이 전통문화와 예술적 연행의 내용은 국민통합을 통해 국가의 안녕을 기원하고 사회적 병리현상의 방지를 통해 국민건강을 홍보하는 내용으로 바뀌었다. 디끼르바랏의 현대적인 변형이라고 할 수 있는 현대적인 디끼르(moden dikir)의 내용은 주로 에이즈(AIDS)와 같은 질병을 예방하는 홍보용 가사로 개작되었다. 모든 무슬림은 이슬람의 교리에서 정한 규율을 따름으로써 바람직한 성생활을 통해 에이즈와 같은 질병을 미연에 방지하고, 건강을 유지하는 데 힘써야 한다는 점을 역설한다. 또한 전국적으로 위험이 노출되어 있는 말라리아나 열병을 예방하여 국민건강을 증진해야 한다는 내용을 강조하기도 한다.

현대적인 디끼르는 멜로디는 전통적인 가락을 따라 그대로 유지되지만, 가사는 시대적 상황에 따라 항상 바뀌는 것을 특징으로 한다. 예전에는 알라와 왕을 찬미하는 내용이 주를 이루었으나, 최근에는 알라와 국가의 발전을 기원하는 내용이 주를 이루고 있다. 알라에 대한 찬미도 국가와의 관련 속에서 행해

비주의를 지나치게 강조하고, 이 노래의 무대도 전설적인 영웅과 궁중 생활을 중심으로 전개되고 있다고 판단하여 가사 내용을 전면적으로 수정할 것을 문화와 예술을 담당하는 일선 기관에 지시하기도 했다.

진다. 그 대표적인 예가 끌란딴주(州)의 노래(Lagu Negri Kelantan)[16]라고 할 수 있다. 끌란딴 주가에는 이슬람에 대한 사상과 관념이 잘 나타나 있다. 이 노래는 알라에 대한 충성과 변함없는 신앙심, 그리고 술탄에 대한 존경심이 삼위일체를 이루어 이슬람의 영원한 발전을 기원하는 내용으로 되어 있다. 이 노래의 가사는 알라와 술탄을 최고의 가치로 부각하는 내용으로 되어 있다. 여기에는 알라의 유일신 사상과 이슬람 보편주의의 이념이 담겨 있다. 최근에 끌란딴 주 정부가 이슬람화의 경향을 널리 확산하려는 정책적 시도의 일환으로 이 노래를 적극적으로 홍보한 것은 우연한 일이 아니다. 그것은 이슬람화의 올바른 방향을 제시하려는 정책적 노력과 무관하지 않다.

민요에 담긴 창조성은 그 민요를 최초로 만든 사람의 소유이긴 하지만 일단 만들어진 작품은 창작 당시의 사상이나 감정, 경험 등을 포괄하는 창조적 과정의 총합이기도 하다. 그것은 시간이 흐름에 따라 중요성과 가치가 배가되기 마련이다(Bujang, 2005: 220). 민요에 관한 극 텍스트와 그 맥락이 문자화된 문화유산을 보존하는 데 크게 기여했음이 여러 연구 결과에 의해 밝혀졌다. 전통 연행은 말레이시아의 다양한 종족집단을 구성하는 토착민들에 의해 지역화되었다.

하지만 말레이시아의 전통예술, 특히 음악은 전통적으로 글의 형태로 전해졌다기보다는 무대에서의 공연을 위해 제작된 것이 많다. 그러한 환경에서 전통예술의 형식은 풍부한 구전의 형태로 전해진 것이 많았다(Bujang, 2005: 221).

이슬람에 대한 강조는 이런 점에서 디끼르바랏과 방사완 및 와양꿀릿의 내용이나 형식뿐만 아니라 실제로 전통 말레이적 요소가 강했던 방사완과 힌두교적 요소가 강했던 디끼르바랏이나 와양꿀릿의 존재 자체를 위협했다고 볼 수

16　끌란딴 주가의 가사 전문은 다음과 같다. "우리의 술탄이시여, 영원무궁하소서. 끌란딴의 술탄이여, 위대한 왕이시여, 자비하신 알라의 평화가 깃들기를. 영원이 우리에게 명하노니, 사랑과 충성을 받으시옵소서. 알라에게 기쁨과 영광을 돌리오니 이를 온전히 받으시옵소서. 알라는 위대합니다. 그의 위대한 능력이 만천하에 울려퍼져 알라의 명예가 더하게 하소서."

있다. 하지만 현재 이 공연에 참가하는 사람들은 이슬람식으로 새롭게 각색된 시나리오에 의해 연행되는 공연에서 디끼르바랏과 방사완 및 와양꿀릿의 존재 이유를 발견한다. 예컨대 새로 만들어진 디끼르바랏이나 방사완과 와양꿀릿은 일종의 이벤트로 인식된 것이다.[17]

일반적으로 와양꿀릿(wayang kulit)의 마지막 장면이 주로 뽀혼 버링인(pohon beringin: banyan tree, 보리수)을 비추는 것으로 종료되는 데 반해, 방사완(bangsawan)에서는 따블레아우(tableau)로 마지막 장면을 처리하는 경우가 일반적이다. 따블레아우는 뽀혼 버링인과 마찬가지로 악이나 부도덕에 대한 선과 정의의 승리를 상징하는 것이며 관객들에게 이야기가 갖는 도덕적 의미를 강조하기 위해 잠깐동안 생각할 시간을 주기도 한다.

그러나 와양꿀릿에서 종종 어떤 관객들은 무대 위에 있는 스타라고 할 수 있는 달랑에게 자신의 사진을 건네주거나, 현금을 던지고, 맥주를 갖다 붓는 경우도 있다. 또한 자신이 좋아하는 달랑에게 직접 상을 수여하는 경우도 있다. 이 경우에 그는 노래나 춤으로서 그 관객에게 보답을 한다. 이로 인해 연극의 시간이 예상보다 연장되는 경우가 있다.

줄거리 구성을 본다면, 방사완은 전통적인 말레이 연극적인 요소와 현대 서구적인 연극적 요소를 동시에 보여준다. 연기자들은 여전히 무대 장면에 따라 줄거리를 구성하지만 줄거리의 구성이 다소 단선적이라고 할 수 있다. 그러나 이야기의 주 내용보다는 현장감 있는 무대배경이나 노래, 춤 그리고 아름다운 코러스 걸들이 보다 중요한 요소로 등장하게 된다.

와양꿀릿은 말레이시아 정부가 주요 무형문화재로 지정함으로써 말레이

---

17 예를 들면 이 연행에 참가하는 사람들은 꺼르똑(kertok: 말레이 전통 음악의 일종으로 다양한 악기가 사용된다)과 같은 다른 전통의례의 경연대회를 계기로 연기하는 기쁨이나 보여주기 위한 기쁨에서 이전에 마을사람들만을 대상으로 공연할 때 경험했던 것과는 다른 종류의 기쁨이나 감각을 갖게 된다. 이는 참가자들이 관광을 와양꿀릿을 생산 또는 재생산하는 자원으로 이용함으로써 자신의 존재이유를 획득해 가는 창조의 과정으로 볼 수 있는 것이다. 게다가 그들은 이러한 감각을 유지하기 위해 아주 특별한 전략을 구사한다.

인의 문화적 정체성뿐만 아니라 말레이 예술의 특성을 이해할 수 있는 중요한 문화적 자원에 속하는 전통의례이다. 와양꿀릿에 참석하는 사람들은 과거에 유행했던 경연대회를 계기로, 말레이 전통을 보전한다는 자부심과 연기자로서의 만족감, 그리고 연기자들과 관객과의 합치된 정체성의 확인을 통해 우월감 등의 감각을 잃지 않으려는 노력을 경주해 왔다. 그러나 이것이 관광자원으로 활용되면서부터 이 전통의례를 연기하는 사람들은 관광을 매개로 관광객들에게 고유한 전통을 생산 또는 재생산함으로써 자신의 존재 이유를 획득하고, 자신의 문화를 널리 알린다는 자부심을 창조하는 과정을 경험하게 되었다.

물론 와양꿀릿의 활동에 참가하는 사람들은 전통문화를 예전의 상태 그대로 보존하는 것이 바람직한 것인가, 아니면 관광 이벤트를 통해 새롭게 변모된 형태나 내용을 제시하는 것이 바람직한 것인가라는 딜레마에 빠지게 된다. 그 갈림길에서 그들은 종종 보존과 관광이라는 두 가지 전략을 동시에 활용할 수 있는 방안을 모색한다. 그러나 그들은 대개 관광이라는 현실을 마냥 외면할 수만은 없는 상황에 처해 있다. 전통의례의 보존과 관광으로 인한 상업화의 틈에서 부자연스러운 곡예를 하면서도 그들은 여전히 자신의 존재가치를 확보하기 위해 와양꿀릿을 해석 또는 재해석하는 것이다. 이러한 과정은 전통이란 그것을 담당하는 사람들의 감각이나 해석에 따라 새롭게 창출되는 것이라는 사실을 입증한다.

이런 점에서 볼 때, 전통의 부흥은 지역주민의 국가 정책에 대한 반응이기도 하지만 자신의 정체성을 유지하기 위한 전략적 수단이기도 하다. 이러한 전략의 핵심은 변화를 위한 새로운 방법의 모색일 뿐만 아니라 새로운 패러다임의 창조라고 할 수 있다. 전통의 부흥은 단순히 과거로의 회귀를 의미하는 것이 아니다. 전통을 있는 그대로 복원하는 것도 아니다. 전통은 파괴되거나 소멸되는 것이 사회적 상황의 변화에 의해 재구성되고 재창조되는 것이다(Bloch, 1989).[18]

---

18 예컨대 와양꿀릿이라는 말레이 전통의례는 그것을 공연하는 달랑들의 주체적 인식, 그들이 만

말레이 민요에 반영된 이슬람 신앙의 의례적 측면과 관행들은 정치 도구화되기도 한다. 이는 암노와 빠스의 정치적 대립과 관련이 있으며, 이 두 정당의 공통 이념인 이슬람에 대한 해석의 차이와도 밀접한 관련이 있다. 말레이 마을 내에서는 이슬람의 의례적, 상징적 관행들을 이슬람의 원리와 가치에 부합된 것으로 보고 이슬람 전통으로 받아들이는 사람들이 있는 반면에, 그것을 이슬람의 기본 원칙이나 교리와 대립되는 것으로 간주하여 강력히 반대하는 사람들도 있다. 전자는 이슬람의 세속적 요소를 인정하는 데 반해, 후자는 이슬람의 세속적 성격을 거부하고 교리적, 이념적 요소를 강조한다. 후자의 입장을 취하는 사람들은 이슬람 본연의 정신과 가치를 재생시켜야 한다고 주장한다. 그들은 "꾸란에 기초한 원래의 이슬람 기본 정신으로 돌아가자"라든지 "이슬람식으로 생활하자", 또는 "이슬람은 생활양식이다" 등의 구호를 통해 이슬람의 기본 교리와 원칙에 대한 철저한 준수를 천명한다.

　이슬람화의 강조는 이슬람이 점차 세속화되고 있는 사회현실에 대한 적극적인 반작용으로 볼 수 있다. 이런 관점에서 끌란딴에서 이슬람화는 사회현실에서 충족되지 못한 도덕적 이상을 이슬람의 종교적 규범과 가치를 통해 실현하고자 하는 도덕적 위기로부터 출발했다고 볼 수 있다(Kessler, 1978: 208 - 214). 이슬람화는 이슬람의 가치와 규범에 대한 일대 쇄신을 불러일으켰다. 초자연적인 존재에 대한 범신론적 믿음이나 기복적 성향은 이슬람 교리로부터 배격당했다. 이슬람의 규범과 가치에 대한 재해석이 시도되었다. 이슬람의 기본적인 가르침으로 돌아가자는 움직임도 일어났다.

　이슬람의 교리에 의하면, 진정한 무슬림은 항상 꾸란을 자기 행동의 준거로 삼는다. 진정한 무슬림은 규범적으로 노래와 음악 그 자체보다는 이슬람 교

들어내는 연출과 해석에 의해 계속 새롭게 만들어지고 있다. 이런 점에서 '전통적인 것'이라든지 '소박한 것', '고풍스러운 것' 등의 이미지에 얽매이지 않는 전통의례의 다른 측면을 읽어낼 필요가 있다. 따라서 말레이 전통의례를 올바로 이해하는 데 보다 중요한 것은 전통 자체가 아니라 그것을 만들어내는 주체들의 변화하는 인식과 실천인 것이다.

리와 율법을 더 강조한다. 그들에게 음악은 이차적인 것이다. 음악을 매개로 전달하고자 하는 메시지가 더 중요하다. 세속적인 국가를 이슬람법에 의해 이슬람의 원칙이 지배하는 이슬람 국가의 건설을 최종적인 목표로 삼는 무슬림들에게 이슬람 국가의 건설은 도덕적인 이상이며, 이를 이슬람 노래를 통해 실현할 수 있다고 믿는다.

말레이 마을 내에서 이슬람에 대해서 가장 잘 알고 이슬람 지식과 교리에 대해 해박한 지식을 지닌 사람들은 주로 이슬람 교육을 담당하는 종교 전문가들이거나 종교교사들이다. 이슬람은 하나의 총체적인 생활양식(al-Din)으로 인식된다. 이슬람에서 가장 중요한 것은 기본 교리이며, 의례는 부차적인 것이다. 이슬람의 교리는 알라를 올바로 숭배하는 방법을 제시하는 정신적 선도의 역할을 담당한다. 또한 그것은 일반적인 사회관계의 규칙을 포함하는 총체적 규범체계로서 이슬람 신앙을 선도하는 지침이다. 더 나아가 이슬람의 본연의 가르침은 인간의 경제적, 정치적, 문화적 생활을 위한 실질적 개념을 제공하고, 이슬람을 신봉하는 모든 무슬림이 영적으로 성숙할 수 있는 이념적 바탕을 제공한다.

이슬람의 신조와 교리에 따라 행동하는 무슬림이 진정한 무슬림이다. 그것은 그의 마음이 믿고, 그의 입술이 말하고, 그의 온몸이 행하는 모든 것은 알라에 대한 복종으로부터 나오기 때문이다. 그의 믿음은 "알라는 유일신이고, 창조자이며, 최상의 존재임과 동시에 자비롭고, 사랑하시고, 전능하시며 영원하다"는 서약을 암송하는 데서 출발한다. 모든 무슬림은 사후세계(akhirat)를 믿는다.

무슬림은 이슬람의 기본적인 가르침을 "이 세상에서의 삶은 일시적이고, 심판의 날 이후로 예정되어 있는 영속적인 사후세계의 삶을 준비하는 기간에 불과하다. 심판의 날이 임하면 현세에서 충실한 신념에 입각한 삶을 살다가 죽은 사람은 천국으로 보내어지는 반면에, 올바른 신념을 지니지 못한 채 삶을 마친 사람은 끝없는 지옥의 나락으로 떨어지게 된다"고 해석한다.

더 나아가 그들은 무슬림의 모든 활동이 종교적인 행위(ibadah)라는 규범적 교리에 충실하고자 한다. 무슬림의 행동은 두 개의 범주, 즉 알라를 향한 행동과 다른 인간을 향한 행동(fardhu kifayah)으로 구분된다. 전자는 알라에 의해 예정된 행동으로 알라의 영도 하에 수행되는 행동을 말하는데, 간단히 말해 이슬람의 기본교리에 입각한 행동을 일컫는다. 알라를 향한 이러한 행동은 알라를 기쁘게 하고 그에게 영광을 돌리기 위해 행해지는데 주로 무슬림들과 알라 간의 관계라는 맥락 내에서 수행된다.

반면에 후자는 인간들 사이의 관계라는 맥락에서 수행되는 행동이나 의무를 말한다. 이슬람 문헌에는 이러한 행동을 '무알라맛'(mu'alamat)[19]으로 기록하고 있다. 인간을 위한 행동은 사회적 목적이나 사회적 의미를 담고 있지만 최종적으로 알라에게 심판을 받고 알라의 영도 하에서 모든 행동이 수행된다는 점에서 본질적으로 종교적인 속성을 지닌다. 따라서 자기 동료를 향한 무슬림의 태도는 알라를 향한 그의 태도 중의 한 요소에 불과하다. 즉, 사회적 행위를 할 때 다른 무슬림을 선하게 대하거나 악하게 대하는 것을 결정하는 요소는 신을 향한 무슬림의 신념의 질을 결정하는 중요한 지표가 되는 것이다. 그러므로 훌륭한 무슬림은 알라를 향한 신념과 '아말'(amal)이라는 사회적 봉사를 끊임없이 지속하는 사람이다. 동시에 다른 사람들과의 관계도 이슬람에 의해 규정된 올바른 행실(amal makruf)에 기초하고 있다. 부당함과 착취 그리고 다른 잘못된 행동(amal munkar)은 알라에 대한 진정한 신념이 부족한 사람들의 행위방식을 나타내는 단어들이다.

따라서 이슬람식 생활방식은 '루꾼 이만'(Rukun Iman)과 알라의 의지에 복종하고 맡기는 태도와 밀접히 연결되어 있다. 알라와 천사들과 경전들 그리고 예언자들, 심판의 날, 그리고 사후세계에 대한 믿음 등의 '루꾼 이만'은 알라에 의해 예정되어 있으며 인간에 의해 예견될 수도 있다. 이슬람의 교리를 적극적으로 해석하면, 인간은 독실한 신앙을 통해 자신의 운명을 어느 정도 예견할 수

---

19 이 용어는 원래 아말(amal)에서 파생된 용어로 사회적 봉사 혹은 복지를 뜻한다.

있다. 즉, 인간의 선택은 알라의 의지 안에서 무한할 수 있다. 개인의 선택과 의지(ijtihad)는 운명론적으로 규정된 것이 아니라 자신의 생활을 변화시킬 수 있는 가능성을 내포한다.

  1990년 이후 현재까지 끌란딴 주 정부를 장악하고 있는 빠스는 말레이 무슬림의 문화적 정체성을 확립하기 위해 이슬람의 규범과 가치를 한층 더 강조하고 있다. 마을 사람의 일상적인 종교생활이나 관념에서 이러한 요소들이 완전히 사라진 것은 아니지만 이슬람 교리에 입각한 원칙이나 규범을 강조하는 경향은 급속도로 확산되고 있다. 즉, 근본주의 이슬람의 영향은 도시지역뿐 아니라 농촌지역까지 파급되고 있다.

  이슬람 종교학교를 비롯한 교육기관에서 이슬람 교리에 대한 교육이 강화되었다. 근대적인 교육체계를 갖춘 일반 학교에서도 세속적인 교육과 더불어 종교교육이 병행되었다. 이슬람의 기본 교리를 가르치는 세미나와 포럼들이 급속히 증가하였다. 또한 이슬람 사원(Masjid)과 이슬람 종교학교(Madrasah)는 본연의 종교적 기능을 회복하였다. 종교시설은 더 이상 마을사람들의 회합장소가 아니라 알라의 가르침을 배우고 실천하는 종교적 장소로 복귀하였다. 이슬람 지식을 가르치는 종교적 집회와 이슬람 지식을 시험하고 경쟁하는 꾸란 암송 대회 등의 중요성에 대한 마을사람들의 인식이 확대되었다. 주 정부는 이슬람 행정체계를 도입하고, 자캇(zakat, 이슬람식 희사)의 종교적 의미를 강조하였다. 이슬람을 홍보하고 이슬람 개종을 권고하는 내용의 게시판과 플래카드가 나붙었다. 현세와 함께 사후세계의 중요성을 알리는 캠페인이 벌어졌다.

IV. 맺음말에 대신하여: 이슬람 부흥에 따른 무형문화유산의 지속과 변화

최근에 말레이 사회에서 전통의 부흥에 대한 관심은 여러 학문 분야에서 다양하게 일어나고 있다. 그 대표적인 예가 매년 관광부 주최로 열리는 "컬러 오브 말레이시아(colour of Malaysia)"라는 축제 행사다. 이 축제는 말레이시아의 다양한 인종, 다양한 문화, 다양한 전통적 공동체들의 다채로운 색깔을 거리 공연을 통한 춤과 음악을 통해 보여준다. 이 축제는 말레이시아 예술 전통의 부흥이라는 문화 현상의 일면을 잘 보여준 축제로 평가된다.

이러한 말레이시아 문화 전통 전체에 대한 논의를 제외하곤, 대부분의 논의가 화인(Malaysian Chinese)을 중심으로 말레이시아의 화인문화에 대한 관심에 한정되어 있는 반면, 말레이 전통문화를 대상으로 한 논의는 찾아보기 어려운 것이 사실이다. 1990년대 이후 말레이 사회와 문화의 지속과 변화의 문제에 관심을 기울여 온 문화인류학자들은 식민지 시대의 문화적 전통이 현대적 맥락에서 부흥, 재생, 또는 재발견되는 현상에 주목하기 시작했다. 이는 말레이시아에서 근대의 형성과 발전의 문화적 의미를 모색하고 해석하기 위한 작업의 일환으로 진행되었다. 말레이 문화를 통해 실제로 삶을 영위해 가는 말레이인들에게 이러한 전통의 부흥은 어떠한 의미를 부여하고 있으며, 그들 스스로 이러한 현상을 어떻게 인식하고 있는 것인가? 그들의 일상적 삶 속에 전통은 혹시 '화석화된 옛날 것'이라는 의미 이상의 그 무엇이 있는가? 등등의 질문은 이 문제에 대한 이론적인 연구뿐만 아니라 실증적이고 경험적인 연구를 동시에 요구하고 있다.

말레이 전통은 고정된 실체가 아니라 현재의 사회적 맥락에 따라 끊임없이 변화하는 과정에서 새롭게 구성된 것이다. 전통 의례에 담긴(또는 담겨 있다고 간주되는) 과거의 심미적, 정서적, 사회적 의미는 새로운 공간적, 시간적 배열의 구성에 의해 부여된 새로운 기준에 의해 변형되거나 새로이 창출되기도 한다. 그 과정은 과거의 의미나 상징, 또는 이미지가 변형 또는 생성되는 창조적 과정이다.

디끼르바랏, 방사완, 와양꿀릿을 통해 재현되는 말레이 전통예술의 전통적 이미지는 새로운 형태로 변화되어 새롭게 만들어지고 있다. 이런 점에서 달랑은 새로운 문화의 창출이라는 전략을 구사하는 주체이자 전통의 소비자라고 말할 수 있다. 이는 예전에 농촌 마을을 중심으로 사적인 공간에서 내수 지향적인 목적으로 행해졌던 전통의례가 공적인 문화상품으로 변화되었음을 의미한다. 이때 전통의 부흥이라는 의미 변화를 사회적 맥락 속에서 이해하는 것이 가능해진다. 말레이 전통과의 조우라는 문화적 전략의 핵심에는 새로움을 향한 자기 감각이나 해석을 만들어내는 일뿐만 아니라 전통의 창출이라는 작업에 참여함으로써 문화를 재해석하고 자신의 존재 이유를 획득하려는 의지의 표명이 자리 잡고 있다. 전통은 '순수한' 그 무엇이 아니라 변화하는 사회문화적 맥락 속에서 새로이 '생성되거나' '구성되는' 것이다.

이런 점에서 디끼르바랏, 방사완, 와양꿀릿에서 재현되는 전통적인 이미지는 전통을 생산하고 유통하는 사람들의 해석 또는 재해석 과정을 통해 새로운 이미지가 구현되는, 이른바 문화가 새롭게 구성되는 장일뿐만 아니라 그것을 즐김으로써 색다른 경험을 추구하는 장 속에서 이전과는 다른 이미지를 구현한다고 보아야 할 것이다.

오늘날 모든 사회는 일차적으로는 그 지역주민의 삶의 현장이지만 그 규모와 관계없이 세계 단위의 시간과 공간을 축으로 하는 상품과 서비스 및 정보의 시장에 의해 지배를 받고 있다. 특히 급속도로 진행되고 있는 세계화 과정 속에서 각 민족집단은 서로 어우러져 자기만의 독특한 문화를 만들어가고 있다. 전통예술의 부흥은 이러한 과정의 성격과 변화를 가장 극명하게 보여주는 좋은 예가 될 것이다(Virtual Malaysia, 2007; Weekend mail, 2007).

최근에 말레이시아에서 일고 있는 전통 또는 전통의 부흥에 대한 관심은 단순한 과거로의 복귀가 아닐 뿐만 아니라 과거의 문화적 유산에 대한 신변잡기적인 즐거움에 대한 관심에 그치지 않는다. 전통문화에 대한 정형화된 틀에서 벗어나 말레이인들의 개인적, 집단적 체험이나 자아의 역사적 기억의 발견과 회복, 그리고 문화적 의미의 현대적 창조 등과 같이 사회적으로 필요한 개인적, 집단적 욕구와 욕망을 구현하기 위한 일련의 체계화된 노력으로의 전환이 모색되고 있다.

이와 같이 전통에 대한 일반인의 욕구가 다양한 만큼 문화에 대한 정책적 고려도 이러한 반응을 고려하는 방향으로 정책적 전환이 이루어질 수밖에 없다. 그러나 전통문화에 대한 의미 부여의 방식이나 내용은 정부 측과 일반 대중 사이에 차이가 있을 수밖에 없다. 정부의 전통에 대한 정책적 홍보자료나 선전물 등이 일반 대중의 욕구를 창출하는 데 유용한 측면이 있는 것 또한 사실이지만, 정부의 노력이 항상 일반 대중의 욕구에 부합하는 것은 아니다. 전통문화에 대한 주로 다양성을 겸비한 환상적이면서도 독특한 측면을 부각시키고 있는 말레이시아의 경우, 문화진흥을 위한 전략을 보면, 이제까지 다민족의 특성을 고려하여 상당히 중립적인 입장에서 정책이 시행되었기 때문에 논란의 여지가 별로 없었던 것이 사실이다. 그것은 이슬람을 국교로 하고 있는 말레이시아 정부에서 종족집단 간 갈등의 소지가 있을 만한 것에 주의를 기울이고 있기 때문에 말레이시아 전통문화라는 것이 말레이 전통문화와 동일시되지는 않는다는 식의 일반 인식에 대해 항상 민감하게 반응해 왔기 때문이다.

그러나 최근에 들어 말레이시아 정부는 전통문화의 활성화에 매우 적극적으로 나서고 있다. 전통과 관련된 산업에 대한 정부의 적극적 지원과 장려는 단지 경제적인 이유만이 아니라 산업이나 경제 분야에 문화를 결합시킴으로써 다양한 민족과 문화로 구성된 문화로부터 조화와 통일의 개념을 끌어내어 민족통합과 민족정체성의 문화적 통합을 확립하려는 국가목표에 공헌하는 차원에서 구체적인 청사진을 배경으로 하여 진행되고 있다. 이는 국가경영의 전략적 차원에서도 매우 중요한 의미를 지닌다. 정부에서는 이슬람의 교리나 원칙에 위배된다는 이유로 논쟁의 여지가 있는 문화적인 요소들은 배제시키는 대신, 전통문화 또는 전통문화의 유산(유형문화재와 무형문화재를 포함한), 일상생활의 경험 등을 부각시키는 문화상품을 개발하는 데 주력하고 있다. 예컨대 관광 자원으로서 컨벤션 산업을 육성하는 말레이시아 정부의 관광 진흥 정책을 들 수 있다. 종교적 자원을 관광에 활용하는 경우에는 이슬람 사원이나 왕궁, 그리고 단식절 축제(Hari Raya Puasa, Aidil Fitri: 단식월인 라마단이 끝나는 것을 기념하여 행해지는 축제)를 비롯한 각종 축제 등을 관광 진흥을 위한 주요 자원으로 활용하려는 계획을 수립, 시행하고 있다.

이런 점에서 말레이시아의 디끼르바랏과 방사완 및 와양꿀릿의 사례는 전통의례가 특정 지역의 사회적, 문화적 맥락에 따라 어떻게 재현되고, 또 지역주민의 요구에 따라 어떻게 재편되는가를 알 수 있는 단서를 제공한다. 방사완은 국가 차원에서 지원하는 전통적인 말레이 문화의 정수로 자리매김하고 있다. 방사완 공연의 정기화를 통해, 이른바 맥켄넬(MacCannell, 1992)이 말한 '무대화된 고유성'(staged authenticity)을 실현하고 있다는 점에서 방사완은 말레이 문화의 새로운 전통으로서의 지위를 확보하고 있는 것이다.

따라서 이 글의 의의 중 하나는 말레이시아를 대상으로 디끼르바랏과 방사완, 와양꿀릿의 사례를 비교함으로써 전통예술의 부흥이 어떠한 사회문화적 맥락 속에서 이루어지는가를 비교문화론적 관점에서 파악할 수 있다는 점이다. 말레이시아에서의 전통예술의 문화적 의미를 '전통의 부흥'이라는 개념으로 이해하고자 하는 학술적 시도는 말레이시아 전통문화의 부흥이라는 문화적 현상을 이해하는 데 도움을 줄 뿐만 아니라 다른 동남아시아 지역의 전통문화가 어떠한 사회문화적 맥락 속에서 하나의 문화적 현상으로서의 위상을 이해하는 비교론적 관점을 제공한다. 더 나아가 한국, 중국, 일본 등 동북아시아의 전통문화의 현대적 의미를 파악하기 위한 비교자료로서의 성격도 아울러 갖는다고 할 수 있다.

참고문헌

김광억. 1991. "저항문화와 무속의례: 현대 한국의 정치적 맥락."『한국문화인류학』23.
김광억. 1993. "현대 중국의 민속부활과 사회주의 정신문명화 운동."『비교문화연구』1.
김세건. 2002. "전승교육과정의 실상과 문제점에 관한 일 연구: 공예·기술 분야를 중심으로."『비교문화연구』8(2).
김영수. 1993. "인도네시아 가멀란(Gamelan)에 대한 소고."『중앙음악연구』4.
송미숙. 2014. "한·중 유네스코 인류무형문화유산 등재에 관한 연구."『우리춤과 과학기술』24.
신현욱·김용범. 2011. "유네스코 무형유산 대표목록등재로 야기된 한국과 중국 간 문화적 갈등 해소를 위한 정책적 방안."『한국언어문화』46.
에릭 홉스봄 외 편. 2004.『만들어진 전통』. 휴머니스트
오명석 외. 2020.『인류학자들, 동남아를 말하다』. 도서출판 눌민.
임돈희·로저 L. 자넬리. 2004. "유네스코 세계 무형문화 유산제도와 그 의미."『비교민속학』26.
임돈희·로저 L. 자넬리. 2005. "무형문화재의 전승실태와 개선방안."『비교민속학』28.
허중욱. 2013. "문화유산 진흥 전략으로서의 축제의 변화 양상: 정선아리랑제를 중심으로."『동북아관광연구』9(2).
홍석준. 1993. "현대 말레이시아의 말레이 민족정체성의 문화적 의미."『지역연구』2(4).
홍석준. 1997. "도서부 동남아시아의 종족성 연구를 위한 시론." 홍석준 외 저.『동남아의 사회와 문화』. 도서출판 오름.
홍석준. 2009. "말레이시아의 전통예술과 이슬람 부흥의 문화적 의미: 디끼르바랏(Dikir Barat). 방사완(Bangsawan). 와양꿀릿(Wayang Kulit)의 말레이 노래를 중심으로."『한국민요학』27.

Ab. Aziz Mohd Zin. 2001. *Metodologi Dakwah*. University of Malaya Press.
Abdul Ghafar Don, Berhanundin Abdullah, Zulkiple Abd. Ghani. 2000. *Dakwah dan Pengurusan Islam di Malaysia: Konsep dan Pelaksanaan*. Uni-

versiti Kebangsaan Malaysia Press.

Azmi AZIZ & Shamsul A. B. 2004. "The Religious, the Plural, the Secular and the Modern: A Brief Critical Survey on Islam in Malaysia." *Inter-Asia Cultural Studies* 5(3).

Bloch, M. 1989. *Ritual, History and Power*. London: Athlone Press.

Brandon, James R. 1967. *Theatre in Southeast Asia*. Harvard University Press.

Bujang, Rahmah Haji. 2005. "Continuity & Relevance of Traditional Performance art in this Millenium." *Jurnal Pengajian Melayu* 15.

Camilleri, J. A. (ed.). 2001. *Religion and Culture in Asia Pacific: Violence or Healing?*. Vista Publication.

Dirlik, Arif. 2007. *Global Modernity: Modernity in the Age of Global Capitalism*. Boulder: Paradigm Publishers.

Kessler, Clive S. 1978. *Islam and Politics in a Malay State, Kelantan: 1838-1969*. Cornell University Press.

MacCannell, D. 1992. *Empty Meeting Grounds*. London and New York: Routledge.

Matusky, Patricia and Tan Sooi Beng. 2004. *The Music of Malaysia: The Classical, Folk and Syncretic Traditions*. London: Ashgate, SOAS Musicology Series.

Matusky, Patricia. 1993. *Malaysian Shadow Play and Music*. Kuala Lumpur: Oxford University Press.

Mohamed Ali Abdul Rahman. 2000. *Modern Malaysian Art: Manifestation of Malay Form and Content*. Shah Alam: Universiti Teknologi Mara.

Muhammad Izzuddin Syakir Hj Ishak. 2008. "Mixing Culture and Nature." *Prospect Malaysia* 005.

Pillai, Janet. 2004. "Non-Formal Arts Education-New Relational Structures to Facilitate Access to Resources." *Journal of Korean Music Educational Engineering* 3(1).

Stokes, Martin. 1994. "Introduction: Ethnicity, Identity and Music." In Martin

Stokes (ed.). *Ethnicity, Identity and Music: The Musical Construction of Place*, Berg.

Tan Sooi Beng. 1987. "The Thai Menora in Malaysia: Adapting to the Penang Chinese Community." *Asian Folklore Studies* 47(1).

Tan Sooi Beng. 1993. *Bangsawan: A Social and Stylistic History of Popular Malay Opera*. Singapore: Oxford University Press.

Tan Sooi Beng. 2005. "Cultural Diversity and Change: Performing Modernity in Colonial Malaya in the 1920s and 1930s." *Korean Music Educational Engineering* 4(1).

Virtual Malaysia. 2007. "Culture, Kuala Lumpur Craft Complex: Centre for Malaysian handicrafts." 6(5).

Weekend Mail, 2007, "Malay culture on show".(September 29 - 30).

자료

VCD about Sewang, Main Puteri, and Mek Mulung published by The Department of Museum and Antiquity Malaysia.

https://terms.naver.com/entry.nhn?docId=2082159&cid=62348&categoryId=62590

https://terms.naver.com/entry.nhn?docId=5809025&cid=62348&categoryId=62590

제12장

인도 유네스코 무형문화유산 '요가'(Yoga)의 정치화와 국가 정체성[1]

김경학 (전남대학교 문화인류고고학과)

I. 들어가는 말

인도의 유·무형 문화유산은 다양하고 풍부하며 그 역사도 매우 깊다. 다양한 종교 사원, 회화와 조각 및 수공예품은 세계적으로 인정받아 왔기 때문에, 인도 정부는 이들에 대한 복원과 보존에 상당한 노력을 기울여 왔다. 그러나 글로벌 관광사업에 직결되는 타지마할(Taj Mahal)과 같은 대표적인 유형문화유산에 비하면, 의례극과 종교축제 등 무형유산 복원과 보존에는 정부 차원의 관심이 상대적으로 작았다. 그러나 인도 정부가 2003년에 '유네스코 무형문화유산 보호에 관한 협약'에 대한 비준을 통해 무형문화유산 국가목록을 유네스코 대표목록에 등재할 의지를 보이면서, 2020년 현재까지 13개의 국가목록을 유네스코 무형문화유산 대표목록으로 등재하는 데에 성공했다.[2] 이들 유네스코 대표목록

---

[1] 이 글은 『남아시아연구』 27(2)(한국외국어대학교 인도연구소, 2021)에 실린 "인도 '요가'(Yoga)의 정치화와 국가 정체성"을 일부 수정·보완한 것이다.

[2] 요가 외 인도가 등재에 성공한 12개의 무형문화유산 대표목록에는 '꾸띠야땀'(Kutyyattam),

은 의례극과 음악, 춤과 종교축제 등으로, 요가(Yoga)를 제외하면 인도 국내 특정 지역에서 수행되는 무형문화유산에 해당한다. 2016년 나렌드라 모디(Narendra Modi) 정권의 외교적 노력으로 유네스코 무형문화유산의 대표목록에 등재된 요가는 인도에서 기원했지만 전 지구화 과정에서 세계인이 소비하는 대표적인 문화 상품이 되었다는 점에서 매우 독특한 지점에 놓여 있다.

이 글은 2014년 힌두 우익 정치인의 아이콘인 나렌드라 모디 총리 등극 이후, 인도와 미국을 비롯해 전 세계적으로 유행하는 개인의 건강과 웰빙을 목적으로 하는 통속적 요가가 인도에서 급부상한 힌두 민족주의와 긴밀하게 맺게 되는 정치적 관계에 관한 관심에서 시작되었다. 사실 요가의 전통은 불교와 자이나교 및 여러 신비주의적이고 영적인 역사적 과정이 포함된 힌두교 외부의 다양한 공동체에 의해서도 오랜 세월 동안 이어져 왔다. 게다가 오늘날의 요가는 『요가수뜨라(Yogasutras)』라는 텍스트와 명상을 위한 체위에 서양의 다양한 건강 체조와 체조 문화 요소의 절충을 통해 등장한 것이다. 이런 관점에서 본다면 요가의 기원과 성격은 오직 '힌두' 전통에서라기보다는 '고대 인도'의 문화적 전통에 기원을 둔 일련의 영적 실천의 일부로 설명되는 것(Gautam & Droogan, 2018)이 논쟁의 소지가 작을 것으로 보인다. 통속적 요가가 세계인이 소비하는 문화 상품이 된 오늘날, 요가가 인도의 유네스코 무형문화유산 대표목록으로 등재되었다 하더라도 요가의 기원과 소유를 둘러싼 담론들은 매우 논쟁적이고 소모적일 수밖에 없다.

인도 현대사에서 분열주의적 힌두 우익 정치인으로 평가받는 모디의 집권이 시작한 2014년 이래, 2014년 '국제요가의 날'(International Day of Yoga) 제

'베다 송경 전통'(Tradition of Vedic Chanting), '람릴라'(Ramlila), 람만(Ramman), '무디엣뚜'(Mudiyettu), '깔베리아'(Kalbelia), '차우춤'(Chhau Dance), '라다크 불교 암송'(Buddhist chanting of Ladakh), '쌍끼르따나'(Sankirtana), '타테라스'(Thatheras), '노우라즈'(Nowrouz), '꿈브 멜라'(Kumbh Mela)로서 대부분 인도의 특정 지역의 종교 전통과 의례극에 연관된 춤과 음악 및 드라마 등이다.

정과 요가의 '2016년 유네스코 무형문화유산 대표목록 등재' 성공 등의 국외적 성과와 2014년 '전통의학과 요가부'(AYUSH, Ayurveda, Yoga, Unani, Siddha, Homeopathy, 이하 '요가부')의 신설, 2015년 대대적인 제1회 국제요가의 날 행사 진행, 공무원과 군대 및 학교 등의 요가 실천 의무화, 일부 요기들의 정치 등판 등 일련의 인도 국내 정치적 주요 정책과 이벤트 등이 진행되었다. 이 글은 요가를 둘러싼 인도 국내외적인 일련의 성과와 이에 맞물린 정치적 양상을 '소프트 힌두뜨와 문화 민족주의'(soft Hindutva cultural nationalism) 담론 내에 '맥락화하고'(contextualizing) 이를 분석하고자 한다.

인도 국내외적으로 '문화 민족주의' 담론 안에서, 요가는 국제무대에서는 문화외교를 위한 문화적 영향력의 중요 상징으로, 국내 정치에서는 힌두 국가로 정체성을 규정하는 정치적 과정에 동원되었다. 모디 수상은 2014년 유엔 총회의 '국제요가의 날' 제정을 호소하는 연설에서 요가가 인도와 인도인만의 것이 아닌 모든 세계인의 신체적, 정신적, 영적 웰빙을 위해 인도가 주는 세계인에 대한 '선물'이며, 세계인의 화합·건강·협력·복지·평화·관용 등의 가치 실현에 요가가 기여할 수 있다며 '국제요가의 날' 제정의 필요성을 강조했다. 더 나아가 2016년에 모디 정부는 요가를 유네스코 무형문화유산 대표목록에 등재함으로써 요가를 세계인에게 주는 선물이라는 유엔 총회에 연설과는 달리 요가를 인도로 '회수해' 가는 데에 성공하였다.

한편 모디 수상이 힌두 극우 세력의 '힌두뜨와'(Hindutva)라는 이념을 근간으로 하는 문화적 민족주의의 담론 안에 요가를 맥락화 시키고 있는 점에 특히 주목할 필요가 있다. '힌두뜨와'는 다름 아닌 사회적 결속과 도덕성을 지지하기 위해 궁극적으로 이용되는 힌두교에 기반한 신념과 헌신 및 애국심을 불러일으키는 신성한 정치적 신학이기 때문이다.

이 글의 목적은 2014년 힌두 우익 정치인 모디의 인도 수상 등극 이후 진행되어 온 일련의 반무슬림적 힌두 우경화라는 정치적 맥락에서, 요가가 힌두 민족주의 의제를 위해 전유되는(appropriated) 사회·정치적 과정과 국가정체성 강화에 동원되는 요가의 정치화를 분석하기 위한 것이다. 요가가 인도의 힌두화 작업에 동원되는 문화적 자원으로 공고화되는 데에는, 국제무대에서 요가가 인도의 문화적 전통의 산물임을 인정받는 외교적 과정에 대해서도 검토할 필요가 있다. 이는 유엔 '국제요가의 날' 지정과 유네스코 무형문화유산 대표목록 등재가 오늘날 서구를 중심으로 하여 세계적으로 대중화된 요가가 인도 고대의 문화적 실천임을 인정받음으로써, 인도의 위대한 국가적이고 문화적인 자긍심을 가져다준 문화 민족주의의 구현으로 모디 정부가 주장하기 때문이다.

특별히 이 글은 철저한 기획과 연출 하에 수행된 2015년 '제1회 국제요가의 날'처럼 요가가 동원된 일련의 문화 정치적 이벤트들과 요가 수행과 관련된 정치적 담론들 그리고 요가와 힌두뜨와 부흥 간의 밀접한 관계에 주목하고자 한다. 이를 통해 힌두 민족주의 정치 세력에 의한 요가의 정치적 전유가 반무슬림적이고 국가의 힌두화를 위한 문화 민족주의적 정치 행위임을 밝히고자 한다. '내부자이자 우리'(insider & weness)에 해당하는 힌두와 '외부자이자 타자'(ousider & otherness)로 배제되는 무슬림 간의 요가를 둘러싼 이해와 해석 방식의 차이는 현대 인도 사회 맥락에서 요가의 정치적 성격을 선명하게 드러내 줄 수 있을 것으로 생각한다.

이 글의 구성은 먼저 인도에서 기원한 요가가 세계무대로 확산하여 흔히 '모던 요가'(modern yoga)라는 형태로 자리 잡는 세계화 과정과 국제무대를 통한 요가의 재인도화 과정이 국제요가의 날 제정과 유네스코 무형문화유산 대표목록 등재 과정을 중심으로 설명된다. 다음으로 1990년대 초~2000년대 초에 두드러졌던 호전적이고 폭력적인 반무슬림적 힌두 지상주의 정치인인 모디가 2014년 집권 후 요가, 아유르베다, 명상 등 문화·종교적인 자원을 정치적 영역에 접목하는 '소프트 힌두뜨와 문화 민족주의' 과정을 '요가의 정치화'와 힌두 국가정체성 만들기라는 주제 아래에 밝히고 있다.

II. 인도 요가의 세계화와 재인도화

요가가 처음 기록된 빠딴잘리(Patanjali)의 『요가수뜨라』는 인간의 자아와 우주와 궁극적 실재 사이 관계의 성격을 강조하고 있다. 이런 점에서 요가는 신체의 유연성을 증진하는 일련의 자세뿐만 아니라 종교적 계율, 수행, 철학, 믿음의 광범위한 구조의 한 부분으로 정의될 수 있다. 이런 관점에서의 요가는 힌두교와 분리될 수 없는 힌두 철학의 확장으로 보이는 것도 부인할 수 없다(Gautam & Droogan, 2018: 30 - 31). 그러나 요가를 '문화 민족주의'에 토대를 둔 힌두적 표현만으로 연결하려는 시도에 대한 저항이 적지 않은 것도 사실이다. 요가가 세계적인 문화 상품이 된 오늘날, 요가의 기원과 소유를 둘러싼 담론들은 매우 논쟁적일 수 있다. 요가가 인도에서 시작하여 점차 전 세계로 확산한 것에는 대체로 동의하지만, 신체와 의식 그리고 의식과 영혼과의 결합을 의미하는 요가는 인도와 인도를 벗어난 해외에서 늘 다양한 해석의 가능성에 열려 있었다.

현대 요가가 인도 전통과는 다른 내용의 수련법과 요가 수행의 중요 양상에 많은 변화가 있었다. 현대 '체위 요가'(postural yoga) 전문 연구자인 싱글톤(Singleton, 2010)은 현대 요가가 체위(posture) 수련과 동의어가 되어, 요가라는 단어에서 우선은 영적(spritual) 진보를 떠올리지만, 일반적으로는 건강증진을 위한 스트레칭 요법을 연상하게 된다고 주장한다. '체위'가 육체를 근간으로 하는 인도의 하타요가(Hatha Yoga)를 포함한 전통적 요가 수련 체계의 핵심은 아니었지만, 근대 이전 체위 수련에 관련된 인도 전통은 오늘날 체위의 기능과 형태와는 크게 다르다(Singleton, 2010: 38). 싱글톤에 따르면 요가의 함축된 의미가 20세기 초 수십 년 동안 비교적 단기간에 급변해, 오늘날 대중적으로 인식된 요가는 서구에서 발전된 초종교적인 현대 체육 문화의 기법들과 토착적인 인도의 체위 수련 그리고 20세기 초 이후에 인도에 등장한 요가에 대한 영어로 된 담화들 사이의 변증법적 결과인 셈이다(Singleton, 2016).

20세기 초에 인도 출신의 다양한 요가 전문가들, 예컨대 스와미 꾸발라야난다(Swami Kuvalayananda), 스리 요겐드라(Shri Yogendra), 띠루말라이 끄리슈나마차리야(Tirumalai Krishnamacharya) 등은 인도를 넘어 세계, 특히 서구 사회에 요가를 전파하는 데에 중요한 역할을 하였다. 인도가 현재만큼 세계무대에서 정치적 영향력이 크지 않았을 당시에도 스와미 비베까난다(Swami Vivekananda)와 같은 인도 요가와 철학 전문가가 세계적으로 인도의 요가를 전파하여 요가의 근본이 된 점은 잘 알려져 있다. 또한 1960년대 이래 유럽과 북미에서의 요가의 대중화는 요가난다(Yogananda), 아이엥가(Iyengar), 빳따비(Pattabhi), 데시까하르(Desikahar) 등의 노력의 결실로 볼 수 있다(Singleton, 2016).

1920년대까지의 인도 요가는 체위보다는 요가의 영성을 강조하였으나, 1930년대 이후에는 본격적인 체위 중심의 요가가 발전하기 시작했다. 현대 요가의 아버지로 불리는 끄리슈나마차리야(Krishnamacharya)와 그의 제자들이 체위 중심의 요가 스타일을 발전시키고, 이들 제자의 다양한 방식의 요가도 서구 문화의 영향을 받아 각자의 스타일대로 발전하게 되었다. 따라서 일부 요가 전문가들(Alter, 2004; de Michelis, 2007)은 '모던 요가'가 요가의 관념과 수행이 전 지구적이고 트랜스컬쳐(transculture) 및 상업적인 교류의 지난 100년 이상의 결실임을 주장한다. 이들은 요가가 호흡훈련과 명상을 포함한 신체 지향적이면서 서구 체조의 연속적 자세의 일련의 '신체 체계'라고 주장한다. 따라서 오늘날의 요가는 배타적인 인도적 현상이라기보다는 유럽과 인도 모두의 문화적 요소가 포함된 것(Singleton, 2010)이며, 문화적이고 역사적으로 '브리콜라주(bricolage)'를 통해 형성된 것(Altgllas, 2014)이라고 주장한다.

2014년 힌두 우익세력이 인도 정권을 집권한 이후 급작스레 부상한 요가의 완전한 인도화의 선상에서 제기된 인도의 요가 소유권 주장은 세계무대에서 요가를 이용한 외교력 향상을 추구하고 요가의 상업화에 대한 욕구가 적나라하게 드러난 것으로 보인다. 글로벌 요가 산업은 인도와 전 세계에 걸쳐 엄청난 비즈니스로 성장하였다. 2016년에 미국의 요가 수행인구는 약 3천 6백만 명에 이르고, 요가를 하는 미국인들은 요가 수업, 요가 의복이나 매트 등의 액세서리

구매에 약 160억 달러를 지출하였다(Gautam & Droogan, 2018: 24).

2014년 모디가 인도 수상이 되면서 요가는 전 세계를 대상으로 인도의 대표적인 문화적 상징이 되는 과정에 들어선다. 유엔 총회에서 '국제요가의 날'(International Day of Yoga) 지정을 위한 성공적 로비로, 모디 수상은 요가를 세계무대에 본격 등장시켰다. 그는 2014년 9월 27일 유엔 총회에서 약 35분 동안 힌디어로 진행한 연설을 통해 인도 고대의 문화적 실천인 요가가 전 세계인의 건강과 웰빙을 위해 인도가 준 고귀한 선물임을 강조하였다. 그는 산스끄리뜨 만뜨라 "Vasudhaiva Kutumban"("세계는 하나의 큰 가족이다.")이라는 구절을 인용하면서, 인도는 도움이 필요한 국가들에 대해 인본주의 이념과 발전을 위한 지원 준비가 되어있음을 강조하였다. 그는 이 연설에서 인도 요가를 고대와 현대, 로컬과 글로벌, 그리고 동양과 서양의 가교(架橋)로 비유하면서 요가의 세계적 소비에 대해 언급했다. 모디 수상은 세계의 지속 가능한 발전, 평화, 관용 등의 가치를 요가와 관련지으며, 매년 6월 21일을 '국제요가의 날'로 지정해 요가를 실천함으로써 세계인의 건강증진을 촉진하자고 주장하였다(*The Times of India*, 2014.09.28.).

2014년 9월 유엔 총회에서 '국제요가의 날' 제정을 위한 발의 후, 같은 해 12월 11일 '제69차 유엔 총회'에서 매년 6월 21일을 '국제요가의 날'로 기념할 것이 결의되었다. 모디 정부는 국제요가의 날 제정안을 통과시키기 위해 193개국의 전체 회원국에 대해 로비했으며, 미국, 영국, 프랑스, 독일 등을 포함한 177개국의 지지를 얻어 관련 결의안 통과에 성공하였다. 유엔 총회는 요가가 건강과 웰빙에 도움이 되기에, 요가 수행에서 얻는 이로움에 대한 정보를 널리 확산시키는 것이 전 세계인구의 건강에 도움이 될 것이라는 인식으로, 매년 6월 21일을 '국제요가의 날'로 제정할 것을 결의하였다. 유엔사무총장은 현 결의안을 모든 회원국과 준회원국 및 유엔 산하 조직들이 주목할 것을 요청하였다(*General Assembly*, 2015.01.09.).

사실 모디 총리가 국제무대에서 인도의 요가의 종주국 지위를 인정받고자 했던 것은 인도로 요가를 '회수'하고자 하는 시도는 아니었다. 근대 이후 다양한 경로를 통해 현대 요가로 정착된 대중적 요가가 인도가 그 소유권을 주장한다고 회수될 수 있는 사안이 아니라는 것은 너무도 자명하기 때문이다. 국제무대에서 요가를 인도에서 기원한 문화적인 지적 자산으로서 강조한 것은 요가가 인도의 고대 문화에서 기원했고 이런 문화적 자산이 세계 곳곳에서 소비되고 있음을 강조함으로써, 국제적으로 인도의 국가적 자긍심을 높이려는 외교적 노력의 하나였다.

그러나 유엔 무대에서 '국제요가의 날' 제정 성공은 외교적 성과를 넘어 '요가의 정치화와 국가정체성 자리매김'이라는 국내 정치적 맥락에서는 극도로 중요한 정치적 행위이자 인도의 힌두화 작업을 위한 하나의 발판 마련으로 해석될 수 있다. 유엔 국제요가의 날 제정 제안과 함께 2014년 말에 모디 정권은 '요가부'를 신설하여 요가 진흥을 지원하는 다양한 프로젝트를 통해, 인도 국내외적으로 요가 관리의 주체 세력으로 자리매김하는 시동을 걸었다. 모디 수상은 보건부 산하의 일개 기구에 불과했던 요가 담당 부서를 독립 승격시켜 '요가부'를 신설하였다. 요가부 신설의 방점은 요가를 국내적 정치와 외교 무대에서 이용하고자 하는 데에 있었다.

모디 정부는 2015년과 2016년 두 번에 걸친 '국제요가의 날' 행사를 대대적으로 기획하고 연출함으로써, 국내외적으로 엄청난 수의 요가 참여자들과 함께 국제적 언론에 요가에 대한 세계적 이목을 집중시켰다. 제1회 국제요가의 날인 2015년 6월 21일에 모디 정권은 요가부 주관으로 약 3만 6천 명이 수도 뉴델리 '라즈빠트'(Rajpath) 광장에 모인 가운데 대규모 요가 시범 행사를 하였다. 여기에는 인도 내 각국 외교관까지 참여하여 다양한 요가 체위('아사나' asana)가 시연되고, 이 행사 준비에만 미화 약 4백70만 달러가 지출되었다.

2016년 6월 21일 제2회 국제요가의 날에 당시 반기문 유엔사무총장은 유엔의 모든 회원국이 2014년에 채택했던 요가를 통해 더욱 건강한 생활을 증진하는 것의 중요성을 강조했다(*PRESS RELEASES of UN*, 2016.06.21.). 모디 수상은 요가를 통해 마음과 몸의 균형을 잡을 수 있다는 점을 2016년 제2회 국제요가의 날 연설에서 강조함으로써 이에 화답하였다. 2016년 국제요가의 날에 인도 뉴델리 수도에만 약 1만 5천 명(35개국 70명의 외교관을 포함)이 그리고 뉴욕 타임스퀘어와 호주 시드니하버 등 세계 여러 대도시에서도 대규모 요가가 수행되었다.

국제요가의 날 제정을 위한 유엔 연설에서 요가가 인도의 것이 더는 아니고 세계에 준 선물임을 강조했던 것과는 다르게, 2015년부터 인도 정부는 요가를 '2016년 유네스코 무형문화유산 대표목록'에 등재하기 위한 노력에 요가부, 외무부, 문화부를 총동원 했다. 모디 수상은 요가가 인도의 힌두 전통에 기원했다는 점을 강조하며 요가가 인도의 것이라는 점을 국제무대에서 인정받고자 하였다. 샴페인이 프랑스 외부에서 생산되어도 여전히 샴페인이라 부른다는 비유를 들어, 모디는 인도에서 기원한 요가가 인도 밖에서 다양한 형태로 발전된 오늘날의 요가 역시 여전히 '인도 요가'로 봐야 한다고 주장했다(*The Washington Post*, 2014.12.02.).

요가와 인도와의 밀접한 관계를 국제적으로 주장할 수 있는 가장 효과적인 무대가 유네스코 무형문화유산에 대표목록으로 등재하는 일로 생각한 모디 정부는 문화부와 그 산하 조직인 '상기뜨 나따끄 아카데미'(Sangeet Natak Akademi),[3] 요가부, 외교부를 총동원하여 요가의 유네스코 무형문화유산 대표목록 등재에 성공하였다.[4] 인도 요가가 유네스코 무형문화유산 대표목록으로 등

---

[3] 유네스코 협약의 목적과 의무에 관한 업무 수행을 위해 인도 문화부(Ministry of Culture)는 '국립 인디라 간디 예술센터'(Indira Gandhi National Center for Arts)에 유네스코 협약 관련 업무를 위임했는데, 이 업무는 2011년부터 '상끼뜨 나따끄 아카데미'(Sangeet Natak Akademi, 이하 SNA)로 이양되었다. 인도 문화부는 SNA에 무형문화유산 국가목록 개발과 유지를 포함한 다양한 업무와 목록지명을 위한 조정작업에 핵심적 역할을 부여했다.

[4] 2016년 무형문화 대표목록에 신청한 요가는 유네스코 '기술전문가 평가위원회'(Evaluation Body of Technical Experts)의 매우 엄격한 평가 후, 요가에 대한 선정을 2017년 차기 회기로 미루고자 했다. 이에 반발한 인도 정부는 외교력을 발휘해 에티오피아 아디스아바바(Addis Ababa)에서

재됨으로써 세계무대에서 요가의 인도 기원에 관한 연계성은 한층 강화되었다. 요가가 유네스코 유산으로 등재된 이후 인도 정부는 요가와 요가 관련 수행에 대한 구체적인 보호 수단의 하나로 수천의 요가 자세를 '전통지식 디지털도서관'(The Traditional Knowledge Digital Library)에 데이터베이스화하는 등 요가 부흥에 국가적 재원 투자 등의 정부 차원의 노력에 당위성을 확보하였다.[5]

인도 정부가 2014년에 국제요가의 날을 제정하고 2016년에 유네스코 무형문화유산 대표목록에 요가를 등재하고자 한 노력은 요가가 경제와 외교 및 정치적 맥락에서 놓칠 수 없는 매력적인 전략 자원이었기 때문이었다. 모디와 인도국민당(BJP: Bharatiya Janata Party) 정권은 본격적으로 요가를 통해 국외적으로는 소프트 파워 외교 요소로 이용하였다. 모디에게 요가의 진흥은 세계에서 주도적 역할을 하는 서구 국가들 내에서 인도의 위상을 높이는 수단이 될 수 있다는 생각이 작용한 것으로 보인다. 모디 정부는 그간의 핵실험과 로켓 발사 등의 군사적 행동을 통해 인도의 발전을 강조했던 것과 달리, 요가가 '아시아적 가치'라는 담론과도 어울리고, 비폭력, 종교적 관용, 헌신, 영혼을 깨우는 철학 같은 인도적인 이념들과 관련을 맺고 있음을 의도적으로 강조하고 싶었던 것 같다. 요가라는 고대의 지혜를 추구함으로써 자유와 민주주의 정체성을 자신들의 브랜드로 강조하는 서구 문명과도 인도 문명이 어깨를 나란히 할 수 있다는 점을 드러내고 싶었던 것으로 보인다(McCartney, 2017).

사실 2014년 모디 수상을 중심으로 하는 힌두 우익세력이 인도 정권을 집권하기 이전에도 세속주의(secularism)를 추구하였던 인도국민회의(Indian Na-

---

열린 '정부간위원회이사국'(Intergovernmental Committee)의 최종 의결에서 만장일치 통과로 기술전문가 평가위원회의 연기 결정을 뒤집어, 마침내 요가가 2016년 무형문화유산 대표목록에 등재될 수 있게 하는 데 성공하였다(*Business Standard*, 2016.12.01).

5   "India: Traditional Knowledge Digital Library", COMMUNIA. https://communia-project.eu/content/india-traditional-knowledge-digital-library.html.(검색일: 2020년 10월 5일)

tional Congress) 수상들, 대표적으로 네루(J. Nehru), 간디(I. Gandhi), 라오(P.V. Rao) 수상도 요가를 매우 좋아해 특정 요기로부터 요가를 배워 사적인 공간에서 요가 수련을 하였다고 알려졌다. 특히 초대 수상이었던 네루는 스와미 꾸발라야난다(Swami Kuvalayananda)로부터 요가를 배웠고, 그가 1931~1935년 옥중에 있는 동안 그에게 요가가 정신과 신체적으로 큰 도움이 되었다고 알려져 있다. 네루는 스와미 꾸발라야난다에게 요가의 과학적 토대를 연구하도록 지원했으며, 1952년에는 요가를 인도의 보건교육 일부로 삼는 결의안을 통과시키기도 하였다(*The Print*, 2020.06.21.). 또한 '인도국민당' 출신 수상 중 세 차례나 집권을 한 바지빠이(A. B. Vajpayee)도 개인적으로 요가를 즐겼지만, 모디 수상처럼 요가를 인도 국내외적으로 정치·외교적 사안으로 삼아 공개적으로 요가를 이용하지는 않았다.

2014년 집권 후 모디 수상이 요가와 명상 등의 문화적 콘텐츠를 동원하여 인도를 힌두화하는 전략으로 삼은 것은 2002년 무슬림을 대상으로 일어난 '구자라뜨 대학살' 이후 국내외에서 쏟아진 엄청난 비판에 직면해 힌두화 전략을 수정한 것으로 보인다. 다시 말해 2002년 대학살처럼 노골적으로 무슬림을 핍박하는 대신 요가 등의 문화적 콘텐츠를 인도 국내외적 외교와 정치에 동원하여 힌두문화의 우수성을 알림으로써, 특히 국내적으로는 힌두뜨와 이념에 대한 거부감을 줄여나가는 소위 '소프트 힌두뜨와' 전략을 채택한 것으로 보인다(정채성, 2013).

모디 정권 초기부터 요가는 인도 국내적으로 '힌두뜨와'라는 힌두문화 지상주의 이념을 공고히 하는 데에 이용되고 있다. 인도에서 힌두 우익세력의 '요가 정치화'를 통해 무슬림 같은 종교적 소수집단을 국가 범주 밖에 위치 지우면서 인도를 힌두화하고자 하는 프로젝트 진행에 요가가 이용되고 있다. 다양성과 세속주의라는 근본적인 원칙은 탈식민지 인도에 여전한 열망으로 남아있지만, 모디 정부와 인도국민당은 요가와 같은 문화 자본을 이용한 '소프트 힌두뜨와 문화 민족주의'의 부흥을 통해 인도의 다양성과 세속주의를 지우는 일에 열중하고 있다.

III. '요가의 정치'(politics of yoga): 요가와 힌두 민족주의

1. 모디와 그의 요기들: 반 무슬림 극우 힌두 민족주의 정치

스스로 '요가광'이라고 자부하는 모디는 2014년 인도 수상이 되었다. 그는 매일 아침 약 1시간씩 요가를 규칙적으로 하면서도, 요가를 하나의 삶의 방식이지 종교라고 생각하지 않는다고 주장한다. 사실 모디는 인도의 완전한 힌두 사회 건설을 목적으로 하는 호전적인 힌두 조직으로 알려진 '국가자원봉사단'(Rashtriya Swayamsevak Sangh, 이하 RSS) 출신이면서, 이 조직의 정치적 위성 정당인 힌두 민족주의 정당 '인도국민당'의 정치적 지도자다. RSS는 반무슬림, 반기독교, 반서양, 반세속주의를 극렬히 추구해 온 집단이다(Alter, 1994: 569). 모디는 RSS의 '골수' 조직원으로서 오랜 세월, 이 조직을 위해 헌신한 사람이다.

모디와 그의 측근들이 요가를 정치적으로 활용하는 것은 우연이 아니다. 모디가 요가부의 첫 장관으로 지명한 나익(S. Naik) 역시 RSS를 통해 요가를 배운 사람이다. 2017년 우따르 쁘라데시(Uttar Pradesh) 주 수상이 된 요기 아디띠야나트(Yogi Adityanath) 역시 힌두 극우 요가 수행자에 해당한다. 또한, 요가를 이용해 2014년 모디의 선거를 적극적으로 지지하여 모디 당선 후 그 혜택을 톡톡히 받는 요기 스와미 람데브(Swami Ramdev)도 힌두 극우주의자인 것은 마찬가지이다. 특별히 람데브에 대해서는 다소 자세히 살펴볼 필요가 있다. 영적 리더이자 요가 구루 람데브가 2014년 선거에서 모디를 지지하기 위해 인도 전역에서 대규모 요가 축제를 개최함으로써 요가가 정치의 한복판으로 들어오게 했던 장본인이기 때문이다.

요가와 정치가 상투적(banal) 민족주의를 통해 결합하여, 힌두뜨와라는 힌두 지상주의 이념의 암묵적 지지로 이어지는 가장 좋은 사례는 람데브의 요가 이용 방식에서 잘 드러난다. 세계적으로 명성 있는 미디어에 정통한 요가 전문가인 람데브가 이끄는 '빠딴잘리 요그 삐트 재단'('Patanjali Yog Peeth Trust')의 후원 아래, 인도에서는 지난 수십 년 동안 열렬한 요가의 '재발견' 또는 '부흥'이 일어났다. 특히 인도 도시에는 친숙하고 대중적인 람데브의 요가 수업으로 그를 따르는 엄청난 수의 추종자들이 생겼고 이들은 자발적으로 요가를 시작했다. 람데브와 같이 유명한 요가 전문가들은 TV에 출연해 자신들의 아우라를 이용해 새로운 신자들을 끌어들이는 것이 일반적이다(Copeman and Ikegam, 2012).

'스와미 람데브 현상'과 같은 특수한 양상은 요가와 힌두 민족주의와의 관계에서 더욱 구체화 된다. 사실 요기 람데브는 2014년 선거에서 나렌드라 모디를 공개적으로 지지했으며, 모디와 함께 새로운 자강주의(自强主義) 운동인 '네오 스와데시'(neo-swadeshi)와 힌두 민족주의 운동인 힌두뜨와 운동을 전개하면서 현대 힌두 민족주의의 대표적 아이콘의 한 명으로 부상했다. 미디어의 인기 스타 구루가 된 람데브는 힌두 권리를 관철하는 문화적 공격의 핵심 도구로 요가를 사용할 수 있음을 명확하게 보여주었다(Patankar, 2014). 람데브의 텔레비전 요가 수업은 '상상의 신체 공동체'(immagined somatic community)를 형성할 수 있게 하는 공유된 신체적 수행을 통해 신체 민족주의적 결속을 추구하고 있다(Chakraborty, 2006: 389). 람데브는 요가가 요가 수행자의 민족주의적 의식을 깨우고 민족주의적 목적을 위해 이런 의식을 활성화할 수 있으므로, 신체가 국가에 복무할 수 있는 상태로 재충전됨을 주장한다(Gupta & Copeman, 2019).

RSS와 BJP는 인도라는 국가는 힌두가 주류 집단이기에 다수집단인 힌두의 권리를 증진해야 했지만, 오늘날까지 세속주의 세력에 의해 제대로 된 '인도의 힌두화 작업'이 성사되지 못했다고 주장한다(Anand, 2005). 이와 관련해 인류학자 아팟두라이(Appadurai, 2011)는 '약탈적 정체성'(predatory identity)이란 개념을 사용해 다수집단이 소수집단에 대한 두려움을 가지고 있다고 주장한다. 그는 인도에서 힌두들이 수적으로는 다수라고 느끼면서도 무슬림과 같은 타자들에 의해 힌두 민족의 순수성과 힌두 국가 전체성에 대한 환상이 충족되지 않는 지점에서 힌두 우익세력의 '주권의 불안전성'에 대한 두려움이 발생한다고 주장한다. 이러한 두려움 때문에 인도 안에서 상대적으로 소수집단인 무슬림은 국가 전체성을 오염시키는 용인될 수 없는 자들로 전락한다.

힌두뜨와 힌두 지상주의 이념은 무슬림을 도덕적으로 부패한 야만적, 폭력적, 후진적, 부정한 극렬분자 이미지로 구축하고 있다. 반면 힌두는 정의롭고, 문명화되고, 평화롭고, 유연하며, 순수하고, 관용적인 이미지로 묘사되어 무슬림 타자와 대비된다(Anand, 2005: 207). 힌두 우익세력들은 종교적 차이에 대해 절대적 불관용 태도를 보이는 무슬림과 관용적 힌두 간의 대비를 통해 힌두 우월주의 특성이 분명히 드러난다고 주장한다. 이들에 따르면 관용성이야말로 힌두가 무슬림에 대한 도덕적 우위성을 주장할 수 있는 중요한 근간이 된다. 따라서 이들 힌두 지상주의자들은 인도 무슬림이 우월하고 관용적인 힌두와 힌두 국가의 지배 대상이 되는 것을 당연하게 생각한다(Lakshimi, 2020). 그러나 힌두뜨와를 주창하는 힌두 우익세력, 이 가운데서도 대표적인 우익 아이콘인 모디가 인도 수상이 되기 이전부터 자행된 소수 종교집단 무슬림에 대한 폭력은 과거 극단적인 몇 가지 사례 외에도 현재 진행형인 이유로 힌두의 관용성 주장에는 모순으로 가득한 것이 사실이다.

인도를 힌두 사회로 변화시키는 것을 목표로 삼아 힌두 극우 이념인 '힌두뜨와'를 관철하고 힌두 힘의 결집을 내세우며, 힌두 민족주의 세력은 '국가자원봉사단'(RSS), 세계힌두회의(Vishwa Hindu Parishad, 이하 VHP)의 예하 조직인 '바지랑 달'(Bajrang Dal, 하누만 신의 군대) 등의 힌두 조직들로 구성된다. 이들 힌두 우익집단은 인도를 '힌두 국가'로, 애국심을 '힌두뜨와'로 동일시하고 있다. 인도와 파키스탄이 분리 독립된 이래 힌두에 의해 무슬림이 학살된 최악의 사례는 1992년 아요디아(Ayodhya) 사건[6]과 2002년 고드라(Godhra) 사건[7]이었다.

---

[6] 1992년 12월 6일 VHP 주도로 수만 명의 힌두 자원봉사대가 동원되어 아요디야의 바브리 모스크(Babri masjid)가 붕괴되고 이 사건을 계기로 야기된 힌두와 무슬림 간의 소요로 약 3천 명의 무슬림이 학살되었다.

[7] 힌두들이 타고 있던 열차 차량이 무슬림들에 의해 방화 되어 58명의 힌두가 사망하였다는 이유로 힌두민족주의 세력의 무슬림 공격으로 약 1천 명의 무슬림이 살해되고 약 15만 명의 무슬림의 가옥이 소실되었다. 당시 주 수상(현재의 인도 수상)이었던 나렌드라 모디 주 정부 공권력이 아무런 대

현재의 인도 수상 모디는 특히 2002년 구자라뜨의 고드라 사건 당시 힌두에 의해 무슬림이 대학살 당할 당시 이를 방조했던 구자라뜨의 주 수상이었다.

2014년 BJP의 모디 정권 등장 이후 반무슬림 정책과 반이슬람 정서는 크게 강화되었다. 사실 힌두 우익 아이콘인 모디 수상이 2014년 5월 인도 총선 승리 후 취임하자마자 그는 힌두 성지인 고도(古都) 바라나시(Varanasi)를 첫 방문지로 선택했는데, 이는 향후 자신의 정권은 힌두 민족주의 노선을 걷겠다는 상징적 선언을 한 것으로 보인다. 모디 수상은 공문서에 힌디어 사용과 영어와 병행 시에 힌디어를 우선시하고, 교과서의 힌두화를 위해 힌두 극우 집단인 RSS 단원에 의한 마하트마 간디(Mahatma Gandhi)의 암살 사건을 삭제하고, 간디 암살에 관여한 것으로 의심받는 '비나야끄 다모다르 사바르까르'(Vinayak Damodar Savarka)를 교과서에 싣도록 지시했다. 사바르까르는 '힌두뜨와'라는 힌두 민족 지상주의 이념을 주창한 정치가였다.

또한 '인도 암소자경단'(India's Cow Vigilantism)에 관한 '인권감시기구'(Human Rights Watch)의 인권침해 보고서에 따르면, 모디가 총리 자리에 오른 뒤 소위 힌두 암소 자경단원들이 2015년 5월에서 2018년 12월 사이에 소고기를 식용하는 무슬림과 소고기 관련 사업 종사자에게 물리적 공격을 가해 44명이 사망했는데 이 중 36명이 무슬림이었다. 해당 인권감시기구는 2010년부터 약 10년간에 일어난 인도 종교 관련 증오범죄의 가운데 약 90%가 모디 총리가 취임한 이후에 발생한 점을 근거로, 모디 총리 등장 이후 힌두 극우 민족주의 세력이 극단적인 활동을 전개하고 있음을 강조하였다(International Dalit Solidarity Network(IDSN), 2019.02.19.).

응조치를 하지 않아 실제로는 집단 학살을 방조했다는 이유로 모디는 인도 국내외 인권단체의 비난을 받았다(김경학, 2011).

2. 요가와 힌두 민족주의 정치

요가와 힌두 우익세력 간의 밀접한 관계에는 상당히 오래된 역사가 있다. 인도에서 요가는 힌두 민족주의자의 목적을 위해 동원되어 왔기 때문이다. 인도의 문화적 요소에 유럽적 요소가 결합한 새로운 형태의 요가는 영국 식민지기에 등장해, 영국 식민지배라는 정치적 압제로부터 독립쟁취를 위한 하나의 수단으로 생각되었다(Strauss, 2002: 241 - 242). 당시에는 인도 독립투쟁에 필요한 강인한 남성적 신체를 만드는 데에 요가가 유용하다고 생각되었다(Goldberg, 2016).

1947년 세속주의 인도와 이슬람 국가 파키스탄으로 분리 독립 과정에서 극도의 종파적 폭력으로 많은 사람의 희생이 따랐다. 분리 독립 후 줄곧 RSS는 힌두와 무슬림 간의 화합보다는 힌두 민족주의 운동 강화를 위해 요가를 이용했다. RSS는 인도를 세속주의 국가로 만들었으며 분리 독립 이후에도 힌두의 정치적 지배권을 인정하지 않은 초대 수상 네루(J. Nehru)를 비난하였다. 요가가 인도인의 신체를 정화하고 더 나아가 국가를 외세의 영향에서 온전히 지킬 수 있다는 믿음으로, RSS는 인도 전역에 걸쳐 젊은이들을 중심으로 힌두 훈련 캠프를 운영하면서 힌두 민족주의 의식 형성에 요가를 이용했다. 이들은 요가로 신체적 훈련을 함으로써 강하게 훈육된 조직화한 힌두를 배출해, 인도에서 세속주의·기독교·이슬람·자본주의·근대성 등 소위 '부정한 것들'을 제거할 수 있다고 믿었다. 이들은 요가가 인도인의 심신을 정화하여 인도인의 신체와 국가를 강하게 만들 수 있다고 생각했다(Alter, 1994).

'피자 효과'(pizza effect)처럼 인도에 기원을 둔 요가가 해외의 다양한 요소들과 혼합된 형태로 20세기 말부터 인도에서 다시 주목을 받게 되었다. 이런 요가는 영적 요가라기보다 개인의 건강과 웰빙을 목적으로 하는 체위와 심호흡 조절 등을 포함하는 통속적 요가에 해당한다(Venkataraghavan Srinivasan, 2017.06.22.). 오늘날 인도와 미국에서 인기 있는 이런 요가가 인도의 힌두 우익세력에게 민족적 자긍심을 제공한다는 것은 흥미롭기까지 하다. 요가와 정치가 만나 외교 무대에서는 소프트 파워로 사용되고, 국내 정치적으로는 힌두 민족주의와 만난 요가가 '힌두뜨와'라는 힌두 지상주의 이념의 전략으로 이용되고 있다. 힌두 우익세력은 요가를 정치적으로 전유함으로써, 인도 내 소수 종교집단인 무슬림과 기독교인의 존재를 무시하고 인도를 힌두화시키고자 하는 프로젝트에 요가를 이용한다(Gautam and Droogan, 2018: 19).

모디의 극우 힌두 민족주의적 성향은 수상에 당선된 2014년 이후에 그 본색을 드러내기 시작했다. 그는 요가라는 일견 비정치적인 문화적 소재를 이용해 직접적인 호전성을 드러내지 않는 방식으로 인도의 힌두화의 길을 열고자 하였다. 2014년 선거 승리 이후 모디 정부는 인도의 문화적 우수성을 세계무대에 드러내면서, 인도를 현대적, 보편적, 동시대적인 국가로 투사할 수 있는 독특하면서도 부드러운 형식의 '문화적 민족주의'를 선택하였다. 이런 콘텐츠로 선택된 요가와 명상, 아유르베다 등의 다양한 문화·종교적인 자원이 정치적인 영역에 접목되기 위한 '서사 장치'(narrative mechanism)가 만들어졌다.

2014년 유엔 총회 연설을 통한 '국제요가의 날' 제정 이후, 2015년 '화합과 평화를 위한 요가'(Yoga for Harmony and Peace)라는 주제[8]로 세계 최초 유엔이 승인한 '국제요가의 날' 행사를 인도를 비롯한 세계 곳곳에서 성대하게 치르면서 요가는 인도 국내외 정치 무대에 전격 등장했다. 요가를 이용한 서사 장치의 첫 작품인 2015년 제1회 국제요가의 날 행사는 전 인도적으로 인도 국영 텔레비전 '두르다르샨'(Doordarshan)을 통해 생중계되었다. 이 행사의 모든 것은 '정치적 지도자이자 영적 지도자 모디'의 이미지를 공고히 하기 위한 하나의 잘 짜인 연출이었다.

"2015년 6월 21일 제1회 국제요가의 날 행사를 전국으로 중계한 인도 국영

---

8   국제요가의 날 행사는 매년 특정 주제와 함께 치러진다. 예컨대 2016년 '청년을 연결하기'(Connect the Youth), 2017년 '건강을 위한 요가'(Yoga for Health), 2018년 '평화를 위한 요가'(Yoga for Peace), 2019년 '마음을 위한 요가'(Yoga for Heart)가 주제였다.

TV에 인도 수상 나렌드라 모디는 멀리 카메라에 잡힌 매연 가득한 하늘에서 비친 인디아 게이트를 배경으로 라즈빠트(Rajpath) 광장에서 가부좌 자세로 명상을 하고 있다. 모디는 흰색 면 꾸르따 상의와 파자마 하의를 입고 그의 목에는 인도 국기인 삼색기(흰색, 주황색, 녹색 줄무늬)의 스카프를 착용하였다. 그가 착용한 의복은 정결함과 국가적 자긍심을 드러내기 위한 콘셉트였다. 그는 영적 구루이자 정치적 지도자임을 강조하고자 했다. 하얀 티셔츠와 검정 체육 바지를 착용한 수천 명의 인도 청년들이 모디의 지도력을 따를 준비된 자세로 요가 매트에 대열을 갖춰 모디 수상의 뒤에 앉았다. 모디의 상징인 하얀 턱수염과 날리는 머리는 그의 뒤에 있는 검정 머리의 청년들과 대조되었는데, 이는 그가 국가의 최고위 가부장적 지도자이면서 국민의 대표임을 확인시키고자 한 것으로 보인다. 인도 전역에 방송된 2015년 제1회 국제요가의 날 행사에서 모디는 단합된 국가의 평화롭고 강력한 지도자로 보이기에 충분했다. 마이크 넘어 성스러운 암송 단어 '옴'(Om) 소리에 이어 산스끄리뜨 기도문이 이어졌다. 모든 참가자는 나마스까르(namaskar) 자세로 두 손을 모았다. 카메라는 멀리서 눈을 뜬 채 이슬람 기도 자세를 하는 이슬람 모자를 쓴 한 남성을 앵글로 잡음으로써 힌두 행사와 무슬림 간의 차이를 드러낸다. 카메라는 그의 모습을 카메라로 가까이 당겨 클로즈업시키고 있다."[9]

2015년 국제요가의 날 행사에서 모디는 평화와 관용성을 중요시하는 '요기이자 정치적 지도자'의 이미지가 겹치도록 연출되었다(The New York Times, 2015.06.21.). 모디는 구자라뜨 주 수상 시절인 2002년 고드라 사태에서 드러난 힌두 극우 정치인 이미지의 개선과 향후 진행될 일련의 반무슬림 정책들 도입에 앞서 자신과 힌두 정권의 관용성과 화합을 부각할 필요가 있었던 것으로

---

[9] 인도 국영 텔레비전 '두르다르샨'(Doordarshan)이 2015년 6월 21일 제1회 국제요가의 날 행사를 중계했는데, 이 광경에 대한 락슈미(Lakshmi, 2020: 42-43)의 기록을 참고하였다.

그림 12-1 나렌드라 모디 수상이 제1회 국제요가의 날 행사에 참여하여 요가 수행을 하고 있다.

보인다. '국제요가의 날' 행사에서처럼 모디는 요가를 이용해 자신과 정권 이미지의 관용성을 연출할 필요가 있었다. 모디는 유엔 국제요가의 날 제정의 필요성을 역설하는 과정에서 특히 '관용'(tolerance)이란 단어를 강조하였다. 인도 문명에 기원을 둔 요가를 세계의 선물로 제공함으로써 세계에 평화와 관용이 넘칠 것이라는 그의 주장에는 힌두와 힌두 사회인 인도가 '문명화되어 있고'(civilized) 관용적임을 강조하기 위한 것이었다(Lakshmi, 2020).

모디가 수상에 등극하자마자 요가부 신설, 국제요가의 날 제정, 요가의 유네스코 무형문화유산 등재 등의 일련의 요가 부흥과 요가의 재인도화 작업에는 힌두 민족주의 의제를 강화하는 데에 요가를 이용하겠다는 그의 정치적 의지가 반영된 것이다. 2020년 COVID-19 팬데믹으로 대중 집회가 어려워져 '건강을 위해 가정에서 하는 요가'(Yoga at Home for Health)라는 주제로 2020년 국제요가의 날 행사가 축소해 치러진 이전까지 국제요가의 날 행사는 성대하게 치러졌으며, 매년 행사에 모디 수상은 빠짐없이 참여해 광장의 가장 선두에 앉아 요기와 최고 정치적 지도자로서의 연출을 이어갔다.

국제요가의 날 제정 이후 매년 지속된 국제요가의 날 행사에 대한 정치적 반발이 주로 무슬림 집단에서 나오는 것은 힌두 지상주의를 주창하는 모디 정권의 요가 진흥정책이 정치적 목적을 두고 진행되기 때문이었다. 외형적으로 국제요가의 날이 세속적인 것처럼 주장하지만, 요가와 힌두교를 연결 지으려는 모디와 인도국민당의 노력은 국제요가의 날 행사를 통해 명백히 힌두뜨와 의제가 인도 무슬림에게도 강요되기 때문이었다(Ahuja, 2015). 요가를 둘러싼 무슬림의 반발 지점은 국제요가의 날에 모든 인도인이 '수리야 나마스까르'(surya namaskar)[10]와 같은 요가 수행을 의무화하는 것이었으며, 이는 국제요가의 날의 세속성에 의문을 품게 하는 논쟁의 중심 지점이 되었다. 실제 2015년 6월 행사일이 가까워지자 각급 학교와 각 부처는 국제요가의 날 준비에 동원되었다. 특히 우따르 쁘라데시, 따밀나두, 하리아냐 주 일부 공립학교에 요가 교육을 체육 교육의 의무 교과과정으로 삼으려는 시도에 대해, 비 힌두 인구들은 이러한 시도를 강압적인 요가 수행으로 느꼈기 때문이었다(The Economic Times, 2015.06.23.). 요가가 차이에 대한 관용성과 화합을 위한 문화적 기제라는 모디의 주장에 비추어 볼 때, 국제요가의 날 행사를 두고 요가를 비 힌두, 특히 무슬림에게 강요하는 것 자체는 종교 자유를 침해하는 것임에도, 이러한 비판을 하는 인도 무슬림은 오히려 편협하고 '비관용적' 타자로 매도되는 경우가 적지 않았다.

인도 무슬림의 법적 권리 보호를 위한 NGO인 '전인도무슬림법위원회'(All India Personal Law Board)는 알라신만을 경배하기 위해 머리를 숙이는 무슬림에게 수리야 나마스까르와 같은 힌두 전통을 강요하는 것은 이슬람의 유일신 신앙에 맞지 않음을 주장하였다(Khan, 2016). 이 위원회는 모든 학교에 요가와 수

---

10 태양 경배의 의미로서 태양(수리야)은 힌두신이며 모든 생명의 근원이며 영혼으로 여겨진다. 매일 아침 인도 요가 수련자들은 태양을 향해 '수리야 나마스까르'를 한다.

리야 나마스까르를 강요하는 것을 반대했다. 특히 2016년에 뭄바이의 우르두어(Urdu)로 교육하는 학교의 무슬림 학생에게 힌두 베다 체계와 이의 실천의 일부인 수리야 나마스까르를 의무화하는 것은 학생의 종교적 권리에 대한 기본권을 침해하는 것이라고 주장했다(*Reuters*, 2015.06.16.). 상위카스트 중심의 힌두교의 밖에 놓인 무슬림과 기독교인 및 달리뜨에 대해 2015년 국제요가의 날 참여를 의무화하는 것은 소수 종교 집단에게 종교적 동화의 강요와 새로운 형식의 폭력으로 느껴지기 충분했다. 산스끄리뜨 '옴'(Om)을 찬송하면서 태양에 대해 경배하는 수리야 나마스까르 수행은 국제요가의 날 행사의 핵심에 해당하는데, 이 요가는 상층카스트 힌두교와 연결된 것에는 의심의 여지가 없어 보인다. 힌두에게 산스끄리뜨 베다를 찬송하는 행위는 중요한 문화적 유산의 표지이고 정체성의 기원이며 문화적 자긍심과 열망의 근원이다. 그러나 인도 사회에서 오랜 기간 핍박받아왔던 달리뜨와 같은 하층 집단들에게 산스끄리뜨는 여전히 상위카스트의 문화적 헤게모니 상징이다. 달리뜨 집단은 오직 상층카스트에 속한 힌두에게 산스끄리뜨 말하기와 요가 학습이 허용됐음에도, 하위카스트와 힌두가 아닌 집단 모두가 요가를 수행해왔던 것처럼 모디 정권이 요가 실천을 강요하는 것은 역사적 사실과도 다르다고 비판했다.

결국 모디는 이러한 반대 목소리에 국제요가의 날 행사에서 수리야 나마스까르를 제외하면서 요가 정치의 전면에서 빠져나오면서, 대신 2017년 우따르 쁘라데시 주 수상이 된 모디의 골수 지지자인 요기 아디뜨나트는 수리야 나마스까르 실천에 반대하는 사람들을 향해 "태양은 모든 생명의 근원인데 태양을 종파적이라고 생각하는 사람들은 바다에 빠져야 한다."라는 독설을 퍼부었다(*India Today*, 2015.06.09.). 이처럼 힌두 우익세력은 요가 수행을 정당화하기 위해 요가가 세속적임을 강조해왔다. 요기 아디뜨나트는 태양은 생명의 근원이고 영혼인데, 수리야 나마스까르와 같이 국가에 생명력을 불어넣는 일에 동의하지 않는 사람은 이 나라의 구성원 자격이 없음을 강조하면서 반이슬람적 태도를 분명히 보였다. 그는 세속적인 요가를 종교적이라고 수용하지 않거나 다른 종교적 특성을 수용하지 못하는 무슬림을 비이성적이고 비관용적이라고 비판함으로써, 힌두를 무슬림에 비해 관용적인 집단으로 포장하였다(*India TV*, 2017.03.29.).

요가와 힌두 관용성을 연결하려는 시도는 2015년 국제요가의 날을 맞이하여 "민족 분규와 극단주의적인 폭력이 사회의 안정을 위협하고 있는 시대에, 요가는 이러한 부정적인 세력을 저지하고 화합과 평화의 길로 우리를 인도할 수 있을 것이다."라고 유엔에서 주장한 인도 외교부 장관 수쉬마 스와라즈(Sushma Swaraj)의 발언(*The Economic Times*, 2015.06.21.)에서도 드러난다. 유엔 국제무대에서 모디 정부의 요가를 지지하는 정치인들은 요가가 힌두교라는 특정 종교와 관계없는 것처럼 이야기한다. 그러나 사실 인도 국내 정치판에 끼어 있는 일부 요기들을 중심으로 요가는 요가 의무를 인정하지 않는 자, 예컨대 국제요가의 날 '수리야 나마스까르'를 하지 않는 자는 인도에 살 자격이 없는 자로 몰려 국민 성원권 여부를 결정하는 기준이 되었다.

힌두 관용성과는 심히 거리가 있는 힌두 우익 아이콘이었던 모디 총리는 2002년 고드라 사태 당시 무슬림 인종청소에 연루되어 미국 입국이 불허될 정도로 국제적으로는 경멸을 받는 정치인이었다. 그러나 2014년 인도 총리가 되자 이런 부정적 이미지에서 국가의 수호자로 이미지로 변신해, 온순하고 평온한 요기 정치적 지도자로 표현하기 위해 요가는 적격이었던 것 같다. 국제요가의 날 행사에서 평화롭고 온화한 모디 수상의 모습은 요가를 이용한 모디의 관용성이 십분 연출되기에 충분했다. 요기이자 정치인 모디의 이런 모습은 유일신 외에 다른 신앙을 인정하지 않는, 다시 말해 종교적 다양성을 인정하지 않는 무슬림과 대조되어 힌두의 우월성으로 작동하게 한다(Brown, 2016: 182).

모디 수상은 2019년에 재선에 성공하였다. 모디는 선거 운동 기간 내내 세상과 개인적 욕심이 없는 오롯이 국가를 위해 봉사하는 힌두 성자와 같은 이미지를 이용했다. 국가에 헌신하는 사심 없는 힌두 성자의 이미지는 힌두 우익 세력에 의해 세심하게 만들어졌다. 2019년 선거 결과가 발표되기 직전에 샤프론 색상의 숄을 걸치고 우따르칸드(Uttarkhand) 주 소재 '께다르나트 힌두 사원'(Kedarnath Temple)의 동굴에서 명상하고 있는 모디의 이미지(그림 12-2)는 자신이 오직 국가만을 위해 일하는 힌두 성자로 재현하기 위한 것이었다 (Scroll.in., 2019.05.29).

매년 국제요가의 날에 관용적인 성자와 같은 자태를 연출하는 모디와는 달리, 2019년에 재선되자마자 그와

그림 12-2 2019년 5월 18일 께다르나트 힌두 사원에서 명상하는 모디 수상

측근들의 반무슬림적 정책 도입과 실행에는 거침이 없었다. 2019년 정권 재창출에 성공한 모디 정권은 힌두 다수결주의를 관철하기 위한 일련의 정책을 밀어붙임으로써, 국가 내부의 적인 인도 내 무슬림에 대한 압박을 강화했다. 2019년 이후 진행된 대표적인 반이슬람적 정책, 예컨대 잠무-카슈미르에 대한 자치 보장헌법 370조[11] 취소, 아쌈(Assam) 거주자에 대해 1971년 3월 24일 이전에 자신과 가족의 조상이 아쌈지역에 거주했음을 증명해야 하는 '국가시민명부'(The National Register of Citizenship: NRC) 도입, '시민권수정안'(Citizenship Amendment Act: CAA) 인도 의회 통과 등은 모디 재선 이후 진행된 대표적인 반이슬람적 정책들이다.[12]

---

11 인도 내무부장관 아미뜨 샤(Amit Shah)는 2019년 8월 잠무-카슈미르의 특별 지위와 관련한 헌법 370조를 폐지한다고 밝혔다. 영국 독립 당시 카슈미르 토후국의 왕은 힌두였으나 다수의 주민이 무슬림이라는 특수성을 고려해 초대 수상 네루는 헌법 370조를 통해 인도령 카슈미르 지역에 다른 주들에 비해 더 많은 자치권을 부여해 무슬림이 인도령에 남아있게 하는 유인책이 되는 조항을 둠으로써 외교와 국방을 제외한 대부분의 사안에서 자치를 허용하는 특별 자치권을 부여하였다.

12 아쌈에 거주하는 사람들에게 1971년 방글라데시가 파키스탄으로부터 독립해 독자 국가가 된 시기 이전에 인도에 자신과 가족의 근거를 증명하라는 요구로 대부분이 무슬림인 약 2백만 명이 추방될 위기에 처했다. 이들 대부분은 무슬림 불법체류자로서 파키스탄, 방글라데시, 아프가니스탄 출

2020년 초반 무렵에 시작된 COVID-19 상황에서 무슬림을 상대로 하는 '코로나바이러스 정치'는 그간의 인도 힌두 우익 정부의 국가의 힌두화 정치의 연장선상에서 이해될 수 있다. 2019년 재선에 성공해 강력한 정치적 지도력을 보여주고자 했던 모디 정권에게 코로나바이러스 확산세와 사망률 급증은 국가적 위기이자 정권의 위기로 다가왔으며, 위기 모면과 집권 기반 세력 힌두를 결속시키는 데에는 희생양이 필요했다. 때맞춘 무슬림의 '따블리기 자마아뜨'(Tablighi Jamaat) 종교집회와 이로 인한 코로나바이러스의 확산세는 모디 힌두 정권에게 COVID-19가 만들어 낸 국민적 공포와 불확실성을 한꺼번에 해결할 호재가 되었다. 인도인, 특히 다수집단 힌두의 적개심에 기반해 무슬림을 '코로나지하드'(Coronajihad) 세력과 '생물 테러리스트'로 낙인찍고 이슬람 포비아를 띄웠다. 무슬림은 오염된 '감염병' 그 자체라는 '몸의 정치학'을 통해 각종 친정부 미디어는 무슬림을 COVID-19 감염병 그 자체이자 감염병 확산자라는 야만적인 반국가적 존재로 만들어 냈다(김경학, 2020).

COVID-19 팬데믹 기간에 갑작스러운 도시 봉쇄로 수천만 명의 노시 일용직 노동자들은 고향으로 걸어가는 도중 많은 사람이 사망하는 일이 벌어졌다. 이처럼 국민 보호에 실패한 모디 정부는 국민의 관심을 돌리기 위해 요가가 코로나바이러스로부터 면역력을 키운다는 등의 요가를 국면 전환용으로 동원하였다(*The Jataka Post*, 2020.06.29.). 인도 국민의 복지에 관심이 있는 요기로 자신을 연출함으로써, 모디는 자신의 정권하에 벌어지는 가난한 노동자가 경제적으로 더욱 어려워지는 현실을 모면하면서, 다른 한편으로 무슬림을 공격하는 다양한 법안의 제정을 통해 폭력과 분파주의 이미지를 회피하면서 평화롭고 단결된 국가의 강한 지도자임을 드러내고자 한다.

신 무슬림에게는 시민권을 주지 않는다는 시민권 수정안(CAA) 때문에 시민권을 받을 가능성은 매우 희박하게 되었다.

IV. 나가는 말

힌두 우익 정치인 모디가 2014년 인도 수상이 된 이후 유엔 총회에서 '국제요가의 날' 제정과 2016년 요가의 유네스코 무형문화유산 대표목록 등재는 대표적인 그의 국제무대에서의 외교력을 보여준 성과로 보인다. 2015년부터 시작된 국제요가의 날 행사에 인도뿐만 아니라 전 세계적으로 요가를 사랑하는 사람들이 세계 주요 도시에서 요가 시연 행사를 하는 전 지구적 문화적 이벤트는 인도와 요가의 친밀한 관계를 각인시키는 계기로 작용하였다. 이런 성과가 2016년 요가의 유네스코 무형문화유산 대표목록 등재의 성공과도 무관하지는 않은 것으로 짐작된다.[13] 2014년 유엔이라는 세계무대에서 세계인에게 준 요가라는 선물이 2016년에 유네스코라는 공인된 장에서 인도를 대표하는 무형문화유산으로 '못을 박는' 과정은 국제적으로 인도의 문화적 자긍심을 내보이고자 했던 문화 민족주의의 표명으로 이해된다.

 2002년 구자라뜨에서 자행했던 힌두에 의한 무슬림 대학살은 늘 모디 수상을 강경하고 폭력적인 힌두 우익 정치인으로 기억하게 했던 것은 사실이다. 그러나 2015년부터 매년 인도에서 진행된 국제요가의 날 행사에 가부좌를 틀고 명상에 잠긴 요기로서의 모디의 모습은 관용적이고 평화롭게 연출됐다. 인도의 국내 정치적 관점에서 바라보면 힌두 지상주의적 국가 건설이 최종 목표인 모디 수상과 그의 우익 동지 요기들은 국제요가의 날의 대규모 정치적 연출을 통한 관용적인 모습과는 달리 힌두 민족지상주의를 관철하기 위한 반무슬림 정책들의 입안과 실천으로 일관하였다.

---

13 그러나 요가가 유네스코라는 국제적 기관을 통해 인도의 무형문화유산으로 인정받았다는 것이 요가를 인도의 자산만으로 또는 힌두문화에 기원을 둔 것임을 국제적으로 승인해 준 것으로 이해하는 것은 위험한 생각이다. 다양한 형태의 요가가 세계적으로 향유되고 있고 요가 관련 다양한 상품이 세계 곳곳에서 소비되고 있는 오늘날, 요가의 기원과 소유라는 것에 매달리는 것은 극히 소모적인 논쟁에 지나지 않으리라고 본다.

요가를 소비하는 대부분의 인도인을 포함한 세계인은 요가에 어느 정도 종교적 성격이 있으나, 요가의 인도 국내 정치와의 연결을 인식할 수는 없을 것으로 생각한다. 인도 바깥세상의 적지 않은 요가원은 힌두 신상이나 불두(佛頭)를 내부에 비치해 자신들의 요가원이 인도 문화의 정통성에 가깝다는 점을 연출하기도 한다. 그러나 인도 밖의 요가 수행자가 인도 국내적으로 진행되는 요가의 힌두 우익정치와의 긴밀한 관계를 알기는 어려운 일이다. 예컨대 2018년 한국 밀양에서 진행된 '2018년 밀양아리랑 국제요가대회'에는 극우 힌두 요기이자 모디 수상의 영적 지도자인 스와미 람데브가 '인도 최고의 요가 지도자이자 영적 지도자'의 자격으로 수많은 한국인 요가 수행자 앞에 요가 자세 시연을 하였는데, 한국의 일반 요가 수행자는 스와미 람데브가 인도에서 진행되는 요가와 정치 간의 관계에 깊이 연루된 인물임을 알 수 없는 것이 현실이다.

세계적으로 가장 대중적인 형태의 글로벌 요가를 추구하고 소비하면서도, 일반 요가 소비자는 인도에서 진행되는 요가를 둘러싼 광범위한 구조적 불평등에 의문을 제기하기는 어려운 일이다. 그러나 요가의 힌두 우익에 의한 정치화에 비판적인 안목에서 보면, 이러한 무관심으로 인지할 수 없는 상황도 요가 자산을 정치에 이용하는 일부 힌두 권력을 더 오만하게 만든다고 주장한다(Godrej, 2016: 15). 맥카트니(McCartney, 2019: 139)와 같은 문화 비평자는 일반 요가 수행자의 이러한 무관심을 일종의 '영적 우회'(spiritual bypassing)[14]라고 주장한다. 글로벌 요가 수행자의 이런 영적 우회가 인도 국내에서는 진부한 힌두 민족주의라는 힌두뜨와 이념을 지지할 우려가 있다는 것이 그의 주장이다. 그렇다면 인도에서 모디와 그의 힌두 우익 정치인들에 의해 요가가 힌두뜨와라는 힌

---

14 발달적 과제나 미해결된 심리적 문제를 회피하기 위해 영적 신념과 영적 수행을 방어적으로 이용하는 것을 의미하는 '영적 우회'의 용어는 불교 심리학자 존 웰우드(John Welwood, 1984)가 사용하기 시작했다. 영적 우회는 개인에게서 다양한 방식으로 나타날 수 있는데, 예컨대 세상사에 대한 과장된 무관심, 신체적이고 정서적 욕구나 고통에 대한 억압, 타인에 대한 맹목적 자비심, 자신의 영적 수준에 관한 관심 등이 있다(조훈제, 2020: 1 재인용).

두 지상주의 이념과 민족주의 의제에 통합되어 있음을 알게 된 일반 요가 수행자는 인도 내에서 전개되는 반무슬림 국가적 폭력과 힌두 지상주의에 부지불식간에 연루되게 되는지 이에 대해 명확히 대답하기는 어려운 일 같아 보인다.

참고문헌

김경학. 2011. "인도 부족민의 우익 힌두 민족주의와의 만남: 반기독교와 반무슬림 폭력에 동원된 부족민."『민주주의와 인권』11(2).

김경학. 2020. "감염병과 '이슬람 포비아': 인도 힌두 민족주의 세력의 COVID-19의 정치화."『남아시아연구』26(3).

아파두라이(장희권 역). 2011.『분노의 지리학: 소수에 대한 두려움』. 서울: 에코르브르.

조훈제. 2020. "영적 우회에 대한 탐색적 연구." 서강대학교 대학원 석사논문.

정채성. 2013. "'힌두성(Hindutva)'의 개념 규정과 문화민족주의 간의 상관관계 연구: 1980년 대 이후 인도 사회의 변화를 중심으로."『인도 연구』18(1).

Singleton, M.(심준보 역). 2016. "현대 체위 요가의 기원과 다국적 변화."『요가학 연구』16.

Alter, J. S. 1994. "Somatic Nationalism: Indian Wrestling and Militant Hinduism", *Modern Asian Studies* 28(3).

Alter, J. S. 2004. *Yoga in Modern India: The Body Between Science and Philosophy*. Princeton: Princeton University Press.

Agence France-Presse. 2020. "India's Modi promotes yoga against coronavirus", *The Jataka Post*, 29 June, 2020. https://www.thejakartapost.com/news/2020 /06/19/indias-modi-promotes-yoga-against-coronavirus-.html(검색일: 2021.01.25.).

Altglas, V. 2014. *From Yoga to Kabbslsh: Reliegous Exoticism and the Logics of Bricolage*. Oxford: Oxford University Press.

Anand, D. 2005. "The Violence of Security: Hindu Nationalism and the Politics of Representing 'the Muslim' as a Danger." *The Round Table* 94.

Brown, W. 2006. *Regulating Aversion: Tolerance in the Age of Identity and Empire*. Princeton: Pricenton University Press.

Chakraborty, C. 2006. "Ramdev and Somatic Nationalism: Embodying the Nation, Desiring the Global." *Economic and Political Weekly* 41(1).

Chakraborty, C. 2019. "Modi as the karmayogi: How the prime minister has modelled himself as a new-age Hindu ascetic." *Scroll.in*. May 29, 2019. https://scroll.in/article/925041/modi-as-the-karmayogi-how-the-prime-minister-has-modelled-himself-as-a-new-age-hindu-ascetic.(검색일: 2021.04.22.).

Copeman, J. A. Ikegam. 2012. Guru Logics. *HAU: Journal of Ethnographic Theology* 2(1).

de Michelis, E. 2007. "A preliminary Survey of Modern Yoga Studies." *Asian Medicine* 3.

ET Bureau. 2015. "Yoga a compulsory subject in government run schools, teacher training courses." *The Economic Times*. 23 June, 2015.https://economictimes.indiatimes.com/news/politics-and-nation/yoga-a-compulsory-subject-in-government-run-schools-teacher-training-courses/articleshow/47769027.cms.(검색일: 2021.01.05.).

Gautam, A. & J. Droogan. 2018. "Yoga Soft Power: How Flexible is the Posture?" *The Journal of International Communication* 24(1).

General Assembly. 2015. "Resolution adopted by the General Assembly on 11 December 2014." *UN*, 9 January, 2015. https://undocs.org/pdf?symbol=en/A/RES/69/132.(검색일: 2020.10.02.).

Godrej, F. 2016. "The Neoliberal yogi and the politics of yoga." *Political Theory* 45(6).

Golberg, E. 2016. *The Path of Modern Yoga: The History of an Embodied Spiritual Practice*. Totonto: Iner Traditions.

Gowen, A. 2014. "India's new prime minister, Narendra Modi, aims to rebrand and promote yoga in India." *The Washington Post*, 2 December. https://www.washingtonpost.com world/asia_pacific/indias-new-prime-minister-narendra-modi-wants-to-rebrand-and-promote-yoga-in-india/2014/12/02/7c5291de-7006-11e4-a2c2-

478179fd0489_story.html.(검색일: 2020.09.27.).

Gupta, B. & J. Copeman. 2019. "Awakening Hindu nationalism through Yoga: Swami Ramdev and the Bharata Swambhiman Movement." *Contemporary South Asia* 27(3).

IndiaToday.in. 2015. "Yogi Adityanath's Yoga rant: Surya Namaskar opposers should leave India, drown in sea." *India Today*, 9 June, 2015. https://www.indiatoday.in/india/north/story/yogi-adityanath-surya-namaskar-leave-india-sink-in-sea-256386-2015-06-09.(검색일: 2021.01.11.).

India TV Politics Desk. 2017. "Namaz similar to Surya Namaskar, many similarities in posture: UP CM Adityanath." *India TV*, 29 March, 2017. https://www.indiatvnews.com/politics/national-namaz-similar-to-surya-namaskar-many-similarities-in-posture-up-cm-adityanath-374617.(검색일: 2021.01.08.).

International Dalit Solidarity Network(IDSN). 2019. "Human Rights Watch: Vigilante 'Cow Protection' Groups Attack Minorities in India." *IDSN*, 19 February, 2019. https://idsn.org/human-rights-watch-vigilante-cow-protection-groups-attack-minorities-in-india/.(검색일: 2020.10.03.).

Khan, A. 2016. "Surya Namaskar against Islam: Muslim Law Board." *The Hindu*, June 22, 2016. https://www.thehindu.com/news/national/muslim-law-board-says-no-to-yoga/article7292039.ece(검색일: 2020.12.06.).

Lakshmi, A. 2020. "Choreographing Tolerance: Narendra Modi, Hindu nationalism, and International Yoga Day." *Race and Yoga* 5(1).

McCartney, P. 2017. "politics beyond the Yoga Mat: Yoga Fundamentalism and the 'Vedic Way of Life.'" *Journal: Global Ethnographic* 4.

McCartney, P. 2019. *Spiritual Bypassing: When Spirituality Discnnects Us from What Truly Matters*. Berkeley: North Atlantic Books.

Najar, N. 2015. "International Yoga Day Finally Arrives in India, Amid Cheers and Skepticism." *The New York Times*, 21 June. https://www.nytimes.com/2015/06/22/world/asia/india-narendra-modi-international-yoga-day.html(검색일: 2020.12.05.).

Nair Rupam Jain and Andrew MacAskill. 2015. "PM Modi's yoga offensive gets Muslims stressed." *Reuters*, 16 June, 2015.https://www.reuters.com/article/india-yoga-idINKBN0OW0AI20150616.(검색일: 2021.01.10.).

Patankar, P. 2014. "Ghosts of Yoga Past and Present." *Jadaliyya*, Feb. 26, 2014. https://www.jadaliyya.com/Details/30281(검색일: 2020.10.23.).

PTI. 2015. "Yoga Perfect Antidote to Stem Negative Tendancies: Swaraj at UN." *The Economic Times*, 21 June, 2015. https://economictimes.indiatimes.com/news/politics-and-nation/yoga-the-perfect-antidote-to-stem-negative-tendencies-sushma-swaraj/articleshow/47760783.cms?from=mdr.(검색일: 2021.02.11.).

Press Trust of India. 2016. "Yoga in UNESCO's Representative List of intangible heritage." *Buisness Standard*, 1 December,https://www.business-standard.com/article/pti-stories/yoga-in-unesco-s-representative-list-of-intangible-heritage-116120101245_1. html(검색일: 2020.10.03.).

Rajghatta, C.. 2014. "Narendra Modi calls for International Yoga Day", *The Times of India*, Sep. 28, 2014. https://timesofindia.indiatimes.com/india/narendra-modi-calls-for-international-yoga-day/articleshow/43665102.cms.(검색일: 2020.09.24.).

Singleton, M. 2010. *Yoga Body: The Origins of Modern Posture Practice*. New York: Oxford University Press.

Soham Chintha. 2020. "Modi isn't the first to use yoga bovt policy. It's a Nehu legacy." *The Print*, 21, June, 2020. https://theprint.in/opinion/modi-isnt-the-first-to-use-yoga-as-govt-policy-its-a-nehru

-legacy/445792/(검색일: 2021.07.10.).

Strauss, S. 2005. *Positioning Yoga: Balancing Acts across Cultures*. New York: Berg.

UN. 2016. "United Nations Secretary-General Ban Ki-moon: Message on the International Day of Yoga." *PRESS RELEASES of UN*. https://unis.unvienna.org/unis/en/pressrels/2016/uniss gsm756.html.(검색일: 2020.09.20.).

UNESCO. Intangible Cultural Heritage "Yoga." https://ich.unesco.org/en/RL/yoga-01163(검색일: 2020.09.30.).

Venkataraghavan Srinivasan. 2017. "YOGA & The Pizza Effect." Jun 22, 2017. https://medium.com/@venkataraghavansrinivasan/the-pizza-industry-is-a-multi-billion-dollar-industry-with-the-us-accou nting-for-nearly-60-billion-e8d4015f4bb6.(검색일: 2020.10.05.).

Welwood, J. 1984. "Principles of Inner Work: Psychological and Spiritual." *The Journal of Transpersonal Pschology* 16(1).

제13장

이란 시아 무슬림의 감정 동학과 인류무형문화유산
— 수난극(Passion Play) 타지에(Ta'zieh)를 중심으로

구기연(서울대학교 아시아연구소)

I. 들어가며

슬픔이라는 감정은 이란 공적 영역에서 강조되는 감정이다. 시아 이슬람에서 가장 존경받는 영웅인 이맘 후세인이 순교한 달(月)인 모하람(Moharam)이 시작되면 애도의 울음소리가 온 도시를 뒤덮는다. 모하람은 이슬람력 첫 번째 달이며 모든 살생 행위 및 전쟁이 금지된 성스러운 달이다(최영길, 2010: 235). 국영 텔레비전과 라디오, 거리의 애도 천막에서 구슬프게 우는 소리가 이란 전역에 울려 퍼진다. 이 두 달 동안 이란은 애도와 슬픔의 도시로 변모한다. 슬픔의 시간 동안 사람들은 검은색 상복을 입으며 모든 결혼식과 파티는 금기시된다. 이란의 공공권에서 슬픔은 다른 어떤 감정보다 강조되며, 이 슬픔이라는 감정은 그 어떤 감정보다 정치화되어 있다.

한 사회의 감정은 문화적 가치를 상징하고, 자아의 감정적 재현은 정치 이데올로기의 틀 안에서 이루어진다(Abu-Lughod, 1986: 34). 이란 사회에서도 자아에 대한 정의는 문화를 그대로 반영하고 있으며, 사적인 개인들의 감정 표현

마저도 의례화되고 이데올로기의 틀 안에서 다시금 해석된다. 이란에서의 사람됨은 종교와 정치 담론을 통해서 정의 내려지고, 특히 슬픔이라는 감정은 아슈라 의례(무함마드 손자 이맘 후세인에 대한 애도 의례)를 통해 집단으로 연행된다. 또한, 슬픔은 도덕적인 정숙함을 상징하는 감정이며, 개인적인 차원에서의 슬픔과 애도 역시 종교적으로 장려되는 감정이다.

이 모하람에 이맘 후세인의 죽음을 기리는 다양한 문화 행사와 의례가 진행되는데, 이 글에서는 이맘 후세인의 죽음을 극화한 수난극 타지에(Ta'zieh)를 중심으로 인류무형문화유산으로서의 가치와 현대적 변용을 살펴보고자 한다.

2005년 이란은 인류무형문화유산 선정을 위해 노루즈 의례와 함께 타지에에 관한 서류들을 준비해 등재를 위한 심사에 신청하였다. 테헤란 드라마 예술 센터가 준비한 타지에(The ritual dramatic art of Ta'zīye) 신청 파일은 카르발라의 역사적 신화의 극 연행과 관련된 일련의 기록들이었다(Bromberger, 2016: 129). 서기력 680년 10월 아슈라(Ashura, 모하람달 10일째 되는 날), 지금의 이라크 땅인 카르발라에서 알리의 아들이자 선지자 무함마드의 손자인 후세인이 우마이야 칼리파인 야즈드를 따르는 군대에 의해 죽임을 당한다. 이 역사적인 죽음은 오늘날 시아와 순니의 계보를 가르는 중요한 사건이다.

수난극 타지에는 오늘날 드라마적 의례의 종류이자 중세 시기의 기독교 종교극과 유사한 장르이다(Bromberger, 2014: 129-130). 2009년 유네스코 인류무형문화유산으로 지정된 타지에(Ta'zieh)는 역사적, 종교적 사실이자, 신화적인 이야기를 재조명하는 극예술이다. 또한 타지에는 시아 무슬림에게 가장 중요한 사건인 이맘 후세인의 죽음을 둘러싼 이야기를 풀어내는 수난극이자 시아 이슬람을 저항의 종교로 재현하게 하는 기제이다(Hamid, 2012).

타지에는 이란 문화, 문학, 예술에서 두드러진 역할을 해왔다. 이 공연은 구전으로 지금까지 전달되어왔으며, 종교 공동체로서의 정신을 강화하는 동시에 오래된 이란의 신화와 민족 문화와 전통을 대표하는 무형문화라 할 수 있다.[1] 이

---

1 "Ritual dramatic art of Ta'zīye." https://ich.unesco.org/en/RL/ritual-dramatic-art-of

란의 전통 공연 장르로서의 타지에의 전승에는 이란의 전설들과 서사적이고, 종교적 이야기를 극적인 표현으로 재구성한 이란인들의 문학적 자질 역시 하나의 요소로 작동하였다(곽새라, 2018). 타지에는 점차 사라져가는 전통극이기 때문에 보존의 의미에서 유네스코 인류무형문화유산 선정 과정에 어려움이 없었다(Bromberger, 2014: 132). 2010년 제출된 보고서에 의하면, 2010년 기준 3천 개 이상의 종교 단체(자기 주도 공공 단체)가 타지에 공연과 관련하여 활동하고 있으며, 타지에 정신과 가치를 잇고자 후원하는 사업가들과 친목 단체를 포함한 2천 명 이상의 개인 후원자들이 존재한다. 타지에 공연은 이와 같은 공공의 후원자들에 의해 지금까지도 이란 전역에서 공연된다.[2]

유네스코 인류무형문화유산은 한 민족과 문화의 감정 동학과 공동체 의식을 반영한다. 동시에 유네스코 인류무형문화유산은 공동체 개념이 강조되어, 자연스럽게 한 민족 혹은 국가의 문화 정체성과 긴밀하게 연관되어 있다. 이는 인류무형문화유산이 해당 문화를 공유하는 공동체의 삶의 형식과 관련되기 때문이다(박선희, 2019). 그러므로 유네스코 인류무형문화유산은 국가주의적 이해관계가 드러나며, 그 속에서 해당 국가의 관점이 강조될 수밖에 없다. 이와 같은 맥락에서 2016년 나우루즈, 노브루즈, 노우루즈, 노우루즈, 나우루즈, 나우르즈, 누루즈, 나브루즈, 네브루즈, 노우루즈, 나브루즈 등 다양한 이름으로 노로즈가 이란을 비롯한 아제르바이잔, 아프가니스탄, 우즈베키스탄, 이라크, 인도, 카자흐스탄, 키르기스스탄, 타지키스탄, 튀르키예, 투르크메니스탄, 파키스탄 총 12개국이 공동 등재된 것[3]과 대조적으로 제례극(祭儀劇) 예술 타지에는 이란만이 유일한 등재국으로 기록되어 있다. 다시 말해 수난극 타지에는 이란이라는 국가

-taziye-00377

2   유네스코 인류무형문화유산, NOMINATION FILE NO. 00377 FOR INSCRIPTION ON THE REPRESENTATIVE LIST OF THE INTANGIBLE CULTURAL HERITAGE IN 2010, Representative List(Convention for the Safeguarding of the Intangible Cultural Heritage, General Assembly, Third Session, 22-24 June 류010, Item 2(unesco.org))

3   https://heritage.unesco.or.kr/나우루즈-노브루즈-노우루즈-노우루즈-나우루즈-나/

적 경계로 정의되어 있으므로 이 인류무형문화유산은 다른 어떤 전통보다도 이란 국가 정체성을 강화해주는 무형문화유산으로 여겨지게 된다.

동시에 수난극 타지에는 시아 무슬림 정체성을 이란 국민들의 정체성으로 강화시키려는 국가 주도의 정책 방향을 반영한다는 점에서 유네스코 보호 협약의 보편적 의미를 넘어 무형문화유산정책의 방향을 반영하는 대표적 예라 할 수 있다. 1979년 이란이슬람 혁명 이후 유형, 무형문화유산 정책과 NGO 활동들이 시아 무슬림 정체성을 집단 정체성의 핵심 가치로 두었기 때문에(Mozaffari, 2015: 851 -852), 이 모하람 의례는 유형문화 보호로서의 가치뿐 아니라, 무형문화유산 정책의 기조를 가장 잘 드러내는 유산이라고 할 수 있다.

이 장에서는 이란 이슬람 공화국의 국가 정체성과 이념들을 가장 효과적으로 재현한다고 볼 수 있는 수난극 타지에를 통해, 타지에가 내포하는 공동의 에토스와 가치들을 해석하는 것을 넘어, 국가와 종교 정체성을 강화하는 재현의 드라마로 재탄생된 과정들을 살펴보고자 한다. 또한 이 장에서는 이란 전통 공연의 특성을 살펴보고, 타지에 수난극이 가지는 문화적 의미와 현대적 변용 그리고 타지에 극을 통해 강조되는 이란인들의 재현의 정치에 대해 살펴보기로 한다.

II. 수난극 타지에의 특성

타지에는 '샤비흐 커니(Shabih - khani)'라고도 불리는 내레이션을 기본으로 하는 극의 형태이다(Rafifar and Shirmohammadi, 2015: 63). 타지에의 각 공연에는 시, 음악, 노래, 동작의 네 가지 요소가 있으며, 각 공연마다 그 내용과 규모가 상이하다. 타지에는 서사적 구성과 대본을 가지고 있으며, 음악이 함께 어우러진다는 점에서 이란의 오페라 공연이자 종합예술이라 할 수 있다(곽새라, 2018). 또한, 타지에 공연에 사용되는 의복이나 장식들은 전통적인 방법으로 준비되므

로, 공연뿐 아니라 전통적인 솜씨 전승의 의미를 지닌다.[4]

400여 년 전 페르시아에 강력한 종교적 성향을 지닌 사파비 왕조(Safavid Dynasty)가 시작된 이후, 타지에는 중요한 의식, 전통, 그리고 종교 예술로 재탄생했다. 16세기 말과 17세기 초에 샤 압바스 1세(1587 - 1629)는 강력한 사파비 시아국가를 건설하기 위해 중앙집권화를 시도했다. 이 과정 속에서 사파비(Safavid) 공공영역의 형성을 나타내는 공적인 공간과 네트워크가 탄생하게 된다(Rahimi, 2012: 12). 라히미(Rahimi, 2012)는 이 모하람 의례를 통해 사파비 왕조의 공론장으로서의 시아 무슬림 공공영역이 형성되었다고 주장한다.

하지만 타지에의 뿌리는 이슬람 이전 시대의 애도 풍습과 고대 문명과도 이어진다는 점[5]에서 모하람 의례와 수난극 타지에는 시아 이슬람과 이슬람 이전 페르시아 문명을 종합적으로 재현하는 무형문화라 할 수 있다. 원래 타지에는 고대의 스토리텔링 공연과 마찬가지로 서사적 형태와 극적인 구성만 갖춘 단순한 공연이었지만, 잔드 왕조(1751 - 1794) 시기에 보다 조직화한 공연으로 재탄생하게 되었다. 애도의 장면, 등장인물의 성격과 서사적 텍스트의 체계화 등을 통해 더욱 완성된 형태의 현재의 타지에로 거듭나게 된 것이다(Ghazvin, 2016: 429, 곽새라, 2018 재인용).

어떤 타지에 공연은 역사, 종교, 정치, 사회, 초자연적, 현실적, 상상적, 판타지적 캐릭터로 나누어 최대 100개의 배역이 있으며, 각 배역에 따라 정해진 의복의 색상이 있다. 타지에 공연은 주로 공적인 장소나 타키에(takie)라 불리는 특정한 부지에서 열린다(Bromberger, 2014: 130). 타지에 공연은 조명이나 장식이 없는 무대에서 진행되며, 이란 - 페르시아 문명의 상징성과 에토스 등을 재현한다고 분석할 수 있다. 이 극을 이끄는 연기자들은 모두 남성이 맡고 있으며,

---

4 LR10 - No. 00377 - page 2, NOMINATION FILE NO. 00377 FOR INSCRIPTION ON THE REPRESENTATIVE LIST OF THE INTANGIBLE CULTURAL HERITAGE IN 2010, Representative List

5 LR10 - No. 00377 - page 3, 위의 문서

여성 역할 역시 남성이 맡는다. 타지에 극 속에서 주인공과 적대자들의 배역에 따라 외형과 목소리에서 확연한 차이를 보인다(곽새라, 2018). 타지에(Ta'azyeh) 공연자는 크게 두 그룹으로 나뉜다. '선'을 대표하는 주인공 그룹과 '악'의 세력으로 구분되며, '선'을 대표하는 연행자들은 선과 평화를 상징하는 녹색과 흰색, 파란색의 의복을 착용하며, 주로 민요를 부르며 온화한 목소리로 공연한다. '악'의 세력을 연기하는 연행자들은 잔인함을 상징하는 빨간색, 주황색 그리고 밝은색을 옷을 입고, 연기 톤 자체도 공격적이고 비난하는 조의 목소리로 공연하며, 그들의 연기에는 노래와 음악이 동시에 어우러진다.[6]

 타지에 공연의 중요한 특징 중 하나는 공개된 장소에서 이란의 사회 각 계층의 사람들이 참석하여 공연한다는 점이다. 타지에가 열리는 무대는 주로 광장 형태의 무대로 계층에 상관없이 동등한 입장에서 관람할 수 있다. 또한, 타키에는 배우들이 공연하는 무대와 관객 사이가 분리되지 않는 형태의 무대이다. 배우들은 언행이 끝난 후 관객석으로 가서, 눈물을 흘리며 애도하는 관객들과 함께 슬픔의 감정을 나눈다. 공연자와 관람객 모두 이맘 호세인을 추모하는 하나의 공동체로서 감정을 공유하게 된다(곽새라, 2018: 215). 타지에 연행 속에서 관람객 역시 연행자로서의 퍼포먼스를 보이게 되는 것이다. 비극적인 장면을 보면서 관람객들은 가슴과 머리를 치며, 때로는 격정 높은 울음소리로 공연의 절정을 연행자와 함께 올린다. 그렇다면, 타지에 전통극에서 연행자와 관람객이 공유하는 감정동학은 어떤 것일까? 재현되고, 만들어진 전통으로 재탄생하기도 하는 타지에 연행 속 이란 민족들의 에토스에 대해 다음 절에서 살펴보도록 하자.

---

6 LR10 - No. 00377 - page 5, 위의 문서

그림 13-1   2009년 테헤란 타즈리쉬 광장에서 열린 타지에

출처: 위키피디아, https://commons.wikimedia.org/wiki/File: Ta%27zieh_in_Tajrish,_Tehran.jpg

그림 13-2   19세기 테헤란 골레스탄궁에서 열린 타지에

출처: 위키피디아, https://commons.wikimedia.org/wiki/File: Tazieh.jpg

III. 타지에 의례와 이란 민족의 감정 동학[7]

대표적인 시아 이슬람 종교학자인 하미드 다바시(Hamid Dabashi)는 시아 이슬람이 저항의 종교로 인식되는 핵심에는 바로 역사와 신화 속의 교차점 역할을 하는 타지에가 있다고 주장한 바 있다(Hamid, 2012: 218). 다바시는 시아 이슬람이 역사적 현실과 은유적인 재현 속에서 오늘날 정치적인 힘을 가진다고 주장한다. 타지에라는 연행을 통해, 그리고 그 연행을 보면서 이란인들의 상상 속에 있는 이야기가 현실에서 재현된다는 것이다. 그렇다면 시아에서의 감정 그리고 이와 같은 의례를 통해 이란 민족의 에토스는 어떻게 발현되는 것인가? 이 절에서는 이란인들의 에토스와 모하람이 연결되는 지점들을 추적하면서, 타지에라는 무형문화가 가지는 문화적 힘을 설명하고자 한다.

먼저 이란의 감정에 관한 인류학적 연구들을 살펴보자. 감정 연구에 있어서 이란은 기존의 다른 무슬림 공동체를 다룬 민족지나 사회과학적 연구와는 달리 공적인 영역에서의 감정의 연행에 초점이 맞추어져 있다. 이란의 경우 슬픔이라는 감정이 사회 전반의 에토스(ethos)라 할 정도로 강조되지만, 슬픔의 감정이 여성들에게만 국한되지 않고, 아슈라 의례와 함께 국민적 정서와 연결되는 것이 특징이라 할 수 있다. 이란의 감정 연구는 시아 무슬림, 특히 남성들의 슬픔을 둘러싼 감정의 정치학을 보여주는 것이다. 이 슬픔이라는 감정은 사적인 영역이 아닌, 의례적이고 정치적이며, 일상의 모습과는 동떨어진 하나의 사회극으로 표출된다.

이란인들에게 슬픔은 바로 자아 개념의 기본인 개인적인 깊이(oumq)와 관련되어 있다. 이란 문화에서 자아는 깊이·속 대(對) 표면·겉(oumq vs sæth), 그리고 진중함 대(對) 가벼움(sanggin vs sæbouk) 등의 특성으로 나누어져 상대적

---

[7] 3, 4, 5절은 필자의 논문 "슬픔의 정치: 아슈라 의례를 통해서 본 이란의 감정 동학"을 수정 보완한 것이다.

으로 평가된다. 이란에서는 깊은(amiq)과 무거운(sanggin)이라는 표현처럼 점잖고, 예의 바르고, 진지하며, 사려 깊은 사람을 이상적인 사람의 특성으로 여겨진다. 반면 싸티(sæthi)로 표현되는 가볍고, 놀기 좋아하고, 진지하지 않으며, 유치하고, 즐거운 사람은 상대적으로 이상적인 사람의 모습이라고 할 수 없다. 이란에서 가장 존경 받는 성격 즉 이상적인 사람은 의식 있고, 희생정신을 가진 겸손한 사람이다(Khosravi, 2008: 32 - 33). 슬픈 사람은 사려 깊고, 성숙한 사람(motafaker)으로 여겨진다. 특히 비극의 감정은 자아 내부의 깊이와 연결되어 있고, 외부적 자아의 얄팍함과는 반대의 의미를 가진다. 이와 같은 감정모델에서 가볍게 행복함을 나타내는 사람은 단순하고 사회적으로 불완전한 사람으로 인식된다. 슬픔 감정을 드러내는 것은 오명을 입는 행동이 아니며, 오히려 슬픔을 표현하는 것은 높은 가치를 가진 것으로 평가된다. 그러므로 개인들은 사회적, 문화적으로 기대되는 슬퍼해야만 하는 상황에 부딪혔을 때, 종종 감정적 괴리감을 겪기도 한다(Good, Good and Moradi, 1985: 385 - 386). 시아 무슬림의 두드러진 특성은 종교적인 감정으로서의 비극과 슬픔을 극대화하는 것이라고 표현될 정도로, 시아 이슬람에서 슬픈 감정의 표현은 핵심적인 연행 요소이다.

이란에서 의례적인 눈물은 오히려 기분을 좋게 하는 것이라 여겨지고, 활력(hal)을 갖게 하는 데 중요한 역할을 한다고 인식된다(Torab, 2007: 233 - 234). 특히 모하람 기간 때 사람들은 집단적인 경건한 울기에 참여하는데, 이때 카르발라 순교자들을 위해 흘리는 눈물은 훗날 심판의 날에 자신의 죄를 덜거나 사할 수 있는 것으로 여겨진다(Fischer, 2003: 100). 그러므로 의례적 눈물은 개인적인 슬픔과 비통함(gham va ghosseh)과는 다른, 긍정적이고 가치있는 종교행위인 것이다. 모하람 의례에서 선창자들은 애도가 중간에 "울어라, 당신의 눈물을 보상받을 것이다."라거나 "당신의 눈물은 예배의 하나다. 죄를 가져가고, 병이 치유될 것이다."라고 하면서, 사람들의 울음을 독려한다(Torab, 2007: 233). 다시 말해 시아 이슬람은 모하람 의례를 통해 종교화된 슬픔의 문화를 강조하고, 모하람은 슬픔을 비롯해 죄의식, 후회, 올바른 분노 등의 감정의 전형적인(paradigmatic) 다발들을 보인다(Banuazizi, 1977; Beeman, 1976; Good et al., 1985).

IV. 시아 무슬림 정체성의 원천, 모하람 의례

매월이 모하람이며, 모든 곳이 카르발라이며, 하루하루가 아슈라이다.

아슈라 비극의 전통은 이슬람의 가장 큰 두 종파인 순니와 시아 이슬람의 역사와도 깊이 관련되어 있다. 서기 632년 예언자 무함마드가 죽고 본격적으로 선지자 계승을 둘러싼 갈등이 시작되었는데, 그 당시 이슬람 공동체에게는 집단 예배의 인도자인 이맘과 예언자가 신으로부터 받은 계시를 적용할 칼리프(Khalifah) 역할을 맡을 후계자가 필요했다(김정위, 2001: 53). 무함마드 사후, 선출을 통한 칼리프 세습을 지지하는 사람들(순니파)과 혈통적으로 정통성이 있는 알리(Ali)만을 진정한 칼리프라고 주장하는 사람들(시아파) 사이에서 분열이 시작되면서 이슬람 공동체의 비극은 시작되었다. 제3대 칼리프인 우스만(644~656)이 살해된 후, 시아파는 선지자 무함마드의 사촌이자, 선지자의 딸 파티마와 결혼해 사위가 된 제4대 칼리프 알리(Ali)를 합법적인 계승자로 보았다. 하지만 알리와 그의 장남인 이맘 핫산(Imam Hassan)이 하와리즈파에 의해 암살당한 뒤, 우마이야(Umayya조, 661~750)의 창립자

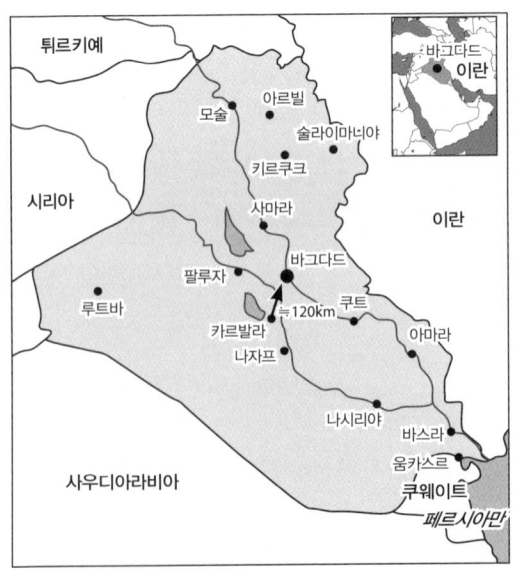

그림 13-3 카르발라의 위치

인 무아위야가 통치자로 등장한다(김정위, 2001: 207 - 209). 680년 무아위야 사망 이후 그의 아들인 야지드(Yazid)가 칼리프가 되어 수도를 다마스쿠스로 옮겼다.

당시 우마이야조의 정책에 반감을 가진 이라크의 쿠파(kufa) 사람들은 이맘 알리(Ali)의 차남인 후세인이 야지드의 지배에 반기를 들고 알리 가문의 지배권을 위해 싸우도록 부추겼다. 쿠파 사람들은 이맘 후세인을 칼리프로 인정하고, 쿠파로 초청하였다. 이맘 후세인과 그의 추종자들은 쿠파로 가는 길에 바그다드의 남서쪽에 위치한 카르발라의 평원에서 우마이야조 야지드의 대군을 만나게 된다. 이맘 후세인과 그의 가족과 추종자들은 사막에서 물도 없이 10일 동안 살아남았지만, 끝내 야지드의 군대에 의해 살해당한다. 사막의 시련은 모하람 제1일에 시작되었고, 이맘 후세인이 죽음을 맞이한 제10일은 아슈라가 되었다(커티스, 2003: 163 - 165).

이맘 후세인이 순교한 지 4년이 지난 684년 이후 고해자들의 자기희생의 집단적인 연행이 이루어지기 시작했다. 함(Halm, 1997)에 따르면, 이러한 참회자들의 연행은 후세인의 죽음을 기리는 것보다는 그들 스스로의 죄를 참회하는 의식으로 보여 진다. 이후 아슈라 의례는 전통적이고 지역적인 의례 형태인 애도, 속죄 행위와 함께 이어져 내려오다가 963년이 되어서 비로소 공적인 기념행사로 진행되기 시작하였으며(Halm, 1997: 42 - 43), 시아 이슬람 신학이 완성되고 본격적으로 시아 이슬람이 국교로 정해져 이란 전역에 본격적으로 퍼진 사파비 왕조(1501~1722)에 이르러, 시아 이슬람의 대표적인 의례로 자리 잡게 된다(Halm, 1997: 44 - 57). 모하람에 이란 시아 공동체는 아슈라를 통해 슬픔의 정교화된 의례를 거행한다. 아슈라 의례는 애도와 참회의 의식을 기본으로 하고 있으며, 몸짓과 그림들 그리고 드라마틱한 재현을 통해 기념된다(Halm 1997: 57). 모하람뿐 아니라 다음 달인 사파르 달까지 두 달 동안 금지와 금욕의 시간은 계속되고, 결혼식, 약혼식을 비롯한 각종 축하연은 금지되며, 일부 보수적인 신자들은 한 달 내내 검은색 상복을 입고 조의를 표하기도 한다.

또한 일부 남성 신자들은 스스로 칼과 채찍으로 이마와 등을 치고, 상처를 내면서 이맘 후세인의 죽음을 몸소 체험하기도 한다. 이맘 후세인은 시아 이슬람의 첫 이맘인 알리의 아들이자, 순니 무슬림에 의해 죽음을 당했기 때문에, 아슈라 의례는 무슬림으로서의 정체성의 발현이 아니라 순니 무슬림과 차별화된 시아 무슬림으로서의 정체성을 공고히 하고 확인시켜주는 종교 의례라 볼 수 있다. 사파비(Safavi) 왕조(1501~1722)부터 시아 이슬람과 순니 이슬람의 구별 짓기가 시도되었는데, 바로 이 아슈라 의례가 아랍-순니 무슬림들에 대항하는 시아 이슬람만의 정체성을 구성하는 중요한 요소가 되어 온 것이다(Agaie, 2005b: 5). 또한 아슈라 의례는 사회적 결속과 이상적인 모범적인 생활상을 대변한다(Khosravi 2007). 이 종교적 의식과 부가되는 의례들은 시아 이란 무슬림으로서의 민족적, 종교적 정체성을 매번 확인하고 가슴속에 새기는 문화적 요소인 것이다. 이란의 문화에서 '아슈라', '이맘 후세인'이라는 단어는 1,300여 년 전의 역사적 사건과 인물로 머무르지 않고, 현재까지 문화적, 정치적으로 가장 강력한 역동적인 상징으로 남아 있다.

이후 아프샤르(Afshar)와 잔드(Zand)조의 18세기와 카자르 왕조의 19세기 동안 타지에 의례는 시아 이슬람의 확립 속에서 발전해 왔다. 카자르(Qajar)조가 타지에 연행을 카자르 왕조의 문화적 차원의 강화를 위해 장려한 반면, 이슬람 이전의 페르시아 문명을 강조하고, 서구적 근대화를 목표로 한 파흘라비의 왕들(레자, 모함마드 레자 샤)은 타지에 연행을 금했다. 이후 이슬람 공화국 건국 이후 타지에 의례는 더욱 정교화되고 정치화되었다(Bromberger, 2014: 131 - 132).

이란의 에토스를 연구한 많은 학자는 이란 사회에서 슬픔과 비극적인 감정이 높게 가치 부여된 배경으로 바로 이 아슈라 전통을 꼽고 있다(Fischer, 2003; Good et al., 1985; Good and Good, 1988; Khosravi, 2008; Varzi, 2006). 굿과 굿(Good and Good, 1988)은 아슈라 의례를 통해 이란 사회의 감정 담론을 보여주는데, 특히 종교적, 의례적 감정들이 개인의 자아를 변화시키는 과정에 주목하고 있다. 굿과 굿(Good and Good)에 따르면 이란 문화에서 '슬픔과 애도의 문화'는 정형화되어 있고, '슬픔과 비통함(gham o gosseh)'은 더 이상 개인적인 정서가 아니라 조직화된 담론이다. 이란 혁명 이후 모하람 의례의 비극적인 담론은 단순히 초월적인 종교 의례에 머무르지 않고, 암울한 시대상과 만나 이란 문화의 '슬픔'을 더욱 정교화하고 있다. 예를 들어 이란-이라크 전쟁의 순교자들은 이맘 후세인에 비유됨으로써, 과거의 슬픔을 다시 소환한다. 모하람 의례는 슬픔과 애도의 감정들을 현재 직면하고 있는 현실적인 비극적 담론과 맞닿게 함으로서 문화적으로 작동된다. 이로서 애도와 슬픔을 미덕과 가치로 여기는 종교적 이데올로기는 더욱 심화되고, 감정의 고리들은 개인적 차원에서 머무르지 않고 공적, 사적 영역에서 재정비된다. 굿과 굿은 이란 개인들의 우울증 증세와 문화와의 관계를 소개하면서, 이란에서 우울증이라는 병은 단순히 개인적인 감정적 문제를 넘어 문화의 작동의 위기를 보여주는 예라고 설명한다. 그들은 모하람이라는 의례적 담론은 개인들에게 불안감과 의례적인 슬픔을 주며, 슬픔과 애도라는 문화적 강조는 이란 사람들의 심리를 우울하게 만든다는 주장이다.

아슈라는 시아이즘의 색을 가장 극명하게 보여주는 상징적인 의례였고, 시아 무슬림의 정체성을 공고히 해주는 사건이기는 하지만, 이후 정치적 담론의 강화가 필요한 시점마다 슬픔의 정치적인 기제로 작용하기도 한다. 이슬람 혁명 이전에도 분명 아슈라 전통은 이란 사회와 시아 무슬림들의 역사 곳곳에서 저항 의식과 민족의식을 극적으로 고양시키는 문화적 의례로서의 의미를 지녀왔다. 하지만 이렇게 카르발라 전투가 '카르발라 패러다임(Karbala Paradigm)'으로 이란에서 정치적인 힘을 갖게 된 것은 반 세기가량 전부터 시작되었다. 람(Ram, 1994)은 다바시(Hamid Dabashi)의 '상처 입은 자아' 개념(1993)을 인용하면서, 카르발라 패러다임이 어떻게 이란 체제와 사회를 동원시키는 원동력인 분노의 신화를 구성하게 되었는지를 증명한다. 다바시는 이란인들의 정체성을 구성하는 가장 큰 원동력은 '적대적인 타자'에 대항하는 '상처 입은 자아'이며, 서구에 대한 감정적인 부정이 자아정체성을 형성하는 가장 핵심적인 심리구조라 주장한다(Ram, 1996).

카르발라 패러다임만큼 시아 이란인 정체성을 구성하고, 수많은 종족들을 아우르는 공통된 민족적 정서를 구성할 수 있는 힘은 없을 것이다. 카르발라 패러다임은 처음에는 위로부터 구성된 담론이었지만, 점차 이것이 밑에서 다시 받아들여지고, 재해석되는 과정을 거치게 된다(Ram, 1996). 카르발라 신화의 원래 텍스트만을 분석해보면, 시아 무슬림의 이미지는 정복당하고, 아무에게도 도움을 받지 못하고 끝내 전투에서 목숨을 잃을 정도로 힘이 없다. 하지만 역사적인 흐름을 통해 카르발라 패러다임 속 시아-이란인 무슬림의 이미지는 오히려 진정한 승리를 거두었다는 정치적인 의미로 해석되고, 이맘 후세인의 죽음은 역사 속에서 순교 정신과 저항 정신 그리고 혁명 정신으로 이어지는 것으로 재탄생된다.

그렇다면 13세기 이전의 카르발라 패러다임은 어떻게 2009년 이란 대규모 민주화 운동인 녹색 운동(Green Movement)에 이르기까지 역사적 순간마다 이란인들의 가슴을 뜨겁게 하고, 감정을 최고조로 높이는 사건이 되었을까? 람(Ram, 1996)은 이 카르빌라 패러다임이 1960년대 이후에 촉발되었다고 주장한다. 1968년 이란의 종교도시인 곰(Qom)의 종교학자인 살리히 나자프 어버디(Salihi Najaf-Abadi)가 펴낸 『영원한 순교자(Shahid-e Javid)』라는 책의 발간으로 카르발라 전투에 대한 정치적 해석이 시도되기 시작했다는 것이다. 나자프 어버디의 저서에서 이맘 후세인의 패배보다는 영웅주의가 강조되었고, 이전에는 서정적이고, 감정적인 용어들로만 채워졌던 카르발라 전투는 비로소 '정치적 담론과 신화'로서의 힘을 가지게 된 것이다. 당시 이란 사회는 이 책을 둘러싸고 치열한 문화적 논쟁이 있었고, 이후 혁명담론을 구성한 학자 샤리아티(Shariati)나 이맘 호메이니의 주장으로 이맘 후세인은 시아 무슬림, 이란인 공동체의 영웅으로 자리 잡게 되었다. 1978~79년에 걸쳐 완성된 이슬람 혁명은 '카르발라 패러다임의 최후의 수난극'으로 묘사된다. 1978년 모하람(12월)의 야지드(Yazid)는 바로 모함마드 레자 파흘라비 국왕이었다. 왕정에 반대하는 사람들은 스스로를 저항하는 실체인 이맘 후세인과 그의 추종자들에 이입하여 적극적으로 저항했고, 아슈라의 전통적인 애도 행사가 거대한 정치적인 데모 행진으로 변한 것이다. 혁명에 주도적인 역할을 한 사상가인 샤리아티의 주 논의는 바로 카르발라의 비극을 기억하고, 아슈라의 저항 의식을 이어받자는 것이다.

이맘 호메이니 역시 카르발라 정신을 강조하며 1978년 11월에 모하람을 앞두고 다음과 같이 연설했다.

> "자기희생과 용맹은 모하람과 함께 시작된다. 이달은 피가 검을 압도한다. 진실의 힘이 거짓을 압도하고, 정복자와 사악한 정부는 거짓됨의 오명을 직면하게 될 것이다. 모하람은 어떻게 이맘 후세인이 총검을 넘어 진정한 승리를 거두었는지를 보여줌으로써, 미래의 세대들에게 교훈을 준다. 또한 정의의 이름으로 초권력의 패배를 기록한다. 모하람의 이맘은 우리가 역사의 폭군에게 맞서 싸우는 방법을 가르쳐 준다(Limba, 2006: 43)."

또한 근대 역사에서 이슬람 혁명을 이어 카르발라 담론이 가장 활발하게 재현된 사례는 바로 8년간의 이란-이라크 전쟁이다. 이란-이라크 전쟁 중에 이 담론은 순니 무슬림인 이라크인들과 맞서는 시아 무슬림 이란인들의 정체성을 가장 극명히 보여주는 기제로 작용하였다. 이란의 전쟁 캠페인은 카르발라 I, 카르발라 II, 카르발라 III 등으로 표현되었고(Ram, 1996), 이라크의 사담 후세인은 이맘 후세인을 무참하게 살해한, 시아 무슬림의 주적인 야지드로 비유되었다(Chelkowski and Dabashi, 1999; Dabashi, 2005). 전쟁 이후에는 아슈라가 가지는 순교의 의미가 전사자들을 기리는 순교의 의미로 전환되었고, 지금까지도 '순교'의 중요성은 다른 어떤 담론보다도 강조되고 있다. 2009년 아슈라 행사가 열리는 모스크 안팎에는 이라크 전쟁 때 순교자들의 그림들이 역사적 상징으로 내걸려 있었다.

이란 역시 외부의 적과 내부의 분열에 대항하는 단결된 힘을 상징적으로 보여주고자 할 때 바로 '슬픔'이라는 개개인의 감정을 이데올로기 강화의 강력한 토대로 삼고 있는 것이다. 이처럼 타지에의 배경이 되는 모하람 의례는 무형

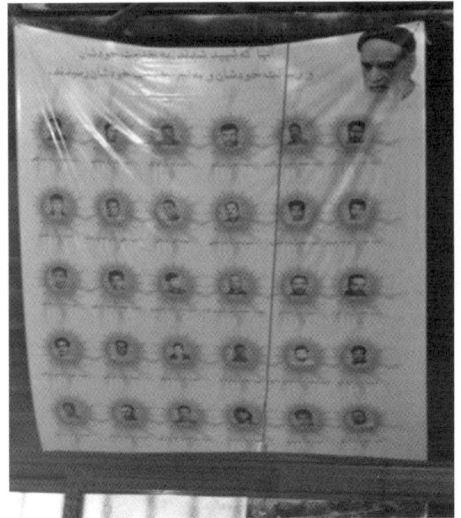 

그림 13-4   아슈라(Ashura) 기간 중 모스크에 전시된 전쟁 순교자의 사진

그림 13-5   샤흐러케가릅 지역 모스크 외관에 전시된 전쟁 순교자의 사진(2009년 저자 촬영)

문화유산의 의미를 넘어 때로는 국가 이데올로기 강화와 구성된 민족 정체성 담론에 적극적으로 활용된 것이다.

V. 슬픔의 수난극, 타지에 공연의 문화적 의미와 현대적 변용

모하람 첫째 날에서 셋째 날까지는 후세인이 카르발라에 도착하고 칼리프 야지드와 협상을 벌이는 내용이 연행된다. 다섯째 되는 날은 이맘 후세인의 여동생 제이납의 두 어린 아들인 아운(Aun)과 무함마드(Muhammad)의 순교를 애도하고, 여섯째 되는 날은 아버지 이맘 후세인의 품에서 죽은 여덟 살 난 장남인 알리 알 아크바르(Ali al-akbar)의 죽음을 그린다. 모하람 일곱째 되는 날은 이맘 후세인 딸과 결혼한 조카 께심(Qasim)의 죽음이 기억되고, 후세인이 부상을 당한 9일째 되는 날인 타수아(Tasu'a)와 사망일인 모하람 10일 아슈라는 의례의 절정을 이룬다(Halm, 1997: 60-62). 모하람 기간 내내 사람들은 로제커네(rowze-khaneh)의 구슬픈 애가(哀歌)를 들으며, 야외극장에서 벌어지는 타지에(Ta'zieh)를 보면서, 또한 남성들의 신들린 듯한 가슴 치기(Sineh-zani)와 사슬로 리듬 있게 어깨를 치는 것(Zanjir-zani)을 보면서 눈물을 흘린다. 남성들의 채찍질은 마을, 구역 단위 곳곳에서 이루어진다. 다만 심한 부상을 유발하는 쇠사슬로 하는 채찍질은 금지되어 있다.

타지에 수난극에서 주요 인물은 바로 야지드와 이맘 후세인이다. 이 두 주인공은 각각 '정의롭지 못한 권력'과 '폭정에 맞서는 혁명적인 원동력'으로 은유된다(Dabashi, 2005: 93). 다바시(Dabashi, 2011)는 타지에는 과거의 것이 아니라 현재의 이야기를 하고 있으며, 타지에를 연행하는 배우들뿐 아니라 이것을 보는 청중들까지도 웃고 울면서 연행적인 모습을 보인다고 분석한다. 또한 1977년에서 1979년 사이의 이란 혁명기는 그 자체가 거대한 타지에 연행으로 해석할 수 있다. 수난극과 함께 아슈라 의례의 감정적인 부분을 극적으로 끌어내는 또 하나의 퍼포먼스는 바로 로제커니(rowzeh khāni)이다. 로제커니는 조가(弔歌)를 부르는 의례이며, 금요 예배[8]와 타지에 그리고 모하람 행렬과 함께 새로운 국가 권력을 상징적으로 결속시키고, '상상의 공동체'를 공고히 해주는 상징적인 의례로 여겨진다. 종교적 의례를 통해 개인적인 참가자들과 청중들은 순교한 영웅에게서 자신의 정체성을 찾는다(Azodanloo, 1993).

로제 컨(Rowzeh Khān)은 선지자의 가족들, 특히 이맘 후세인에 대한 열정적이고 애절한 서사시를 암송하는 사람이다. 로제 컨은 시아 영웅들의 고통과

---

8 하게이 람(Haggay Ram, 1994)은 금요 예배는 이란에서 가장 효과적인 동원력을 가진 매체라고 설명하면서, 금요 예배가 국영 텔레비전 통해 생중계되고, 주요 일간지를 통해 재생산됨을 보여준다. 좀 더 다양한 범위의 사람들에 대한 접근을 위해, 모스크가 아닌 테헤란 대학교 캠퍼스 안에서 이루어지는 것도 특징적이다. 하게이 람은 이란의 금요 예배 인도자들의 집단 설교의 목적은 시아 신화들을 새롭게 창조하고, 혁명적인 열망을 지속시키며, 이슬람 혁명과 울라마의 지배를 합법화하기 위함이라 주장한다. 금요 예배의 신화적 요소와 동원력에 대한 보다 자세한 내용은 하게이 람(1994)의 *Myth and Mobilization in Revolutionary Iran*을 참고할 것.

일화들을 때로는 구슬프게, 때로는 격정적으로 흐느끼며 암송한다. 타지에가 극(劇)형태라면, 로제커니는 성스러운 순교자의 고통을 담은 이야기의 낭송이다. 실제로 모하람이 시작되면, 거리 곳곳에서 로제 컨의 구슬픈 목소리를 들을 수 있으며, 국영방송을 통해 연일 방영된다. 로제커니의 목적이 슬픔과 울음을 최대한 끌어내기 위한 것인 만큼, 로제 컨의 절절한 목소리로 시를 읊으며 사람들의 감정을 최대한 고양시킨다. 청중들은 울부짖으며 로제커니의 시구를 따라 읊고, 가슴과 머리를 치며 애통함을 절절하게 표현한다. 로제커니는 마르티야(marthiyyah)라 불리는 애도하는 시가를 사용하는데, 전통적인 리듬과 특별한 소리의 크기와 높낮이를 사용하고(Azodanloo, 1993: 38), 연행적인 요소들을 포함하고 있으며, 노래하기와 말하기의 중간 단계의 형태를 띤다. 이란의 가장 상징적인 집단 종교 의례인 금요 예배와 비교해서 보면, 금요 예배는 설교식이고 강의식인 반면, 로제커니는 연행방식을 통해 끊임없이 청중들의 감정적인 참여를 이끌어 낸다는 점에서 다르다. 또한 청중의 즉흥적인 '살러버트(salavāt, 예언자를 찬양하는 기도문)' 반응을 요청하기도 하는데, 이와 같은 이유로 화자의 발화 내용은 상황과 시대에 따라 달라진다. 또한 로제 컨은 종종 과거의 이야기를 언급할 때 과거형이 아닌 현재형 시제를 써서, 보다 생생하게 역사적인 사건들을 현재의 담론으로 이끌어 낸다.[9]

---

9   예를 들어 이란-이라크 전쟁 때 이러한 모하람 의례를 극적인 감정이입에 성공하게 되는데, 아조단루(Azodanloo, 1993)가 묘사한 이란-이라크 전쟁 당시 1981년 로제커니를 살펴보자. 이 날은 모하람 5일째 되는 날, 께심(이맘 후세인의 형인 핫산의 아들, 즉 이맘 후세인의 조카)에 대한 카르발라 에피소드를 이야기 했다.

    로제 컨: 나는 당신 가는 길에 내 손을 잃어도 상관 없습니다.
    청중들: 후세인 젼, 후세인 젼(후세인이여. 후세인이여!)

또한 께심 이야기를 할 때는 청중들이 자신들을 '께심'으로 이입하여 이맘 후세인을 '숙부'로 부른다.
    청중들: 숙부님! 숙부님!(Ammu jun, Ammu jun)

이러한 의례들을 통해서 이슬람의 역사적 사건은 현재의 사회적, 정치적 상황으로 전유된다. 타지에와 로제커니 역시 사회적 상황에 따라 역동적인 변화를 거듭하였는데, 레자 샤(Reza Shah) 집권 당시에는 타지에 연행이 금지되기도 하고, 모함마드 레자 샤(Mohammad Reza Shah) 통치하에 일부 부활하기도 하였다(Keddie, 2003: 172). 이와 같은 역사적 이입은 1979년 이슬람 혁명 직전에도 혁명을 이끌어 낼 수 있는 힘으로 발휘되었고, 2009년 대규모 소요사태에서도 같은 방식으로 일어났다. 2009년 12월 18일 모하람이 시작하는 날부터 온 동네에는 큰 북의 소리와 로제 컨의 흐느끼는 음성으로 가득 찼다. 모하람 기간에만 볼 수 있는 임시 천막인 테키에가 도시의 구역 곳곳에 설치되고, 모하람의 시작으로 테헤란은 애도의 도시로 변한다.

모하람이 시작되면, 테헤란 대학교 대형 검은 깃발이 펄럭이고, 도시의 거리에는 검은 깃발들과 꾸란 구절, 사진들이 전시, 진열되어 있다. 테헤란 대학교 앞에도 위의 사진처럼 검은 대형 깃발이 펄럭이고, 도시의 거리에는 검은 깃발들과 꾸란 구절, 사진들이 전시, 진열되어 있다. 모하람 기간 내내 마을 단위로, 또는 도시의 구역 단위의 모스크를 중심으로 애도 행사가 진행되는데, 각 거리마다 테키에를 설치하고, 모하람 행렬 그리고 모스크 내 로제커니를 진행하며, 좀 더 큰 규모의 모스크에서는 타지에가 열린다. 모하람 첫날부터 이맘 후세인이 사망한 아슈라 날까지 각종 행사가 열리는데, 구슬픈 애도 시가가 도시 전역에 울려 퍼지고 밤마다 웅장한 북소리가 울린다. 특히 9일째 되는 타수어 날(이맘 후세인)부터는 아침부터 동네 곳곳에서 한 사람이 장송곡(nawheh)을 앞장서서 선창을 하면, 청년들이 리듬에 맞춰 가슴을 치고, 채찍질하며 후렴구를 따라 부르는 행진을 한다. 이러한 행진은 9일 밤늦게까지 계속되며, 10일 아

하면서 청중들은 자신이 께심으로 이입되는 경험을 한다. 그러면서 청중들은 "당신을 위해 나를 희생하겠습니다. 오 숙부여 내가 왔습니다."라며 께심을 통해 이맘 후세인에 대한 충성을 다짐한다. 또한 조국인 이란, 나아가 시아 이슬람을 위해 몸 바치겠노라고 목소리를 드높인다.

그림 13-6　2015년 테헤란의 아슈라 날의 애도 행렬
출처: Dorsa Bahrami 제공

슈라에는 모든 행사들이 절정을 이룬다.

　　10일 아침부터 북소리는 더욱 크게 들리고, 아침 10시경부터 각 구역별로 행진이 시작된다. 보통 이 행진은 10세 전후의 남자 어린이부터 50대 장년층까지 다양하게 구성된다. 아슈라 날에는 3~4개의 다른 구역의 행렬들이 각 구역에서 출발하여 지역 모스크로 집결했다. 보통 아슈라 날 아침에 가장 많은 사람이 행렬에 참가하는데, 행렬에 참석한 이들 중에는 맨발로 거리 행진을 하거나 상처로 피가 날 정도로 힘차게 쇠사슬로 온몸을 치기도 한다. 행진에 직접 참여하지 않더라도 구경하는 남녀노소들은 행렬을 따라다니며, 오른손으로 왼쪽 가슴을 치며 곡조에 맞추어 애도 시가를 읊는다. 구경하거나 행렬을 따라다니는 여성들은 애잔한 표정으로 눈물짓는다.

　　하지만 2009년 이란 대규모 민주화 시위가 일어났던 아슈라 기간 중 일부에서는 녹색 운동 때의 순교자들이 은유로서 활용되었는데, 녹색 운동 당시 목숨을 잃은 순교자가 새로운 순교자의 의미를 이어받고 있었다. 이렇게 모하람 의례에서의 영웅과 적, 그리고 신화의 주인공은 역사에 따라 유동적으로 변화하고, 아슈라를 통한 슬픔의 연행은 그 시대와 사회상을 그대로 반영하고 있다. 여기서 주목할 것은 아슈라 의례가 전통적이고 종교적인 애도 행사의 의미를 넘어 공적인 감정 연행의 핵심에 있다는 것이다.

VI. 나가며: 이란의 과거와 현재를 이어주는 수난극 타지에

이 장에서는 타지에라 불리는 제3대 시아 이맘인 후세인의 순교를 둘러싼 수난극의 연행적 의미를 파악함으로써, 이 수난극의 원천이 되는 모하람달의 아슈라가 시아 무슬림 정체성에 어떤 문화적 의미를 구성하고 있는지를 살펴보고자 했다. 아슈라를 둘러싼 일련의 연행들은 이란 사회에서 슬픔이 과대인지화(Levy, 1984)되는 제도적, 종교적, 심리적 배경이 되고 있으며 이슬람이라는 종교가 정치 이데올로기화되는 과정을 간접적으로 보여주는 대표적인 사례이기도 하다. 아슈라 기간 울리는 북소리는 시아 무슬림의 가슴을 울리는 진동이 되는 동시에 국가의 감정통제와 민족주의를 가장 효율적으로 작동하게 하는 슬픔의 연행이다. 모하람 의례에 참가한 사람들은 후세인의 죽음에 심오한 슬픔의 표현을 하고, 후세인으로 재현되는 적과 영웅 담론의 이데올로기적 질서에 부응함으로써 새롭게 이란 국민으로 태어난다. 사람들은 노래하고, 가락을 읊고, 그리고 몸의 움직임을 통해 강력하고 때로는 과격하기까지 한 슬픔과 애도의 표현을 선택하고 있다.

지금까지 살펴보았듯이 이맘 후세인의 죽음이 시아 철학과 정치적 행위를 관장하는 틀이 되는 것은 의심할 여지가 없다. 하지만 토랍(Azam Torab)이 지적한 논의를 되짚어 볼 필요가 있다. 토랍(Torab, 2007: 20 - 21)은 아슈라 의례의 슬피 우는 세계관이나 패러다임에만 초점을 맞추는 것을 경계하며, 정치적 종교적 맥락에서 거리 두기를 할 필요가 있다고 주장한다. 사실상 이러한 의례의 이상적인 모습은 사람들의 일상의 부분과 간과할 수 없는 괴리를 가지고 있다는 것이다. 고통과 슬픔을 강조하는 것은 혁명 전후의 시기만의 영향력일 수 있고, 특히 당시의 성직자들은 왕의 사람들에 대한 박해를 강조하기 위해 카르발라의 비극적이고 슬픈 부분에만 초점을 두고 설교를 하기도 했다. 토랍은 테퍼(Tapper, 1979)의 모하람 의례 중 남성들의 거리 행렬(dastehye sinehzani)의 페스티벌적인 요소를 인용하면서, 모하람 의례의 문화적 변용을 관찰할 수 있음을 제안했다.[10]

타지에 공연은 공연극으로서 한정된 공간에서 제한된 관람객을 만나는 것이 아니라, 관객이 또 하나의 공연자가 되는 형식으로 이란 시아 무슬림만의 공동체 의식을 고양하는 공론장의 역할을 해왔다는 점에서 문화적 가치와 의미를 지닌다. 이렇듯 아슈라 의례를 둘러싸고 여러 가지 정치적 해석들이 치열하게 경합하고 있다. 역사의 흐름에 따라 적과 영웅으로 상징되는 주인공 역할에 변화가 있긴 하지만, 아슈라를 극화한 타지에 수난극이 이란의 과거와 현재를 이어주는 교두보 역할을 하고 있음은 틀림없는 사실이다. 타지에는 살아있는 극으로서 이란 사회에서도 의미를 지니고 있으며, 변화되고 재현되는 인류무형문화유산으로서의 가치를 지닌다고 볼 수 있다. 이에 타지에는 과거와 현재 즉, 페르시아와 이슬람 공화국을 잇는 민족적, 종교적 가치를 발현하는 장으로서의 무형문화로 해석할 수 있다.

---

10 모아베니(Moaveni, 2005)의 모하람 의례 동안 중산층 젊은 남성들과 여성들이 도덕 경찰을 피해 서로의 전화번호를 건네는 모습, 바르지(Varzi, 2006)의 타지에 관람을 마치고 나오면서 서로의 전화번호를 교환하는 모습에 관한 기술, 코스라비(Kosravi, 2008)의 노루즈와 모하람 기간이 겹쳤던 2002년의 아이러니했던 상황에 대한 묘사들이 그 예이다.

참고문헌

곽새라. 2018. "이란 전통공연 문화: 나걸리와 타지에를 중심으로."『아시아 컬처 크리틱(Asia Culture Critique)』. 국립아시아문화전당.

구기연. 2016. "슬픔의 정치: 아슈라 의례를 통해서 본 이란의 감정 동학."『비교문화 연구』 22.

김정위. 2001.『이란사』. 서울: 한국외국어대학교출판부.

박선희. 2019. "문화다양성의 역설: 유네스코 무형문화유산협약과 국가주의."『문화와 정치』 6(4).

최영길. 2010.『꾸란 주해』. 서울: 세창

커티스 베스타 S.(임웅 역). 2003.『페르시아 신화』. 파주: 범우사.

Abu-Lughod, Lila. 1986. *Veiled Sentiments: Honor and Poetry in a Bedouin Society*. Berkeley: University of California Press.

Aghaie, Kamran Scot. 2004. *The Martyrs of Karbala: Shi'i Symbols and Rituals in Modern Iran*. Seattle: University of Washington Press.

Aghaie, Kamran Scot. 2005a. "The Origins of the Sunnite-Shi'ite Divide and the Emergence of the Taziyeh Tradition." *The Drama Review* 49(4).

Aghaie, Kamran Scot. 2005b. *The Women of Karbala: Ritual Performance and Symbolic Discourses in Modern Shi'i Islam*. Austin: University of Texas Press.

Azodanloo, Heidar G. 1993. "Performative Elements of Shi'ite Ritual and Mass Mobilization: The Case of Iran." *Critique* 2(3).

Banuazizi, A. 1977. *Iranian 'National Character': A Critique of Some Western Perspectives*. Princeton: Darwin Press.

Beeman, William O. 1976. "What Is (Iranian) National Character?: A Sociolinguistic Approach." *Iranian Studies* 9(1).

Bromberger, Christian. 2014. "Ta'zie (Religious Theatre) vs. Noruz (the New

Year and Its Rituals)."*Ethnologies* (Québec) 36(1-2).

Chelkowski, Peter and Hamid Dabashi. 1999. *Staging a Revolution: The Art of Persuasion in the Islamic Republic of Iran*. New York: New York University Press.

Dabashi, Hamid. 1993. *Theology of Discontent: The Ideological Foundations for theIslamic Revolution in Iran*. New York: New York University Press.

Dabashi, Hamid. 2005. "Ta'ziyeh: Theatre of Protest." *The Drama Review* 49(4).

Dabashi, Hamid. 2012. *Shi'ism: A religion of Protest*. Harvard University Press.

Fischer, Michael. 2003. *Iran: From Religious Dispute to Revolution*, Madison: University of Wisconsin Press.

Ghazvini, Parisa Shad. 2016. "The Situation of Performance Art in Iran, Past and Present."*Journal of Literature and Art Studies* 6(4)

Good, Del Vecchio and Byron Good. 1988. "Ritual, the State, and the Transformation of Emotional Discourse in Iranian Society." *Culture, Medicine and Psychiatry* 12(1).

Good, Byron, Mary-Jo Del Vecchio Good and Bobert Moradi. 1986. "The Interpretation of Iranian Depressive Illness and Dysphoric Affect." in Arthur Kleinman and Byron Good. eds. *Culture and Depression: Studies in the Anthropology and Cross-Cultural Psychiatry of Affect and Disorder*. Berkeley: University of California Press.

Halm, Heinz. 1997. *Shi'a Islam: From Religion to Revolution*, Princeton: Markus Wiener Publishers.

Keddie, Nikki. 2003. *Modern Iran: Roots and Results of Revolution*, New Haven: Yale University Press.

Khosravi, Shahram. 2008. *Young and Defiant in Tehran*. Philadelphia: University of Pennsylvania Press.

Levy, Robert I. 1984. "Emotion, Knowing, and Culture." in Richard Shweder and Robert LeVine. eds. *Culture Theory: Essays on Mind, Self and Emotion*, Cambridge: Cambridge University Press.

Limba, Mansoor(ed.). 2006. *Pithy Aphorisms: Wise Saying and Counsels*. Teheran: The Institute for *in Iran: Studies on Safavid Muharram rituals. 1590 - 1641 CE. Vol. 5*. Brill, 2011.

Mozaffari, Ali. 2015. "The heritage 'NGO': A case study on the role of grass roots heritage societies in Iran and their perception of cultural heritage." *International Journal of Heritage Studies* 21(9).

Rafifar, Jalaleddin, and Asghar Shirmohammadi. 2015. "An anthropological study on the origin and content of Ta'zieh." *IAU International Journal of Social Sciences* 5(4).

Ram, Haggay. 1994. *Myth and Mobilization in Revolutionary Iran: The Use of the Friday Congregational Sermon*. Washington, D.C. and Lanham, MD: American University Press.

Ram, Haggay. 1996. "Mythology of Rage: Representations of the "Self" and "Other" in Revolutionary Iran." *History and Memory* 8(1).

Tapper, Richard. 1979. *Pasture and Politics: Economics, Conflict and Ritual among Shahsevan Nomads of Northwestern Iran*. London: Academic Press.

Torab, Azam. 2007. *Performing Islam: Gender and Ritual in Iran*. Leiden: Brill.

Varzi, Roxanne. 2006. *Warring Souls: Youth, Media, and Martyrdom in Post - Revolution Iran*. Durham and London: Duke University Press

자료

NOMINATION FILE NO. 00377 FOR INSCRIPTION ON THE REPRESENTATIVE LIST OF THE INTANGIBLE CULTURAL HERITAGE IN 2010, Representative List(Convention for the Safeguarding of the Intagible Cultural Heritage. *General Assembly*, Third Session, 22 - 24 June 2010, Item 2 (unesco.org))

https://ich.unesco.org/en/RL/ritual - dramatic - art - of - taziye - 00377

https://heritage.unesco.or.kr/나우루즈 - 노브루즈 - 노우루즈 - 노우루즈 - 나우루즈 - 나/

저자 약력

강정원(Kang, Jeong Won)
서울대학교 인류학과 교수이다. 러시아 시베리아 야쿠트 샤머니즘에 관한 연구로 독일 뮌헨대학교 문화인류학과에서 박사학위를 받았다. 서울대학교 인류학과에서 민속학 일반과 종교인류학 등을 담당하고 있다. 샤머니즘을 포함한 종교민속에 대한 다수의 논문과 책을 발표하였고, 공동체 민속문화와 문화정책, 박물관 등과 연관된 여러 업적을 가지고 있다. 한국민속학회장과 한국민속학술단체연합회장을 역임하였다. 한국과 러시아, 중앙아시아, 미국 등지에서 현장연구를 수행한 바 있다.

2021, 『파주 DMZ의 오래된 미래』, 장단, 파주시중앙도서관(공저).
2020, 『북한의 민속』, 민속원(공저).
2020, 『현대화와 민속문화』, 민속원(공저).
2018, 『중앙아시아 고려인 생활문화 - 키르기즈스탄』, 민속원(공저).
2021, "무형문화유산 제도의 양면성." 『지방사와 지방문화』 24.
2021, "현대 고려인 민속문화의 형성과 체계." 『한국민속학』 74.
2020, "한국 민속문화 정책과 민속학." 『한국민속학』 72.
2020, "현대화와 민속문화, 민속세계." 『한국민속학』 71.

허용호(Yong Ho Heo)

경주대학교 문화재학과 특임교수이다. 한국의 전통연희에 대한 연구로 박사학위를 받았고, 고려대학교 연구교수, 동국대학교 초빙교수, 한국예술종합학교 객원교수를 역임했다. 그동안 가면극, 인형극, 굿, 대동놀이 등 전통연희 전반에 대한 연구를 수행해 왔다. 그 과정에서 나손학술상, 비교민속학회 최우수학술상, 월산민속학술상 등을 수상했다. 현재는 근현대 전통연희의 양상과 국내외 무형유산 관련 정책에 주목하여 연구를 진행하고 있다.

2022, 『전통연행을 보는 또 하나의 시각』, 고려대학교 민족문화연구원.

2021, "세계 차원의 전통예술 사유에 대하여: 유네스코 체제와 한류 현상을 중심으로." 『한국예술연구』 34.

2020, 『인형극·무당굿놀이』, 민속원(공저).

2020, "만석중연희의 존재양상과 그 복원에 관한 연구." 『한국민속학』 72.

2019, 『Talchum: Mask Dance In The Republic of Korea』, 한국문화재재단(공저).

2019, 『탈춤』, 한국문화재재단(공저).

2019, "『덩니의궤』를 통해 살펴본 화성 낙성연의 전모와 전통연희사적 가치." 『민족문화연구』 85.

2018, 『Ssireum: Traditional Wrestling In The Republic of Korea』, 한국문화재단(공저).

2018, 『행당동아기씨당굿』, 서울특별시.

박상미(Sangmee Bak)

한국외국어대학교 국제학부의 교수이다. 서울대학교 인류학과에서 학사 학위를, 미국 하버드대학교 인류학과에서 대만 전문직 여성의 일, 가족, 친족의 연구로 석사와 박사 학위를 받았다. 문화재청 문화재위원회 세계유산 분과 위원이며, 2019년도 유네스코 인류무형문화유산 심사기구 의장을 맡았다. 연구 분야는 문화유산과 정체성, 소비문화, 무형문화유산의 공동체 등이다.

2019, "Impacts of UNESCO-Listed Tangible and Intangible Heritages on Tourism," Co-authored with C. Min and T. Roh, in *Journal of Travel and Tourism Marketing*, 36:8.

2011, "Intangible Cultural Heritage and Cultural Tourism in Korea," in *Intangible Cultural Heritage and Local Communities in East Asia*, edited by Liu Tik-sang, The Hong Kong University of Science and Technology, pp. 75-82.

2010, "Exoticizing the Familiar, Domesticating the Foreign: Ethnic Food Restaurants in Korea," in *Korea Journal*, vol. 50 no. 1 Spring 2010. pp. 110-132.

2009(1998), "McDonald's in Seoul: Food Choices, Identity, and Nationalism," in *Golden Arches East*, edited by James L. Watson, Stanford: Stanford University Press.

차보영(Boyoung Cha)

중앙대학교에서 민속학을 전공하고 동 대학원에서 민속학 석사를 거쳐 문화유산학 박사과정을 수료했다. 현재 유네스코 아시아태평양무형문화유산 국제정보네트워킹센터(이하 유네스코아태무형유산센터) 기획관리실장이다. 국내 문화 분야 최초로 설립된 유네스코 카테고리 2센터인 유네스코아태무형유산센터의 설립기획단 근무를 시작으로 다양한 무형문화유산 국제 프로젝트를 담당해왔다. 특히 태평양 지역 무형문화유산 협력네트워크 구축과 아시아 무형문화유산 공적개발원조 사업에 관여했고, 무형문화유산을 둘러싼 국제 이슈와 청년 활동 등에 관심이 많다.

2021, "Toward Global Solidarity: Information and Networking Centre for Intangible Cultural Heritage in the Asia-Pacific Region and Intangible Cultural Heritage Safeguarding amidst Great Uncertainties." Living Heritage Issue 5-6, Sofia: Regional Centre for the Safeguarding of Intangible Cultural Heritage in South-Eastern Europe Under the Auspices of UNESCO (공저)

2019, "유네스코 무형유산보호협약의 제도와 그 의미." 함께하는 동아시아 영혼의 뿌리, 『비교민속학회 2019 동아시아 무형유산 국제포럼 발표』.

2016, "유네스코 무형유산보호협약 제9차 정부간위원회 주요 이슈." 『무형유산학』 1(1).

권혁희(Hyeok Hui Kwon)

강원대학교 문화인류학과 조교수이다. 고려대학교 한국사학과와 서울대학교 인류학 석사를 거쳐 동 대학원에서 "밤섬마을의 역사적 민족지와 주민집단의 문화적 실천"으로 인류학 박사학위(2012)를 받았다. 근대화와 문화변동, 한국 문화의 전통과 현대적 창출 등에 대해 연구해왔다. 현재 북한의 시각예술과 주민의 생활문화 그리고 문화유산정책 등을 중심으로 연구하고 있다.

2021, "북한의 문화유산 담론의 창출과 변화." 『북한학연구』 17(1).

2021, "북한 조선민속박물관의 전시 구성과 체계." 『비교민속학』 73.

2019, "사회주의 생활양식의 내면화와 문화적 관습." 『현대북한연구』 22(1).

2019, "북한의 비물질문화유산 정책의 변화와 특성." 『통일정책연구』 28(1).

2017, Villagers' agency in the Intangible Cultural Heritage designation of a Korean village ritual, International Journal of Heritage Studies 23(3).

조진곤(Zhao, Zhenkunn)

윈난사범대학교 외국어대학 조교수이다. 베이징제2외국어대학 한국어과와 대구대학교 국문학 석사를 거쳐 서울대학교에서 강릉단오제에 대한 인류학 연구로 박사학위를 받았다. 주로 한국 민속문화, 한중 양국의 무형문화유산에 대해 연구해 왔다. 현재 한중 비교문화 연구, 중국 인류학사, 코로나 시대의 중국 도시민 등 주제에 대한 연구를 수행하고 있다.

2023(출판예정), "韩国江陵端午祭主办机构的现代化." 世界民族

2019, "현대 한국 민속축제의 전승 주체에 관한 민속지적 연구: 강릉 단오제 사례연구." 서울대학교 박사학위논문.

2014, "非专业韩国语课程教学刍议."『教育教学论团』第3期.

2014, "试论韩国的"耻"文化."『教育教学论团』第31期.

주도경(Joo Dokyung)

서울대학교에서 동양사학과 인류학을 복수전공하고 동 대학원 인류학과에서 한복의 재전유와 전통성이라는 주제로 석사학위를 받았다. 서울대학교 박물관 인류민속부에서 연구원으로 근무하였다. 한국 전통과 근대성, 민속의 재창조, 박물관과 문화유산, 코리안 디아스포라, 이주에 따른 종족 문화의 변화 등에 관심을 가지고 연구해왔다. 현재 서울대학교 인류학과 박사과정을 수료하고 조선족이 일상과 무대에서 추는 전통춤에 나타나는 종족성의 경험과 표현에 대해 연구 중이다.

2021, "유네스코, 국가, 지방정부: 중국 연변조선족자치주의 사례를 통해 살펴본 유네스코 무형문화유산 제도의 지역적 적용."『동북아문화연구』67.

2019, "100년 전의 로또 계통." 서울대학교박물관 학술총서 24 소장품 연구논문집『수장고를 열다』(공저).

2017, "한복 입기를 통해 본 전통의 개별적 실천과 전통성의 지속 - A 한복동호회 사례를 중심으로 -"『민속학연구』41.

임경택(Kyung Taek, YIM)

현재 전북대학교 고고문화인류학과 교수로 재직 중이다. 서강대학교 영어영문학과를 졸업하고, 서울대학교 대학원 인류학과를 거쳐, 일본 도쿄대학 대학원 총합문화연구과에서 문화인류학 전공으로, 일본의 전통 상가에 대한 연구로 박사학위를 취득했다. 일본인의 민속과 생활사의 근대적 변화양상, 특히 메이지유신과 패전을 계기로 변화해 온 일본의 역사와 문화를 추적해 오고 있다.

현재는 20세기 한국과 일본의 심성체제 비교연구, 근대 일본의 문화재제도, 일본의 내셔널리즘과 문화표상, 일본의 출판과 기록문화, 민속의 현대적 변화에 대한 연구를 수행하고 있다.

2021, "일본에서의 지역명과의 탄생과 전개과정 - 나가사키의 카스테라를 중심으로 "『지방사와 지방문화』24(1).

2021, 『독서와 일본인』(역서), 마음산책출판사.

2020, "일본의 화혼양재의 국가적 실천양상 - 전근대/근대의 고용외국인의 활동을 중심으로 - ."『비교일본학』49.

2018, "일본의 밥상문화에 관한 고찰 - 음식 및 식사와 관련된 사회적 맥락과 문화적 태도."『비교민속학』67.

2018, "무형유산으로서의 도시제례연구."『무형유산』5.

2018, 『슈리성으로 가는 언덕길 - 가마쿠라 요시타로와 근대 오키나와의 사람들』(역서), 사계절출판사.

2017, "일본인의 새해맞이 풍습의 근대적 변화과정."『日本語文學』72.

2016, "마을 갱생에서 흥국안민까지: 갱생의 현장처방으로서의 보덕사법의 유전."『한국문화인류학』49.

김형준(Kim Hyung Jun)

강원대학교 문화인류학과 교수이다. 서울대학교 인류학과를 졸업한 후 호주국립대학교에서 인도네시아 농촌 사회 변동에 대한 연구로 박사학위를 받았다. 인도네시아 이슬람의 변화, 이슬람 단체 무함마디야의 민주적 전통 등에 대해 연구해왔다. 현재 동남아시아 이슬람과 모더니티 문제에 대한 연구를 수행하고 있다.

2021, 『이슬람과 민주주의: 인도네시아 이슬람단체 무함마디야의 민주적 전통』 눌민.

2021, "이슬람식 근대주의: 인도네시아 무함마디야의 사례." 『동아연구』 40(1).

2021, 『코로나 19에 맞서는 동남아시아』 전북대학교 동남아연구소(공저).

2020, 『인류학자들, 동남아를 말하다: 호혜성, 공공성, 공동체의 인류학』 눌민(공저).

2020, "이슬람 금융을 이슬람식으로 만드는 요소: 인도네시아의 샤리아 마이크로파이낸스 기관의 사례." 『동남아시아연구』 30(3).

2019, 『한국의 동남아시아 연구: 역사, 현황 및 분석』 서울대학교 출판문화원(공저).

2018, 『히잡은 패션이다: 인도네시아 무슬림 여성의 미에 대한 생각과 실천』 서해문집.

이평래(Lee, Pyungrae)

한국외국어대학교 중앙아시아연구소 연구교수이다. 단국대학교 사학과와 몽골과학아카데미 역사연구소에서 몽골근대사로 역사학박사학위를 받았다. 한국의 대표적인 몽골 연구자로 몽골 근대사 외에도 몽골 법사, 몽골의 신화와 종교, 민속 등 몽골의 정신문화에도 많은 관심을 갖고 활발한 연구 활동을 펼치고 있다.

2022, "몽골 창세신화에 등장하는 거북의 역할." 『몽골학』 69.

2022, "19세기 말-20세기 초기 내몽골 동부의 사회 변화와 하이산."『중앙아시아연구』27(1).

2021, "하이산과 〈몽골신문〉."『몽골학』64.

2021, "인류무형문화유산 후미 등재를 둘러싼 몽중의 갈등과 그 배경."『민속학연구』48.

2021, "범몽골주의 연구 서설."『중앙아시아연구』26(2).

2021,『몽골의 체제전환과 동북아의 평화지정학』, 서울대출판문화원(공저).

2020,『신북방시대 한국·몽골 미래협력의 비전』, 대외경제정책연구원(공저).

홍석준(HONG, Seok-Joon)

목포대학교 인문대학 고고문화인류학과 교수 겸 도서문화연구원 원장이다. 서울대학교 사회과학대학 인류학과 학사와 동 대학원 인류학과 석사를 거쳐 동 대학원 박사과정에서 말레이시아 농촌의 이슬람화와 문화변동이라는 연구로 인류학박사학위를 받았다. 말레이시아의 이슬람과 이슬람화, 말레이시아의 사회와 문화, 다문화사회로서의 말레이시아의 역사와 문화, 동남아시아의 노인과 노년문제, 도서해양부 동남아시아 해양세계와 이슬람, 동아시아 해양 실크로드의 역사와 문화, 동아시아 항구도시의 역사와 문화 등에 관한 연구를 수행해 왔다. 현재 말레이시아 항구도시의 사회적 구성과 문화 정체성, 말레이시아 전통의 재생과 이슬람화, 말레이시아 한인사회의 역사와 문화, 말레이시아 이슬람과 모더니티, 한-아세안 사회문화 교류와 협력 활성화, 도서해양부 동남아시아 해양세계의 사회적 구성과 문화 혼종성, 섬의 인문학: 인문지형의 변동과 지속가능성 등에 대한 연구를 수행하고 있다.

2020,『인류학자들, 동남아에 대해 말하다』, 도서출판 눌민. (공저)

2020,『사회복지와 문화 다양성』, 도서출판 공동체. (공저)

2020, "'아래로부터의 역사'와 '역사 없는 사람들의 역사와 문화'를 위하여: 강

희정, 『깡통과 아편의 궁전: 동남아의 근대와 페낭 화교사회』에 대한 서평." 『황해문화』 2020 봄.
2019, 『노년의 문을 열다』, 학지사. (공저)
2019, "전후 일본의 특공위령과 애도의 정치학에 관한 인류학적 고찰: 이영진, 『죽음의 내셔널리즘: 전후 일본의 특공위령과 애도의 정치학』을 읽고." 아시아리뷰 9(1).
2018, "말레이시아 2017: 정치적 이슬람의 부상." 『동남아시아연구』 28(1). (공저)
2017, "무슬림 여성들의 가족과 혼인에 대한 인식." 『지방사와지방문화』 20(2).
2017, 『위대한 지도자를 통한 아세안의 이해』, 한아세안센터. (공저)
2017, 『포스트 차이나, 아세안을 가다』, 디아스포라. (공저)
2016, "East Asian Maritime Silk Road, Cultural Heritage, and Cruise Tourism." *Journal of Asia Cruise Tourism Research* 1.

김경학(Kyunghak Kim)

전남대학교 문화인류고고학과 교수이다. 전남대학교 교육학과와 서울대학교 인류학 석사를 마치고 인도 자와할랄 네루대학교(Jawaharlal Nehru University)에서 인도 농촌지역의 카스트와 집단역동학에 관한 연구로 박사학위를 받았다. 북인도 농촌지역의 카스트 관계의 변화, 캐나다와 호주 및 피지 등의 인도인 디아스포라를 연구하였으며, 최근 들어 국내 네팔 이주노동자와 고려인 이주자에 관한 인류학적 현장 연구를 수행하고 있다.

2021, "고려인 초국적 가족의 일생의례에 관한 연구: 우즈베키스탄에서의 '환갑의례'를 중심으로." 『디아스포라연구』 15(1).
2020, "감염병과 '이슬람 포비아': 인도 힌두 민족주의 세력의 COVID-19의 정치화." 『남아시아연구』 26(3).

2019, "국제이주와 달리트 카스트의 사회경제적 관계의 변화-네팔 '카브레-팔란초크 지구' 농촌지역을 중심으로." 『문화역사지리』 31(2).

2018, "국내 고려인 아동의 국제이주 경험과 초국적 정체성: 광주광역시 고려인 아동을 중심으로." 『비교문화연구』 24(2).

2017, "국제이주의 맥락에서 노년 보내기: 광주광역시 우즈베키스탄 고려인 노년세대를 중심으로." 『비교문화연구』 23(1).

2016, "우즈베키스탄 고려인 이주자의 노부모에 대한 '초국적 돌봄': 광주지역 사례를 중심으로." 『비교문화연구』 22(1).

구기연(Gi Yeon Koo)

서울대학교 아시아연구소 HK연구교수이다. 한국외국어대학교 이란어과와 서울대학교 인류학 석사를 거쳐 동·대학원에서 이란 청년 세대에 대한 심리인류학 연구로 박사학위를 받았다. 시아이슬람에서의 감정 동학, 청년 세대와 무슬림 여성 문제, 중동 내 한류 그리고 미디어를 통한 시민사회운동 등에 대해 연구해왔다. 현재 서아시아의 모빌리티 이슈, 이란 위성 미디어의 사회문화적 역할, 한국 서아시아 무슬림 이주와 난민 문제 그리고 이슬람과 관련된 정동에 대한 연구를 수행하고 있다.

2021, "타자화를 넘어선 서아시아 지역 정체성 형성의여정: 이란을 중심으로." 『아시아리뷰』 11(2). (공저)

2020, "Riding the Korean Wave in Iran: Cyber-Feminism and Pop Culture among Young Iranian Women." *Journal of Middle East women's studies* 16(2).

2020, 『여성 연구자, 선을 넘다: 지구를 누빈 현장연구 전문가 12인의 열정과 공감의 연구 기록』, 눌민. (공저)

2019, "혁명 거리의 소녀들(#GirlsofRevolutionStreet)": 해시태그 정치를 통한

       이란 여성의 사회 운동." 『비교문화연구』 25(1).

2018, "Islamophobia and the Politics of Representation of Islam in Korea." *Journal of Korean Religions* 9(1)

2017, 『이란 도시 젊은이, 그들만의 세상 만들기』, 서울대학교 출판문화원

2016, "슬픔의 정치: 아슈라 의례를 통해서 본 이란의 감정 동학." 『비교문화연구』 22(1).